中华人民共和国成立70周年山西发展丛书

主　编　杨茂林

山西
能源发展成就与展望

SHANXI

NENGYUAN FAZHAN CHENGJIU YU ZHANWANG

韩东娥　王云珠　等著

山西出版传媒集团　山西人民出版社

图书在版编目（CIP）数据

山西能源发展成就与展望／韩东娥等著．—太原：山西人民出版社，2019.12

（中华人民共和国成立 70 周年山西发展丛书／杨茂林主编）

ISBN 978-7-203-11202-0

Ⅰ．①山… Ⅱ．①韩… Ⅲ．①能源发展—成就—山西 Ⅳ．① F426.2

中国版本图书馆 CIP 数据核字（2020）第 016628 号

山西能源发展成就与展望

著　　者：韩东娥　等
责任编辑：李建业
复　　审：武　静
终　　审：张文颖
装帧设计：谢　成

出 版 者：山西出版传媒集团·山西人民出版社
地　　址：太原市建设南路 21 号
邮　　编：030012
发行营销：0351－4922220　4955996　4956039　4922127（传真）
天猫官网：https://sxrmcbs.tmall.com　电话：0351－4922159
E — mail：sxskcb@163.com　发行部
　　　　　sxskcb@126.com　总编室
网　　址：www.sxskcb.com

经 销 者：山西出版传媒集团·山西人民出版社
承 印 厂：山西出版传媒集团·山西新华印业有限公司

开　　本：720mm×1020mm　　1/16
印　　张：27.5
字　　数：350 千字
印　　数：1—1800 册
版　　次：2019 年 12 月　第 1 版
印　　次：2019 年 12 月　第 1 次印刷
书　　号：ISBN 978-7-203-11202-0
定　　价：78.00 元

如有印装质量问题请与本社联系调换

总　序

　　2019年，中华人民共和国迎来了自己的70华诞。"70年在人类历史长河中只是弹指一挥间，但对中国人民和中华民族来讲，这是沧桑巨变、换了人间的70年。"抚今追昔，我们无时无刻不在深深感受着时代的巨大变迁和祖国的繁荣富强，其成就之伟大令我们无比自豪，其探索之艰难令我们万分感慨，其未来之光明令我们无限憧憬。我们走在新时代的征程上，昂首阔步、内心澎湃。

　　70年来，在追求国家富强、民族振兴和人民幸福的伟大革命中，中国共产党带领人民始终初心不改、矢志不渝，砥砺前行、攻坚克难，擘画波澜壮阔的美丽画卷，谱写感天动地的华彩乐章，走上了社会主义现代化强国建设之路，为发展中国家走向现代化贡献了中国智慧，提供了中国方案。70年来，山西与新中国共同成长，勤劳智慧的三晋儿女在党的坚强领导下，发扬太行精神、吕梁精神、右玉精神，在15万平方公里的土地上不断创造伟大奇迹，建设起共和国能源重化工基地，担当起转型综改试验和能源革命综改试验重任，以高质量发展之势向着全面建成小康社会目标迈进。

　　中华人民共和国成立后，我们冲破重重困难不断发展壮大，创造了民族独立和国家富强的伟大奇迹，走上了实现伟大复兴的壮阔大道。我国确立社会主义制度，努力探索社会主义革命和建设道路。以毛泽东同志为主要代表的中国共产党人开基创业、立纲立纪，确立人民民主专政的国体，建立人民代表大会制度的政体，进行极富创造性的社会主义三大改造。在山西，党领导人民巩固新生人民政权，确立社会主义基本制度，实现了历史上最深刻最伟大的社会变革。加快恢复国民经济，开展工业基地建设，有力撬动新中国工业化进程，从华北、华东到华中、华南，每三盏灯就有一盏是山西煤炭工人"点燃"的。在"一穷二白"基础上，建立起比较完整的工业体系和国民经济体系，三晋大地展现出旺盛的生命活力和巨大的发展潜力。山西经济一时间复苏乃至发展速度惊人，曾在全国排第二，仅次于北京，重工业生产总值占全国重工业生产总值的1/3。经过多个五年计划的建设，到1978年，全省国民生产总值和财政收入比中华人民共和国成立初期分别增长5.5倍和23倍，农业生产条件得到很大改善，原有工业部门不断加强完善，许多新的工业部门从无到有、从小到大，迅速发展起来。随着建设事业的发展，广大人民群众的物质与文化生活水平逐步得到提高。当然，社会进步从来不会一蹴而就，希望一直与艰难共生，探索始终同曲折并存。党在山西所领导的社会主义建设伟大实践探索及发展成就，为山西经济社会发展奠定了重要物质基础。

改革开放后，我们应对各种挑战、突破艰难险阻，创造了经济巨大发展和社会长足进步的伟大奇迹，社会主义中国巍然屹立在世界东方。我国开启了社会主义建设新征程，不断探索中国特色社会主义道路。我们党深刻总结我国社会主义建设正反两方面经验教训，果断做出把党和国家工作中心转移到经济建设上来、实行改革开放的历史性决策。以邓小平同志为主要代表的中国共产党人，成功开创了中国特色社会主义；以江泽民同志为主要代表的中国共产党人，成功将中国特色社会主义推向21世纪；以胡锦涛同志为主要代表的中国共产党人，成功在新的历史起点上坚持和发展了中国特色社会主义。在山西，党领导人民解放思想、开拓创新，依托自身优势融入全国经济发展大潮，在国内区域产业分工发展格局中占据了特殊地位。以1980年省委总结农业学大寨经验教训为起点，全省农村经济体制改革全面推进，在生产领域推行家庭联产承包责任制改革基础上，农产品流通领域改革也逐步推开。1985年，城市经济体制改革全面启动，私营企业从无到有，个体工商户增速发展，成为活跃于城乡经济领域的生力军。特别是在国家支持下，山西依托煤炭等资源优势和工业基础，致力于国家能源重化工基地建设，在"六五""七五"时期集中全国近1/10的重点建设项目，通过大规模投资，促进了能源工业快速发展，形成了以煤炭、电力、焦炭等为主导的产业格局。20世纪90年代后期，山西确定战略性产业结构调整为经济发展重点，全面推进经济体制改革和扩大开放，以培育新经济增长点和培育优势产业、优势产品、优势企业为主攻方向，实施"八大战略工程"，构建"六大支撑体系"，增强了经济整体素质和竞争能力，实现了经济整体创新和综合发展。2010年山西获批"国家资源型经济转型综合配套改革试验区"，为建设这全国第一个全省域、全方位、系统性的国家级综合配套改革试验区，山西围绕产业转型、生态修复、城乡统筹、民生改善四大转型任务，在煤电联营机制、煤层气审批制度改革、低热值煤发电项目审批、用地管理改革等多个领域进行突破，经济结构调整向纵深推进，全省经济转型发展有了显著进展。

党的十八大以来，我们在应势而动中战胜一个又一个艰难险阻，中国大踏步赶上了时代发展，中国人民意气风发走在了时代前列。我们推动中国特色社会主义进入新时代，踏上全面建成小康社会的新征程。以习近平同志为核心的党中央，带领全党全国各族人民进行伟大斗争、建设伟大工程、推进伟大事业、实现伟大梦想，形成了习近平新时代中国特色社会主义思想。在以习近平同志为核心的党中央坚强领导下，党和国家事业取得历史性成就、发生历史性变革。山西持续深入贯彻落实习近平总书记视察山西重要讲话精神，抓好五大任务贯彻落实，在"两转"基础上全面拓展新局面，保持经济持续健康发展和社会大局稳定，脱贫攻坚取得决定性成果，为全面建成小康社会打下决定性基础，山西在新时代全国改革发展大格局中的战略地位和对资源型经济转型的示范作用进一步凸显。山西适应新常态下发展条件变化，以新发展理念推动高质量发展，把转方式调结构放在更加重要位置，以提高经济发展质量和效益为中心，大力推进经济结构战略性调整和区域协调发展。以转型综改区建设为统领，以供给侧结构性改革为主线，全面深化各领域改革。国家监察体制改革试点发挥"探路者"作用，制度优势不断转化为治理效能。争取国家出台42号文件，标志着山西资源型经济转型发展上升为国家战略，"以改促转"成为主旋律。开展能源革命综合改革试点，开启"煤老大"向"排头兵"的历史性跨越。"三基建设"、党政机构改革、企业投资项目承诺制、开发区"三化三制"、国资国企改革、民营经济"30条"等一系列改革措施，极大地增强了全省发展的动力和活力。统筹推进煤炭产业与非煤产业发展，大力推进传统产业升级改造，推动煤炭产业"减""优""绿"发展，支持先进制造业优先发展，工业"内部结构反转"取得积极成效。加快培育和推动新兴产业及金融、物流、康养等现代服务业发展，黄河、长城、太行三大旅游板块在全国叫响，文化旅游成为新的支柱产业。"山西农谷""中部盆地城市群""两山七河一流域"生态系统、"一带一路"对外交流等一批重大项目加快推进，对全省经济社会发展起到了示范引领作用。进入新时代，山西庄严承诺，确保与全国同步全面建成小康社会，确保经济转型升级取得显著进展，确保良好政治生态全面有效构建，不断塑造美好形象，逐步实现振兴崛起。

从现在起到21世纪中叶，我们面临百年未有之大变局，为实现"两个一百年"奋斗目标，将开启更为光辉的历程，创造足以彪炳史册的人类奇迹。全面建成小康社会，是第一个百年奋斗目标。山西将同全国一起抓重点、补短板、强弱项，坚决打好防范化解重大风险、精准脱贫、污染防治的攻坚战，坚定不移深化供给侧结构性改革，推动经济社会持续健康发展，使全面建成小康社会得到人民认可，经得起历史检验。2020年全面建成小康社会后，全党全国各族人民将为实现第二个百年奋斗目标而努力，即建设富强民主文明和谐美丽的社会主义现代化国家，实现中华民族伟大复兴，这是鸦片战争以来中国人民最伟大的梦想，是中华

民族的最高利益和根本利益。山西将高举习近平新时代中国特色
社会主义思想伟大旗帜，紧扣重要战略机遇新内涵，着眼社会主
要矛盾转变，坚持稳中求进工作总基调，坚持新发展理念，推动
高质量发展，着力转变发展方式，促进经济发展由粗放型转向质
量效益型，着力培育经济发展新动能，不断增强经济创新力和竞
争力，建设国家资源型经济转型发展示范区，打造全国能源革命
排头兵，构建内陆地区对外开放新高地，奋力谱写新时代中国特
色社会主义山西篇章。

　　春华秋实何寻常，如橼巨笔著华章。在中华人民共和国成立
70周年之际，如何通过梳理和总结山西的发展实践与巨大成就，
更好地回顾中国发展的伟大历程，深入总结国家进步的宝贵经
验，进一步深化对共产党执政规律、社会主义建设规律、人类社
会发展规律的认识，山西省社会科学院（山西省人民政府发展研
究中心）组织研究和编撰《中华人民共和国成立70周年山西发展
丛书》，围绕70年来山西发展变迁，从经济结构变化、社会变迁
发展、能源经济发展、区域发展进步、重大发展成就、口述山西
发展等方面，出版一套集理论性、史料性和可读性于一体的通俗
理论读物，力求做到以事实表现主题、以故事讲述历史、以细节
反映时代，既突出重点又兼顾全面，既环环相扣又自成一体，达
到寓教于史、寓教于理、拓展知识、开阔视野的目的。

　　这套丛书希望通过理性分析，揭示70年山西辉煌成就的内在
逻辑。《山西经济结构变革与发展》以山西经济转型为主线，从
农业、工业、服务业、财税、收入分配、就业等方面客观分析
山西经济结构变迁的历程和特征，全面梳理、系统总结70年来，

特别是党的十八大以来，山西经济发展取得的历史成就和历史变革，深入研判山西经济结构的突出问题，对山西今后经济发展重点和战略方向做了探讨。《山西社会发展变迁》展现山西改革在社会领域中不断破除旧体制束缚，坚持理论创新、体制创新、政策创新和实践创新，建立起充满生机活力的社会治理新体制，其演变脉络充分体现着中国特色社会主义制度的活力与优势，进一步证明了党的领导是党和国家事业发展的根本保证。

这套丛书希望运用写实叙述，描绘70年来山西波澜壮阔的实践历程。《山西能源发展成就与展望》突出国家综合能源基地建设，分别从煤炭、焦化、电力、煤化工、煤层气、能源安全、矿区生态环境治理、能源体制机制、可再生能源等领域对山西能源发展历程和显著成就进行梳理和阐述，记录了山西为推动全国经济发展、保障国家能源安全、改善人民生活方面做出的历史性贡献，也为新时代深入开展能源革命综合改革试点提供了坚实基础。《山西区域经济与社会发展》围绕70年来山西发展历史性巨变，全面展示了山西区域经济社会发展70年来的实践和成就，特别是党的十八大以来山西大力推进两山与平川、城市与乡村、经济与生态协调发展的实践与成就，并在此基础上，探讨和总结山西区域经济社会发展的基本经验，为我们进一步推进新时代山西区域经济社会发展提供了启示和借鉴。

这套丛书希望秉持昂扬向上品格，展现70年来山西人民砥砺奋进的精神风貌。《当代山西70年口述史》走访18位与当代山西重要历史节点紧密相关的代表人物，借助他们口述的生动鲜活的重要事件和历史情景，从政治、经济、文化、社会、生态文明以及党的建设方面，记载当代山西革命、建设、改革的实践历程，讴歌山西人民艰苦奋斗、战天斗地的豪迈情怀，为山西历史和文化留下非常珍贵的一手资料。《山西若干重大成就回顾与展望》通过专题形式，充分展示山西人民在中华人民共和国成立初期一穷二白基础上不断艰辛创业、改革创新、砥砺奋进的斗争历史，着力叙述党的十八大以来，山西以习近平新时代中国特色社会主义思想为指引，深入学习贯彻习近平总书记视察山西重要讲话精神，努力践行新发展理念、推动高质量转型发展所取得的重大成就，以及打造富有改革生机、创新活力新山西的历史进程。

特别要强调的是，这套丛书力图从山西发展成就和变革中揭示出成就和变革背后的深层原因和内在机理，因此，既有宏观叙事和判断，也有具体描述和分析，既用历史逻辑纵向贯穿，讲清楚中国社会主义事业的继承接续，又用实践逻辑横向展开，突出山西各方面各领域革命、建设、改革的探索历程，既求深入浅出、通俗易懂，又求以点带面、点面结合，为大家进一步认识山西、了解山西、支持山西转型、助力山西发展贡献我们的绵薄之力！这也是我们应该担起的历史责任！

植根于深厚历史文化中的山西，会在新时代改革开放中纳百川、聚资源，焕发新生机、走出新路子、活出新样子！

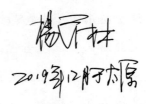

2019年12月于太原

目　录

总　序 ……………………………………………… 杨茂林　001

总论　从"一煤独大"走向能源革命新征程
  ——70年山西能源发展成就与展望 ………………………… 001
一、山西能源发展历程 ……………………………………… 001
二、山西能源发展成就 ……………………………………… 024
三、山西能源发展思考与展望 ……………………………… 034

专题一　山西煤炭工业发展成就与展望 ………………… 043
一、山西煤炭工业发展历程 ………………………………… 043
二、山西煤炭工业发展成就 ………………………………… 051
三、山西煤炭工业发展环境与趋势 ………………………… 059

专题二　山西焦化行业发展成就和展望 ………………… 064
一、山西焦化行业发展历程 ………………………………… 064
二、山西焦化行业的贡献 …………………………………… 080
三、山西焦化行业面临的困境与发展趋势 ………………… 090

专题三　山西电力工业由计划向市场转变 …………… 096

一、山西电力工业发展历程 ………………………… 096

二、山西电力工业发展成就 ………………………… 114

三、山西电力工业发展的趋势 ……………………… 130

四、山西电力工业发展的思考 ……………………… 136

专题四　山西煤层气产业发展历程与展望 …………… 144

一、山西煤层气产业发展历程 ……………………… 144

二、山西煤层气产业发展成就 ……………………… 155

三、山西煤层气产业发展展望 ……………………… 165

专题五　山西煤化工产业发展成就与展望 …………… 175

一、山西煤化工发展历程 …………………………… 176

二、山西煤化工发展成就 …………………………… 185

三、山西煤化工发展优势与劣势 …………………… 192

四、山西煤化工发展展望 …………………………… 198

专题六　山西煤炭资源整合煤矿兼并重组回顾与总结 … 206

一、煤炭资源整合煤矿兼并重组的背景 …………… 207

二、煤炭资源整合煤矿兼并重组的主要做法 ……… 209

三、煤炭资源整合煤矿兼并重组的成效与经验 …… 216

四、煤炭资源整合煤矿兼并重组的启示 …………… 220

专题七　山西能源安全生产发展成就与展望 …………… 224

一、山西能源安全生产发展历程 ……………………… 225

二、取得的成就与宝贵经验 …………………………… 251

三、山西能源安全生产展望 …………………………… 257

专题八　山西煤炭管理体制、机构沿革 ………………… 267

一、国家能源与煤炭管理体制、机构变迁 ………… 267

二、山西煤炭管理和安全监管体制沿革 …………… 272

三、山西煤炭管理机构变迁 …………………………… 291

专题九　山西煤矿矿区生态恢复治理 …………………… 309

一、山西煤矿矿区生态恢复治理历程 ……………… 309

二、山西煤矿矿区生态修复主要经验与成效 …… 319

三、山西煤矿矿区生态恢复治理思考 ……………… 326

专题十　山西能源开发与环境治理 ……………………… 333

一、山西环境治理的主要历程 ………………………… 333

二、山西环境治理取得的成就 ………………………… 340

三、构建环境治理长效机制 …………………………… 346

专题十一　山西可再生能源发展成就与展望 ………… 357

一、山西可再生能源产业发展历程 ………………… 358

二、山西可再生新能源产业发展成就 ……………… 378

三、山西可再生能源产业发展展望 ……………………… 397

参考文献 ……………………………………………… 419

后 记 ……………………………………………… 424

总论　从"一煤独大"走向能源革命新征程

——70年山西能源发展成就与展望

中华人民共和国成立70年来，山西能源发展取得了辉煌的成就。山西能源工业从中华人民共和国成立初期的一穷二白到后期不断发展壮大，形成门类齐全的全国综合能源基地。山西能源的发展为国家的经济建设和能源安全做出了巨大贡献。同时，也造成了山西产业结构粗放单一、生态环境污染破坏严重等问题。进入新时代，面对能源发展与保护环境的严峻挑战，山西正从"一煤独大"走向能源革命新征程。

一、山西能源发展历程

回顾山西能源发展70年的风雨征程，按历史发展的阶段性特征，大致将山西能源发展分为中华人民共和国成立初的恢复建设时期、能源重化工基地建设时期、能源产业发展战略调整时期、能源产业快速发展时期和新时代能源转型发展时期五个阶段。

（一）中华人民共和国成立初的恢复建设时期（1949年—1977年）

中华人民共和国成立初期，由于常年战乱，国家积贫积弱、百废待兴，为重建国民经济体系，人民政府开始恢复经济、发展生产、安定社会。能源是支撑国民经济的重要物质基础，如何尽快恢复能源生产，是当时国家考虑的一项重大任务。山西是我国发现和利用煤炭最早的地区之一，国家基于优先发展重工业的战略考虑，非常重视山西煤炭的生产和供应。电力工业学习苏联的管理模式，由国家统一建设管理，发电企业均由中央财政投资建设。在国家的大力支持下，山西能源工业迅速进入全面恢复生产和建设时期。

这一时期，全省用于能源工业基本建设的投资不断增加，由"一五"时期的5.8亿元增加到"二五"时期的11.5亿元。其中煤炭工业基建投资额由"一五"时期的3.8亿元增加到"二五"时期的9.2亿元，均占到了工业基建总投资的25%以上。电力、化工的投资额也分别由"一五"时期的1.91亿元和1.93亿元增加到"二五"时期的2.03亿元和5.01亿元。即使是"文化大革命"时期（"三五""四五"时期），全省用于能源工业的基建投资额也近16亿元。到了"五五"时期，山西省能源工业基本建设投资额达到了24.6亿元，同比增长了109.4%。

这一时期，山西能源工业发展迅速，能源产量大幅提升。1950年，我国进入三年国民经济恢复时期，山西省委、省政府为了迅速恢复矿井生产，派干部到中央直属煤矿和地方重点煤矿开展生产自救。同时，通过购置采煤机械、改革采煤方法、推广快速掘进作业等措施，经过三年的恢复建设，煤炭产量从1949年的267万吨，猛增到1952年的994万吨。同时，针对战乱导致设备长期失修等现状，山西加快电力工业恢复重点项目，陆续恢复了太原、大同、阳泉、长治等主要城市的电力工业，并对主要用户恢复了供电。到1952年底，全省发电装机容量回升到5.62万千瓦，为历史最高水平；发电量达到1.53亿千瓦时，较1949年增长1.4倍。[1]

随着社会主义改造和国民经济恢复的完成，1953年国家制订的第一个国民经济发展五年计划开始执行，迎来了社会主义建设的新高潮，在五年计划中山西省被国家确定为重工业地区，山西煤炭和电力工业也随之进入快速发展时期。这一时期，山西按照中央对发展煤炭工业实行"新建与改建相结合，以改建为主，大中小相结合，以中小为主"的方针，改建和新建了一批矿井。为了加快山西煤矿生产和建设，煤炭工业部在山西成立太原煤矿管理局，加强对山西中央直属煤矿的管理。同时从省外抽调勘探、设计、施工力量支援山西，成立了华北煤炭地质勘探局、大同和太原煤矿基建局，形成了从勘探、土建到安装等施工力量一应俱全的煤矿基本建设大军。通过五年建设，到1957年，全省生产原煤2368万吨，占全国煤炭产量的18.8%，列全国第一。五年生产原煤8210万吨，占全省工业总产值的30%左右。这一时期，山西电力的重点工作是抢修电力设备，恢复供电生产，统一频率电压，整顿企业管理。到1957年底，全省电力装机容量达到16.71万千瓦，较中华人民共和国成立前增长了4.54倍；年发电量达到5.72亿千瓦时；[2] 电力工业总产值由

---

[1] 山西省史志研究院编：《山西通志·第十三卷·电力工业志》，中华书局，1997年。

[2] 山西省史志研究院编：《山西通志·第十三卷·电力工业志》，中华书局，1997年。

1949年的411万元，增加到1957年的4938万元，增长11.0倍。[1]

1958年，我国进入国民经济第二个五年计划时期，由于受"左"的思想的影响，山西煤炭行业贯彻"大中小并举""两条腿走路"和"全民办矿"的方针，小煤窑急剧增加，由1000处增加到4000处。由于盲目夺高产，能源工业的基础设施建设盲目扩张，导致生产维修、采掘比例严重失调，重大事故时有发生。小煤窑乱采滥挖，破坏了煤炭资源。同时，一味追求高指标、高速度，导致山西电力负荷持续增加，山西电力工业不能适应国民经济发展的需要。1960年12月，中共中央提出"调整、巩固、充实、提高"八字方针，山西国营煤矿进行全面调整，努力发展煤炭生产，确保了国家经济建设。1962年，山西原煤产量达到3180万吨，比1957年增长了33%。1963年，我国国民经济进入三年调整期，山西煤炭行业为了挽回"大跃进"时期造成的损失，继续贯彻"八字方针"，缩短基本建设战线，调整采掘比例，重新核定了矿井生产能力。在管理方面，恢复和建立规章制度，以规章制度和质量标准化为中心，加强企业管理，出现了一批质量标准化矿井。这一时期，煤矿生产能力达到3927万吨，比1962年提高了23.5%。1958年—1965年，山西电力首次投运了高温高压火力发电机组。到1965年，电力工业新增发电装机容量8.3万千瓦，全省装机容量达到51.98万千瓦。全省发电量达到25.7亿千瓦时，比1962年增长了42.9%。

1966年，在国家扭转"北煤南运"方针指导下，煤田勘探和基本建设力量大批南调，山西基建投资由1966年的9155万元锐减

---

[1] 山西省统计局能源物资处编：《山西能源经济统计》（1985—1991），1992年。

到1968年的3006万元，原煤产量下降。1968年—1970年，国务院和煤炭部分别召开了两次全国煤炭会议，山西煤矿认真执行会议提出的"老矿挖潜，产量翻番"方针，改革采掘部署，更新技术设备，挖掘老矿潜力，提高矿井综合生产能力。到1975年，全省煤炭产量7541万吨，比1970年增长46.34%，比1965年增加3614万吨，增长92.03%。与此同时，1966年—1978年，山西电力生产受"左"倾错误干扰，生产秩序破坏、管理混乱，导致事故频发、发电量下降明显，为此，山西省革命委员会专门成立了保电办公室，帮助电力系统治理设备，加快电力建设，恢复现有设备的正常生产，全省电力生产稳步回升。到1978年底，山西发电设备年底装机容量达212.5万千瓦，居全国第15位。

总体来看，这一时期，虽然受"左"的思想的影响，山西能源工业经历了一段曲折，但由于前期方针正确、政策稳定，能源工业发展较快，能源工业的技术装备、生产能力等均有了明显提高，能源工业产品产量、产值也有了大幅的增长，能源工业体系开始形成，能源工业的布局全面展开，从而奠定了能源工业的基础。煤炭产量由中华人民共和国成立初期的267万吨增加到1977年的8754万吨，煤炭外调量也由1949年的62万吨增加到1977年的4731万吨。与此同时，我省的电力产业也得到恢复和发展。1949年全省发电装机容量仅有40.8兆瓦，全省发电量仅0.64亿千瓦时，占全国当年发电量的1.49%。经过了20多年的发展，到1978年，山西省的发电装机容量达到212.48万千瓦，年发电量106.63亿千瓦时，并成为当时外送电力最多的省份。这一时期我省能源基础建设几乎都是由中央投资建设管理的，地方政府建设的小火电机组和自备电厂大约不到20

万千瓦,占全省电力装机的比重仅10%不到,单机容量均在0.6万千瓦以下。20世纪60年代末70年代初,以农村小水电和沼气建设为代表,我省的新能源建设探索出现了第一次小高潮。

(二)能源重化工基地建设时期(1978年—1991年)

1980年5月,《人民日报》发表《尽快把山西建设成一个强大的能源基地》的社论,以此为标志,山西进入能源重化工基地建设时期。十一届三中全会后,我国确立了实行改革开放,以经济建设为中心的方针政策,全国经济开始高速增长,能源消费迅速增加,能源短缺问题成了制约国民经济发展的首要问题。在此背景下,国家出台了一系列以增加能源供给为宗旨的能源开发投资政策,部署放宽政策,放手发展地方煤矿,加强以煤炭运输为重点的铁路、港口建设等一系列措施,决定集中必要的财力和物力,建设以山西为中心(包括内蒙古西部、陕西北部、宁夏、河南西部)的煤炭重化工基地。也就是说,山西依托丰富的煤炭资源、雄厚的能源工业基础和优越的地理位置,进入了国家确定的能源重化工基地建设时期。1983年10月,山西省人民政府报国务院《1981—2000年山西能源重化工基地综合建设规划(草案)》,确立了依托山西煤炭资源优势,把煤炭资源开发摆在首要位置的综合建设规划。由于经济的快速发展,缺电问题更加突出。为了改变这一局面,1989年国家改革了单一的电力投资模式,鼓励地方办电厂,即实行了"电厂大家办,电网一家管"的政策。山西省政府为了尽快发展地方电力工业,根据国家政策制定了"多渠道办电、集资办电"的方针政策。通过集资办电、利用外资办电、鼓励地方政府办电等措施,充分调动了全社会办电的积极性。1989年,成立了"山西省地方电力公司"。山西的电力工业体制首次出现了中央与地方两大电力公司并存的局面，从此山西地方电力事业步入了快速发展的时期。

这一时期是全省能源工业高速增长时期，国家约十分之一的重点工程集中在山西，山西煤、电、交通等重点建设投资大幅度增加，全省基础建设投资总额的60%以上投入到了能源领域，大规模的建设投资给山西能源工业注入了新的生机和活力，一大批能源基础产业项目竣工投产，山西能源基地的实力大大增强，各种能源产品生产能力空前提高，能源加工转换的方针政策得到进一步落实，二次能源产品快速增加，外销能源品种增多，结构优化，有效缓解了我国能源短缺的现实状况。

据统计，这一时期全省用于煤炭基建投资占总投资的比例由50年代的25%左右上升到40%以上；电力投资占比也由50年代的不足10%上升至20%以上。伴随着高强度的投资，全省原煤产量由1978年的9825万吨增加为1991年的29162万吨，外调量也由1978年的5270万吨增加为1991年的19435万吨，分别增长了2.97倍和3.69倍。发电量也由1978年的106.63亿千瓦时增加为1991年的341.38亿千瓦时，外调量由1978年的2.8亿千瓦时增加至1991年的78.2亿千瓦时，分别增长了3.2倍和27.93倍。随着我省大中型电厂的大规模建设和电网的逐步完善，我省成为外输电力最多的省份，全国的缺电局面得到了一定程度的缓解。值得一提的是，这一时期我省的煤化工行业取得了令人瞩目的发展。我省的焦炭产量由1978年的356.51万吨激增至1991年的1455.42万吨，10余年间翻了4倍。同时，随着我省以薪炭林和秸秆为主的生物质能的利用，以地膜覆盖、阳光塑料大棚为重点的太阳能技术的推广，以及沼气的稳步开发，我省的新能源建设得到了进一步的发展。到1990年，全省共发展薪炭林110多万亩、多功能灌木林100多万亩，在解决群众燃料使用方面起到了一定作用。与此同时，这一时期我省的能源科技也取得了一定的成果。截止到1990年底，全省仅煤炭系统共有300余项科研成果获得国家级、部级和省级奖励。

经过10多年的建设，全省煤矿数量由2000多座猛增到6000多座，原煤、洗精煤、焦炭产量迅速提高。新建和改建了一批大型煤矿、电厂，相继建成7条地方铁路、100多个煤炭集运站和13条出省公路，有效改善了煤炭外运瓶颈，缓解了全国煤炭供给紧张的状况。同期，省内煤化工、冶金、建材、机械制造等部门也得到一定的发展。到1992年，山西已经形成了以能源、原材料为主导的重型产业结构，成为全国名副其实的能源基地。

在大规模、高强度的投资驱动下，1982年—1984年，山西经济保持了较高的增长速度。然而，从1985年起，山西经济增长速度开始落后于全国平均水平，主要经济指标差距拉大。严峻的现实迫使人们认识到，建设山西能源基地，绝不意味着山西只可以发展能源生产，而忽视其他方面的发展。为此，1985年，山西省委对《1981—2000年山西能源重化工基地综合建设规划（草案）》进行了修正，把"能源重化工基地"的战略重点从煤炭、电力和煤化工调整为能源工业、重工业和化学工业，指出要"动员和组织全省人民，充分发挥本省的自然资源优势，重点搞好能源重化工基地建设，大力发展农业，狠抓交通运输和教育科技两个薄弱环节，带动和促进整个国民经济和社会协调发展"。

1985年，国家决定把煤炭、电力等国有大中型企业上划中央，并在投资、税收运输等方面制定了完全不对等的政策条件，使企业的发展失去了公平的竞争环境，促使地方政府对地方企业进一步扶持，加剧了条块矛盾。从经济发展的实际效果看，以能源、原材料工业为支柱的山西经济增长速度从1985年开始落后于全国平均水平，以此为界，到1990年，山西省主要经济指标与全国差距逐年拉大，差距较大的1987年和1988年，国民生产总值增速分别低于全国平均水平6.3和4.7个百分点；同时，人均国民生产总值的差距也在拉大，到1992年，比全国平均水平差341元。

从发展实践看，1980年—1992年，山西能源基地建设始终处于能源强化开发阶段，能源工业集中了政府和民间的大部分可动用资源。虽然，在此期间山西在政策上已经明确提出能源重化工基地建设只是山西经济发展的一个重点而不是全部，也提出了产业结构调整。但是，在实际发展过程中，制定的产业结构调整方针与实际经济运行结果出现了背离，投资偏重于能源工业，特别是偏重于煤炭工业的倾向没有得到改变，也没有脱离"以煤为纲"的产业发展模式，导致全省一批知名轻工产品逐步衰落，并形成了以中小型煤矿为主体的能源工业为支柱的重型产业结构，并引发了1985年之后的经济发展速度逐渐滑坡。建立在资源基础上的山西重型工业结构，虽然符合全国区域分工和国家战略发展的要求，也体现了山西资源特点和区位优势，但是以能源工业为支柱的重型产业结构，其产品初级、经营粗放、支柱单一，高投入低产出，导致山西经济结构效益低下。同时，由于山西能源原材料产品价格大多由国家计划控制，国家资源产品价格改革滞后，山西承受着低价输出能源和高价输入工业制成品的双向价值流失。

（三）能源产业发展战略调整时期（1992年—2000年）

1992年初，全国掀起了新一轮的改革发展热潮。1992年4月，山西省委、省政府通过了《关于进一步解放思想，加快改革开放，促进经济发展的意见》，明确提出了山西省产业结构调整的总体目标是：加强第一产业，调整第二产业，发展第三产业，其中第二产业以工业结构调整为重点。提出了要继续稳定发展山西经济主导支柱产业——能源（煤炭、电力和焦炭）工业，重点搞好煤炭的加工转换和运输；同时，要有计划、有步骤地大力培养和发展机电工业、冶金工业、化学工业和轻纺食品工业四大支柱产业。1992年11月，山西省委六届五次全会上通过了《中共山西省委关于加强党的建设改善党的领导促进经济上新台阶的意见》（晋发〔1992〕45号），提出了变单一支柱产业为多元产业的十二大战略性系列工程。这是对前期山西能源基地建设和经济社会发展过程中的经验教训进行不断反思之后提出的新的发展战略。

1993年11月，党的十四届三中全会通过的《中共中央关于建立社会主义市场经济体制若干问题的决定》，系统完整地提出了我国社会主义市场经济总体框架，标志着我国社会主义市场经济建设进入新的历史阶段。以此为指导，山西省制定了《中共山西省委贯彻落实〈中共中央关于建立社会主义市场经济体制若干问题的决定〉的实施意见》，该意见指出，建设山西商品能源重化工基地，是山西省经济社会发展的战略目标，符合全国经济的整体利益，有利于发挥比较优势。今后，要把建立社会主义市场经济体制同建设山西商品能源重化工基地紧密结合起来，制定新的发展战略。坚决打破传统计划经济的束缚，实现能源重化工行业的商品化、市场化和高附加化，在市场竞争和等价交换中，使山西的能源优势转化为经济优势。同时，在国家大力的支持和"西电东送"战略的推动下，山西变单一的煤炭开发为多种能源产品的综合开发和深度加工，按照市场经济的要求，以国内外市场需求为导向，积极调整产业和产品结构，输煤输电并举，抓好挖煤、输电、引水、修路，解决山西发展的重大制约因素。

以上面两个文件为标志，山西能源产业发展战略开始进行调整，从单纯依赖煤向输煤输电并举转变，向煤炭加工转变，向提高煤炭附加值方向转变。山西电力工业积极落实省委、省政府确定的"变输煤为输煤输电并重"政策，加大电力开发力度，拓宽投融资渠道，吸引国内外投资入晋办电，山西电力实现跨越式发展，促进了山西能源基地的建设。

"八五"时期，山西能源基地建设和能源工业发展继续保持了强劲的势头，能源工业基本建设投资为231.9亿元，占基本建设投资总额比重达39.1%，比1990年增长了1.8倍；在全社会固定资产投资总额中，能源工业所占的比重达到23%；全省原煤年产量由2.86亿吨增至3.47亿吨，占全国原煤产量的26.32%；发电量由314亿千瓦时增加到500亿千瓦时，焦炭产量由1445万吨增加到5297万吨；到1985年，全省煤炭加工转换比达到38.73%，其中火电为6.77%、洗精煤为14.67%、焦炭为17.80%。同期，山西经济发展逐渐回升并获得明显进步，到1995年，全省国内生产总值达到1050亿元，年均增长10.1%。

1997年亚洲金融危机爆发，我国经济由卖方市场进入了买方市场，能源供需形势发生了急剧变化，这个时候能源市场的制约因素已经从过去的供应能力不足转变为有效需求受到限制。在全国能源市场有效需求不足的形势下，山西煤炭行业陷入了关井压产的状态。1997年到2000年，我省煤炭产量连续四年呈现下滑态势，由1996年的34881万吨下降至2001年的27660万吨。能源需求萎缩引发了资源型产业结构的弊端，煤炭产业的不景气影响了全省的经济增长。1995年后山西省的GDP开始下滑，到1999年跌至全国倒数第一。

面对金融危机的影响，1999年10月，山西省委、省政府在运城召开了全省调整经济结构工作会议，提出了以培育"一增三优"（新经济增长点，优势产业、优势产品、优势企业）为主攻方向的结构调整思路。同年12月，山西省委召开七届九次全体会议，确定经济结构调整是全省近中期经济工作的中心任务，并且明确和形成了山西经济发展的新思路：以调整经济结构为中心，以改革开放为动力，抓好"五项创新"（技术创新、金融创新、人才机制创新、环境创新、观念创新），实现"三个提高"（提高经济增长的质量和速度，提高全省综合经济实力，提高人民群众生活水平）。

这一时期，虽然后期山西经济增长有所下滑，GDP增速由1995年的12%下降至1999年的7.3%，但山西能源工业固定资产投资仍延续了前一阶段持续增长的态势。1993年—1999年间能源工业固定资产投资累计达到688.35亿元，占同期全社会固定资产投资比重的25.7%，约为1980年—1992年间能源工业固定资产投资总额的1.78倍，煤炭行业占能源固定资产投资比重由1992年的62.9%下降为1999年的29.6%，电力行业的投资比重则从32.2%上升至65.6%。能源加工转换规模不断提升，1999年，山西加工转换能源占一次能源产量的比重达到51.56%，比1992年提高了31个百分点，其中火电、洗精煤、焦炭所占比重分别提高升了4.4、11.0、15.7个百分点。

　　这一时期，亚洲金融危机让山西能源和经济发展的环境和条件发生了多方面的改变，山西新的经济结构调整的发展战略和目标不仅未能有效实施，反而出现了结构调整迟缓、经济增长质量不高、最终需求不足、企业经济效益低下的新矛盾和新问题。同时，以能源产业为主导的单一化、重型化产业结构，引发了发展方式粗放、工业经济效益不高、环境破坏严重等诸多问题。这一时期，山西对未来国际国内发展环境认识不是很清，在全球经济发展格局变动和国内经济结构大调整的背景下，未能认识到山西作为能源基地经济今后的发展方向，提出的发展思路仅局限于追赶全国平均水平和沿海发达省份的框架内。经济结构和产业结构调整的思路仍未突破"能源基地"的旧框框，仍在资源产业上做文章。山西能源产业发展战略仍然遵循着"依托煤、开采煤、延伸煤"的产业发展轨迹，以煤为基础，向炼焦、电力、冶金、建材等原材料工业延伸，走的是一条外延扩张型发展道路。20世纪90年代中期，山西各级政府已经意识到产业结构调整的必要性，但实际进展不大。1997年，全省各类煤矿达到创纪录的10971座，中小煤矿数量超过99%，产量占据全行业半壁江山。20年来，能源基地大规模、高强度开采和粗放利用煤炭，对山西生态环境破坏严重，1999年，全省有13个城市进入全国30个污染最严重城市行列，严重的环境污染已经影响到城乡居民的身体健康。也就是说，能源工业的迅猛发展，在给全省经济带来增长的同时，也造成我省资源浪费严重、生态环境急剧恶化，这严重影响了经济的可持续发展。可以说，这一时期是改革开放以来，山西经济社会发展较困难的时期，亚洲金融危机导致的国内外能源需求萎缩引发的资源型产业结构弊端集中显现，加快产业结构调整已成为山西一个摆脱不掉的沉重话题。

（四）能源产业快速发展时期（2001年—2010年）

2001年，中国加入世界贸易组织，我国对外开放力度进一步加大，国际国内能源需求进入高速增长期，山西能源工业翻开了崭新的一页，能源工业优化升级加快，日益走入全球化的产业链中，融入世界经济。为加快我省能源工业"走出去"的步伐，在科学发展观指导下，全省紧紧围绕建设新型能源和工业基地的目标，以结构调整为主线，深化投融资体制改革，积极推进投资的社会化、多元化，下大力气改造提升传统支柱产业，培育发展新型支柱产业，促进了全省能源工业经济结构、产业结构的调整和优化。"十五"以来，能源工业作为我省的传统支柱产业，随着结构调整的不断深化，产业素质明显提高，综合实力进一步加强，成为历史上发展最快的时期之一。

受金融危机影响，1999年以来，山西提出的经济结构调整的目标没有得到有效实施，结构调整的步伐明显减缓。为此，2004年8月，山西在总结5年结构调整的经验和不足的基础上，适时调整能源基地发展思路，按照科学发展观的要求，提出了把山西建设成国家新型能源和工业基地的战略决策。2006年10月，山西省第九次党代表大会召开，省委、省政府坚持加快科学发展、建设和谐山西、致力求真务实的总体要求，团结带领全省人民致力于新基地新山西建设，坚持走出"四条路子"、实现"三个跨越"的总体战略部署，以发展新的支柱产业为战略重点，着力培育优势产业，改造提升传统产业，使产业结构调整不断深化。在深入学习实践科学发展观活动中，针对我省在经济社会发展中存在的产业结构过于单一、产业结构的初级化严重和生态环境污染严重、资源浪费严重、安全事故时有发生等矛盾和问题，山西省委把实现"三个发展"（转型发展、安全发展、和谐发展）作为山西学习实践活动的主题和载体，明确提出要以企业、产业、矿城转型为重点，优化产业结构、推进节能减排、提高经济效益，促进经济社会协调发展和能源基地全面转型。2007年12月，山西省委正式提出把山西建设成为我国新型能源和工业基地，这是继能源重化工基地之后对山西发展的又一次重新定位。

在新的战略定位指导下，"十一五"以来，全省煤炭行业坚持以科学发展观统领转型跨越发展，针对长期以来我国煤炭资源一直是无偿开采，滥采滥挖现象屡禁不止，特别是一些乡镇煤矿和个体煤矿无序生产，进行掠夺性开采的现象，以及全省地方煤矿历史形成的发展起点低、规模小、数量多、开采方式落后、资源浪费、事故频发、污染环境等一系列问题，实行重点治乱。从2005年开始，山西实施煤炭资源整合和有偿使用制度，首先，坚决依法关闭所有无证非法开采的煤矿，严厉整治所有违法开采的煤矿，整治不合格的坚决予以关闭。2005年全省共取缔关闭4876个非法采矿点，截至2006年初又关闭了3500个死灰复燃和新发现的非法采矿点以及283个非法储煤场，彻底改变了无证小煤矿林立、煤炭开采安全水平低的现状，为煤炭资源整合和有偿使用的顺利开展奠定了坚实基础。其次，煤炭资源整合采取收购、兼并、参股等方式，鼓励大中型企业参与煤炭资源整合，组建和发展大型企业集团，并规定了应当予以关闭、资源参与整合和不得参与整合的若干情形。明确了煤炭资源整合目标：县级行政区域内资源整合后新增资源面积不得超过整合前已占用资源总面积的10%；新增煤炭生产能力不得超过整合前核定生产能力的10%。通过行政审批取得采矿权的采矿人依法缴纳采矿权价款，采矿权价款主要用于矿产资源勘查、保护和管理。县级人民政府分配所得的采矿权价款，主要用于在煤炭资源整合过程中关闭合法矿井的补偿和煤矿企业所涉及乡村的地质生态环境治理。第三，推进煤炭企业兼并重组，进行生产经营流程的再造，实施煤炭资源的集团化经营、规模化开采和链条式开发，发挥资源的协同效应，获得规模经济效益和实现多元化经营目标。煤炭资源整合、煤矿兼并重组是山西煤炭产业转型发展的创新实践，为抑制煤炭资源浪费行为起到了积极作用，为山西煤炭经济走集约、高效和可持续发展的良性道路奠定了基础。

2007年煤炭工业可持续发展政策措施试点在山西启动，将"加大煤炭资源管理和有偿使用"列为试点实施方案的主要任务之一，并就做好煤炭资源开发规划和矿业权管理，以及完善矿业权有偿取得制度、合理分配和使用矿业权出让收益等做出具体部署。试点开展以来，在煤炭工业管理体制、煤炭生产长效机制、煤炭产业集中度、矿区生态环境治理和转型转产方面取得了初步成效，初步建立起促进山西煤炭工业可持续发展的制度保障体系。

在山西煤炭行业实施一系列政策措施的时期，我国加入WTO，国内外市场需求旺盛，我省能源工业进入了"黄金十年"发展期。"十五"期间，煤炭工业投资和建设规模急剧膨胀，五年间矿井投资累计完成214.25亿元。努力提高产业集中度和集约化水平，围绕三大煤炭基地建设，加快推进了一批大型现代高产高效矿井，共关闭了4578个开采落后、浪费资源、安全没有保障、生产力低下的小煤矿。"十一五"期间，我省煤矿企业兼并重组取得重大成果，形成了11个千万吨级以上的大型煤炭集团、72个300万吨的煤炭企业，率先在全国煤炭行业进入全新的大矿发展阶段。到2010年末，全省煤炭行业办矿主体由2000多家减少到130多家，煤矿数量由"十五"时期末的4278座减少到1053座，初步形成4个年生产能力亿吨级的特大型煤炭集团、3个年生产能力5000万吨以上的大型煤炭集团。煤炭产量由2000年的2.25亿吨上升至2010年的7.41亿吨，增长2.29倍；焦炭产量由2000年的2393.64万吨提高到2010年的8504.75万吨，增长2.55倍。"十一五"时期，能源行业投资力度不断加大，投资结构不断优化。矿井建设和改造投资1135亿元，比"十五"期间增加874亿元，增加4.35倍。2009年，山西七大煤炭企业用于科技投入的资金就达到33.9亿元，比2005年增加20.16亿元，增长59.46%。2001年至2008年，累计出口煤炭达28532万吨，与整个20世纪90年代出口总量相比，增长67.1%。

山西电力工业也得到快速发展。2003年开始，按照国务院确定的"厂网分开、主辅分离、输配分开、竞价上网"原则，山西电力工业开始实施"厂网分开"，重组发电和电网企业，打破"发输电一体化经营"的管理体制，构建起政府监管下的政企分开、公平竞争、开放有序的电力市场体系。"厂网分开"后，国内和省内发电企业紧紧抓住"西电东送"和能源结构调整的机遇，在山西境内纷纷投资兴建大型坑口电厂、抽水蓄能电站、风力发电等项目，电力工业健康快速发展，电力供应能力显著增强。到2008年底，山西省发电装机容量3634.98万千瓦，发电量1796.85亿千瓦时，建成17座装机容量超过百万千瓦的发电厂（站）。"十一五"末全省发电装机容量达到4700万千瓦，比"十五"末增加2400万千瓦，发电量由2000年的384.17亿千瓦时增加到2010年的2151亿千瓦时，增长5.60倍。电力结构日趋完善，煤矸石综合利用发电、热电联产机组进展顺利，新能源发电比重增加。晋电外送工作力度加大，"十一五"末外送电装机达到1515万千瓦，比"十五"末增加755万千瓦，外送电量692亿千瓦时，比"十五"末增加331亿千瓦时。节能减排成效显著，截至"十一五"末关停淘汰20万千瓦及以下小火电机组315.81万千瓦，比"十一五"计划的267万千瓦多关停48.81万千瓦，超额完成了关停任务。

21世纪以来，我省新能源发展也进入了一个新的阶段，新能源建设由过去的单项技术开发扩展至综合开发利用，使用范围也由生活领域扩大至生产领域，新能源开始了产业化发展进程，新兴能源产业初具规模，能源产业结构日趋合理。2010年底，风电、水电、生物质能发电、煤层气发电等新兴能源发电装机约占到全省发电装机容量的7%。自主研发煤基合成油技术取得重大突破，太阳能产品开发利用迈出新步伐。农村沼气服务网络初步形成，"甲醇燃料汽车示范工程"取得成效。

煤化工产业规模扩大，逐步向集中化态势发展。这一时期，山西省培育了太化集团、天脊集团、阳煤丰喜集团、三维集团、山焦集团、兰花化肥公司、天泽煤化工公司等一批大型煤化工企业。突破山西煤种气化技术，全面提升煤化工产业核心竞争力，努力把煤化工产业建设成为山西省转型发展的重要支柱产业。

在国内能源需求旺盛的形势下，我省经济发展取得长足进

步,GDP增长速度连续七年超过10%,并领先于全国GDP增速。2007年,山西GDP同比增速更是达到了16.3%

总体来看,进入21世纪以来,煤炭市场极度火爆,资源开采行业投资热情空前高涨,经济结构调整受到较大的冲击。这一时期,虽然提出了新一轮的结构调整规划,但由于国际国内经济形势的变化,能源产业迎来黄金发展期,山西结构调整的规划没能有效实施。2008年发生国际金融危机,对以能源供应为主的山西经济影响巨大,GDP增速迅速下滑,2009年山西GDP仅为6%,为全国最低。"一煤独大"的产业结构,又一次引发了资源经济转型困境。山西这一典型的资源型省份,在为全国经济发展做出巨大贡献的同时,也形成了高度依赖煤炭资源的经济结构,经济发展过度依赖煤炭产业、过多倚重煤炭价格。"一煤独大"的经济结构,可以实现经济增长,却难以实现持续稳定发展。在此形势下,2010年12月,国务院正式批复设立"山西省国家资源型经济转型综合配套改革试验区",这是我国目前唯一一个以"资源型经济转型"为主题的、全省域、全方位的国家级综合配套改革试验区,旨在通过试验改革,进一步深化结构调整,为资源型经济转型发展探索出一条可行的发展模式。

(五)新时代能源转型发展时期(2011年至今)

进入新时代,特别是党的十八大以来,党中央、国务院高度重视能源问题,进行了一系列重大战略部署。党的十八大报告指出:"推动能源生产和消费革命,控制能源消费总量,加强节能降耗,支持节能低碳产业和新能源、可再生能源发展,确保国家能源安全。"围绕中央总体部署,我省全力推进新型综合能源基地建设，全省能源产业不断发展壮大，能源结构不断优化，行业整体面貌发生了巨大改变。但同时，在国际复杂的经济环境因素影响下，在经济进入新常态的背景下，煤炭需求增长不旺、油气价格走低，煤化工等消纳市场前景不容乐观，我省能源产业进入转型发展时期。

"十二五"以来，受煤炭需求放缓、煤价持续下跌、产能集中释放、成本上升和竞争加剧等因素影响，全省产能过剩问题进一步加剧，能源产业发展面临困境。煤炭价格持续下跌，环渤海动力煤价格指数（环渤海地区六个港口平仓的发热量5500大卡动力煤的综合平均价格）由2015年初的520元/吨跌至2016年初的371元/吨，一年期间跌幅近三分之一。煤炭企业经营惨淡，截至2015年底，山西煤炭行业亏损94.25亿元。山西省属五大煤炭集团应收账款已达678.2亿元，是2011年的2.4倍，五大煤炭集团负债率已经达到81.79%，企业经营风险急速增加。受煤炭产业影响，2014年，山西GDP从2013年的8.9%下滑到4.9%，增速在全国垫底，2015年增速仅为3.1%，排在全国倒数第二位。

面对煤炭市场疲软、煤炭产量过剩引发的煤炭价格下跌等一系列问题。2011年以来，山西省政府密集出台了一系列促进煤炭产业平稳发展的相关政策。2013年7月，以强素质、调结构、转方式为核心，果断出台了《进一步促进全省煤炭经济转变发展方式实现可持续发展增长的措施》，2013年8月，又连续出台了"低热值煤发电20条"、《关于加快推进煤层气产业发展的若干意见》等多项政策。同时，针对出现的具体问题，省政府又密集出台了一系列具体的政策措施，包括煤电一体化、涉煤收费清理规范、资源税改革、运销管理体制改革、煤炭管理体制改革、深化国有企业改革、煤炭供给侧结构性改革等一系列实质性改革政策。随着全省供给侧结构改革的深入推进、淘汰落后产能的稳步实施，2016年，GDP增长4.5%，比2015年提高了1.4个百分点。2017年以来，推动经济发展由"疲"转"兴"，形成了强劲转型态势，经济增长进入合理区间，2017年和2018年，GDP分别增长7%和6.7%。

正当山西逐步完善煤炭产业发展的政策，促进煤炭产业转型升级的关键时期，党中央、国务院高度关注山西的资源型经济转型发展。2017年6月，习近平总书记视察山西时进一步提出，党中央赋予山西建设国家资源型经济转型综合配套改革试验区的重大任务，山西要用好这一机遇，真正走出一条产业优、质量高、效益好、可持续的发展新路。

2017年9月，《国务院关于支持山西省进一步深化改革促进资源型经济转型发展的意见》发布，山西资源型经济转型已经全面上升为国家战略，国家支持山西资源型经济转型发展全面破题。该意见通篇贯穿了以改革促转型的鲜明导向，支持性政策涉及转型发展的各类支撑要素，如对推进煤炭产能减量置换和减量重组、提高晋电外送能力、提高煤层气产业发展自主权、加大采煤深陷区综合治理专项支持力度和提高生态建设中央预算内投资补助标准等方面提出了支持政策。正如山西省第十一次党代会明确提出："山西经济发展到今天，正处于一个重大历史拐点，到了发展动力深度转换、经济结构全面升级的新阶段，无论是煤炭产业还是整体经济都需要在转型中焕发新的活力。山西转型发展就是要以能源革命为契机，从更高层次的战略层面用好山西的比较优势，带动传统产业改造升级，逐步实现传统向现代的蝶变。"

2019年4月，国家发改委印发的《2019年国家综合配套改革试验区重点任务》中，对山西开展能源革命综合改革试点提出具体要求：完善煤层气勘查区块公开竞争出让制度，全面建立煤层气矿业权退出机制；深化电力体制改革，加快输配电价改革；完善国有资本授权经营体制，改革国有资本监督管理体制，调整优化国有资产布局，更大力度推进国有企业混合所有制改革；坚持打好污染防治攻坚战，创新和改进环境治理方式，建立生态环境损害赔偿制度。2019年5月29日，中央全面深化改革委员会第八次会议审议通过了《关于在山西开展能源革命综合改革试点的意见》，作为国内煤炭主产区和能源基地的山西省，正式成为全国首个能源革命综合改革试点省份。会议强调，推动能源生产和消费革命是保障能源安全、促进人与自然和谐共生的治本之策。山西要通过能源革命综合改革试点，努力在提高能源供给体系质量效益、构建清洁低碳用能模式、推进能源科技创新、深化能源体制改革、扩大能源对外合作等方面取得突破，争当全国能源革命排头兵。为此，山西以低碳理念引领转型发展，深化能源供给、消费、技术、体制"四个革命"，推动国际合作，全面构建现代能源新体系，三晋大地上吹响了进军能源革命的嘹亮号角。

在开展能源革命综合改革试点之前，山西"一煤独大"的畸重型产业结构正悄然变化。在能源供应、能源消费、能源体制方面，山西已经进行了一系列的改革和创新，有一定的基础，特别是在能源体制改革方面，山西走得比较快。如电力体制改革，目前山西已经是电力现货市场建设的试点省份。

数据显示，2018年，山西省退出煤炭过剩产能3090万吨，三年累计退出8841万吨；退出焦化过剩产能691万吨；化解钢铁过剩产能225万吨；关停煤电机组203.3万千瓦。2017年，山西省煤层气地面抽采量占全国90%以上，新能源发电装机占该省电力装机比重突破30%，光伏领跑者发电规模位居全国第一，氢能产业布局提速。

2019年第一季度，我省能源工业增加值同比增长7.4%。其中，煤炭工业增加值同比增长7.8%，煤层气采掘业增长12.1%，电力工业增长5.3%，热力与燃气工业增长21.9%。截至2019年5月底，山西全省发电装机8686.75万千瓦，新能源发电装机突破2000万千瓦，达到2005.22万千瓦，同比增长28.49%，占总发电装机量的23.08%。全省发电量累计完成1296.04亿千瓦时，同比增加7.95%。其中，新能源发电量累计完成150.97亿千瓦时，同比增加10.11%，占总发电量的11.65%。风电装机1090.55万千瓦，排名全国第五。光伏装机914.67万千瓦，排名全国第八。水电装机222.75万千瓦。新能源装机总容量位居全国第五。同时，我省煤层气产业规模水平逐步提升，形成阳泉、晋城、西山、柳林、潞安5个年抽采瓦斯超过1亿立方米的矿区。管道沿线地区供气保障能力不断增强，形成了贯穿全省的"三纵十一横"煤层气输气管网系统，实现了11个设区市、110多个县以及部分重点镇管网全覆盖。

作为中国重要的能源和工业基地，山西70年间功劳卓著，累计开采煤炭190亿吨，外调130亿吨，点亮中国一半的灯，支撑中国经济持续稳定高速发展。期盼化作前行动力，山西由此鲜明提出建设"资源型经济转型发展示范区"、打造"能源革命排头兵"、构建

"内陆地区改革开放新高地"的三大战略目标，义无反顾地担当起了转型开路先锋。

二、山西能源发展成就

中华人民共和国成立后，山西经过70年的建设，能源发展取得了令人瞩目的成就。总体来看，全省能源生产能力不断增强，产业结构不断调整优化，能源技术不断进步，绿色多元能源供给体系加快构建，能源产业呈现出高质量发展态势，为推动我省工业化发展和国家经济建设做出了巨大的贡献。

（一）发展迅速，成就辉煌

1.能源生产能力增强，产量不断增长

山西煤炭资源丰富，种类齐全，开采条件良好，开采历史悠久。中华人民共和国成立后，经过70年的发展，以煤炭为支柱的我省能源产业生产能力不断增强，产量不断增长，为我省乃至全国经济发展提供了坚强的动力保障。

中华人民共和国成立初期，我省原煤产量仅有267万吨，占全国总产量的8.2%，生产焦炭8万吨。70年来，国家为建设能源基地、保障全国的工业化现代化建设，从资金、政策和人才等方面给予山西大力支持。伴随着高强度的投资，我省煤炭生产能力逐年增强，产量不断增长。截止到2018年，我省原煤产量达到了87569万吨、焦炭产量为9214万吨，分别比1949年增长了327.97倍和1151.75倍，比改革开放初期增长了8.9倍和25.84倍，70年间年均增长率分别为9%和11%。山西省是全国最大的原煤、焦煤生产基地，年产煤炭量长期居全国前列，中华人民共和国成立以来至2018年末，我省累计生产煤炭192.4亿吨，占全国总产量的1/4以上，在国内外市场上占据着举足轻重的地位。

中华人民共和国成立初期，全省发电装机容量仅40.8兆瓦、发电量仅0.64亿千瓦时。经过70年的努力，2018年全省电力装机容量达到8473.52万千瓦，较改革开放初期增长40多倍；2018年全省全口径发电量突破3000亿千瓦时大关，达到3087.6亿千瓦时，同比增长11.6%，较1979年增长了20多倍。全年向省外输送电力927.1亿千瓦小时，比上年增长19.6%。并且在"煤电并重""西电东送"等战略指引下，我省的电网建设也突飞猛进。随着"双千""特高压"等电力工程的连续投运，我省35千伏及以上变电容量突破17万兆伏安，较过去增长了39.3倍，电压等级实现了从220千伏向1000千伏的跨越。在农网改造方面，我省由1978年初的"县县通电"发展成为2006年的"户户通电"，并于2017年实现"井井通电"。

2.能源结构逐年优化，产业素质大幅提升

随着我省能源加工转换业的发展、清洁能源的有效开发和利用，以及省委、省政府"输煤输电并举"战略的实施，我省能源结构逐年优化。近年来，依托供给侧结构性改革的逐步推进，我省能源产业素质不断提高。

中华人民共和国成立初期，我省能源结构单一，能源转换还处于简单的初级加工阶段。改革开放后，我省开始大力发展能源加工转换业，原煤向二次能源转换的效率不断提高。1992年，省委、省政府提出了"输煤输电并举"的发展战略，全省又一次掀起了加快能源转换的浪潮。我省一次能源占比由1952年的91.7%下降到

1990年的82.92%，二次能源占比由1952年的8.3%上升到1990年的17.08%。

进入21世纪后，随着国内外市场需求的变化，以及能源技术的不断进步，我省以原煤占主导地位的一次能源生产增速逐年放缓，一次能源产量在能源总产量中所占比例大幅降低，由1990年的82.92%下降到2017年的24.22%。而二次能源产量占比却显著提高，由1990年的17.08%提高到2017年的75.78%。我省主要二次能源产品中，洗精煤占比明显增加，由2000年的19.58%上升到2017年的51.70%。"十二五"以来，我省清洁能源快速发展，占比不断提高，电源结构持续优化。1978年，全省发电装机容量中火电占比为92%，到2017年，全省发电装机容量火电占比下降为78.86%，与1978年相比，火电下降了13个百分点，清洁电力上升了13个百分点。这一时期，我省以太阳能光伏发电、风电为主的新能源产业持续发力，生产能力逐步增强。2017年、2018年，我省连续两年光伏建设规模居全国第一。2018年全省发电装机容量8757.7万千瓦，比上年末增长8.5%。其中，火电装机容量6627.7万千瓦，增长4.1%；并网太阳能发电装机容量864.1万千瓦，增长46.4%；并网风电装机容量1043.2万千瓦，增长19.7%；水电装机容量222.8万千瓦，下降8.8%。截止到2019年5月底，全省新能源发电装机容量占总装机容量比例超过了23%。

70年来，我省能源消费保持稳定增长，能源消费弹性系数总体保持较低水平，能源消费结构持续优化。中华人民共和国成立以来，从山西能源终端消费来看，由1949年的86.1%下降到2017年的27.6%，下降了212%。电力、天然气等清洁能源消费占比持续提高。电力能源占比由1949年的7.7%上升到2017年的34.4%，2001年天然气煤气能源只占能源总消费量的5.5%，而2017年这一比例达到了19.1%。

能源消费清洁化、低碳化模式取得积极成效。我省包括水电、风电、太阳能发电、生物质发电等在内的可再生能源利用率显著提升。截至2017年底，我省完成了113万户"煤改气""煤改电"和集中供热清洁取暖改造任务。全省热电联产集中供热率达到68.8%，城市（含县城）集中供热普及率达到91%以上。积极发展绿色交通，我省临汾市、长治市、忻州市等城市公交车全部实现纯电动化，全省新能源城市公交车共计7800余辆，占公交车总量的60%以上。截止到2016年10月，太原市8000多辆临近报废的燃油或天然气出租车全部更换为比亚迪纯电动车，太原成为迄今为止全国乃至全球首个出租车全部采用纯电动车的城市。

3.带动山西经济发展，形成支柱产业

山西以能源工业为主导的经济发展模式正式形成，能源工业的快速发展，带动了我省建筑业、机械制造业、交通运输业的发展，进而推动了我省经济社会的蓬勃发展。

中华人民共和国成立以来，山西"依托煤、开采煤、延伸煤"的产业发展轨迹，使得能源工业成为拉动我省工业经济增长的主要动力。山西能源经过70年的发展，为我省工业发展、经济增长、财税收入作出了重大的贡献。特别是在能源重化工基地建设期间，我省工业增加值年均增速达到了10.98%，带动全省GDP以年均9.92%的速度增长。据统计，我省能源工业对GDP的贡献度达到了40%左右，工业税收收入中一半以上来源于能源工业。

我省工业增加值中，能源工业贡献率较高。2017年，全省规模以上工业增加值同比增长7%。其中，能源工业增加值同比增长6.2%。从工业增加值占比看，2017年能源工业增加值占全部规模以上工业增加值的66.9%，较2007年上升7.66个百分点。

利税总额是衡量经济发展质量的主要经济指标。我省工业税收收入中一半以上来源于能源工业。1980年，我省能源工业实现利税12.58亿元，占整个工业利税总额的53.98%。到了2000年，能源工业实现利税占比下降的趋势开始扭转，全省能源工业实现利税57.39亿元，比1990年上升了321%，占比49.5%，比1990年提高了16个百分点。2007年，我省能源工业实现利税724.00亿元，占比提高到61.96%。2017年，能源工业实现利税额1587.7亿元，占全省工业利税总额的73%。能源行业中，煤炭行业对我省税收增收的贡献最为突出。2017年，我省全年煤炭行业税收收入615.8亿元，同比增长了118.9%，占税收总收入的44.4%，相比2007年占比增长了7个百分点；增收额334.5亿元，占全部税收增收额的92.8%。可以看出，煤炭行业对我省税收增收起到决定性的作用。

我省能源工业的快速发展还带动了以能源为主体的工业产业的发展。1949年，我省的冶金工业、化学工业、建材工业在全省工业产值中占比只有7.8%、1.1%、2.3%，三行业总产值占比仅有11.2%。经过30年的发展，改革开放初期，我省的冶金、化学、建材总产值占工业总产值比重达到了25.7%，分别占比达12.4%、9.8%和3.5%。到了1998年，这一比值上升至35.57%，其中，冶金、化学、建材比重分别为21.68%、9.78%和4.12%。2007年，三行业总产值占全省工业产值的比重上升到36.95%，其中，冶金工业比重上升到29.23%。近年来，随着"去产能"政策的实施，冶金、化学、建材占比虽有所下降，但仍在我省工业发展中占据重要地位。

此外，能源工业的发展带动了我省乡镇企业的发展、山区经济的开发和贫困县的脱贫致富，加快了我省交通运输业的发展。

4.技术更新不断进步，能源装备水平日渐提高

采煤技术和方法是煤炭生产能力的中心环节和决定性因素，被称为"煤炭生产的心脏"。从中华人民共和国成立至今，我省的煤炭开采技术经历了半机械化到机械化的过程。中华人民共和国成立初期，我省煤炭开采方式落后，资源回采率低，安全生产形势严峻。20世纪50年代后，我省进行了采煤技术的变革，由原来的残柱式、高柱式开采方式变为长臂式采煤法，大大提高了采煤机械化水平，回采率由40%提高到70%。从60年代开始，对采煤技术的研制主要体现在采煤工作面落煤、装煤和运煤三个工序的联动机械化，在山西首先出现了适合长距离运输的皮带机，这种设备当时在国内外是最先进的。进入70年代和80年代，包含采煤、落煤、装煤、放煤和运煤各环节的综合机械化采煤设备在我省逐步开始推广，地方煤矿的开采机械化程度近80%，而焦煤、潞安、同煤、阳煤、晋煤等大型煤炭集团采煤机械化程度已接近100%。90年代后，我省在煤炭安全、信息化管理等重大技术领域都取得了突破，煤炭生产条件和生产能力有了很大的提高。到目前为止，全省煤矿综采机械化程度接近100%，综掘机械化程度达到90%以上，高于全行业规划目标。

中华人民共和国成立以后，山西电力装备水平发展迅速，特别是改革开放以后，我省发电设备逐步由中小火电机组向大功率、

高容量机组发展，电网发展逐步进入大规模跨区送电的新阶段。进入21世纪，我省电力技术装备水平不断增强，电网优化配置能源资源水平不断提升，电力工业逐步走向高效、节能、环保，太阳能光伏、风电等新能源发展突飞猛进。近年来，我省通过大力推进热电联产集中供热机组替代城市小锅炉供热、大容量高参数机组替代小火电机组，积极发展超临界循环流化床资源综合利用发电机组，电力技术装备水平迈上了新台阶，单机容量30万千瓦和60万千瓦已成为山西电力建设的主力机型。我省已形成了以"三交一直"[1]特高压为核心，以500千伏"三纵四横"为骨干网架，220千伏分区环网运行，110千伏及以下电网等级覆盖全省城乡的供电网络格局。

科技创新是山西能源发展的核心和支撑。随着能源革命的兴起，互联网、大数据、云计算等信息技术与能源科技深度融合。近年来，智能电网、分布式供能系统、新能源汽车步入产业化发展阶段。2017年12月，"山西科技成果转化和知识产权交易服务平台"正式上线，为我省构建新型科技成果转移转化体系提供了重要的技术保障。

5.节能减排成效显著，生态环境逐步改善

我省能源工业内部结构优化带来显著的节能成效，淘汰落后产能取得瞩目成就。

2016年4月份，山西在全国率先执行去产能政策，全年共关闭退出和减量重组煤矿25座，退出产能2325万吨，全省原煤同比减产1.37亿吨，位居全国第一。2017年共淘汰落后机组56.1万千瓦，占

---

[1] "三交一直"：1000千伏晋东南—南阳—荆门、蒙西—晋北—天津南、榆横—晋中—潍坊交流，±800千伏晋北—江苏直流。

到全国煤电机组淘汰总量的10%，超出国家下达山西省煤电淘汰任务的12%。在节能改造方面，全省比国家提前一年完成单机30万千瓦及以上煤电机组超低排放改造，共完成燃煤电厂节能改造1800万千瓦。2017年共试运行36个资源综合利用与清洁生产技术改造项目，年可消纳粉煤灰17.4万吨、煤矸石34.1万吨。2018年，我省共关停淘汰不达标煤电机组203.3万千瓦，退出煤炭过剩产能6750万吨，超额完成了本年度淘汰落后产能任务。全省积极落实国家能源政策，能源清洁高效利用水平稳步提高，新能源消纳压力减缓。全省努力在新能源装机容量和发电量"双升"的不利条件下实现新能源弃电量和弃电率"双降"的目标。截止到2019年5月，我省新能源累计弃电量1.26亿千瓦时，弃电率0.9%，远低于我国不超5%的弃电率标准。预计2019年全年新能源发电量达到360亿千瓦时，较2018年增加30亿千瓦时。照此测算，全年可替代标煤1134万吨，减少二氧化碳排放3061.8万吨。工业能耗下降，节能成效显著。2017年山西每万元GDP能耗较2005年累计下降44.67%，年均下降4.32%，年均节能1200万吨标煤。2017年每万元工业增加值能耗较2005年累计下降44.38%，年均下降4.41%，年均节能900万吨标煤。与此相随，全省能源利用效率提升，节能降耗成效显著。来自省统计局的数据显示，2017年全省每万元GDP能耗较2005年累计下降44.67%，年均下降4.32%，年均节能1200万吨标煤。工业能耗结构优化带来明显的节能成效，2017年每万元工业增加值能耗较2005年累计下降44.38%，年均下降4.41%，年均节能900万吨标煤，工业节能量占全社会节能量八成。

随着全省"去产能"的不断推进，能源供给侧改革不断深化，能源供需结构矛盾得到缓解，能源行业效益有所改善，矿区生态环境逐步修复，产业结构优化升级。

全省积极推进黑色煤炭绿色发展、高碳资源低碳发展，促进能源产业实现绿色低碳安全高效发展。特别是党的十八大以来，山西省政府高度重视环保节能，努力走经济转型、能源转型之路，我省的节能环保成效显著。2013年国家开展各省控制温室气体排放目标责任评价考核工作，当年我省名列全国第一，2014年、2015年和2016年国家评价考核结果都是优秀等级。我省通过在全省范围内执行重污染行业大气污染物特别排放限值，大力发展新能源事业，积极参与全国碳排放权交易市场建设，环境空气质量呈现全面加快改善的态势。据统计，目前全省11个地级市年度环境空气质量均超过二级标准。2018年环境空气质量综合指数同比下降10.8%，优良天数较2017年增加7天，重污染天数平均为10天，比上一年减少3天。六项主要污染物平均浓度均同比下降，其中PM2.5下降6.8%，PM10下降1.8%，SO_2下降41.1%，NO_2下降4.8%，CO下降16.7%，O_3下降2.2%。截止到2018年底，我省二氧化硫总量同比减排6.7%，较2015年下降18.9%，已提前完成"十三五"规划下降15%的目标。同时，全省水环境主要污染物排放总量持续削减，水环境质量呈现明显好转态势。全省58个国家考核地表水监测断面中，优良水质断面达到34个，同比增加6.25%；严重污染的劣Ⅴ类水质断面13个，同比减少18.18%。汾河主要超标因子氨氮、总磷浓度值分别同比下降77%、58%。环境保护超额完成考核目标，生态修复治理稳步推进。

（二）山西能源工业的全国贡献

中华人民共和国成立70年来，我省能源工业发展迅速，不仅成为我省经济发展的重要支柱产业，同时也为全国经济的发展做出了巨大的贡献。

1.外输能源量大，并远销国外

山西素有"煤海"之誉，是我国重要的能源供应基地。中华人民共和国成立至2018年底，山西省累计生产原煤190亿吨，占全国总产量的1/4以上，净调出量超过130亿吨，调出煤炭量约占全国各产煤省区总调出量的3/4。山西每年产煤量的70%以上都外输全国，供应全国26个省、市、自治区，并出口至23个国家和地区。山西是全国煤炭输出最多的省区，多年保持"中国煤炭第一省"地位。

中华人民共和国成立以来，特别是改革开放以后，我省的能源外送量一直呈逐年增长趋势。1978年，我省能源外送量为4699万吨标准煤，其中，外送煤炭0.53亿吨，占到了能源总调出量的95.34%；外送电量2.7亿千瓦时，仅占能源总调出量的0.24%。1993年外运煤炭首次突破亿吨，达1.06亿吨。1987年外运电量突破50亿千瓦时，达54.3亿千瓦时。进入2000年后，我省以煤电为主的能源外送量呈现出高速增长态势。到2008年，我省的煤炭外送量由2000年的20341万吨上升至48601万吨，增长了138.93%。2008年全省外送电量为485.6亿千瓦时，比2000年的119.1亿千瓦时增加了307.72%。2008年之后，受国内外煤炭市场需求不景气影响，我省煤炭外调量趋缓，而外送电量依旧呈现快速增长趋势。2018年全省外送电量增长为927亿千瓦时，同比增长19.6%，为1978年的9.2倍，外送量占山西总发电量的30%以上。我省"变输煤为输电"战略得到了有效的实施。山西煤炭电力外运量大幅增长的同时，其他能源外调量也有所增长。山西是中国重要的焦炭生产基地和出口基地。2017年，我省外调焦炭量6579万吨，比1978年增长了263倍，焦炭出口量约占全国七成左右。

2.外销能源结构不断优化

全省外输能源量不断增长的同时，外输能源品种也在不断优化。中华人民共和国成立初期，全省的外输能源99%以上为原煤。随着我省能源加工转换业的发展，外输能源的结构不断优化，二次能源占比不断提高。1978年全省外输能源中，一次能源原煤占比为95.3%，二次能源只占4.7%。其中，二次能源中，洗精煤占3.9%，焦炭0.6%，电力0.2%。到了1998年，外调能源中一次能源原煤占比下降到79.6%，比1978年下降15.7个百分点；二次能源输出占比20.4%，提高了15.7个百分点。其中，二次能源中的洗精煤占比上升到8.2%，比1978年提高了4.3个百分点；焦炭占9.9%，上升9.3个百分点；电力占2.4%，提高2.2个百分点。到了2017年，我省外输能源结构进一步优化，外调能源中原煤占比下降至77.15%，比1978年下降18.15个百分点，二次能源所占比重进一步上升到22.85%，上升18.15个百分点。其中，电力占比增加至6.57%，上升6.37个百分点。外输能源产品结构的不断优化，提高了全省能源产品的输出效益。

三、山西能源发展思考与展望

（一）山西能源发展的反思

随着山西能源工业的迅速发展，全省社会经济的各个方面都呈现出不同程度的发展变化，同时也产生了多方面的问题，制约了全省经济的可持续发展。

1.能源生产方式粗放，技术创新力薄弱

随着我省煤炭资源的长期高强度、大规模、粗放式的开采，浅层资源储量已日渐衰竭，优质资源储量大幅下降，资源瓶颈日渐显现。据统计，全省的煤炭开采强度超过23%，是储量第一省份内蒙古的2.7倍。但是，长期以来资源开采方式粗放，有的煤矿煤炭的平均回采率仅为50%，部分中小煤矿回采率更低，造成资源严重浪费。据测算，山西每开采1吨煤平均损耗煤炭资源2.5吨，损耗与煤共伴生的铝矾土、硫铁矿、高岭土、耐火黏土等矿产资源大约8吨。此外，煤层气、煤矸石、粉煤灰等二次能源综合利用率仍低于全国平均水平，电力外送能力不足，"窝电"现象严重，严重制约着我省经济的可持续发展。

企业创新意识不强，科技产出能力较弱。山西能源产业在产品研发、技术改造、技术引进以及人才引入等方面的投入与国际相比有很大的差距。全省每年的专利申请量和授权量都远低于国家平均水平。尽管近几年国有大型煤炭企业为应对市场变化，鼓励研发创新、开展降本增效工作，并取得了一定成效，但在健全技术创新服务体系、促进科研成果转化方面还有很长的路要走。

2.产业结构失衡，经济稳定性差

山西长期以来遵循着"依托煤、开采煤、延伸煤"的产业发展思路，由于资本的趋利性，全省以煤电为主导的能源产业快速发展，导致轻重工业比例的失调。特别是能源基地建设以来，轻重工业比例失调和产业结构单一现象愈加严重。统计表明，1952年我省的轻重工业之比为35.2∶64.8；到了1978年，轻重工业比有所下降，到了23.5∶76.5；1998年，比例又一次下降，仅为19.2∶80.8；到了2017年，轻重工业比仅为1.5∶98.5，轻工业发展近乎夭折。由此可见，20世纪90年代中期以后，随着能源重化工基地建设的不断深入，对我省的轻工业的挤出效应愈加明显，导致我省产业结构严重失衡。

这些年我省能源结构虽有所改善，但煤炭占比依旧很高。2017年，我省煤炭生产占一次能源生产的92%以上，远远高于全国67%的平均水平。煤炭消费占全省一次能源消费比重高达85%以上，而全国煤炭消费占一次能源消费总量平均比重仅为64%。电力产业中，化石能源发电比例远大于全国平均水平。据统计，2018年全省电力装机容量中，火电装机容量为6627.7万千瓦，占全省总装机容量的76%，高于全国火电平均装机容量近16个百分点。能源的生产方式和消费模式对区域经济发展方式和产业结构变化产生深刻的影响。我省能源结构的不合理，加剧了产业结构的失衡，经济增长呈现出高能耗、高污染、低效益的发展模式。此外，经济发展对能源产业的高依赖度，更增加了能源的过度消耗，加剧了产业结构的不合理，不利于我省经济发展的稳定性和可持续性。

3.单位GDP能耗高，节能降耗任务艰巨

"十二五"以来，尽管全省整体能源利用效率明显提升，但能耗总量增长仍然较快、单位产品能耗依然较高。2016年，我省能源消费总量达1.94亿吨标准煤，单位地区生产总值能耗是全国能耗强度平均水平的2.4倍，而全国的国内生产总值能耗是2015年世界能耗强度平均水平的1.4倍，是发达国家平均水平的2倍。2018年，山西单位GDP能耗下降3.2%，完成了年度确定的目标。但全省总体能效水平依然偏低，单位GDP能耗仍为全国平均水平的2倍多。要有效控制能源消耗总量和完成"十三五"万元GDP能耗降低的目标任务，山西仍然任重而道远。

4.环境污染和生态破坏严重，制约经济的发展

山西能源工业粗放式的发展模式，使得全省环境与生态问题日益突出。特别是山西能源重化工基地建设以来，虽然促进了我省的经济发展，但一系列生态环境问题也随之产生。煤炭开采导致了大面积的植被破坏、水土流失、地下水漏失、地面塌陷以及空气污染、水污染等生态环境问题。由于采煤对生态环境不可逆转和永久性的破坏，目前我省仍是全国环境问题最为严重的省份之一。

近年来，山西的环境空气质量有了很大的改善，但是多项大气污染物浓度仍然超过全国平均水平，PM2.5年浓度均超标56%。2018年，全省综合指数和二氧化硫浓度仍是全国倒数第一。我省在全国169个城市环境空气质量排名中位居后20名的有6个城市，其中临汾市排名倒数第一。山西省能源消费中煤炭所占比重长期高达80%以上，单位面积耗煤量是全国平均水平的5倍左右，冬季采暖期大气污染问题尤为严重。研究表明，仅大气污染带给我省的经济损失就相当于全省GDP的5%。水环境污染依然严重。据统计，山西每年平均约12亿立方的淡水资源因煤炭开采受到破坏，破坏区域占到了全省土地面积的13%以上，超过30%的地表水为劣Ⅴ类，是全国平均水平的3.6倍。地表塌陷严重，截止到2017年6月，全省因煤炭开采造成的采空区域达到4166平方千米，其中未获得治理的区域仍有1120平方千米，并且这种趋势还会以98平方千米/年的速度继续增长。

制约山西生态环境改善的最重要原因在于以煤炭为主的能源结

构和以能源工业为主导的产业结构。能源产业的过度发展，对生态环境破坏的累积效应逐步显现，加剧了山西能源工业发展的外部不经济效应，进而造成我省产业结构的失衡，制约着经济的可持续发展。煤炭企业的经济效益实际上是以社会环境损耗为代价的，随着环境约束力的增加，外部成本会逐步转变为内部成本，煤企的利润会随着企业成本的攀升而逐步降低。

（二）山西能源产业发展展望

山西省长期以来形成的"一煤独大"的产业结构难以在短时间内从根本上扭转。在未来很长一段时间内，能源工业依然是山西经济的支柱产业。当前，山西省能源行业发展面临着新的机遇和挑战。从国际环境来看，新工业革命方兴未艾，贸易摩擦升级，低碳、绿色发展成为大势所趋，煤炭等化石能源清洁低碳利用的压力增大。从国内形势来看，我国经济发展进入新常态，能源消费进入减速换挡期。同时，工业化和城镇化的持续推进、东部地区产业转移和我省能源革命综合改革试点的建立，为山西省能源工业的发展带来契机。全省上下以推动能源革命为引领，以建立能源革命综合改革试点为契机，不断深入推进供给侧结构性改革，提高能源供给体系质量效益、构建清洁低碳用能模式、推进能源科技创新、深化能源体制改革、扩大能源对外合作，争当全国能源革命排头兵。

1.完善能源科技创新体系，促进能源产业升级

习近平总书记在视察山西时强调："推动传统产业转型升级，必须坚持以企业为主体，以市场为导向，以技术改造、技术进步、技术创新为突破口。"我省全面贯彻习近平总书记能源革命战略思想和视察山西重要讲话精神，以绿色、低碳为方向，创新能源发

展模式，完善能源科技创新体系，树立科技决定能源未来、科技创造未来能源的发展新理念，推动山西由"煤老大"向"煤科老大"转变。

在煤炭绿色开采、煤层气开发利用、煤炭清洁高效利用、煤炭加工转化、煤基高端制造、矿区生态修复和节能环保等关键领域实现重大突破。充分利用我省在能源行业的领先地位和技术、人才、项目资源优势，着力打造能源领域科技资源服务、科技创业孵化、科技金融服务三大技术创新平台。大力建设山西科技创新城，布局高端煤基研发机构，创新人才引进机制，合理配置煤基产业链和创新链，鼓励能源科创企业嫁接资本市场，实现能源科技、人才、资本良性互动。实现"以金融服务带动科技创新，以科技创新推动产业发展"的发展目标，推动能源技术革命，加快科技创新体系建设，加快能源发展方式和商业模式创新，把能源技术及其关联产业培育成带动我省产业优化升级的新增长点。

2.推进能源"五大基地"建设，构建能源服务体系

到2020年，我省将重点推进煤炭绿色开发利用基地、非常规天然气基地、电力外送基地、现代煤化工示范基地、煤基科技成果转化基地这"五大能源基地"建设，重点提升市场、物流、金融服务体系，加快推进能源装备和能源服务基地的配套建设。到2025年，"五大能源基地"建设初具规模，上下游一体化的能源产业链初步形成，促进能源高质量发展的体制机制逐步健全，"全国能源革命排头兵"的示范引领作用有效发挥，生态环境质量不断改善。

努力提高煤炭清洁高效利用水平。全面提高煤炭供给质量，加快发展优质先进产能，推进煤矿智能化改造建设，开展煤炭分质

分级利用，推进煤化电热一体化发展，加大钢铁、焦化企业整合力度，大力推进非电用煤清洁利用，建设绿色焦化产业基地。以区域生态环境质量改善为前提，有序发展现代煤化工。积极推广充填开采、保水开采、煤与瓦斯共采等绿色开采技术，加强生态友好矿区建设；深化煤层气勘查开采管理体制改革，加大煤层气开发利用力度，加强管网互联互通和储气能力建设，促进非常规天然气高质量发展；努力提升清洁电力发展水平，完善山西电网主网架结构，加快电网优化工程，有序推动电力外送通道和调峰能力建设。加快推动电网投资主体多元化进程，完善电价形成机制；大力发展太阳能、风能、生物质能、地热能等清洁能源利用，提高清洁能源消费比重，加快光伏风电基地建设，全力推动风光发电平价上网，努力打造新能源全产业链；积极发展分布式能源，探索推广智能电网、多能互补、储能等多种技术创新，形成风电、光电、水电、煤层气发电等多轮驱动的新能源供应体系，加快新能源开发利用产业化进程，加快绿色发展步伐；加快建设能源装备基地，整合提升能源装备产业，重点提升市场、物流、金融服务体系，适应传统能源向综合能源经济转型的要求。

3.构建绿色能源消费体系，实施总量和强度双控

培育节约能源消费观。大力开展节能宣传活动，加强节能教育培训，发展节能、绿色高等教育和普及教育。加强煤炭消费总量控制，重点削减非电用煤，鼓励可再生能源消费。创新合同能源管理服务模式，健全效益分享型机制，推广能源费用托管、节能量保证、融资租赁等商业模式，做大做强节能服务产业；广泛开展煤炭等量减量替代，逐步实现全省范围内全面禁止散烧煤直接燃烧，

多种途径推进优质能源替代散煤，扩大新增煤层气使用；大力开展煤炭产业工艺装备节能改造，全面实施燃煤机组超低排放与节能改造，大力推进工业锅炉、工业窑炉等治理；要严格执行节能标准，大力推广新型建筑节能保温材料，促进新型低碳建材的生产和使用。高度重视建筑运行节能，通过区域大联网，要利用工业余热作为供热资源，发展热电联产。大力提升交通节能水平，加快推进绿色交通发展，构建绿色交通体系。加快构建低碳交通运输体系，发展绿色交通。推动新能源汽车产业发展，推动吉利、比亚迪、宇航、原野、成功、大运、豪情等7户企业新能源汽车项目相继建成投产。不断壮大能源装备制造业，推动能源产业转型升级；按照"宜电则电、宜气则气、宜煤则煤、宜热则热"原则，稳步推进冬季清洁取暖。

4. 加强高能耗行业能耗管控，严守生态保护红线

加强高能耗行业能耗管控，完善温室气体排放目标责任评价考核机制，实施近零碳排放区示范工程。通过推广节能减排新技术、提高能源使用效率、划定生态保护红线等环境保护措施，有效控制污染物排放。不断削减主要污染物排放比重，争取在2020年将我省二氧化硫、氮氧化物、烟尘、工业粉尘排放总量控制在国家约束指标以内。不断提高我省矿井水综合利用率以及煤矸石、粉煤灰等大宗工业固体废弃物无害化、资源化利用水平。不断推进矿山生态修复治理，不断降低劣Ⅴ类水体比例，提高优良水质断面比例。

构建以生态功能红线、环境质量红线和资源利用红线为核心的生态保护红线体系。能源产业布局要严格按照生态功能区划定的界

限展开，针对重要生态功能区、生态脆弱区和生物多样性保护区进行严格管理和保护，提高群众红线意识，开展全面节能行动，防止我省生态环境遭到进一步的破坏。

我省紧扣争当全国能源革命排头兵目标定位，着力推进能源革命，加快能源技术创新，推进能源生产革命、优化能源消费结构，建设清洁低碳、安全高效的现代能源体系。围绕建设京津冀清洁能源供应基地、国家新型综合能源基地和全球低碳创新基地的目标，进一步推进煤炭等化石能源清洁高效利用，加快煤层气产业发展步伐，推进电力市场化改革，完善新能源供应体系，完善绿色低碳交通运输体系，增强能源科技支撑，夯实能源供应基础，培育能源发展新动能，构建资源综合利用和能源梯级利用的现代循环经济产业体系。建立具有山西特色的能源工业发展模式，推动形成创新、绿色、协调、开放、共享的能源发展新格局。

专题一 山西煤炭工业发展成就与展望

山西是我国发现和利用煤炭最早的地区之一，迄今已有两千多年的悠久历史。远在北魏时期，大同煤田已经开发。唐宋年间，太原西山煤田也被开采利用。从宋代开始，山西煤炭开采进入空前鼎盛时期，以后历代煤窑逐渐增多。中华人民共和国成立70年来，山西形成了煤炭资源勘探、煤炭生产、煤矿建设、煤炭设备制造、煤炭科研、煤炭教育等比较完整的煤炭工业体系。煤炭工业的发展为全省乃至全国的改革开放和经济发展做出了历史性的重大贡献。山西煤炭工业以自身的辉煌成就，支援了全国，造福了三晋，在共和国历史上写下了不朽的篇章。

一、山西煤炭工业发展历程

山西具有悠久的煤炭开采历史，中华人民共和国成立后，在党中央、国务院的正确领导下，山西煤炭工业在薄弱的基础上开始了恢复和发展。特别是改革开放以来，山西煤炭工业不断发展壮大。纵观山西煤炭工业发展的历程，大体可以分为以下几个阶段：

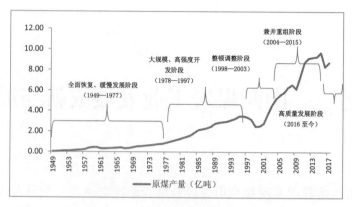

图1-1　山西煤炭工业发展历程阶段划分（1949—2017）

数据来源：《山西省统计年鉴》（2000—2018）。

（一）煤炭工业全面恢复、缓慢发展阶段（1949年—1977年）

中华人民共和国成立初期到改革开放前是山西煤矿全面恢复和进行基本建设，打基础阶段。中华人民共和国成立初期，煤炭工业的主要任务是复工复产、建立新的煤炭生产秩序。1949年全省煤炭产量仅有267万吨，到1950年底全省主要煤矿绝大部分都已经恢复生产。1952年，全省原煤产量达到994万吨，三年平均增速为55%，占全国煤炭产量的比重由1949年的8.23%上升到15.3%。1953年，国家开始实施国民经济第一个五年计划，按照中央对发展煤炭产业实行"新建与改建相结合，以改建为主，大中小相结合，以中小为主"的方针，经过大规模开发建设、增添矿井设备、推广采煤新方法等环节的机械化，扩大了矿井生产能力。到1957年，全省原煤产量达到2368万吨，比1952年增长了138%，原煤产量占全国的18.8%，名列第一。"一五"时期全省累计生产原煤8210万吨，年均增长19%。1959年全省原煤总产量为4355万吨，比1949年的267万吨增长了163倍。

20世纪60年代初，山西煤炭行业经营管理与生产力水平迈上了新台阶。山西进入各大煤矿新建和改扩建竣工投产、试点推广综合机械化采煤阶段。1965年全省原煤产量达到3972万吨，比1957年增长68%，8年间年均增长5.6%。"文化大革命"开始，山西煤炭工业遭受了严重的挫折和损失，1967年煤炭产量严重下降，产量仅为上年的82%。1968年国家召开全国煤炭工作会议，产量开始回升。1970年全省原煤产量达到5153万吨，比1965年增长35%，年均递增5.6%。1970年全国煤炭提出"老矿挖潜、产量翻番"的口号，山西重点煤矿更新技术装备、挖掘老矿潜力，推广使用双滚筒采煤机组等新设备，全省煤炭开采机械化水平跨上了新台阶。到1975年，全省煤炭产量达到7541万吨，比1965年增长90%，10年间年均递增6.7%。1977年全省13个统配煤矿形成生产能力4084万吨，地方非统配矿形成生产能力1646万吨。从1949年到1977年，山西原煤产量从267万吨增长到8754万吨，增长了32倍，占全国产量比重由8.23%提高到15.9%。

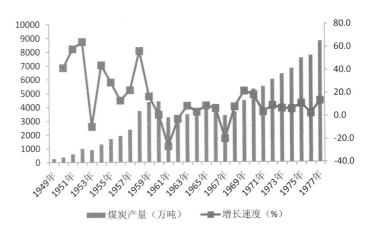

图1-2　改革开放前山西历年煤炭产量及增长速度（1949—1977）

（二）煤炭工业大规模、高强度开发阶段(1978年—1997年)

1978年党的十一届三中全会吹响了改革开放的号角，山西煤炭工业获得了快速发展的强大动力，步入了新的发展时期。党的十一届三中全会之后，山西煤炭工业贯彻中央提出的"调整、改革、整顿、提高"八字方针，全省煤炭工业进入了持续、稳定、健康的发展时期。

1980年，党中央和国务院做出了建设山西能源基地的重大决策，为山西煤炭工业的迅速壮大，提供了有效的保障。1983年编制了《山西能源重化工基地建设综合规划》。1984年山西省政府发布《关于进一步加快发展地方煤矿的暂行规定》，鼓励群众集资联办，允许个人投资办矿，欢迎外省市、港澳同胞投资办矿，全省地方乡镇煤矿如雨后春笋般快速发展，山西形成了以国有重点大型煤炭企业为主、众多地方煤矿共同支撑的煤炭工业体系。1985年，山西统配煤矿对煤炭工业实行产量、盈亏、基建六年总承包，并采取了与总承包相配套的一系列改革措施，改革逐渐向深层次发展。1985年全省原煤产量突破2亿吨，达到2.14亿吨，占全国煤炭总产量的1/4；全省煤炭销售1.95亿吨，其中外调出省煤炭1.38亿吨，占全国省际净调出量的71%，比净调出量第二大省河南省还高出60多个百分点。这一时期，乡镇煤矿在国家支持下，异军突起，蓬勃发展，1988年乡镇煤矿原煤产量突破1亿吨，占全省总量的42%。

"七五"时期，煤矿安全、技术、管理水平进一步提升。潞安、晋城、大同、阳泉、汾西五个矿务局相继建成标准现代化矿区。到1990年，全省统配矿务局采煤机械化程度达到94.03%；原煤产量达到2.86亿吨，比1978年的9825万吨增长了1.9倍多。特别是乡镇煤矿由1978年的1647万吨发展到1990年的1.15亿吨，年均递增率达到19.1%。全省煤炭销售1990年达到2.7亿吨，比1985年增长38.5%。外调出省煤炭2.03亿吨，占全国省际净调出量的72.6%，比1985年增长47.1%。煤炭出口从1980年的237万吨，增加到1990年的1263万吨，增长了4.3倍。

进入90年代，山西煤炭工业坚持以提高经济增长质量和效益为重点，大力实施科教兴煤战略，实行煤炭生产、基建、多种经营均衡发展方针，煤炭工业取得了可喜成绩。"八五"时期，全省先后建成投产8个年生产规模400万吨以上的矿井和一批相配套的选煤厂等。到"八五"末的1995年，全省煤炭产量达到4亿吨，调出煤炭2.24亿吨，上缴利税32亿元，上缴能源发展基金29亿元，上缴水资源补偿费4.17亿元。但小煤矿的过多过快发展，使煤炭资源浪费严重，煤矿安全生产水平过低。

1997年全省各类煤矿发展到历史最高峰10971座。从1977年到1997年，原煤产量从8754万吨增长到3.3亿吨；占全国产量的比重由15.9%提高到24.9%；外调量从6536万吨增长到1.93亿吨，煤炭产量和外调量分别占到全国的1/4和3/4，煤炭工业总产值、利税均占全省工业企业的37%，基本实现比80年代初期翻两番的目标。

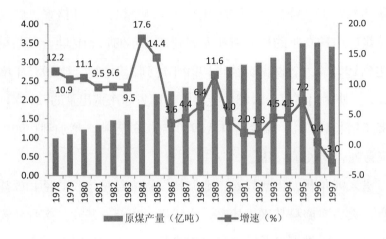

图1-3　1978—1997年山西历年煤炭产量及增长速度

（三）煤炭工业整顿调整阶段(1998年—2003年)

1998年，受前期高强度开发和亚洲金融危机以及国内经济结构调整转型的影响，全国煤炭严重供大于求，煤炭市场持续疲软，山西煤炭企业"多、小、散、乱"的弊端集中显现，全行业出现销量下降、价格下滑、货款巨额拖欠、企业生产经营严重困难等局面。国务院作出了"关井压产"的重大举措，山西坚定不移地实施关井压产、控制产量、扩大出口等政策。1998年取缔私开煤矿1453个，压减生产能力2679万吨；1999年关闭布局不合理煤矿1565个，压减生产能力4399万吨。通过关井压产、总量控制和开展安全专项整治，山西煤炭生产集中度得到提高，国有重点煤炭企业产量占全省总产量的比重呈逐年上升态势，乡镇煤矿产量呈逐年下降态势，地方县以上煤矿的产量保持基本稳定。进入21世纪以来，依据国家实施的资源枯竭煤矿关闭破产政策，全省先后关闭破产了一批资源枯竭国有煤矿，并进行破产重组，一定程度上为国有重点煤矿企业减轻了负担。全省中小煤矿资源整合，关小上大，个数减少，规模扩大，各大煤矿企业的集团化、洁净化、集约化水平大力提高，煤矿安全生产进一步好转，出现了一批具有世界先进水平的煤炭大型集团公司。2002年全省煤炭产量达到3.68亿吨，2003年达到4.52亿吨。与此同时，全省煤炭销售和外运呈现高速增长态势。2001年全省煤炭销售2.83亿吨，同比增长4.3%，扭转了负增长局面。全省外运出省煤炭突破2.5亿吨大关，达到2.53亿吨，同比增长12.3%，比外运最多的1997年高出1943万吨。出口煤炭3695万吨，同比增长35.1%。2002年煤炭销售达到3.59亿吨，外运出省煤2.78亿吨。2003年煤炭销售突破4亿吨，外运出省突破3亿吨。

（四）煤炭工业兼并重组阶段（2004年—2015年）

党的十六大召开之后，山西煤炭工业进入科学发展阶段。2004年8月30日，在山西经济结构调整工作会议上，省委、省政府提出了把山西建设成为国家新型能源和工业基地的战略目标，立足传统产业的升级换代和新型产业的规模化发展，重点发展能源、新型材料、装备制造、特色农业、旅游等优势产业。这是山西省第一次明确提出建设新型能源工业基地的战略目标，在经济快速发展的同时更加注重整个社会的和谐发展。这一时期山西煤炭工业发展的较快较好。2007年山西煤炭产量6.3亿吨，出省销量5.5亿吨，销售收入2400亿元，实现利润250.6亿元，全省煤炭产量比2002年增长70%，出省销量比2002年增长近1倍。

2008年，省委、省政府面对全省煤矿"多小散低"和资源浪费、环境恶化、矿难频发、腐败滋生等严重形势，率先在全国开始煤炭资源整合煤矿兼并重组。通过重组整合，山西煤炭工业格局发生了根本性转变，进入全新的大矿发展阶段。产业水平明显提升，矿井数由2008年底的2598座压减到1053座，70%的矿井规模达到90万吨/年以上，30万吨/年以下的小煤矿全部淘汰，平均单井规模由30万吨/年提升到100万吨/年以上，保留矿井全部实现机械化开采。2011年全省煤炭产量8.6亿吨，比2008年的6.56亿吨净增1.86万吨。产业集中度明显提高，办矿主体由2200多家减少到131家，单独保留38座矿井，形成4个年生产能力亿吨级和3个5000万吨级以上的煤矿企业。矿业秩序明显好转，通过重组整合，关闭淘汰1500处矿井，矿井压减比例近60%，办矿的主体企业更加健康，矿井布局更趋合理，实现了资源的有序、集约、高效开采。同时，煤矿安全保障能力明显增强。煤炭百万吨死亡率由2008年的0.423，降到2011年的0.085。

2012年—2015年，山西煤炭工业经过重组整合后开始大力实施标准化管理，全面进入现代化矿井建设，探索走上煤炭工业转型跨越发展的新路。这一阶段，全省原煤产量连续上台阶，2011年突破8亿吨，2012年突破9亿吨，2014年达到历史峰值9.77亿吨。

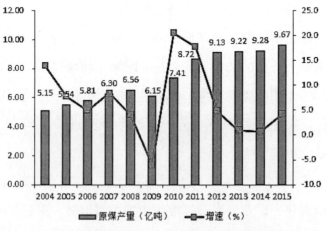

图1-4　2004—2015年山西原煤产量与增速

（五）煤炭工业高质量发展阶段（2016年至今）

从2012年开始，全国煤炭产能严重过剩、价格持续大幅下跌，煤炭行业许多矛盾问题凸显，严重影响煤炭工业可持续发展。2014年习近平总书记提出推进供给侧结构性改革，2015年中央经济工作会议对推进供给侧结构性改革做了全面深刻阐述。2016年2月国务院出台了《关于煤炭行业化解过剩产能实现脱困发展的意见》，提出了积极稳妥化解煤炭过剩产能与结构调整、转型升级相结合的一系列政策措施，推动煤炭行业扭亏脱困升级和健康发展。4月24日，山西出台《山西省煤炭供给侧结构性改革实施意见》从8个方面30项任务入手，配套出台32个实施细则，明确了每项改革任务的发展路径、推进措施、时间节点、目标成效等。2016年—2018年，全省3年共关闭煤炭88座，退出过剩产能7280万吨。2017年末全省生产煤矿568座，产能9.08亿吨/年，平均单井规模159.8万吨/年。2018年全省164座生产煤矿达到了国家一级安全生产标准化等级，先进产能建设也取得了积极成效。通过改革，全省煤矿安全生产形势保持稳定。从2015年到2018年，全省事故起数、死亡人数、较大事故起数、重大事故起数、百万吨死亡率实现了"五下降"，全省煤矿安全生产形势稳定向好，煤矿安全生产处于历史最好水平。

二、山西煤炭工业发展成就

中华人民共和国成立70年来，特别是1978年改革开放后的40年间，山西煤炭工业不仅撑起了山西经济发展的半壁江山，而且也为国家能源需求做出了重大贡献。

（一）煤炭工业供应保障能力显著增强

70年来，山西煤炭工业取得了跨越式发展，累计生产煤炭192.4亿吨，占全国总产量的22.7%，为国家现代化建设和民生保障做出了重要贡献。中华人民共和国建立之初，山西煤炭年产量只有267万吨，占全国总产量的8.2%。经过70年的发展，到1979年全省煤炭年产量首次突破了1亿吨，1985年突破2亿吨，1993年突破3亿吨。1997年四季度开始，煤炭市场出现疲软，全国性限产压库，山西煤炭产量一直减少到2000年的2.46亿吨；2001年煤炭市场开始复苏，到2002年产量恢复到3.6亿吨，比上年增加近亿吨。到改革开放30年的2008年，全省共有各类矿井2598座，其中生产矿井1804座，建设改造矿井794座，煤炭生产能力9.4亿吨，煤炭产量达到6.56亿吨，比1949年增长244.6倍。党的十六大召开之后，山西煤炭工业的发展进入科学发展阶段。2005年煤炭产量突破5亿吨，2007年突破6亿吨，2010年突破7亿吨，2011年突破8亿吨，2012年突破9亿吨，2014年达到历史峰值9.77亿吨。2016年山西煤炭工业进入供给侧结构性改革阶段，坚决淘汰落后产能和无效产能，按照法治化、市场化的要求，通过关闭退出灾害严重、资源枯竭、不具备安全生产条件、不符合煤炭产业政策的煤矿，缓解产能过剩矛盾，保障供需平衡，为发展先进产能腾出空间，促进新旧动能转换，推动全省煤炭产业结构调整优化升级。2016年—2018年，山西省内关闭煤矿88座、退出产能7280吨，山西煤炭去产能总量全国排名第一。

（二）煤炭外运能力不断提高

中华人民共和国成立70年来，山西外调煤炭累计达到131亿吨，外调量占到全国的三分之二左右，供应全国26个省（市、区），煤炭出口占全国的50%以上，为全国经济发展做出了重要的贡献。1949年以前，由于生产力水平的限制，煤炭工业处于低水平发展状态。中华人民共和国成立后，经过"三年恢复"及"一五"至"五五"时期的大规模建设，煤炭产量和销量以前所未有的速度增长，到1979年，全省晋煤外调量达到7000多万吨，比1949年增长了90倍。1979年到1990年是山西煤炭工业发展的快速增长期。1985年全省煤炭销售1.95亿吨，其中外调出省煤炭1.38亿吨，占省际净调出量的71%。1986年全省煤炭销售率达到95.6%，外调出省煤炭1.53亿吨。1987年销售量突破2亿吨，达到2.27亿吨，销售率上升到97.5%。煤炭出口从1980年的237万吨，增加到1990年的1263万吨，增长4.3倍。进入20世纪90年代，煤炭销售呈现波动状态。1991年国家指令性和指导性计划的比例改变，全省煤炭销售2.76亿吨，自然亏吨448万吨，存煤达到6659万吨。1992年全国生产、建设高速发展，对煤炭需求相应增加，但由于受运输和市场销售制约，地区间、品种间出现供应紧与缓并存的局面。当年全省煤炭销售先是回流，而后逐季增加。随着大秦线全面开通，煤炭产销逐步趋好，煤炭销售量为2.94亿吨，产销率达到99.85%，供应全国26个省市区和12个单列市。1993年山西获得自营煤炭出口权，当年自营出口煤炭130万吨。从1997年下半年开始，由于受亚洲金融危机的影响，全国煤炭市场开始了持续5年的疲软。当年全省煤炭销售3.39亿吨，同比下降3.3%；出口量314万吨，创汇1.1亿美元。1998年煤炭销售3.05亿吨，同比下降10.0%；出口205.1万吨，同比下降34.7%。21世纪以来，特别是随着山西经济的快速提升，山西煤炭工业进入深入改革和发展时期。煤炭销售和外运呈现高速增长态势。2001年全省煤炭销售2.83亿吨，扭转了负增长局面。到2007年煤炭销售突破6亿吨大关，比2000年增长1.3倍。外运煤炭突破5亿吨大关，比2000年增长1.37倍，比1978年增长8.8倍。2016年以来，随着煤炭消费"双控"以及供给侧结构性改革，全省煤炭销售和外调量逐渐下降，2016年外调出省和出口量为5.66亿吨，2017年降到5.36亿吨。

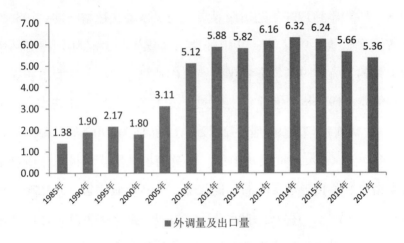

图1-5　山西主要年份煤炭分省市外调量及出口量

（三）煤炭工业技术能力与装备水平大幅提升

中华人民共和国成立初期，山西煤矿的开采方法原始低效，回采率很低，生产不安全，主要以炮采技术和普通机械化采煤技术为主。山西煤矿炮采技术主要经历了三个发展阶段：20世纪50年代至60年代前期，顶板采用木支柱支护，运煤使用拆移式刮板输送机；20世纪60年代中期到70年代末，顶板用摩擦式金属支柱和铰接顶梁支护，运煤采用能整体前移的可弯曲刮板输送机输送，对工作面单产和效率都有了较大提升；20世纪80年代开始，顶板采用防炮崩单体液压支柱，有效地控制了工作空间，同时，将铲煤板和挡煤板装到输送机上，使爆破产生的大部分煤直接装入输送机，减轻了工人的体力劳动。普通机械化采煤技术方面，山西从20世纪50年代就已经开始使用了截煤机、康拜因等设备，1964年西山官地矿使用国产MLQ-64浅截式采煤机等机械设备进行采煤，官地矿的技术革新成为全省采用普通机械化采煤的标志，20世纪60年代后期逐步开始走上了机械化发展的道路。1970年大同煤峪口矿被国家列为综合机械化采煤技术试点之一，试验了国产第一套液压支架并获得成功，这标志着综合机械化采煤技术开始大力发展。1974年燃化部在阳泉矿务局试验了第一套国产综采设备。1979年潞安矿务局引进了第一套波兰综采设备，再一次证明了综合机械化采煤技术是提高煤矿产量、促进煤炭工业化发展的必然出路。21世纪以来，机械化综采设备已经基本普及，综合机械化采煤等现代化成套设备广泛使用，全省采煤机械化程度已近100%。同时，煤炭安全、机械化开采、信息化管理等重大技术取得突破，一大批先进适用技术和装备被广泛推广应用，煤矿生产条件发生了翻天覆地的变化，煤炭生产力水平有了很大的提高。

（四）煤炭价格全面放开，市场化改革取得实效

山西煤炭价格的改革同全国相比，有其共性也有其个性。煤炭价格的演进过程与经济体制改革同步，经历了从计划价格向市场价格改革的历程。中华人民共和国成立初期，煤炭价格由国家制定，实行价格单轨制，国家前后进行过五次煤炭价格调整，但都是微调。1984年国家正式承认煤炭非计划价格的合法地位之后，煤炭价格双轨制正式实行。从1985年开始，双轨制的多层次煤炭价格政策逐步展开。1993年，煤炭价格开始向市场价格过渡，国家开放了全国统配煤矿的洗精煤，电力、冶金行业用的动力煤，以及华东、华

北、湖南的中央统配煤的出厂价格。煤炭价格有较大幅度的上扬，除受煤炭成本上升的推动外，其主要原因是在计划体制下，煤价压制过低，不能抵补生产费用，致使煤矿亏损；煤炭放开后，在价格规律的作用下，必然上涨。1994年国家取消了统一的煤炭计划价格，除了供电用煤实行限价外，其他的煤炭价格全部开放，但很大程度上仍受政府指导、调控。1996年，国家为了确保电价稳定，设定了国有大型电厂的电煤价格，"计划煤"与"市场煤"之间的价格双轨制度从此形成。从2000年开始，煤炭经济出现转机，需求增加，价格回升。2002年，煤炭价格逐步走向交易市场，煤价开始由市场调节，电煤指导价逐步取消。2004年起，政府决定逐步取消政府直接组织煤炭订货的方式，煤炭订货会改称"重点煤炭产运需衔接会"，原则上由发改委提出框架性意见，企业自主订货、行业协会汇总。2006年12月，全国煤炭订货会改为"煤炭产运需衔接视频电话会议"，煤炭供应的双轨制被正式取消，电煤价格"双轨制"终结，电煤价格完全进入市场化的轨道。煤炭订货改革后，初步形成了在国家宏观调控指导下，由供需双方企业根据市场供求关系自主衔接资源、协商定价的新机制。2012年12月，国务院办公厅公布了《关于深化电煤市场化改革的指导意见》，取消重点合同，取消电煤价格双轨制。煤炭企业和电力企业自主衔接签订合同，自主协商确定价格，鼓励双方签订中长期合同。地方各级人民政府对煤电企业正常经营活动不得干预。至此，煤炭配置的主要形式是市场，煤炭价格形成已基本实现市场化。

（五）煤炭清洁化发展成效显著

20世纪90年代之前，煤炭开采几乎都是粗放式的开采。20世纪

90年代清洁煤技术出现，1995年国务院成立了"国家洁净煤技术推广规划领导小组"，组织制定了《中国洁净煤技术"九五"计划和2010年发展纲要》，山西积极研发、推广、运用煤炭清洁技术，在煤炭清洁燃烧发电、煤基替代燃料技术等方面取得了较大进步。在煤基替代燃料技术方面，山西是全国开展"煤变油"项目科研、小型实验和工业实验最早的省份。"七五"期间，中科院山西煤化所开发的煤基合成汽油技术被列为国家重点科技攻关项目，1989年在代县化肥厂完成了实验。"八五"期间，国家和省政府投资2000多万元，在晋城化肥厂建立了年产2000吨汽油的工业试验装置，生产出了90号汽油，并在此基础上提出了年产10万合成汽油装置的技术方案。在科研方面，山西拥有了中科院山西煤化所等一批实力雄厚的煤炭技术科研、教学、开发队伍，为实施煤炭清洁高效利用奠定了基础。但当时的洁净煤技术仍处于起步阶段，尚不能适应国民经济发展以及市场需求。

21世纪以来，洁净煤技术被列为国家"863"计划，成为能源技术领域的重要内容之一。山西煤炭资源的综合加工利用技术也得到长足进步。从2000年起，淘汰了一大批落后的生产能力，大批新建、改扩建的矿井陆续投入生产，煤炭洗选和清洁化水平明显提高，在煤炭加工水煤浆技术、煤炭液化技术、甲醇制造和燃烧技术、煤气化技术、煤层气开发利用技术等方面进行了不同程度的研究或产业化开发，建成了一批煤电联营、水煤浆、型煤等煤基产业项目，煤炭综合利用取得重大进展。党的十八大以来，随着国家调整优化产业结构，深化节能减排政策，大气污染防治行动计划实施，煤炭消费约束日趋紧缩。严格控制煤炭总量、推进煤炭清洁高效利用受到高度重视。在煤层气技术创新方面，中科院山西煤化所成功研制出煤层气脱氧催化剂，实现了高效廉价脱氧催化剂与先进流化床技术的集成，开辟了含氧煤层气综合利用新途径。山西晋煤集团建成煤层气开发技术研发体系，拥有煤层气方面国家专利120多项，成为全国最大的煤层气开发基地。煤层气广泛用于发电、汽车、生活等领域。在煤气化技术，解决了多年来制约煤化工产业发展的技术瓶颈，实现了对劣质煤的高效、阶梯利用，有效地解决了煤直接液化的一系列难题，并填补了在煤快速加氢热解工艺及技术领域的空白。在煤焦产业技术方面，精细化智能配煤系统研发平台、余热资源化分解焦炉煤气脱硫废液技术示范工程等都起到引领示范作用。在煤机装备技术方面，形成以煤矿采掘机械装备国家工程实验室、露天采掘国家级技术中心、山西煤机装备产业技术创新战略联盟为核心的技术研发体系。在煤基新材料方面，依托太钢等国家级企业技术中心以及中科院山西煤化所、中电科二所、中电科三十三所等省内材料领域科研院所，在不锈钢、镁合金、LED、多晶硅、煤基固废利用等领域，具备了较强的技术支撑能力，初步形成了产学研一体化创新模式，开发出了一批具有自主知识产权的新技术、新工艺。2016年山西出台《山西省煤炭供给侧结构性改革实施意见》，拉开了煤炭行业供给侧结构性改革的序幕。煤炭行业在去产能的同时，着重加快煤炭产业技术创新，并设立山西煤炭清洁利用投资基金，重点支持煤电一体化、现代煤化工、煤层气（瓦斯）抽采利用、碳交易及碳减排等项目，煤炭清洁化发展进入快速发展通道。

三、山西煤炭工业发展环境与趋势

今后相当长的一段时间，煤炭工业仍将面临中高速增长常态化、能源需求强度下降、能源结构低碳化发展、煤炭开发和利用环境制约增强等多种因素影响。面对新形势和新变化，煤炭工业应认真贯彻落实十九大以来有关会议精神和战略部署，深入推进能源革命，促进煤炭工业健康稳定可持续发展。

（一）发展环境

1.经济形势

进入21世纪以来全球经济发展发生历史性重大结构变革。全球发展中经济体总体上全面赶超发达经济体，在经济增长率、经济贡献率及全球经济比重等方面全面刷新历史，成为经济增长的主要动力源，而这一趋势不仅不可逆转，且具备进一步强化的诸多基本条件。这是一个具有重大深远的划时代意义的经济结构性战略变化。从国内经济形势来看，全国经济已经进入"新常态"，增长速度换挡期、结构调整阵痛期、前期刺激政策消化期"三期"叠加，各种矛盾和问题相互交织，这使得经济形势更趋复杂，挑战来自"增长减速"和"结构调整"，来自内部和外部等多个方面，经济运行中不确定性、不平衡性和脆弱性凸显。

2.煤炭市场

随着后金融危机时代的延伸，全球性、全国性产业结构和能源结构的调整升级，高耗能产业比重正在逐步下降，低耗能产业比例迅速上升，基础产业的能源消费出现了以油、电、气替代煤的趋势。并且，今后一段时期我国经济增长速度将由前些年的两位数增长回落到7%左右，煤炭消费弹性系数由前些年的1.0左右下降到0.4左右，煤炭消费年均增速降至3%左右，煤炭市场需求将呈现出不断萎缩的发展态势。与此同时，全国一大批煤矿建设和生产效能的大幅提升和产能加速释放，内蒙古、陕西等地新兴优质煤田气田的加速开发，以及煤炭进口量的不断增加，我国煤炭产能过剩的矛盾将日益突出，煤炭市场供大于求，由卖方市场转为买方市场，竞争愈发激烈，价格大战硝烟渐起，煤炭工业必将面临重大的变革。

3.能源革命

随着能源生产和消费总量持续增大，化石能源大量开发和利用导致能源资源的紧张、环境污染以及全球气候变化等问题日益突出，以清洁能源为主体的新一轮能源革命，正通过全球能源互联网的建立渐渐占据能源变革中的主导地位。山西作为全国的综合能源基地，必须立足省情，从国家发展和安全的战略高度，审时度势，借势而为，找到顺应能源革命大势之道。加快推动能源革命，以清洁低碳为主体能源，从根本上化解能源资源和环境约束，实现能源的持续利用，切实把能源优势转化为发展优势，既是山西加快能源供给侧改革、提升发展质量和效益的客观要求，也是推进工业转型升级、破解资源型经济困境的重要途径，更是保障全国能源安全和山西经济持续健康发展的必由之路。

4.环保要求

降低煤炭的绝对使用量是解决煤炭利用带来的种种环境问题的最佳方法。但是，尽管可再生能源飞速发展，短期内仍远远无法达到减少煤炭消费总量的效果。在能源结构短期内无法大规模调整的现状下，煤炭的清洁高效利用将是实现能源生产和消费革命的有效途径之一，这也为煤炭的清洁高效利用提供了广阔的发展空间。所以，必须通过煤炭的清洁、高效利用来缓解这一矛盾。提高煤炭回采率，节约有限的煤炭资源；开发低浓度瓦斯气和煤矸石的利用方法，变废为宝；提高煤炭的燃烧效率等。这些都将大大节约煤炭资源，降低煤炭需求增速。山西作为我国的煤炭生产、消费和出口大省，面对未来复杂的国际国内形势，要实现煤炭工业以及全省经济可持续发展，关键出路在于煤炭的全方位综合清洁高效利用。

（二）发展趋势

客观认识、理性对待煤炭经济运行态势，关系未来山西煤炭工业的可持续发展，以及山西经济转型发展。

一是煤炭工业进入"改革深水区"和"发展新常态"。同我国经济发展一样，煤炭工业进入改革的攻坚期和深水区，处于价格增速换挡期、结构调整阵痛期、产能过剩消化期叠加的阶段。这一论断主要基于改革转型所面临的形势和由此所带来的众多矛盾。而煤炭工业发展进入"新常态"，这意味着今后较长一段时期内，煤炭需求将维持低速增长，进口煤保持高位，煤炭市场供需总量宽松将成为新常态。

二是煤炭在能源结构中的比重将不断下降，但煤炭主体能源地位不会改变，煤炭工业仍然具有较广阔的发展空间。随着全球应对气候变化行动，我国产业结构调整、节能减排、科技进步以及新能源、可再生能源规模化，煤炭需求将开始回落，在能源结构中的比重将不断缓慢下降。同时也应看到，我国是当今世界经济强国亦是能耗大国，煤多油少气缺的资源状况，决定了在未来几十年以煤为主的格局不会改变，煤炭需求总量还将保持适度增长态势，估计2025年—2035年，将出现我国煤炭需求的峰值。特别是随着洁净煤技术快速发展，煤炭利用由燃料向燃料和原料并重转变，储量丰富的煤炭仍将是无法替代的重要能源品种之一，煤炭工业仍然具有较广阔的发展空间。

三是随着能源革命的开展，煤炭工业将围绕价格竞争力重新洗牌，煤炭未来发展的竞争力将取决于煤炭资源使用效率的提升以及低碳型发展模式的选择。在全球化经济中，我国煤炭工业与世界煤炭工业的关联、互动越来越明显，国际市场煤炭价格对我国煤炭市场的定价影响将越来越大，一个统一的世界煤炭市场即将形成。特别是习近平总书记提出推行能源革命，还原能源商品属性，构建有效竞争的市场结构和市场体系，形成主要由市场决定能源价格的机制。由此可以预见，在供求关系逆转的市场态势下煤炭工业以往的资源优势、区位优势将逐步消失，围绕价格竞争力重新大洗牌不可避免。煤炭未来发展的竞争力在很大程度上取决于煤炭资源使用效率的提升、低碳型发展模式的选择和产业链价值链的高端延伸。

四是煤炭行业将进入大重组、大整合、大变革时期。煤炭企业的大重组主要是大集团的重组。随着经济全球化进程的加快，国内外煤炭企业正向着大型化、集团化方向发展，重组煤炭大集团的趋势将继续深化和加快。我国煤炭市场竞争主体将形成大型化、集中化和高质化的局面。除同行业重组外，部分煤炭企业已开始与钢铁企业、相关产业企业及国外企业进行联合重组。大整合表现在以资源为中心的整合和以业务链为中心的整合，在煤炭大集团重组后企业内部构建统一的市场营销、统一的物资供应、统一的发展战略、统一的产品品牌，企业管理体制变革、人事制度变革、薪酬制度变革等将进入大变革时期。

　　五是煤炭技术将进入大发展时期，清洁煤将成为煤炭发展新趋势。煤炭虽然是目前最经济、最低廉的能源，但从未来煤炭面临的环境和健康的压力看，发展洁净煤技术，使煤炭得以高效、清洁地开采利用将成为必然选择。例如煤炭洗选和型煤加工技术将得到空前发展，煤炭液化技术、气化技术、水煤浆技术取得进展，以此提高煤炭利用效率、降低污染排放。在未来较长时期内，加快发展煤炭洁净利用技术，可大幅度减少大气污染和二氧化碳排放，使煤炭真正成为洁净、高效、可靠的能源，煤炭工业也将由此而再次振兴。

专题二　山西焦化行业发展成就和展望

　　山西焦炭工业有悠久的发展历史。改革开放以来，山西焦炭工业在焦煤资源优势的基础上迅速发展壮大。广大民营焦炭企业是山西焦化工业的主力军，从土焦起步，从改良焦崛起，进而向现代化大型机焦迈进。山西是独立焦化企业生产规模最大的省份，在20世纪80年代后期，山西的焦化工业从钢铁、化工的附属行业发展成为独立行业，跻身全省支柱工业行列。山西焦炭年产量峰值（2007年）达9897万吨，山西焦炭产量占到全国焦炭产量的30%至40%的高峰时期长达20年；占世界产量15%以上、出口焦炭量占到世界焦炭贸易量的40%至50%的时期长达10年以上。山西生产的焦炭大多销往外省和国外，天津港山西焦炭FOB价已成为世界焦炭贸易的基准价。

一、山西焦化行业发展历程

　　山西依托煤炭资源优势，特别是焦煤资源优势，在20世纪80年代改革开放以来，焦炭工业规模迅速扩大，产量和出口量在90年代跃升为全国第一，成为独立的工业行业，并跻身于山西省的支柱工业行列。山西大部分焦化企业是独立焦化企业，从土焦、改良焦、机焦一路走来，目前，山西的焦炭工业已是以大型机焦为主体的集焦炭和化工产品为一体的现代化工业体系。

（一）改革开放前，山西初步建立起焦炭工业基础

山西烧制焦炭的历史悠久。在稷山县马村考古挖掘的一批金代砖墓中，在墓M8和M10的墓床四周有栏杆，床下堆满了煤炭和焦炭，各约250公斤。这批墓群的年代下限不过金大定二十一年（1181），距今800多年。这些焦炭与现在的焦炭无差别，应为人工烧制。可见，山西人当时已广泛利用焦炭了，而且炼焦技术已趋成熟。长期以来，焦煤产区民间烧制焦炭比较常见。按现代技术标准看，这些焦炭应为土焦。

中华人民共和国成立前山西已有机焦生产。20世纪上半叶，在连绵不断的战火中，山西近代钢铁工业起步，开始建设机焦炉。直到中华人民共和国成立前，山西共有炼铁高炉6座，其中西北炼钢厂（太钢前身，建成于1939年）和故县铁厂（位于长治，1948年建厂，1949年投产，设备从阳泉保晋铁厂拆迁来）各有一座机焦炉，均采用德国恒塞尔曼捣固式焦炉，合计生产能力有14万吨，但因战争破坏，实际平均年产量仅4万至5万吨。在1949年，全省生铁产量4.1万吨，其中高炉生铁产量3万吨，炼铁所用焦炭，除机焦外，不足部分用土焦补充。

中华人民共和国成立后新建一批机焦炉。20世纪50年代国家经济得到恢复和较快发展，1952年焦炭产量达到42万吨。当时在"发展工业以钢为纲"的指导思想下，钢铁工业发展得到更多的政策倾斜，有利于规模扩张，焦炭生产也随之得到较快发展。大型钢铁企业新建、改扩建机焦炉主要有：太钢3#焦炉58-Ⅰ型65孔焦炉和4#焦炉58-Ⅱ型65孔焦炉，年生产能力均为45万吨；临钢1#、2#焦

炉2×30孔，年生产能力20万吨。另外，太原化工厂在70年代初也新建机焦炉用于化工生产。1970年，在山西洪洞县新建山西焦化厂，这是山西第一个大型独立焦化企业。

表2-1　改革开放前山西机焦数量及年生产能力

单位：万吨

企业名称	炉型	年生产能力	备注
合计	—	216	—
太钢	58-Ⅱ，58-1	90	焦油初加工，煤气钢厂利用
长钢	小58	20	
临钢	58-Ⅱ	30	焦油初加工，煤气钢厂利用
太化焦化厂	小58	20	用于合成氨生产
（洪洞）山西焦化厂	58-Ⅱ	56	副产合成氨、尿素

小土焦规模可观。山西机焦产量不能满足需求，钢铁企业和化工企业不足部分需要土焦补充。山西焦煤资源丰富，在太原西山地区，以及吕梁、临汾等地分布广泛，是土焦生产的资源基础；山西小土焦生产有悠久的传统，是土焦生产的技术基础。改革开放前，当时有要求各县都发展五小工业的政策导向，使小钢铁、小铸造、小化肥等对焦炭有需求的小工厂在全省遍地开花，小企业一般只能采用当地的土焦，其至一些较大型的钢铁企业、化工企业也依靠土焦，致使土焦一直保持着较高产量。很长一段时间，土焦生产分散，规模不等，以农村社队企业为主，数量难以准确统计。

小土焦质量低于机焦。小土焦在生产中不能回收焦炉煤气和煤焦油，消耗的优质主焦煤也多于机焦，烧制过程中烟气和废水直接排放，污染严重，是一种落后的生产方式。但当时机焦远不能满足市场需要，从改革开放前到改革开放初期，我国对环境保护和节约资源没有明确约束条件，在强大的市场需求拉动下，土焦得以生存和发展。到1978年，山西焦炭产量达到356万吨，是1952年42万吨的8倍。其中，机焦产量140万吨，土焦产量216万吨。

（二）改革开放后，焦化工业进入高成长期

山西是煤炭生产大省。在省内煤炭加工转化各行业中，1980年，火力发电是省内第一大煤炭用户，焦炭耗煤量约为电力的85%；到1985年，焦炭耗煤量超过电力，已成为煤炭加工转化第一大项目。之后由于改良焦在短期内迅速替代土焦，山西焦化工业得以稳步发展，到20世纪80年代末，焦炭行业已步入山西支柱工业行列。

努力推进机焦建设。改革开放以来，环境保护和资源节约问题逐步受到高度重视，80年代焦化行业已明确"发展大型机焦、取缔土焦、资源综合利用、治理环境污染"的发展方向。山西省政府对大机焦建设很重视，并积极推进，但大型现代化机焦炉投资大、筹资困难、建设缓慢。这一阶段大机焦建设项目主要有：太原煤气化公司一期工程1984年建成机焦炉一座，年产焦炭45万吨，二期建设100万吨JN-60型焦炉项目从1985年开始筹备，2004年建成投产；临钢年产60万吨焦化厂项目1985年提出项目建议，1995年投产；山西焦化厂建两座国内最新设计的JN60-89型焦炉，项目于90年代初提出，分别于2000年和2001年投产。在20世纪，大型机焦远远不能满足市场需求。直到21世纪，国有和民营焦化企业的投资能力大大增强，大型机焦项目建设开始加快。

民营焦化企业异军突起。在20世纪80年代，机焦的市场缺口达1/4左右，1987年达到1/3以上，巨大的市场空间为土焦的发展留下

机会。

改革开放以来改变了传统的计划经济模式，在农村承包责任制落实后，大量富余劳动力获得转向工矿业的机会，民营焦化企业开始走强。1980年土焦产量达160万吨，1981年在介休、孝义已有商品土焦供应省内外市场。当时民营企业均为独立焦炭企业，从土焦起步，抓住国内机焦缺口的市场机会，以超常规的速度发展壮大，1984年土焦产量达222万吨、1985年达411万吨、1987年达671万吨。在煤炭资源的基础上和市场机会的拉动下，山西民营焦化企业实现了超常规发展。

烧制土焦是一种资源浪费和环境破坏严重的落后生产方式。烧制每吨土焦比机焦多消耗0.5吨焦煤；由于质量低劣，在冶炼和铸造过程中，使用土焦比机焦需多消耗焦煤30%。土焦在生产中不能回收焦炉煤气、焦油、粗苯等优质化产资源，这些资源被白白烧掉并转化为污染物。焦化工业本身就是高污染行业，烧制土焦的污染排放更是大机焦的13倍。20世纪80年代在土焦生产集中的孝义、介休等地，浓烟蔽日，尘土飞扬，农田减产，当地居民恶性疾病大量增加，对当地及周边广大地区造成严重影响。一段时期，山西土焦集中产区的空气质量在世界排名倒数第一，恶劣的环境成为山西的突出问题。

表2-2　20世纪80年代后期土焦、改良焦产量变动情况

年份	1984	1985	1987	1988	1989	1990
改良焦产量	25	86*	305*	600*	767.9	1023
土焦产量	222.63	411	671	250	161.4*	92.07*
非机焦产量总合	247.63	497	976	850	929.3	1115.07

资料来源：统计局资料；*为调研数据。

改良焦替代土焦。为减缓并消除这一危害，国务院从1982年开始多次颁布限制土焦生产的政策。在强大的市场需求下，山西省委结合山西的实际情况，提出"限制、引导、扶持、改造"土焦的方针，组织大量省内外焦化工业专家，借鉴美国无回收焦炉的经验，全力研制能够提高焦炭质量、降低污染排放且投资低、易操作又适合山区推广的改良型焦炉。普通改良焦吨焦投资仅50～80元，大大低于机焦吨焦800元的水平。经过省内外科技界和民营焦化企业的努力，很快研制成功多种达标的改良焦炉。1987年经省科委等机构鉴定，首先肯定了"七五型"和"XY型"焦炉等改良型焦炉作为土焦改造的过渡性技术，在全省土焦产区大力推广。"七五型"炉基本不产生污水，废气燃烧比较完全，废气排放水平甚至优于小机焦；"XY型"炉是移植美国无回收焦炉并进行简化的炉型，污染排放及主要技术经济指标与"七五型"炉相近。1987年下半年，孝义、介休等地焦化厂在多位专家指导下，"七五型"炉开始批量生产一级冶金焦，产品质量达到国际先进水平，改良焦开始出口。

之后，改良焦不断借鉴国内外先进工艺技术，按照国外配煤原理进行生产试验，进行深入研究和实验，掌握了大比例配入当地贫煤、无烟煤稳定生产焦炭的技术并大力推广。改良焦炉成本低、易操作，且有良好的产品质量，在节约资源和减少污染方面也能达到一定标准，在其良好效益和政策推进的双重作用下，改良焦很快替代土焦，产量直线上升。20世纪80年代末，山西土焦基本上从行业内退出。通过改良焦技术的过渡，山西民营焦化企业在资金短缺的条件下实现了快速增长。在整个90年代，山西的改良焦在国内以及国际焦炭市场上雄居榜首，及时满足了国内外市场需求的同时，也实现了产业自身的发展和壮大（见表2-5）。

（三）改良焦在不断调整、提高中走向集约化

焦化工业本身属于高污染排放行业，能否将污染排放控制在较低水平，是大量独立焦化企业生存的底线。山西在很短的时期内以改良焦替代土焦，拓宽了独立焦化企业的生存空间。焦化行业的进一步发展，必须进一步提高行业在节能降耗、资源综合利用以及降低污染排放方面的技术指标。

清洁型焦炉。进入20世纪90年代，改良焦生产企业通过不断的技术创新，研制出各种类型的清洁型焦炉。这些焦炉能够将排放的废气控制在较低水平并能够回收热能，回收的热能或用于发电或用于建材等其他产品生产。有的清洁型焦炉可以回收焦油、粗苯等化产，有的清洁型焦炉适合生产特殊焦炭品种。不同类型的清洁型焦炉适用于不同的生产环境和市场需要。

介休三佳煤化有限公司于20世纪90年代中期，在"七五型"炉基础上，设计研制出SJ-96型焦炉，实现了机械化装煤出焦，炉内可分层捣固，扩大了炼焦用煤品种范围。在热能利用方面，数座焦炉联体，炉体用相邻炭化室互联引火，形成每个炭化室与联体热循环相结合的合理工艺，以实现能源节约和清洁生产。焦炉余热用于发电，实现热电联产；安装静电除尘及脱硫装置，污染排放指标比"七五型"炉降低85%。1998年9月，国家经贸委、国家环境保护总局及省相关部门组织50余位专家和代表，对该炉型进行验收，经过严格、客观、科学、实事求是的生产监测，以环境、质量、能耗、经济效益为标准，对该焦炉进行全方位的剖析和论证，最终评价这一炉型为清洁型焦炉，并建议在全省推广。

表2-3　SJ-96III型清洁热回收示范焦炉与其他焦炉污染物排放对照

单位：kg/t焦

炉型 污染物	SJ-96III型清洁 热回收示范焦 炉	QRD-2000型 清洁型焦炉	XY-21QJL-I型 清洁焦炉	4.3m捣固 机焦炉	4.3m顶装 机焦炉
颗粒物	0.255	0.605	0.686	0.263	0.263
二氧化硫	0.703	1.69	0.948	1.01	1.01
苯并芘	3.55×10^{-8}	4.67×10^{-8}	27.2×10^{-8}	853×10^{-8}	853×10^{-8}

从表2-3中可以看出，清洁型改良焦炉的污染排放指标已明显优于小机焦，特别是强致癌物苯并芘的排放，仅为小机焦的1%左右。改良焦炉投资远远低于机焦。SJ-96III型清洁热回收示范焦炉的吨焦投资为138元，QRD-2000型清洁型焦炉为350元，而4.3m顶装机焦炉的吨焦投资要800元。改良焦炉的炼焦煤耗与小机焦持平。改良焦炉可生产出合格的一级冶金焦和二级冶金焦，特别是改良焦炉生产的铸造焦质量可达到世界先进水平。改良焦炉的种种优势，适合山西当时的历史条件，特别是在20世纪90年代以后，市场波动剧烈，机焦不能停产，产量刚性，而改良焦炉可以停炉调节供给，对市场波动的适应性强。改良焦炉的这些优势，是至今大机焦已占据主导地位的时期，仍保留着一批改良焦炉的原因。

改良焦企业走向产业升级。清洁型焦炉在工艺方面的各项突破，促进了焦炭质量的全面升级，同时焦化企业通过余热利用联产其他产品、化产回收加工等途径向其他产业延伸，拓宽了产业链条，提高了焦化产业的综合效益。山西出现了一批诸如介休三佳、安泰，清徐迎宪，汾阳文峰等知名的以改良焦生产为主的大型企业集团，产品走向国际市场。介休安泰焦化企业于21世纪初建立起机焦炉，发展集焦化、钢铁、建材、发电等产业于一体的具有循环经济概念的产业集团。之后，在山西省取缔土焦、限制改良焦的产业政策导向下，大量从改良焦起步的焦化企业，通过十多年的积累，很快走上大型机焦及相关产业一体化发展的道路。

（四）走向以大机焦为主的现代化阶段

为尽量降低污染排放和提高资源的综合利用率，国内外焦化产业发展的路径，都是沿着规模化、炭化室有效容积不断扩大的主线发展。大型机焦炉可提高机械化水平，减少热损失和在推焦、装煤时散发的污染物；大容积焦炉的装煤密度可达到$850kg/m^3$，中型焦炉只有$790kg/m^3$，6m高的捣固焦炉，煤饼密度可提高到$1.1kg/m^3 \sim 1.2kg/cm^3$，可进一步扩大炼焦煤资源和提高焦炭抗碎强度及耐磨强度。在焦化副产品综合回收利用方面，大机焦生产1吨焦炭可产生焦炉煤气$340 \sim 420m^3$、煤焦油$30 \sim 50kg$，均为优质的能源和化工原料，回收化产是提高焦化工业综合效益的重要途径。20世纪70年代以前，扩大炭化室容积的主要目的在于提高焦炉的生产能力和减少热损失；到了70年代以后，由于环境保护要求日益严格，炼焦煤资源的短缺以及高炉的大型化和富氧喷吹煤粉技术的应用，对焦炭质量和焦化工业的环保水平提出更高要求。选用大炭化室机焦炉是焦化工业发展的主要途径。

大机焦生产能力已超亿吨。山西焦化工业经过十多年的高速发展，已具备发展大机焦的资金实力。21世纪初焦炭处于热销态势，价格不断攀升，对投资有很大的吸引力。在山西取缔土焦、限制改良焦、发展大机焦的政策导向下，山西焦化工业迅速转向投资大机焦的热潮，一批知名改良焦企业转向大机焦。到2004年，已经建成投产的炭化室高度≥4.3米的（含3.2米捣固）的大机焦生产能力达7326万吨（其中经省级以上部门批准立项、合法合规的大机焦炉生产能力4954万吨，未经批准立项的违规已建成的大机焦炉年生产能力2372万吨），在建大机焦的生产能力4565万吨（其中经批准在建的生产能力2666万吨，未经批准立项违规在建的生产能力1899万吨）。大机焦生产能力（包括在建）已达到1.19亿吨。

大机焦装备达到国内先进水平。山西大机焦炉中主力炉型是炭化室高4.3米的捣固焦炉。在开发这一炉型之前，改良焦清洁型焦炉已普遍推广了捣固煤炼焦。交口棋盘山焦化厂率先使用了3.2米捣固机焦炉。2002年8月，由中国化工第二设计院设计，临汾同世达实业有限公司建设的4.3米的捣固机焦炉建成投产，年生产能力96万吨，是山西省也是中国第一座侧装煤4.3米捣固式化产回收焦炉。2002年到2004年，炭化室高4.3米的捣固焦炉在介休茂胜焦化厂等十多家焦化厂相继投产，年生产能力总计约4200万吨，成为山西焦化工业的主力炉型。这一炉型有节约主焦煤、提高焦炭质量的优势。在环保方面，可采用干熄焦技术，减少水污染；配有炉顶焚烧消烟除尘车，还可安装地面除尘站，两项设施可联合使用，烟尘污染治理效果更好。干熄焦、地面除尘站、炉顶消烟焚烧除尘车和污水处理设施几项环保设施配套使用，污染治理可以达到世界先进水平。

炭化室高6米以上大容积焦炉属于国内先进水平。山西省采用这一先进炉型的企业有：焦化集团二期年产90万吨项目2001年投产，太原城市气源厂年产100万吨焦炭项目于2004年投产，介休安泰集团公司二期年产220万吨焦炭项目。这几个项目已建有地面站消烟设备，后期还可配备干熄焦装备和无烟装煤设备，达到世界先进水平。

从德国引进的炭化室高7.63米的大容积焦炉的企业有太钢焦炭厂和介休安泰集团，这一炉型是国内焦炉炭化室最高、焦炉单孔容积最大（73.3m³）、技术最先进、排污最少、环保指标最好的大容积焦炉，引进这一炉型成为山西炼焦工业的又一个里程碑。太钢焦化厂年设计生产能力200万吨，安泰集团还配备了国际先进水平的定点熄焦技术和干熄焦技术。

表2-4　山西机焦、改良焦、土焦产量变迁

单位：万吨

年份	山西焦炭产量	机焦			改良焦和土焦		
			大机焦	小机焦		改良焦	土焦
1952	42	——	——	——	——	——	——
1978	356.51	140	75	65	216	——	216
1980	320.95	161	104	57	160	——	160
1985	417	222	170	52	346	84	411
1990	1609.27	494	198	296	1115	1023	92
1995	5297.62	654	254	400	4643		
2000	4967	1952	303	1649	3015		
2002	5851	3236	1200	2036	2615		
2003	6747	4563	1823	2740	2184		
2004	7293	6560	4305	2260	733		

资料来源：历年《山西统计年鉴》。机焦、改良焦和土焦数据为调研数据。

2005年以后，山西焦炭产量中，大机焦产量占到主导地位，土焦基本绝迹。企业管理水平、产业集中度及炼焦装置水平大幅提高。到2016年，山西大机焦（炭化室高度4.3米的机焦炉，包括4.3米、5米、5.5米捣固焦炉系列）产能占到全省总产能的67%，炭化室高度5.5米以上的现代化大机焦炉产能占24%，炭化室高度4.3米以下的小机焦炉已全部关停，热回收清洁型焦炉产能占总产能的8.6%。

表2-5　山西焦炭历年产量占全国和世界的比例

单位：万吨

年份	山西产量	中国产量	世界产量	中国占世界（%）	山西占全国（%）	山西占世界（%）	山西焦炭外调出省量	外调比重（%）
1978	356.51	4690	—	—	7.60	—	—	—
1980	320.95	4343	—	—	7.39	—	34.5	—
1985	417	4802	—	—	8.68	—	181.36	10.75
1990	1609.27	7328	36740	19.25	21.96	4.38	726.42	43.49
1995	5297.62	13510	36900	36.59	39.21	14.36	1819.36	45.14
1996	5394.45	13643	35067	38.91	39.54	15.39	1793.64	34.34
1997	5279.13	13731	36027	38.11	38.45	14.65	1969.14	33.25
1998	5703	12806	33613	38.10	44.53	16.97	1793.32	37.30
1999	4959.85	12073	32706	36.91	41.08	15.17	1443.51	31.45
2000	4967	12184	34489	35.33	40.77	14.40	1749.64	29.10
2001	4988	13131	34465	38.10	37.99	14.47	1544.16	35.23
2002	5851	14280	33600	42.50	40.97	17.41	3262.4	30.96
2003	6747	17776	38786	45.83	37.96	17.40	3657.6	55.76
2004	7293	20619	42583	49.02	35.37	17.13	4067.2	54.21
2005	7981.0	25412	45391.6	55.98	31.41	18	4877.6	55.77
2006	9202	29768	51570	57.72	30.91	18	4982	61.11
2007	9897	33553	54489.3	61.58	29.50	18	6110.97	54.14
2008	8295.87	32031	52049	61.54	25.90	16	5743.92	69.23
2009	7705.83	35510	58172	61.04	21.70	13	5413.1	70.25
2010	8502.1	38864	64333	60.41	21.88	13	6121	72
2011	9047.91	43270	69530	62.23	20.91	13	6505	71.88
2012	8612.66	44779	—	—	19.23	—	5557	64.52
2013	9022.4	47636	—	—	18.94	—	6476	71.78
2014	8765.90	47980	—	—	18.27	—	6541	74.62
2015	8039.88	44822	—	—	17.94	—	5901.29	73.4
2016	8186	44911	—	—	18.23	—	—	—
2017	8383	43142	—	—	19.43	—	—	—

（五）焦炭产业经历的几次调整、重组和市场波动

山西省焦化行业经历了几次大的市场波动，其内因主要是政府产业政策调整对行业的影响，外因则是受国际市场波动的影响。

第一次是由于1988年山西省取缔土焦造成的市场波动。改革开放初期，土焦产量急剧增长，在市场上占据重要位置。但土焦污染严重，国务院多次明令限制土焦。山西省在1987年以后对土焦进行

了一次严格清理，土焦产量从1987年的671万吨，猛降到1988年的250万吨（见表2-2），而改良焦产量未能及时填补土焦减产的市场缺口，造成1988年土焦和改良焦的产量总和仅850万吨，比1987年的976万吨减少126万吨，1989年产量为929万吨，仍低于1987年产量，形成焦炭市场紧俏，价格猛涨。到1999年焦炭产量上升到1085万吨，价格逐步恢复常态。

第二次是20世纪90年代后期，受亚洲金融危机的影响，国际国内煤炭、焦炭、钢铁市场均疲软下滑。1997年至1999年间，山西焦炭产大于销，企业之间只能竞相压价。在国内，焦炭出厂价仅160元/吨，二级冶金焦运到唐山不足380元/吨，而且先发货后付款，赊销造成严重拖欠货款的局面。根据山西省煤炭调运办公室当时的不完全统计，外省拖欠的山西焦炭货款达14亿元之多。一些找不到销路的生产厂家纷纷熄火关门。山西焦化企业生产分散，在焦炭销售市场上处于劣势，山西周边省份一些钢铁企业却抓住了拖欠货款的机遇发展建设各种项目。在国际焦炭市场上，山西焦炭同样受挫，中国焦炭出口数量从1998年的1146万吨，下降到1999年的997万吨，平均出口单价从80美元以上降到了55美元，二级冶金焦天津港FOB价最低时仅48美元，山西焦化企业跌入一个低谷。

20世纪山西焦炭产业中改良焦占比较高，改良焦投资低，运行成本也低，在行情低迷时可以熄火停产，因此这次危机虽然给焦炭行业带来损失，但改良焦企业的损失还是有限的。机焦企业损失较大，因机焦不能熄火停产，产品积压亏损也不能停产，只好压价竞销。

1995年以后，山西趁市场低迷的时机开展了对土焦和改良焦的清理整顿工作。到2000年，共清理土焦、改良焦炉1万余座，压减落后生产能力800万吨。直到2000年金融危机缓和，焦炭市场开始复苏，全国出口焦炭量迅速回升，2000年全国出口量达到1520万吨，山西焦炭出口量1216万吨，出口平均价格恢复到60美元。在此之后的几年焦炭价格一路上升（见表2-6）。

第三次大的波动是进入21世纪以来受行业重组政策影响引起一波出口焦炭价格的大起大落。山西省焦化工业已明确发展大机焦的产业政策。从2000年到2002年，山西省强力关闭土焦和改良焦炉5000余座，压减生产能力1200万吨，一时造成国内焦炭供应量不能满足市场需求。为保障国内市场，2004年春，国家取消焦炭出口退税，商务部决定暂缓出口配额发放，不允许经营焦炭出口业务。中国焦炭不出口引发国际焦炭市场恐慌，欧洲一些钢铁企业面临断炊危险。2004年4月天津港一级冶金焦FOB价曾达到450美元的历史最高价。

价格的暴涨引发焦化行业的投资快速增长。21世纪新建机焦炉陆续投产，2004年山西焦炭产量比上年增长8%，2005年产量继续增长15%，但同期国内焦炭产量增长了44%，国际焦炭产量增长了21%，焦炭产量已超过市场需求，造成国际国内焦炭价格快速下跌，2005年7月焦炭FOB价降到了170美元，9月又降到了130美元。山西焦化工业当月陷入全行业亏损，全年利润降到上年的1/4。为此，山西焦协召开会员大会，200多家焦炭产运销企业仿照"欧佩克"模式，签订了当时令业界广泛关注的《绵山公约》，该公约的实施实现了山西焦炭价格的止跌回升。2005年以后的几年正值世界经济全面高涨时期，石油价格带动煤炭、焦炭价格一路上涨，焦炭产销又进入一波上升期。

第四次波动主要是国际金融危机引起的世界经济下滑，国家上调焦炭出口关税加剧了市场波动。2007年山西焦炭产量达到峰值9897万吨，我国焦炭出口量达到最高点1500万吨以上，占全球焦炭国际贸易量的50%左右。2008年底，国家将焦炭出口关税从15%上调至40%，导致2009年焦炭出口量从上年的1211万吨锐减至55万吨，大量产量留在国内，加剧了国内产能过剩局面，2008年山西焦炭工业产能利用率不到60%，2011年下降到50%。直到2012年底，国家取消焦炭出口关税和出口配额制度，焦炭出口量开始恢复。但是随着国际石油价格冲高回落，能源价格、钢铁产品价格处于大幅回落阶段，焦炭价格也大幅降落，2014年4月国内焦炭价格跌至920元。为遏止价格的持续下跌，5月初山西省内焦炭联盟统一上调价格20元/吨~50元/吨，但由于缺乏市场需求支撑，6月焦炭价格再次下跌。2015年煤炭寒冬持续发酵，山西焦炭价格连续下行，跌至七年来最低。

21世纪以来，山西焦化工业已进入以大机焦为主的阶段，成本优势已不突出，山西焦炭供应量和价格的大幅波动，导致国内外钢铁大用户纷纷恢复或新建自己的焦炭生产线，国内2007年焦炭生产量比2004年增长了63%，并一直保持产量增长态势（见表2-5）。巴西、印度、乌克兰等国家建设了一批焦化厂，山西焦炭在国际和国内市场的份额逐年下降，20世纪山西独立焦化企业努力建立起来的在国内及世界焦炭市场上的优势逐步丧失。

（六）2012年产业兼并重组

2010年后全国焦化工业已显现产能过剩态势。山西的产能利用率在60%以下。面对恶劣的市场环境，山西省以及我国的主要应对措施是淘汰落后产能，缓解矛盾。2012年8月，国务院印发了《节能减排"十二五"规划》（国发〔2012〕40号），将淘汰落后产能列为调整优化产业结构的重点工作，并明确了焦炭业淘汰落后产能的范围，即"严格落实《产业结构调整指导目录（2011年）》和《部分工业行业淘汰落后生产工艺装备和产品指导目录（2010年）》，重点淘汰土法炼焦（含改良焦炉）、单炉产能7.5万吨/年以下的半焦（兰炭）生产装置和炭化室小于4.3米焦炉（3.8米及以上捣固焦炉除外）"，并要求制订年度淘汰计划，逐级分解落实，山西焦炭产业淘汰落后产能的步伐进一步加大。

2012年8月，《山西省国家资源型经济转型综合配套改革试验总体方案》获批，方案把推进焦化、冶金、电力等产业整合和兼并重组作为产业转型的重要内容，要求打破产业边界，加快推进煤炭、冶金、焦化、电力、建材等上下游关联产业的联合兼并重组整合，促进资源型企业跨行业一体化发展。通过兼并重组，进一步提高产业的集中度，以利于焦炉煤气和其他化产的综合利用，提升产业的综合竞争实力。2011年以前，山西省239户焦化企业，平均产能59万吨/户，且分布全省60余个县区内。到2014年年底，被兼并的企业已基本完成实质性重组，焦化企业数量已减少到73户，户均产能提高到200万吨以上。完成重组的企业，通过统一采购、销售、配煤、管理，降低了管理成本。目前山西省已基本形成孝义、介休、洪洞、河津四个千万吨级焦化集聚区，清徐、潞城、襄汾等一批500万吨级焦化集聚区，集聚区内焦炭产能占到全省的70%。

二、山西焦化行业的贡献

改革开放以来，山西焦炭工业在基本没有国家投资的条件下迅速发展壮大，跻身省内支柱工业行列，焦炭产量、外运量和出口量一度称霸国内外焦炭市场，也有力地带动了全省采煤、炼铁、化工、建材工业的不断发展，为全省经济发展做出重要贡献。

（一）保障国内钢铁工业的焦炭需求

山西焦炭工业为全国钢铁工业的发展提供了充足的焦炭资源。特别是在改革开放初期各项物资都处于短缺的时代，山西的土焦、改良焦及时补充了机焦不足的缺口，有力地支持了我国钢铁工业的发展。自1995年起，山西就成为中国乃至世界产量最大、输出量最多的焦炭生产基地，直到2002年，山西焦炭产量一直占到全国的40%左右，外输出省量长期占到产量的80%左右。多年来，山西焦炭产量均保持全国第一，并始终遥遥领先于其他省份。

从20世纪90年代中期，山西每年运往全国的焦炭达1000多万吨，2002年以后每年达3000万吨以上，2006年以后达6000万吨左右。源源不断外运出省的焦炭是我国钢铁工业高速发展不可或缺的支撑。

（二）拥有世界先进的炼焦装备和工艺技术水平

山西炼焦工艺水平达到世界先进水平，具有生产任何品种和质量焦炭的能力，有能力满足全国以及世界各地用户不同的质量需求。铸造焦的生产工艺代表焦炭生产的最高水平，山西是目前世界上唯一采用冷装冷出清洁型无回收焦炉生产铸造焦的地区，铸造焦质量位居世界第一，特种铸造焦国际市场基本由山西垄断。

　　在技术引进与装备改造提升方面，山西省焦炭企业通过新技术、新工艺设备的引进消化吸收和推广应用，实施自主创新，企业装备水平不断提升。到2015年已建成的现代化产能有：炭化室高度5.5米以上大机焦产能3520万吨，配套干熄焦装置11套，焦炉煤气制甲醇产能328万吨，焦炉煤气制天然气项目2个，产能1.6亿立方米，苯精制加工能力76万吨，煤焦油加工能力278万吨，行业装备水平稳步提升。行业拥有的世界先进水平的炉型有炭化室高7.3米的大型机焦炉和6米以上的顶装机焦炉，炭化室高5.5米的捣固式机焦炉，其余大部分为炭化室高4.5米的捣固焦炉，河津市焦化企业的焦炉都置换为年产焦炭60万吨以上的先进焦炉，并通过引进西安中程自动化工程有限公司的焦炉集气管自动控制项目、焦炉四大车连锁、中水处理等先进技术和设备，使现代化水平大幅提高。介休安泰集团引进了炭化室高度为7.63米的大型机焦炉，配备了国际先进水平的定点熄焦技术和干熄焦技术装备。阳光集团通过引进日本焦炉自动化加热技术，可使炼焦耗煤气量进一步节约2%～5%。山西焦化集团采用先进炉型及DCS、PLC控制系统，使推焦装煤熄火次数减少近1/3，污染物排放大幅度下降。2012年山西太重自主研发成功6.25米捣固焦炉成套设备，这表明山西省大型捣固焦炉设备制造的技术水平已迈入世界先进行列。

　　在产业的综合开发方面，焦化企业跳出"以焦为主"的经营思路，形成"焦化并举"再到"以化为主"的发展趋势。山西焦化集团是山西最大、技术水平最高的焦化企业集团之一，已经构建了集炼焦、焦油加工、化肥、粗苯加工等产业为一体的全产业链，形成年产焦炭360万吨、尿素13万吨、硫酸铵2.5万吨、甲醇20万吨，年加工焦油10万吨、粗苯10万吨的焦化产品生产能力。太原市侨友化工有限公司的焦化粗苯萃取精馏新技术开发，霍州市化学工业有限责任公司的0.5万吨甲醇生产，山西金昌煤炭气化有限公司的焦炉煤气综合应用，山西辰利自动化工程有限公司与太原理工大学共同承担的焦化废气污染物连续在线监测及废水处理新工艺研究等项目已投产，形成一批化工产品生产能力。

焦化企业通过向上下游延伸产业链发展煤炭、钢铁等上下游产业。如山西安泰集团已发展为包括原煤洗选、焦化生产、钢铁冶炼、建材生产及发电为一体的大型企业集团。针对废渣的利用，建立形成了焦化—冶炼—建材产业链；针对废气的利用，形成了炼焦—炼铁—发电产业链。以安泰集团为主体建设的安泰工业园区，被确定为全国首家以焦化行业为主体的国家生态工业示范园区，成为资源节约型和环境友好型企业集群。一些本身规模较小的焦化企业，则依托产业园区实现全产业链的构建与发展。如山西孝义焦化园区，依托金岩、金晖、金达等焦化企业，大力发展焦化产品综合利用。目前，园区已经形成了"煤—焦—气—化"和"煤—电—冶炼"两条完整的产业链，园区形成了两条百亿元产值的产业链。

（三）焦炭一度是山西最主要的出口创汇产品

改革开放初期，国家外贸以出口创汇为主要目的。山西从1982年开始出口焦炭，由省五金矿业进出口公司收购土焦，以直接出口的方式销往美国9450吨。第二次出口则是到1986年，出口量为2605吨。第一次出口机焦在1987年，是由山西焦化厂接中国冶金进出口公司出口到法国的订单（一级冶金焦5.4万吨，每吨78美元）。出口焦炭质量为：灰分≤12%，硫分≤6%，挥发分≤1.2%，水分≤5%。

1987年全省焦炭出口量大幅增长，共达8.46万吨，出口国家和地区扩大到6个。1988年后到21世纪初，山西出口焦炭几乎全部由改良焦提供，出口量逐年增加。从20世纪90年代到21世纪初的十多年，山西除自营出口焦炭外，其他省采购山西焦炭出口数量也很多，特别是在出口配额制度时期，其他省出口焦炭大部分是从山西采购。山西生产的焦炭出口量约占全国焦类出口量的80%，占世界焦炭贸易量的一半，在世界焦炭市场上占据举足轻重的地位。

1.改良焦是打开国际市场的主力

山西最初冒风险闯国际焦炭市场的主要是民营焦化企业，以改良焦为主，当时在无国家投资，与国际市场存在市场经济观念差异、焦炭质量标准差异以及不熟悉国际贸易规则的情况下，冒着价格、质量风险，进行艰苦的市场争夺，最终闯入国际市场。最初罚款、索赔、拒付款事件经常发生。仅在1993年，就连续有13条船的出口焦炭遭到拒收，损失达上千万美元。为适应国际市场的需求，改良焦生产企业与省内外专家及技术人员共同努力，进行多项技术改造，经过5年多的艰苦探索，终于拿出达到国际质量标准的、低成本的冶金焦和铸造焦，成功进入国际市场，并很快形成规模。到20世纪90年代，天津港作为山西焦炭出口港，逐渐发展成世界最大的焦炭出口港，天津港山西焦炭FOB价成为世界焦炭贸易的基准价。

提高改良焦质量。国际焦炭市场竞争的关键一是价格，二是质量标准。改良焦本身具有成本优势，通过学习现代管理，生产成本可控制在300元/吨左右。按1990年前后平均FOB价格80美元计算，生产经营出口焦炭利润丰厚。山西改良焦开拓国际市场的难点是焦炭质量。20世纪80年代后期，欧美日等发达国家已建立起比我国更加严格的环境质量标准，对焦炭的灰分、含硫量等质量指标比我国更严格。山西焦炭大量出口国际市场之前，焦炭质量执行的是国家冶金焦炭质量标准，国内钢铁企业要求二级和三级冶金焦的灰分标准是12.01%～15%，硫分标准是0.61%～0.8%。国际市场要求质量标准高于我国，美国市场最高，要求焦炭灰分≤10.05%，硫分≤0.6%。为达到出口标准，山西焦化企业对改良焦生产进行多项工艺上的突破和技术创新。

首先，各型号改良焦炉都实现了捣固煤炼焦，这一技术可使装煤密度从散装煤的每立方米炉积0.72吨，提高到1.15吨，由于煤堆密度增加，有利于提高煤的黏结性，扩大了炼焦煤资源范围，有效降低了生产成本，同时显著提高了焦炭强度。其次，在降低焦炭的灰分、硫分方面，采取的技术路线主要有：在改良焦炉中采用负压操作，在炉内形成很厚的废气隔离层，防止来自炉顶的空气与煤料或焦层接触，实现煤在隔绝空气的条件下加热的要求。采用倒焰技术，使装炉煤接受上下两层加热面的加热，加快成焦速度；同时延长废气流动途径，使燃烧更充分。沁源县沁新焦化厂地处偏远山区，当地焦煤偏瘦，用清洁型热回收焦炉利用当地单一煤种，可炼出灰分≤7%、硫分≤0.32%、转鼓强度M_{40}合格的特种铸造焦。通过一系列的工艺改进与技术创新，山西改良焦的质量全面提升，能够达到欧美发达国家的质量标准。

高档铸造焦至今占领国际市场。1988年介休县东聚焦化厂联合煤炭工业部煤炭科学院北京煤化所，采用"七五型"炉研制生产出特级铸造焦。该厂生产的铸造焦当年出口日本，质量指标为灰分9.06%，挥发分1.51%，硫分0.36%，落下强度95.12%，转鼓强度M_{40}90.5%，M_{10}4.16%。随后，清徐迎宪焦化厂、介休三佳煤化公司、汾阳文峰焦化厂等一批拥有改良焦炉的焦化厂引进全面质量管理后，大量组织生产铸造焦出口，铸造焦的质量不断提高，已经能够生产出灰分<7%、硫分<0.4%的特级铸造焦。尤其是1988年在晋煤公司吴村焦化厂工作的常毅军试验发明了使用铺纸分层装煤炼焦，从而消除了焦炉中焦炭的纵向裂纹，生产成本大幅度降低，使山西铸造焦大量出口，占领了大部分世界高档铸造焦市场。同时天津港及时大幅改善了焦炭筛选和装运设施，保障了出口焦炭的粒度。直到2018年，改良焦炉生产的铸造焦仍在国际国内市场上领先。

政策鼓励。山西省外经贸厅在培育生产出口焦炭定点企业、规范生产出口焦炭秩序方面做了许多有益的促进工作。在20世纪，出口创汇在经济工作中占有重要地位，焦炭出口受到政府的鼓励和支持，国家有出口退税政策，最初出口亏损还有财政补贴。出口焦炭采用银行信用证支付，回收货款有保障。省政府对出口焦炭的优惠政策有：对出口焦炭用煤免收能源基金和煤矿维简费，合计约30元/吨~60元/吨；对出口焦炭免征能源基金；在排污收费方面给予优惠。优惠政策加强了山西焦炭的市场竞争力。

山西改良焦以合格的质量和低价格进入国际焦炭市场，经过几年的努力，迅速扩大规模，焦炭出口进入良性发展阶段，省内知名的大型民营改良焦生产企业是出口焦炭的主要供货企业，山西焦化厂、太原煤气化公司等机焦企业也有参与。到20世纪90年代，在山西低价格改良焦的冲击下，国际上一些著名的焦炭企业纷纷关闭歇业，甚至一些钢铁厂附属的焦化厂，也歇业改用山西焦炭，许多著名的钢铁企业同山西供货厂家建立了稳定的长期合作关系。日本是钢铁大国，20世纪70年代焦炭最高年产量5000万吨，到2004年下降到3800万吨。欧盟中德国是生产焦炭最多的国家，1970年有46个焦化厂，生产能力2000万吨，到2004年减少到5个厂，年生产能力仅850万吨。发达国家关闭焦化厂改用山西焦炭，主要是由于山西焦炭价格便宜。为此，印度、欧盟和美国先后对中国焦炭立案反倾销。另外，发达国家有更严格的环保要求，关闭本地焦化厂可减轻当地的环境压力。20世纪90年代至21世纪初的十年，山西焦炭在国际国内焦炭市场占据了举足轻重的地位。

2.大机焦取代改良焦

21世纪以来，山西加强了环保管理，大面积取缔土焦和改良焦，出口焦炭中改良焦的比重迅速降低，机焦比重上升。到2002年，出口焦炭中机焦比例开始超过改良焦，2004年，商务部按出口商贸企业的业绩核准了一批出口焦炭企业，核准山西有27家出口焦炭企业。除少量优质铸造焦仍是改良焦外，出口焦炭已全部是大机焦。2012年以后，山西煤炭、焦炭生产企业经过大规模的重组，已实现集团化。山西焦炭出口基本形成集约化、规模化和现代化经营管理模式。重点出口焦炭的生产企业主要有山西焦化集团、介休安泰集团、介休茂胜煤焦公司等一大批大机焦企业。改良焦生产厂家有：介休三佳，侯马中化环达，清徐迎宪、港源、汾阳文峰等。经营焦炭出口的外贸企业，也逐步向优势公司，如明迈特实业贸易公司、大晋国际集团、山西焦炭集团等一批专业外贸企业集中。下表中山西除自营出口数量外，还有一部分焦炭是通过外省其他公司出口的，山西生产的焦炭出口总量一直占到全国焦炭出口量的

80%左右。

表2-6　历年焦炭出口情况

年份	全国出口量（万吨）	出口货值（万美元）	平均单价（美元）	山西自营出口（万吨）	山西占全国（%）	山西占世界（%）
1986	46	5451	119	5.4	11.74	—
1987	61	5932	97	8.46	13.87	—
1990	130	10020	77	43	33.08	—
1992	135	9675	72	72	53.33	—
1993	261	17154	66	125	47.89	—
1994	404	28210	70	266	65.84	—
1997	1058	79096	75	264.88	56.52	—
1998	1146	79839	70	306.16	50.17	—
2002	1357	95714	71	616	45.39	43.25
2005	1276	233508	183	596.4	46.7	50
2006	1449	199962	138	1303	90	31.73
2007	1529	305800	200	872.83	57	48.45
2008	1211	580069	479	678.27	80	—
2009	54.9	20313	370	35.23	64.2	—
2010	335	139360	416	166	50	—
2011	330	148830	451	279.11	84.58	—
2013	467	113481	243	379.4	81.2	—
2014	851	170965.9	200.9	763.6	89.8	—
2017	809	216000	267	—	—	—

资料来源：历年《山西统计年鉴》《中国统计年鉴》。

3.国家的出口配额管理政策

我国焦炭出口需要由商务部（原外贸部）申请配额。国家商务部批给山西出口焦炭配额从1997年开始每年600万吨，批给中央各大公司和其他各省包括西藏、新疆等外贸公司的配额超过总配额的一半，而这些拿到配额的公司大多是到山西购买焦炭出口，或者到天津港购买库存的山西焦炭出口。这样计算，山西焦炭要占到全国焦炭出口量的80%以上。出口配额政策违背世贸组织规则，对山西焦炭企业来说增加了销售环节和销售量的不确定性，不利于生产企业掌握市场需求。在焦炭热销时期，配额还会成为促进价格虚高的环节，加剧价格的波动幅度。2004年中国和欧盟签署谅解备忘录，承诺要改变这一制度。2012年底我国同时取消出口配额管理制度和40%的出口关税，但对山西焦炭工业造成的损失已无法弥补。

（四）焦炭工业在全省经济发展中的贡献

山西是煤炭大省，延伸煤炭产业链条，对煤炭进行加工转化，对山西的持续稳步发展有重要意义。1985年焦炭工业消耗煤炭超过电力，成为省内煤炭加工转化量最大的行业，一段时期是省内仅次于煤炭的第二大支柱产业。焦炭是钢铁工业的重要能源，炼焦产生的焦炉煤气、煤焦油等副产品是重要的能源和化工原料，炼焦的废渣、余热大量用于建材工业和其他工业。焦炭工业的发展，带动了省内其他支柱工业的发展，在省内具有重要地位。

1. 产值、利润在省内工业中的地位

在省内各工业支柱行业中，焦化工业是民营经济比重最大的行业，也是国家直接投资最少的行业。其总量规模虽然低于煤炭，但在近20年中，山西焦炭产量占到全国产量的30%~40%，占到世界焦炭产量的15%左右，山西出口的焦炭占到全国出口焦炭的80%，占世界焦炭贸易量的50%左右，在国内和国际市场上的占比远高于山西煤炭，是山西在国内外市场中最知名的拳头产品。

20世纪90年代中后期和21世纪前10年是山西焦化工业的高峰时期。焦化工业的增加值和利税占到全省工业的10%左右。从表7中可以看出，焦化工业的利税比重，高于增加值比重。20世纪80年代中期到2007年，焦炭工业须向省里交纳能源基金及其他一些收费项目，吨焦约30元，2007年以后取消能源基金改征收可持续发展基金，吨焦约70元~80元，另外，地方政府还会向焦炭企业征收一些地方性收费。因此，焦化工业在省内的贡献，远远高于表中数字。

表2-7 山西焦炭工业在省内比重

单位：亿元

年份	工业增加值			利税		
	全省	焦化	比重%	全省	焦化	比重%
1996	408.33	14.49	3.55	111.31	4.18	3.76
1997	447.59	22.26	4.97	109.47	4.91	4.49
1998	399.22	28.86	7.23	94.04	6.42	6.83
1999	400.65	25.91	6.47	91.72	6.31	6.88
2000	431.93	26.39	6.11	115.92	0.08	0.07
2001	499.78	29.4	5.88	149	10.28	6.90
2002	632.99	44.6	7.05	197.45	0.26	0.13
2003	908.71	91.18	10.03	330.44	43.59	13.19
2004	1380.27	169.46	12.28	541.64	88.01	16.25
2005	1756.7	204.97	11.67	645.47	72.45	11.22
2006	2148.41	229.11	10.66	812.62	87.18	10.73
2007	2811.55	321.41	11.43	1168.42	158.	13.52
2008	3604.18	473.3	13.13	1428.25	211.97	14.84

注：1998年以后焦化数值包括石油加工、焦炭和核燃料。

（五）带动焦炭产区脱贫并走向城市化

在20世纪80年代，山西广大山区乡镇企业主要从煤炭开采和高耗能产品加工业起步。在制造业中，焦化工业是其中规模最大、效益最突出的行业。焦化工业发达的县如介休、孝义、古交、清徐等，都率先进入工业强县行列。除企业税收、各项收费增加了地方政府收入外，各焦炭企业都对当地乡村的基础设施建设、教育、养老等村民生活福利投入大量资金。当地村民大多通过入股、在企业就业等途径，使收入有较大幅度的提高。在焦化企业高收入的20多年，有焦化厂的乡镇都脱离了贫困。

从焦化行业中走出了一批农民出身的企业家、技术人员、管理人员，培养了一大批产业工人，对促进山西工业化进程有重要作用。焦化企业在闯国际市场的过程中，更早、更多地接触国外商业规则、先进技术和管理经验，一部分企业直接吸收外资，建立合资公司，走向世界。一批企业成功在A股上市，成为上市公司。

焦化企业的发展，带动了就业人员不断增加，在焦化工业发展高峰期的2008年，焦化工业就业达18万人，在工厂附近形成较大规模的工业区和居民生活区，随着人口的聚集逐步发展成小城镇，起到推动城市化的作用。在21世纪初山西提出气化山西的规划中，焦化企业的焦炉煤气是小城镇的主要气化能源。

三、山西焦化行业面临的困境与发展趋势

21世纪初是山西也是全国焦化工业进入大机焦建设高潮时期。山西当时对市场的预期，大部分人士认为：到"十二五"期末焦炭产能达到1.2亿吨，超过2007年最高值的产量，产业做大做强。也有部分人认为，根据钢铁工业本身的发展规律和国家相关政策，山西独立焦化行业将成为夕阳工业，趋于萎缩，全省焦化产能规模应控制在8000万吨以内，关小保大，谨慎后退，及早向其他行业转移。最终山西焦化工业沿着做大做强发展，全国各地的焦化工业也向做大做强的方向发展。

山西省以至全国焦化工业经过很长一段时间的高速发展，大型机焦产能大幅增长。到2008年世界金融危机时，我国焦炭产能已经在总体上呈现严重过剩态势。2014年全国焦化工业产能64973万吨，全国焦化产量47690万吨，行业产能利用率平均为73.4%，亏损面高达50%，亏损户均为独立焦化企业。2017年全国焦炭平均产能利用率下降到62.8%。除钢铁企业附属焦化厂外，能够赢利的独立焦化企业基本都是江苏、山东、河北位于大型钢铁工业基地附近且

运输成本低、市场稳定的企业。山西省独立焦化企业亏损面高于全国平均水平。

（一）山西焦化企业的市场份额已大量缩减

从表2-5中可以看出，2007年以后全国及世界焦炭产量均呈缓步上升趋势，2007年至2012年，全国焦炭产量从3.35亿吨增长到4.48亿吨，世界焦炭产量从5.4亿吨增长到近7亿吨，说明全国以及世界焦炭市场需求在近几年是稳步增长的。而山西焦炭产量在2007年达到9897万吨的峰值后，产量一直维持在8000万吨左右，产量在全国的占比从1997年占全国焦炭产量的44.54%后一路下滑，到2012年降到20%以下，到2017年产量占全国比重下降为13.1%，最近的10年，山西焦化企业在全国和世界的市场份额正在大幅度缩减，山西作为全国焦炭供应基地的地位受到严重挑战。

山西独立焦化企业是在20世纪物资短缺时代，民营企业依托焦煤资源优势，在填补机焦市场缺口的同时，获得发展空间。21世纪初的两次大的市场波动，导致国内及国外大钢铁企业在短期内纷纷建立起自己的焦炭生产线，不再是山西焦炭的用户。山西进入以大机焦为主的阶段后，成本优势已不突出；沿海地区进口焦煤港口提货价已低于山西焦煤，山西焦炭的资源优势已不存在；焦炭运输的有效经济距离只有300~500公里，不利于远距离运输，这些因素都限制了山西焦炭拓展市场的范围。山西省钢铁工业不发达，独立焦化企业产能占到行业总产能的80%以上，产业规模大，亏损面高于全国平均水平。山西焦化工业面临的市场形势比其他省份更加险峻。

山西焦炭市场份额不断下降有多方面的原因。除以上提到的几次大的市场波动外，最直接的政策原因是：2006年国家发改委在焦化行业结构调整的指导意见中提出，经过3～5年的努力，全国钢铁企业焦炭产能占全国焦炭总产能中的比重由2006年的33%提高到50%。焦化工业原本是钢铁工业的一个生产环节，钢铁厂与焦化厂配套建设有利于提高能源的梯级循环利用效益，降低成本，符合钢铁行业本身的运行规律。但这17%的国内焦炭市场份额将由独立焦化企业转移到钢铁企业，极大地限制了山西独立焦化企业的市场空间。

在山西省内，一些政策变动对行业的负面影响是：山西在2001年成立焦炭运销公司，垄断全省焦化企业的运输和销售环节，切断了焦化企业与用户的直接联系，不利于焦化企业掌握市场动向和市场主动权。山西省从2007年开始征收煤炭可持续发展基金，焦化企业负担大约为吨焦70～80元左右，同时取消了2006年以前鼓励焦化行业发展的政策，加重了焦化企业的负担，使山西独立焦化企业有限的市场竞争力进一步被削弱。山西在焦炭市场高峰时期没有充分预见产业发展的风险，没有努力守护已有的市场份额，以至内蒙古、陕西等西部省区独立焦化企业反而能够在近年崛起并扩大市场份额，成为山西独立焦化企业的竞争对手，争夺有限的市场。

（二）严重的产能过剩是焦化产业生存的最大威胁

2004年，山西已建和在建的机焦规模已超过1亿吨，到2008年，焦炭产能达到1.45亿吨，产能建设大大高于市场需求。2008年以后，山西焦化工业的产能利用率大部分年份在60%以下，而全国全行业平均产能利用率能达到70%以上。产能过剩引起企业间压价竞销，2008年以后焦炭销售量开始下降，价格震荡下行，2009年独立焦化企业亏损面超过50%，全行业出现净亏损。在2012年以后，全行业亏损面及亏损额呈上升趋势。同时上升的是资产负债率，表2-8中可以看出，资产负债率呈稳步快速上升趋势，难以逆转，到2015年全资产负债率已接近90%，银行已经收紧对亏损焦化企业的贷款，焦化企业的生存日益艰难。

表2-8　2008年后焦炭产能利用率及亏损情况

年份	2008	2009	2010	2011	2012	2013	2014	2015	2016	2017
产能（亿吨）	1.45	1.45	1.45	1.45	1.58	1.45	1.45	1.45	1.45	1.45
产量（万吨）	8239	7649	8476	9048	8612	9022	8722	8040	8186	8383
产能利用率（%）	56.8	52.8	58.5	62.4	54.6	62.2	60.2	55.4	56.5	57.8
亏损面（%）	38	61	56	50	69.8	60	70	82		
亏损额（亿元）	—	16.96	—		52	40	66.37	74		
负债率（%）	72	75	78	83	85	85.5	86	88		

数据来源：历年《山西统计年鉴》，其中亏损面、亏损率、负债率均采用焦炭、石油加工、核燃料一栏数据。

市场份额缩减的形势对山西独立焦化企业来说是致命的。21世纪以来山西省和全国的焦化工业都已是以大型机焦炉为主，大型机焦炉投资高，一个炉子的投资就要几亿元。机焦炉一旦建成投产，应有30年的炉龄，开炉后只能延续生产，熄火停产将造成焦炉报废。因此生产的焦炭即使没有充足的市场，大量投资建设的大机焦炉也不能停产，只能大马拉小车，被迫采取焖炉、延长结焦时间等限产措施，维持不熄火。产能不能充分利用必然导致效益下降甚至亏损，持续的亏损将导致企业难以为继。大机焦一般都配备化产回收设施，回收焦炉煤气、煤焦油等化产进行处理加工，其收益是焦化产业的半边天。但在焦炉延长结焦时间的情况下，将消耗焦炉煤气和煤焦油等化产，使煤气、焦油等化产回收率下降，造成化产利用加工设施不能正常运行，处于停产或半停产状况，进一步导致化产回收加工部分的收益下降，产业亏损增加。

山西在2010年产能利用率就已降到58%。为压缩产能，2012年山西焦化行业进行由政府组织的大规模的兼并重组，2012年山西全省共有焦化企业213户，产能共1.58亿吨。通过兼并重组，到2015年全省留有86户焦化企业，其中独立焦化企业72户，产能1.45亿吨，仍大大高于当年8000万吨的产量。在这次产业整合过程中政府组织的作用过大，市场自然淘汰法则作用未能充分发挥，其结果是保留的产能过高，距离合理的产能仍有很大距离。继续淘汰产能，就须淘汰21世纪新建的大机焦炉，这部分焦炉的炉龄只有十多年，停机熄火将造成投资的巨大浪费。

（三）山西焦化工业出路探索

从钢铁企业的发展前景看，今后一段时期钢铁工业产量大幅增长的可能性很小，钢铁工业消耗焦炭呈下降趋势，目前还看不到焦炭市场再现2005—2007年那样旺销的可能。因此，调整焦化工业的规模，淘汰部分产能，提高产能利用率，仍是焦化工业绕不过去的高山。只有部分产能退出，才能保障保留产能有80%以上的产能利用率，才能实现满负荷生产，煤气和其他化产的产出率达到合理水平，化产回收加工的收入有可能超过焦炭收入。压减产能目前是产业走出亏损的唯一选择。

坚持走"煤焦化并举，上下游联产"道路。将山西省特有的煤矿、焦化厂、化工厂联合起来，形成完整的、可持续发展的煤焦化循环经济产业链，有利于实现经济效益的最大化。煤焦化产业一体化发展，延伸煤化工产业链，开发多种化工产品和精细化工产品，焦化工业的重心向化工方向转移。

焦炭除供钢铁工业外，还可用于化工生产。利用富裕的炼焦产能生产化工焦，继而生产合成天然气、甲醇、化肥等产品，是盘活存量资产、促进焦化工业转型发展的一条可选途径。充分利用低质煤，生产气化焦，这样可提高炼焦装置的开工率，降低吨焦固定成本，提高化产回收率。发展化工焦气化与焦炉煤气双气头耦合，生产天然气、甲醇等产品，较煤气化生产天然气、甲醇有较强的成本优势，从而提高企业的效益，有望扭亏。

焦化产业是山西省由民营企业为主的、在没有国家投资和大力支持的环境中，创造出的一度称霸世界的产业群体，相信这支产业队伍能够在新的市场条件下，开拓出新的发展道路。

专题三 山西电力工业由计划向市场转变

电力是现代文明的基础，时至今日，电力的用途已涉及人类生产、生活的全部领域，其应用方式仍在无限地扩大。电力来自一次能源，其来源可以分为两大类：化石燃料生产电力和清洁能源（核能和可再生能源）生产电力。从全球电力工业发展来看，目前占主导地位的仍是通过化石燃料生产电力，特别是燃煤发电、燃油发电和燃气发电。尽管可再生能源生产的电力比例不高，但由于其发展符合人类资源环境可持续发展的需要，可再生能源发电正在逐渐挤出化石燃料电力生产空间，并渐渐形成着一种全球性趋势。从全球电力市场运行来看，发达国家自20世纪80年代开始陆续开展了电力市场化改革，如今，美国、英国、德国等资本主义国家电力工业已完全进入市场化阶段。我国在21世纪初也开始探索电力市场化改革，目前，电力市场化改革已进入深水期和攻坚期。

一、山西电力工业发展历程

山西电力工业经过70年特别是改革开放以来的近40年的发展，为我国及全省经济发展和人民生活水平的不断提高做出了不可磨灭的巨大贡献。纵观山西电力工业的发展，其历程基本上与国家对山西工业的发展定位相吻合，大体可划分为以下三个主要时期：

（一）山西电力工业恢复时期（1949年—1978年）

在改革开放前，山西电力工业经历了中华人民共和国成立初期的电力工业设备抢修和恢复电力生产；进入20世纪50年代后，山西省被国家确定为全国重工业地区，依托丰富的煤炭资源，山西重点发展了以火电为主的电力工业，火电装机容量、发电量和输电线路都得到了快速发展，有力地支撑了全省及周边省市的经济发展，电力工业成为全省工业的重要组成部分。

1.电力工业恢复阶段（1949年—1952年）

1949年4月24日太原解放，太原公营轻重工业管理处接管太原西北实业公司电力处，组建太原电力公司。山西电力工业进入恢复、联网发展阶段。

由于战争破坏、设备长期失修等原因，1949年全省能够运行的机组容量3.68万千瓦，输变电设施极为薄弱，线路只有286公里，变电容量1.75万千伏·安，最高输电电压33千伏，输电范围极为有限。[1]面对这样的困境，新组建的山西省委、省政府，根据党中央确定的一系列方针、政策，于1950年开始了为期3年的国民经济恢复任务，电力工业就是恢复的重点工业项目之一。期间，山西陆续恢复了太原、大同、阳泉、长治等主要城市的电力工业，并对主要用户恢复了供电；同时在太原将50赫兹确定为统一电压频率，实现了太原城内、城外和太钢电厂线路联网，太原电网雏形确立。到1952年

---

[1] 山西省史志研究院编：《山西通志·第十三卷·电力工业志》，中华书局，1997年。

底，全省发电装机容量回升到5.62万千瓦，为历史最高水平；发电量达到1.53亿千瓦时，较1949年增长1.4倍。[1]

2.电力工业建设起步阶段（1953年—1957年）

随着社会主义改造和国民经济恢复的完成，1953年国家制定的第一个国民经济发展五年计划开始执行，迎来了社会主义建设的新高潮，在五年计划中山西省被国家确定为重工业地区，山西电力工业也随之进入快速发展时期，从图3-1可以看出，这一时期山西电力投资额保持了较快的增长，电力投资由1953年的1274万元，增加到1957年的6344万元，增加5070万元，增幅达398.0%。在前三年，山西电力投资出现大幅波动，投资额由1954年的4548万元降到1955年的2897万元，造成投资额下降的主要原因是：在1954年由于缺乏土建、安装技术，在原材料的使用上造成很严重的浪费，导致1954年的电力投资较1953年增长了3274万元，增幅达257.0%。1954年8月16日，《人民日报》发表署名文章《一个严重浪费的工地》，对山西电力建设过程中的浪费现象进行报道，并配发社论《必须克服建设工程中的严重浪费和混乱现象》，国务院就此问题专门听取了山西电力建设相关部门的汇报，并在第一届全国人民代表大会上针对山西电力建设过程中的浪费情况做出严厉批评；随后山西电力建设认真落实苏联专家在电厂建设方面的建议，扭转了浪费现象。电力作为工业的血脉，这一时期山西电力工业投资占到全省能源投资的25%以上，比重由1953年的28.2%增长到1957年的33.4%，增幅达到5.2个百分点。

1954年，由苏联援建的"360工程"（太原第一热电厂），拉

---

[1] 山西省史志研究院编：《山西通志·第十三卷·电力工业志》，中华书局，1997年。

开了中华人民共和国成立后山西电力建设的帷幕。同期还兴建投产了大同热电厂、长治电厂和汾西、轩岗煤矿等自备电厂；建成全省第一条110千伏太原第一热电厂经榆次到阳泉的输电线路。到1957年底，全省电力装机容量达到16.71万千瓦，较中华人民共和国成立前增长了4.54倍；年发电量达到5.72亿千瓦时；[1]电力工业总产值由1949年的411万元，增加到1957年的4938万元，增长11.0倍。[2]

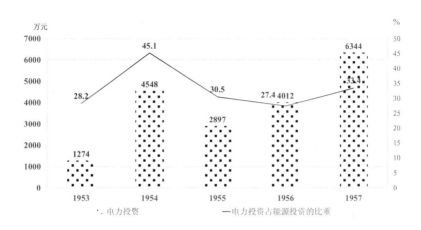

图3-1 1953—1957年山西电力投资及其占能源投资的比重

数据来源：《山西能源经济统计》（1985—1991）。

3.电力工业艰难发展阶段（1958年—1978年）

这一时期是我国社会主义建设在探索中曲折发展阶段，国内社会经历了"大跃进""人民公社化""文化大革命"等多重运动；加之60年代苏联政府中止了与我国合作的几乎所有经济合同，并撤

---

[1] 山西省史志研究院编：《山西通志·第十三卷·电力工业志》，中华书局，1997年。

[2] 山西省统计局能源物资处编：《山西能源经济统计》（1985—1991），1992年。

走苏联专家。山西电力工业走上了艰辛发展之路。

1958年，山西和全国同步走上了"大跃进"和"人民公社化"道路。在"左"的冒进思想影响下，一味追求高指标、高速度，导致电力负荷持续增加，山西电力工业不能适应国民经济发展的需要。为此，山西电力行业推行了"超出力运行""延长设备计划检修间隔"等违背科学的错误措施，引发电力设备在亚健康状态下运行；由苏联政府援建的太原第二热电厂1、2号机组在1958年9月前投产后，由于苏联中止合同、撤走专家，3号机组到1963年才建成投产。

"文化大革命"期间，山西电力建设按照"战备为纲"的思路，执行"靠山、分散、隐蔽"的方针开展，同时错误地推行了"边勘测、边设计、边施工"的"三边"方针，加之大批电力工程技术人员到农村插队落户，电力生产建设的技术业务力量大幅削弱，致使电力建设工程遗留问题、隐患问题多。这一时期，首次投运了高温高压火力发电机组，即太原第二热电厂1、2号机组；建设了娘子关发电厂、霍县（州）发电厂、永济发电厂及晋光（康城）、晋红（浑源）、晋明（灵丘）、晋华（五台）、晋武（武乡）等小电厂。电网方面，建成了娘子关—榆次使赵、榆次—霍州（霍县）、榆次—南社、霍州（霍县）—长治、霍州（霍县）—运城5条220kV输变电线路工程，在山西中部地区形成220kV电网。[1]

山西电力生产在"文化大革命"初期受"左"倾错误干扰，

---

[1] 山西省史志研究院编：《山西通志·第十三卷·电力工业志》，中华书局，1997年。

生产秩序破坏、管理混乱，导致事故频发、发电量下降明显。全省发电量由1966年的30.89亿千瓦时，下降到1968年的23.19亿千瓦时，降幅达到24.93%；工业用电量由1966年的23.29亿千瓦时，下降到1968年的14.97亿千瓦时，降幅达35.72%。1969年国家对国民经济进行调整，经济有所回升，各行业对电力需要增加，山西出现了严重缺电局面。为此，山西省革命委员会专门成立了保电办公室，帮助电力系统治理设备，加快电力建设，恢复现有设备的正常生产，全省电力生产稳步回升。到1978年底，山西发电设备装机容量达212.5万千瓦，居全国第15位（辽宁530.2、四川358.6、湖北308.8、河北300.0、上海296.3、山东292.6、甘肃283.1、河南275.2、广东258.5、湖南256.2、黑龙江218.8、吉林217.5、江苏216.0、浙江214.9），占全国发电设备总装机容量5712.2万千瓦的3.72%；[1]山西火电发电设备年底装机容量达194.7万千瓦，占全国总火电发电设备装机容量3984.5万千瓦的4.89%；[2]山西省年发电量106.64亿千瓦时，比1957年增长18.6倍。[3]

（二）山西电力工业快速发展时期（1979年—2002年）

山西电力工业依托山西重工业建设的发展，成为山西主导性支柱产业。1979年8月，国务院副总理薄一波来山西视察工作期间，

---

[1] 国家统计局工业交通统计司编：《中国能源统计年鉴》（1991），中国统计出版社，1992年。

[2] 国家统计局工业交通统计司编：《中国能源统计年鉴》（1991），中国统计出版社，1992年。

[3] 山西省史志研究院编：《山西通志·第十三卷·电力工业志》，中华书局，1997年。

提出了把山西建设成全国能源基地的建议。1980年7月，山西省委、省政府在深入研究和广泛论证的基础上制定了《山西能源基地建设计划纲要（草案）》并报请中央批准，从此拉开了山西能源基地建设的序幕。在改革开放、现代化建设和山西能源基地建设的推动下，山西电力工业走上了持续、稳定、协调、高速的发展道路。

1.火电基地建设阶段（1979年—1990年）

1979年改革开放初期，随着社会主义市场经济改革的深入进行，我国经济发展呈现高速发展的态势，产生了强劲的电力需求，并造成了持续而严重的电力短缺。加之"文化大革命"期间国民经济发展长期停滞，各行各业都对资金有强烈需求，中央政府无力支撑大规模电力建设的资金投入，全国电力工业发展资金缺口非常大。为扭转电力工业发展滞后、电力供需紧张的困局，1985年国家出台《关于鼓励集资办电和实行多种电价的暂行规定》，提出了集资办电政策，期望地方政府、个人和国（境）外企业投资建设电厂。

山西省政府根据国家政策制定了"多渠道办电、集资办电"的方针政策。通过集资办电、利用外资办电、鼓励地方政府办电等措施，充分调动了全社会办电的积极性。从图3-2可以看出，这一时期山西电力投资持续扩大，基本保持在全省能源投资比重的1/3。电力工业投资额由1978年的2.14亿元，增加到1990年的14.37亿元；电力投资占全省能源投资的比重由1978年的40.0%，扩大到1990年的41.6%，投资占比增加1.6个百分点。

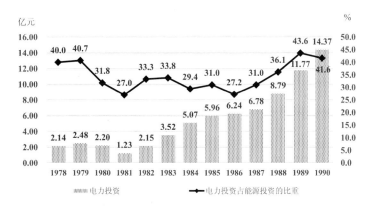

图3-2　1978—1990年山西电力投资占能源投资的比重

数据来源：《山西能源经济统计》（1985—1991）。

经过十多年的发展建设，至1990年底，全省发电装机容量达589.1万千瓦，居全国第11位（江苏988.5、山东863.3、辽宁856.1、广东827.8、四川749.0、湖北705.7、河北666.6、河南616.9、黑龙江613.2、浙江612.2），较1978年上升4位，占全国发电装机容量13789.0万千瓦的4.27%，较1978年增加0.55个百分点；[1]其中火电发电设备装机容量达566.4万千瓦，居全国第8位（江苏985.4、山东855.8、辽宁739.5、河北624.5、黑龙江594.4、上海579.7、河南570.1），占全国火电发电设备装机容量10184.5万千瓦的5.56%，较1978年提高0.67个百分点；[2]其中500千瓦及以上电厂106座，装机容量为583.68万千瓦；35kV及以上输电线路1.75万公里，35kV及以上变电站963座，主变压器容量1929.9万千伏·安。

---

　　[1]　国家统计局工业交通统计司编：《中国能源统计年鉴》（1991），中国统计出版社，1992年。

　　[2]　国家统计局工业交通统计司编：《中国能源统计年鉴》（1991），中国统计出版社，1992年。

这一时期山西电力建设布局突出体现在兴建大型坑口电站。国家"六五""七五"计划期间的重点项目之一的神头第一发电厂（装机容量130万千瓦），在这一时期建成投产，成为山西省最大的大型火电厂。

山西作为全国煤炭生产大省，煤炭产量一直稳居全国首位。在全国经济大发展的推动下，山西火电发电量持续增加。从图3-3可以看出，1990年山西火电发电量307.01亿千瓦时，较1978年火电生产量增加203.8亿千瓦时，增长1.97倍；山西火电发电量位居全国第四位（山东445.94亿千瓦时、江苏403.94亿千瓦时、辽宁400.37亿千瓦时、河北361.94亿千瓦时），较1980年上升3位；山西火电发电量占全国火电发电总量4944.76亿千瓦时的6.21%，较1978年提高1.34个百分点。[1]

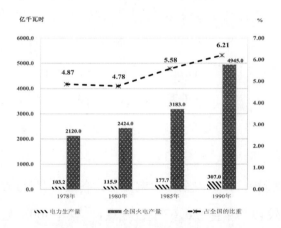

图3-3　1978—1990年全国、山西火电生产量及山西占全国的比重

注：※1978年山西火电生产量数据来源于《山西能源经济统计》（1985—1991）。
数据来源：《中国能源统计年鉴》（1991）。

---

[1]　山西省统计局能源物资处编：《山西能源经济统计》（1985—1991），1992年。

这一时期，山西电力工业在山西能源基地建设的带动下得到快速发展。从图3-4可以看出，山西电力工业产值逐年增加，由1978年的10.46亿元增至1990年的29.25亿元，增长1.80倍，年均增幅达8.95%。其在全省能源和工业总产值中的比重也稳步提升。

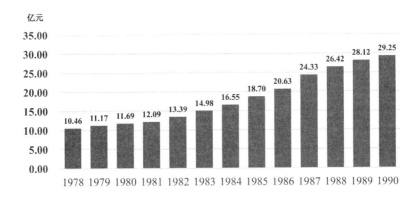

图3-4　1978—1990年山西电力工业总产值

数据来源：《山西能源经济统计》（1985—1991）。

从图3-5可以看出，山西电力工业产值占全省工业总产值的比重由1978年的5.56%扩大到1990年的5.98%，增加0.42个百分点，从整体走势来看，电力工业产值占全省工业总产值的比重基本保持在6%左右。电力工业产值占全省能源工业产值的比重也稳步提升，由1978年的16.16%，增至1990年的16.67%，增加0.51个百分点。1987年，在全国性集资办电政策的推动下，山西电力工业快速发展，形成"七五"时期发展的小高潮，这一时期山西电力工业产值占能源工业产值的比重达到17%以上，在1987年达到18.79%的历史最高点。

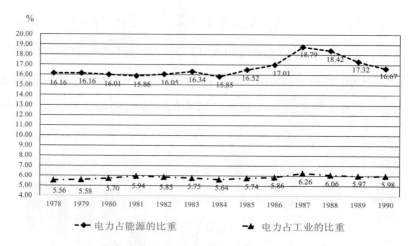

图3-5　1978—1990年山西电力工业总产值占全省能源工业和工业的比重

数据来源：《山西能源经济统计》（1985—1991）。

电网方面，建成神头—原平变电站220kV线路，形成太原、晋南、雁北、晋东南地区区域性电网，通过220kV线路联成全省统一的电网；同时修建完成了娘子关电厂—河北许营的220kV线路、大同—北京房山500kV双回线路，实现山西与京津唐电网的联网。从此，山西由一省电网发展成跨省电网，成为全国五大电网之一——华北电网的重要组成部分。

山西电力工业进入集发电、供电、调度、电力、基本建设、修造、试验、多种经营为一体的全产业链发展模式，成为山西国民经济发展中重要的组成部分。

2."西电东送"发展阶段（1991年—2002年）

这一时期，在国家的大力支持和"西电东送"战略的推动下，山西电力工业积极落实省委、省政府确定的"变输煤为输煤输电并重"的发展思路，加大电力开发力度，拓宽投融资渠道，吸引国内外投资入晋办电，山西电力实现跨越式发展，促进了山西能源基地的建设。

在电力生产建设方面，随着改革开放进程的深入推进，全国各类经济体快速发展，电力需求持续增长，带动了电力工业建设的高潮。1995年全省发电装机容量911.26万千瓦，其中火电机组以20万千瓦～50万千瓦机组为主力设备，10万千瓦及以上火电机组占总容量的71.77%，并拥有4座百万千瓦以上火电厂，为扭转全国缺电局面、实现电力供需基本平衡打下了坚实的基础。

这一时期，山西共建成并投产10万千瓦及以上火电项目7个，建设规模总计达560万千瓦（见表3-1）；从图3-6可以看出，在2001年以前，山西电力工业投资额保持较快增长，占工业投资的比重也在逐渐增大；电力工业投资额由1991年的20.62亿元，增加到2000年的115.55亿元，增长4.6倍，占工业投资的比重也由1991年的23.75%上升到2000年的45.63%，扩大21.88个百分点。2000年后，随着电力市场的基本稳定和煤炭价格的持续上涨，山西电力工业投资逐步回落，电力工业投资占工业投资的比重也迅速下降，到2002年，电力工业投资完成81.97亿元，较2000年减少33.58亿元，占工业投资的比重下降到23.24%，回落22.39个百分点。

2002年底全省发电装机容量达1506.32万千瓦，较1990年增长2.56倍，年均增长21.31%。同期，国家出台节能减排政策，山西省逐步实施小火电机组关停，至2002年底，全省累计关停小火电机组53.36万千瓦；加强设备技术的更新改造，广泛推广空冷技术、安装高效静电除尘和烟气脱硫装置、各类废水处理系统等，使火电生产污染物排放达到国家环保要求，将火电生产对环境的破坏减至最低。

表3-1　1991—2002年山西省10万千瓦及以上火电机组建设完成情况

序号	工程名称	建设规模（台×万千瓦）	建设依据	开工时间	投产时间	工程投资（亿元）
1	太原第二热电厂	2×20	国家计委（计投资〔1991〕1726号）批准	1991.12	1994.09	14.64
2	榆社发电厂	2×20	国家计委（计综合〔1992〕1号）批准	1992.10	1994.12	7.94
3	柳林（华光）发电厂	2×10	国家计委（计投资〔1993〕2019号）批准	1993.12	1996.07	11.65
4	阳泉第二发电厂	4×30	国家计委（计投资〔1993〕2019号）批准	1993.12	1999.11	55
5	河坡发电厂	2×10	山西省计委（晋计外字〔1993〕48号）批准	1994.07	2000.12	6.79
6	河津（华泽铝电）发电厂	2×35	国家计委（计燃〔1988〕73号）批准	1998.03	2000.11	35
7	阳城发电厂	6×35	国家计委（计能源〔1993〕311号）批准	1997.01	2002.07	129
合计		520	—	—	—	260.02

资料来源：《山西省志·第十三卷·电力工业志》。

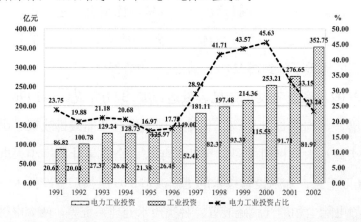

图3-6　1991—2002年山西省城镇工业固定资产投资、电力工业投资及其占比

数据来源：《山西统计年鉴》（2011）。

在电网建设方面，形成220千伏～500千伏电压等级为骨干网络，在太原、大同、阳泉、临汾、运城、长治等城市建成220千伏双环或单环供电网络。建成500千伏神头—侯村输变电工程和500千伏太原—临汾输变电工程，加强北部与中部、中部与南部电网的联系，解决了北部窝电、南送受限及电网稳定问题。到2002年，山西有2座500千伏变电站，变电总容量200万千伏·安，500千伏输电线路12条1122.37千米；220千伏变电站56座，变电总容量1349万千伏·安，220千伏输电线路132条5527.58千米（见图3-7）。

图3-7 2002年山西电网地理接线示意图

（三）电力体制改革时期（2003年至今）

2002年，国务院出台关于电力体制改革的5号文件，按照"厂网分开、主辅分离、输配分开、竞价上网"的原则，将原国家电力公司11个公司，成立国家电网、南方电网两家电网公司和华能、大唐、国电、华电、中电投等五家发电集团和四家辅业集团公司，为发电侧塑造了市场主体。2003年开始，山西电力工业开始实施"厂网分开"，重组发电和电网企业，山西电力工业打破"发输电一体化经营"的管理体制，构建起政府监管下的政企分开、公平竞争、开放有序的电力市场体系。

1.电力工业"厂网分开"发展阶段（2003年—2012年）

2003年底，我国电力工业开始实施厂网分开，并重组国有电力资产，以打破垄断、引入竞争、提高效率、降低成本、健全电价体制、构建政府监督下的公平有序的电力市场体系为目标的新一轮改革再次拉开序幕。

电网建设引向纵深。实施第二期农网改造工程，工程集中在经济较落后的偏远山村，到2006年，山西两期农网改造工程全部完工，并通过省政府验收；同时省电力公司完成农村"户户通电"工程，解决了1.76万农户的用电问题，改善了农村基础设施和生产生活条件。2006年，国家电网公司与省政府签署《关于共同推进山西电网建设发展会谈纪要》和《关于实现山西省农村"户户通电"目标的会谈纪要》，省电力公司与11个地市政府签署相关的会谈纪要，在全省域范围内建立起政企合作、共谋发展的新模式。实施了电网建设"双五百"（2006年建成投产220千伏及以上变电容量、线路长度分别突破500万千伏·安、500千米）和"双千"（2007年建成投产220千伏及以上变电容量、线路长度分别超过1000千伏·安、1000千米；2008年建成投产220千伏及以上变电容量、线路长度分别超过1000千伏·安、1000千米）工程。建设完成山西中南部500千伏和220千伏之间的电磁环网解环工程，解决了北电南送的瓶颈；在2008年底建成中国第一项1000千伏晋东南（长治）—南阳—荆门特高压交流试验示范工程，形成了我省电力外送的"高速通道"，使晋电外输省份延伸至湖北省，为山西电力开拓华中、华东市场带来广阔的发展空间。截止到2008年底，山西共有500千伏变电站12座，实现了11个地市"一市一站"，变电总容量达1900万千伏·安。500千伏输电线路77条6319.2千米，形成纵贯南北的500千伏东西双通道和中南部双环网；220千伏公用变电站101座，变电总容量达2799万千伏·安，220千伏输电线路296条8606.10千米，220千伏企业自备变电站21座，变电总容量517.70万千伏·安，实现220千伏分区供电就地平衡的格局；主干电网向1000千伏和500千伏跨越。

电源建设再掀高潮。"厂网分开"后，国内和省内发电企业，紧紧抓住"西电东送"和能源结构调整的机遇，在山西境内纷纷投资兴建大型坑口电厂、抽水蓄能电站、风力发电等项目，陆续建成了阳城、榆社、河津（华泽）、漳山、河曲、王曲、兆光、古交、武乡、运城、塔山电厂及西龙池抽水蓄能电站等10余座大型发电厂（站）。其中：火电机组单机容量在30万千瓦～60万千瓦，水电机组单机容量达30万千瓦。根据国家能源发展政策，省内地方公用和企业自备电厂的小火电项目向综合利用能源和热电联产转型，建设了一批单机容量1.2万千瓦～13.5万千瓦的燃用煤矸石、中煤等火电机组以及利用瓦斯（煤层气）、高炉和焦炉煤气等发电的小型机组。

同时，积极推进"以大代小"、节能减排政策，逐步关停10万千瓦及以下小火电机组，推动我省电源结构日趋优化。到2008年底，山西省发电装机容量3634.98万千瓦，发电量1796.85亿千瓦；建成17座装机容量超过百万千瓦的发电厂（站），成为名副其实的电力大省。

2012年底，山西省燃煤发电装机容量4885.05万千瓦，共284台机组；其中单机10万千瓦及以下火电机组150台，装机容量共计337.5万千瓦，占6.9%；单机13.5万千瓦火电机组21台，装机容量共计283.5万千瓦，占5.8%；单机20万～30万千瓦火电机组25台，装机容量共计508万千瓦，占10.4%；单机30万～60万千瓦火电机组共计56台，装机容量共计1812万千瓦，占37.1%；单机60万千瓦及以上火电机组32台，装机容量共计1944万千瓦，占39.8%。

2.新一轮电改阶段（2013年至今）

2013年，山西部分大型工业企业用户开始探索发电企业与电力用户直接交易模式。2015年，因受到经济下行等因素影响，基础电量及特高压外送规模缩减。山西省经过两年的市场化电量试水，扩大了市场化电量占总发电量计划的比重，并在省政府支持下对电解铝行业进行了扶持性的直接交易。另外，电网公司积极拓展市场将特高压外送电量纳入市场化电量范围，同时国家能源局山西监管办公室加强了对发电厂指标管理的力度，并加大了对指标先进机组的电量奖励及以小代大的发电权交易。市场化电量交易占总发电量指标约为15%。

2015年，中共中央、国务院在总结2002年以来电力市场改革长期停滞不前教训的基础上，出台《关于进一步深化电力体制改革的若干意见》（中发〔2015〕9号）及系列配套文件，开启了新一轮的电力体制改革，其核心内容为"三放开、一独立、三强化"，即有序放开输配以外的竞争性环节电价，有序向社会资本放开配售电业务，有序放开公益性和调节性以外的发用电计划；推进交易机构相对独立，规范运行；继续深化对区域电网建设和适合我国国情的输配体制研究；进一步强化政府监管，进一步强化电力统筹规划，进一步强化电力安全高效运行和可靠供应。同时，在电力市场改革方式上作了重大调整，即中央政府出政策，省级地方政府组织实施。

2016年2月，国家发展改革委国家能源局正式批复《山西省电力体制改革综合试点方案》（以下简称《方案》），同意山西省成为全国电力体制综合改革试点省之一，这是继云南和贵州之后，我国第三个电改综合试点省份，国家电网覆盖范围内第一个全省域电改综合试点，是国家层面对山西省转型综改试验区建设的又一重大改革试点授权。《方案》对山西电力体制改革制定出明确的时间表和路线图，到2017年，山西省电力直接交易量达到全省用电量的30%，外送电能力力争达到4400万千瓦。完成电力市场框架方案设计，输配电价核定基本实现公益性以外的发售电价由市场形成，完成相对独立交易机构的组建和交易平台的建设与运行、完善电力直接交易机制等内容。再经过3年或更长时间，电力市场化体系全面建成，形成电力市场化定价机制，形成健全的电力市场监管规则体系；工商业领域电力直接交易全面放开；形成发电侧、售电侧主体多元、充分竞争的市场格局，跨省跨区市场化电力直接交易份额进一步扩大，逐步形成运转高效、具有全国竞争力的现代电力市场，并全面融入全国统一的电力市场，充分发挥市场配置资源的决定性作用，使全省资源优势转化为经济优势，促进山西产业结构转型升级。

《方案》提出理顺电价机制。按照"准许成本加合理收益"分电压等级核定输配电价，有序放开输配以外的竞争性环节电价，分步实现公益性以外的发售电价格由市场形成，妥善解决电价交叉补贴，配套改革不同种类电价之间的交叉补贴。拓展省内和省外两大市场。省内，进一步激活用电市场，提高电力消纳能力，在现有大用户直接交易的基础上，不断扩大参与电力直接交易的市场主体范围和交易规模；省外，向国家争取外送通道建设和电量配额政策，完善省际沟通合作机制，推进跨省跨区电力交易，融入全国电力市场体系，不断扩大晋电外送规模。实现"三个规范"，即规范交易机构的运营，完善其市场功能；规范市场化售电业务，明确售电主体范围和准入标准；规范自备电厂管理，将自备电厂纳入统筹规划，实现与公用电厂公平参与优选等。

2016年9月之后，山西先后发布了《山西省电力供给侧结构性改革实施意见》《山西省售电侧改革实施方案》《山西省放开增量配电网业务试点方案》及《关于做好售电公司申报工作的通知》等4个文件，逐步放开售电侧市场及增量配电网业务，允许售电公司进入市场参与交易，逐步实现公益性以外的发售电价由市场形成。

二、山西电力工业发展成就

山西是煤炭资源大省，也是全国向省外输电量最多的省份，北京1/4电力来自山西，山西电力工业发展不仅有力支撑和带动了全省相关产业的发展，而且为全国经济社会发展做出了重要贡献。山西电力工业经过70年的发展，取得了辉煌的成绩。特别是经过全国"三去一降一补"供给侧结构性改革、山西加快建设国家新型综合能源基地、两次电力体制改革和目前正在进行的第三次电力体制改革，山西电力体制改革成为山西能源体制改革的重点领域，山西电力工业科技水平保持全国领先水平，电力体制改革走在了全国的前列。

（一）山西电力工业的贡献

"十三五"时期以来，在全国供给侧结构性改革的推动下，筑牢了山西火电基地基础，三大煤电基地建设初具规模，电源覆盖均衡、电网布局广，新能源发电走上发展的快车道。

1.火电装机容量大，外调电力占比高

山西煤炭资源丰富、水源充足，为山西火力发电提供了良好的环境。中华人民共和国成立后，山西成为全国重点发展的能源基地，电力工业的发展为缓解全国电力紧张矛盾、确保全国电力系统稳定运行提供了保障，同时也为山西"国家新型综合能源基地"发展奠定了基础。

火电装机容量大、占比大。得益于区位、水资源和能源资源优势，山西成为全国重要的火电发展基地。2016年，山西火电装机达到7599万千瓦，占全省发电装机总容量比重的99.46%。在2016年末，实施了《山西省电力供给侧结构性改革实施意见》，加快全省煤电落后产能淘汰力度，并将淘汰标准逐年提高，截至2018年底，山西发电装机容量8757.7万千瓦，较2016年增长14.63%；其中，火电装机容量6627.7万千瓦，占全省发电装机的76.78%，占比较2016年回落23.78个百分点（见图3-8）。按照《山西省电力供给侧结构性改革实施意见》确定的目标：到2020年全省电力总装机容量预计将达到13000万千瓦，其中，火电装机预计将达到9200万千瓦，较2018年增加2500多万千瓦，火电装机占全部电力装机比重约70%左右，占比将再下降7个百分点。在燃煤火电装机中，60万千瓦级机组占比超过40%，百万千瓦级机组占比超过8%。

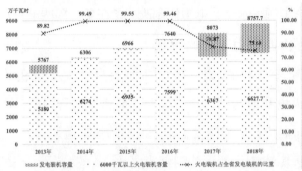

图3-8　2013—2018年山西发电装机容量、火电装机容量及其占比

注：※2018年数据来源于《山西省2018年国民经济和社会发展统计公报》。
数据来源：《山西统计年鉴》（2014—2018）。

外调电量大、占比高。山西自中华人民共和国成立以来，就被国家确定为能源工业基地，煤炭资源被输送到全国主要城市。受技术的限制，中华人民共和国成立之初，电力资源仅输送到北京地区。随着科技的进步、特高压电网的建设，电力资源可以进行远距离传输。到2018年，山西通过特高压电网可以将电力传输到华北、华中和华东地区。从表3-2可以看出，自2012年以来山西发电总量和外调电量均大幅增长，分别由2012年的2443.0亿千瓦时、769.2亿千瓦时增加到2018年的3087.6亿千瓦时、927.1亿千瓦时，分别增长了644.6亿千瓦时、157.9亿千瓦时，增幅分别达到26.39%、20.53%。2015年、2016年，国家经济发展进入新常态，在产业转型等宏观形势变化影响下，山西加大落后产能的退出，全省发电总量呈现回落。2017年后在全国经济向好、山西产业转型红利释放下，全省发电总量实现大幅上升，在2018年达到历史最大发电产量。从外调量占比看，2012—2018年，外调电量占发电量的比重基本保持在1/3左右，2017年，在外调地区淘汰落后产能红利释放推动下，外调电量实现快速增长，达到934.5亿千瓦时的最高点，外调电量占比也达到历史最高点37.3%。2018年受中美经贸摩擦影响，国内市场电力需求量减弱，电力外调量较2017年有所回落，外调电量占比随之回落。

表3-2 2012—2018年山西外调电量及其占发电量的比重

年份	发电量（亿千瓦时）	外调量（亿千瓦时）	外调量占发电量比重（%）
2012	2443.0	769.2	31.5
2013	2551.3	793.1	31.1
2014	2546.0	851.0	33.4
2015	2318.6	743.9	32.1
2016	2309.3	802.1	34.7
2017	2503.0	934.5	37.3
2018※	3087.6	927.1	30.0

注：※2018年数据来源于《山西省2018年国民经济和社会发展统计公报》。
数据来源：《山西统计年鉴》（2018）。

2.三大煤电基地建设初具规模

"十二五"期间，山西省根据发展需要，制定并实施了"输煤与输电并举"的重大发展战略，在晋北、晋中和晋东建设三大煤电基地，以扩大晋电外送。晋北、晋中、晋东三大煤电基地是我国传统的煤炭产区，已探明保有储量2663亿吨。结合煤炭资源储量、生态环境等方面考虑，生产规模可达9亿吨/年。国务院2013年1月以国发〔2013〕2号文件发布的《能源发展"十二五"规划》中将晋北、晋中、晋东三大煤电基地列入全国规划建设的9个亿吨级大型煤电基地。

根据《国家能源局关于推进大型煤电外送基地科学开发的指导意见》（国能电力〔2014〕243号），围绕煤炭资源综合利用和清洁低碳发展，重点建设了晋北、晋中、晋东南三个千万千瓦级清洁高效大型煤电基地。据测算，晋中、晋北、晋东三个煤电基地可开发煤电装机规模约1亿千瓦，目前开展前期工作的项目规模为7520万千瓦，其中，晋东3560万千瓦、晋中2200万千瓦、晋北1760万千瓦，所发电量除满足本省用电需要外，还将送往全国各地。

3.电源覆盖均衡、电网布局广

随着国家和地方经济的发展、技术的进步，为缓解电力供应不足，在山西境内各地市均建有火电厂。截止到2008年，山西省共有百万千瓦级以上发电厂（站）17座，其中火电厂16座、水电站1座，其具体分布为：太原2座（太原一电厂、太原二电厂）、大同2座（大同二电厂、塔山电厂）、朔州2座（神头一电厂、神头二电厂）、长治4座（漳泽发电厂、漳山电厂、王曲电厂、武乡和信电厂）、阳泉1座（阳光发电有限责任公司）、忻州2座（万家寨水电站、河曲电厂）、晋城1座（阳城发电厂）、运城2座（河津发电厂、运城电厂）、吕梁1座（华光电厂）。山西省所辖11个地级市除晋中、临汾市外，都有一座百万千瓦级以上的发电厂。所有地市都有3座2.5万千瓦以上的火电厂，支持了全省各地市经济的发展。作为煤炭资源丰富的晋北、晋中、晋东区域，火电厂分布更加密集。在国家科技进步的推动下，特高压输变电线路工程加快推进，在山西省内实现了"北电南送"双通道，解决了山西北部窝电、南部缺电的困境。进入21世纪，国家加大了农村电网建设和改造力度，2006年在《关于

实现山西省农村"户户通电"目标的会谈纪要》的推动下实现了省
域范围内的电网全覆盖，参见表3-3。

表3-3　2008年底山西省各地市110～500千伏输变电情况汇总

	供电能力 （千伏）	变电站 （座）	变电总容量 （万千伏·安）	输电线路 （条）	输电里程 （千米）
太原 电网	110	47	349.95	99	910.54
	220	18	480.07	46	756.14
	500	2	350	4	259.14
大同 电网	110	86	314.15	88	1144.46
	220	10	255	29	753.76
	500	1	150	—	—
朔州 电网	110	26	149.56	43	558.60
	220	7	145.8	13	384.96
忻州 电网	110	63	355.21	107	1784.10
	220	9	255	24	1136.54
	500	1	150	6	457.36
吕梁 电网	110	47	329.55	72	1151.16
	220	10	259.50	24	1021.18
	500	1	150	—	—
晋中 电网	110	38	229.93	67	943.44
	220	10	252.00	21	847.10
	500	1	150	—	—
阳泉 电网	110	24	167.88	51	401.94
	220	6	161.82	19	368.85
	500	1	200	—	—
临汾 电网	110	77	415.99	105	1449.90
	220	13	350.00	31	868.32
	500	2	300	1	110.80
运城 电网	110	82	485.45	119	1494.46
	220	15	573.90	38	903.05
	500	1	150	1	114.94
长治 电网	110	59	340.41	81	1055.53
	220	13	299.00	28	985.45
	500	1	150	7	246.74
晋城 电网	110	39	263.80	63	783.17
	220	11	284.60	23	580.74
	500	1	150	1	130.07

　　注：1.变电站不含发电厂升压变电站；2.500千伏输电线路不含国家电网公司
总部、华北电网公司和山西省电力公司超（特）高压输变电分公司管理的线路。
　　数据来源：《山西省志·第十三卷·电力工业志》。

4.为推动山西经济转型作出了贡献

在山西省发展和改革委员会2014年编制的《山西煤电基地开发规划》中提出：到2020年，山西将新增5777万千瓦燃煤机组，需投资约2100亿元；新增消耗煤量约0.9亿吨，新增发电量约2700亿千瓦时；如果将0.9亿吨标准煤外销，约增加销售收入630亿元（按700元/吨计算），而销售电量可为全省GDP贡献约896.4亿元（以标杆电价0.332元/千瓦时测算），较煤炭外销高出266.4亿元，约占2018年全省GDP的5.33%（2018年山西省GDP为16818.11亿元）。"晋电外送"对山西省国民经济的贡献明显高于煤炭外调，扩大外送电量对山西经济转型意义重大。

（二）山西"晋电外送"建设向纵深推进

20世纪80年代，山西先后建成500千伏输电线路3条和500千伏升压变电站2座，山西电力通过500千伏大同—房山回输电线路向京津唐地区电网输电；90年代，根据山西"变输煤为输煤输电并重"战略的实施，山西加快"晋电外送"建设步伐，相继建成一批装机容量超百万千瓦的大型发电厂，并配套建设输变电工程。山西成为国家新型综合能源基地大型坑口电站的重要省份之一，晋电外输省份逐渐向华东、华中延伸。

1."晋电外送"坑口电厂建设情况

20世纪80年代，国家为加快山西火电基地建设，在晋北地区建设神头一电厂和大同二电厂装机容量超百万千瓦以上的坑口电厂2座，同时建设晋京500千伏输变电工程，包括500千伏神头—大同—北京房山—天津北郊输电线路800千米和北京房山、天津北郊500千伏变电站2座；在山西境内建设3线2站（500千伏大同—房山2条、神头—大同1条输电线路；神头一电厂、大同二电厂2座500千伏升压变电站）。90年代，完成国家"西电东送"北通道项目之一——神头二电厂，为配合内蒙古向北京输电建成500千伏大同二电厂—内蒙古丰镇电厂输电线路，实现与内蒙古电网相连。

2.500千伏输电工程

大同—房山500千伏输电线路工程是晋京500千伏输变电工程之一。项目经国家计委《关于大同至京、津五十万伏输变电工程计划任务书的批复》批准建设（1979年），其中大同—房山I回输电线路呈东西走向，长103千米，1984年竣工并投入运行；大同—房山II回输电线路与大同—房山I回输电线路平行，长102.7千米，1985年竣工并投入运行。

阳城—淮阴500千伏输电线路工程是阳城向江苏省输电的配套项目，项目经国家计委《关于审批山西阳城电厂一期工程及其配套送变电工程可行性研究报告的请示的通知》批准建设（1996年），该线路途经山西、河南、山东、安徽至江苏淮阴，全长760千米，1999年竣工。

神头—保定北500千伏（双回）输电线路工程是国家"西电东送"北通道的重要组成部分。项目经《国家计委办公厅关于同意华北电网神头至保北500千伏线路神头侧出线变更的复函》批准建设（2002年）。线路起自神头二电厂，长2×273千米，2004年投运。

侯村—廉州（石家庄北）500千伏输电线路工程是河曲电厂配套项目，经《国家发展改革委关于山西侯村至河北廉州500千伏线路工程核准的批复》批准建设（2004年），线路起自侯村500千伏变电站至石家庄500千伏变电站，长236千米，按单回路架设，于2005

年投运。

潞城—辛安（邯东）500千伏输电线路工程是王曲电厂向山东输电的配套项目，是国家"西电东送"北通道的重要组成部分。经国家发改委《关于华北天马、唐山西等四项500千伏输变电工程项目核准的批复》批准建设（2007年）。线路起自潞城500千伏开关站至辛安（邯东）500千伏变电站，长330.19千米，于2006年投运。

3. "三交一直"特高压工程

2014年我省规划"三交一直"四项特高压工程，通过提高电网输送能力、资源优化配置能力和抵御事故能力，确保我省电力"对外送得出、对内落得下"。"三交一直"特高压工程："三交"指1000千伏蒙西—晋北—天津南、靖边—晋中—潍坊、蒙西—晋中—晋东南—长沙三条交流输电线路，"一直"为±800千伏宁东—浙江直流输电线路。目前，山西电网主架网通过6个通道、13回输电线路向外省送电。

蒙西—晋北—天津南1000千伏特高压交流输电工程：该工程是国家加快推进大气污染防治行动计划12条重点输电通道之一，也是加快"晋电外送"和山西能源基地建设的山西省十大标志性建设工程，肩负着山西晋北的煤电、风电开发与联合外送使命，对推进供给侧结构性改革，促进山西省经济转型升级具有重要的作用。该工程起点为内蒙古准格尔旗蒙西变电站，经晋北变电站、北京西变电站到天津南变电站，线路全长2608公里。工程投运后，初期输电能力约为250万千瓦，相当于外输标煤425万吨；远期输电能力将达到500万千瓦，相当于外输标煤850万吨。届时，特高压电网远距离、大容量、低损耗输电的优势将得到充分体现。

靖边—晋中—潍坊1000千伏特高压交流输电工程：该工程全长约2×1069.5公里。

晋北至江苏±800千伏雁淮特高压直流输电工程是国家大气污染防治行动计划"四交四直"工程之一，也是"西电东送、北电南供"的重要工程，肩负着山西煤电、风电开发与打捆外送的重要任务。这是继500千伏山西阳城至江苏淮安输变电工程之后，晋电第二次"下江南"。工程投运后，山西电力外送能力达到3330万千瓦，山西北部地区丰富的电能可直接送至江苏，对扩大晋电外送规模、化解电力过剩产能具有重要意义。

晋东南—南阳—荆门1000kV特高压交流试验示范工程：该工程起于山西晋东南(长治)变电站，经河南南阳开关站，止于湖北荆门变电站。全线单回路架设，全长654公里，跨越黄河和汉江。变电容量600万千伏·安。系统标称电压1000千伏，最高运行电压1100千伏。工程于2008年12月底竣工并完成系统调试投入试运行，2009年1月完成试运行投入商业运行。

4.外送电网线路长、输送区域不断扩大

在国家"西电东送"和山西"晋电外送"战略的推动下，在山西国家新型综合能源基地的全新定位下，山西输变电工程得以快速发展。截止到2018年，山西已建成并投运了大同—房山500千伏输电线路工程（102.7千米）、阳城—淮阴500千伏输电线路工程（760千米）、神头—保定北500千伏（双回）输电线路工程（2×273千米）、侯村—廉州（石家庄北）500千伏输电线路工程（236千米）、潞城—辛安（邯东）500千伏输电线路工程（330.19千米）、宁东—浙江±800千伏输电线路工程、蒙西—晋北—天津南1000千伏

输电线路工程（2608千米）、靖边—晋中—潍坊1000千伏输电线路
工程（1069.5千米）、蒙西—晋中—晋东南—长沙1000千伏输电线
路工程等9项输变电工程，并与国家"西电东送"主电网贯通，电力
外送可达京津唐、华中、华东地区，参见图3-9。

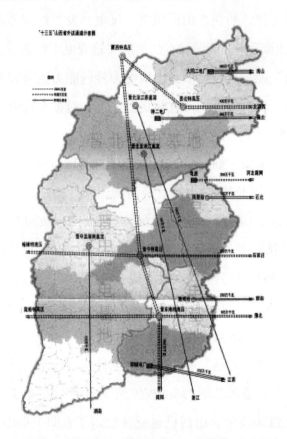

图3-9　"十三五"山西省电力外送通道示意图

图片来源：《山西省志·第十三卷·电力工业志》。

（三）山西电力技术进步作用明显

电力工业是技术密集型行业。改革开放以来，全省发电和电网

领域技术进步作用十分明显。主要表现在：

第一，高参数、大容量发电机组比例逐步增大。以火电机组为例，改革开放初期，山西省只有为数不多的20万千瓦火电机组，30万千瓦火电机组尚需进口，2017年底，单机60万千瓦及以上容量等级的火电机组容量占比达到27.35%，30万千瓦及以上机组占火电总装机容量的63.83%。

第二，电力能效水平持续提高。1978年山西供电煤耗在430克／千瓦时以上。改革开放以来，在技术进步，以及大容量、高参数机组占比提升和煤电改造升级等多因素推动下，供电标准煤耗持续下降。截至2017年底，山西6000千瓦及以上火电厂供电标准煤耗约323克／千瓦时，比1978年降低近100克／千瓦时，煤电机组供电煤耗水平持续下降。

第三，火电技术达到世界领先水平。超临界机组实现自主开发，推动山西火电生产技术在高效、清洁、低碳方面达到国际领先水平。

第四，电网技术水平整体处于国际前列。掌握了具有国际领先水平的长距离、大容量、低损耗的特高压输电技术，使之成为推动山西乃至全国大范围资源优化配置的重要手段。

（四）新能源发电呈快速发展态势

"十一五"以来，在电力体制改革、煤改电、煤改气、大力发展清洁能源发电和加快分布式发电建设等政策的推动下，在坚持生态环境保护优先、坚持发展非煤能源发电与煤炭清洁高效利用并举、坚持节能减排的发展原则下，山西电力工业呈现出以火电等传统能源发电为基础，以风电、太阳能发电为代表的新能源发电呈现快速发展的态势。到2018年末全省发电装机容量达到8757.7万千瓦，较2017年增长8.5%。其中，火电装机容量6627.7万千瓦，增加261.2万千瓦，增长4.1%；并网风电装机容量1043.2万千瓦，增加171.6万千瓦，增长19.7%；并网太阳能发电装机容量864.1万千瓦，增加273.7万千瓦，增长46.4%；水电装机容量222.8万千瓦，减少21.4万千瓦，下降8.8%。[1]

1.新能源发电装机稳步提升

截至2018年底，全省发电装机容量达8757.7万千瓦，较上年末增加685.0万千瓦，风光电新增装机容量占全省增量的比重达到65.0%。火电、水电、风电、太阳能发电装机容量比例为75.7∶2.5∶11.9∶9.9，火电装机容量比重较上年回落3.2个百分点，风电、太阳能发电装机容量比重分别上升1.1和2.6个百分点。

2.新能源发电量快速增长

2018年，全省火力发电量较2017年增长9.4%，水力发电量增长1.9%，风力发电量增长28.6%，太阳能发电量增长69.4%。火电、水电、风电、太阳能发电量比例为88.7∶1.4∶6.9∶3.0，火力发电量比重较上年回落1.8个百分点，风力、太阳能发电量比重分别上升0.9和1.0个百分点。

3.电源结构不断优化

改革开放以来，我国电源主要以常规火电为主，虽然有优先发展水电的政策，但是由于投资大、工期长等原因，水电开发相对于资源储备而言，优先地位并没有落实。21世纪以来，在全球环境压

---

[1] 山西省统计局发布的《山西省2018年国民经济和社会发展统计公报》。

力、国家经济发展方式转型、国家能源安全等诸多要素影响下，在全国上下掀起了能源生产革命，以火电、水电为代表的传统能源发电项目步入压缩产能、提高运行效率、向国际先进技术、装备看齐的发展之路；以核电、风电、太阳能发电为代表的新型能源发电成为新宠，得到快速发展，国家出台了可再生能源补贴政策，运用价格机制引导、推进可再生能源开发，使可再生能源装机容量和发电量迅速增加。

2017年，我省风电装机871.63万千瓦、太阳能装机590.38万千瓦、水电装机受水源限制保持在244.21万千瓦，新能源电力装机容量占比首次超过20%，并继续保持增长态势。

（五）市场化改革和建设取得初步成就

随着电力体制改革加快推进，全国各地在改革中进行了各种积极探索，山西省作为全国三个电力体制改革综合试点省份之一，为全国电力体制改革的推进做出了诸多贡献。

1.初步形成协调运行的计划（管制）+市场的"双轨制"

改革开放前，山西电力工业与全国电力工业保持一致，完全在国家计划经济体制要求下发展，随着社会主义市场经济体系建设，国家充分认识到电力工业的特殊性，对电力工业采取了逐步引入市场经济制度的改革，通过电力体制改革，山西电力工业形成了具有中国特色的以计划经济与管制经济体制为主，市场经济体制为辅的"双轨制"经济体制，运用市场机制优化了电力供应保障机制和电源结构。

2.电力市场化体制改革走在全国前列

2016年1月，山西成为国家电网区域内第一个电力体制改革综合试点。输配电价改革是我省电力体制改革的关键环节，也是价格机制改革和供给侧结构性改革的重要内容。山西省初步建立起了以"准许成本加合理收益"为基础的独立输配电价机制，对电网企业的监管模式由过去核定购销差价转变为以企业有效资产为基础，对成本、收入和价格的全方位监管。2017年，山西省公布了山西电网2017年—2019年输配电价，电网输配电价总水平每千瓦时降低1.06分。输配电价改革释放的改革红利全部用于降低省内工商业用电销售电价，一般工商业销售电价平均每千瓦时降低1.3分，大工业销售电价平均每千瓦时降低2.7分，减轻企业用电成本每年约15.78亿元。

到2018年9月，输配电价改革坚实落地，近3年来连续6次降低一般工商业电价、2次降低大工业电价，有效降低了企业用电成本。按照股权结构多元化要求，组建了山西电力交易中心，已有299家发电企业、751家电力用户、192家售电公司在交易平台注册。电力市场化程度不断提升，进一步放宽市场准入条件，有效降低了用电成本。发用电计划有序放开，2020年以后放开全部工商业电力用户，2018年—2020年逐步放开水电、燃气等机组发电量指导计划，进入市场交易。积极培育多元化售电主体，目前在工商部门登记成立并经公示无异议的售电公司达158个，其中民营资本控股公司比例达68%。

3.电力市场建设不断推进

2015年新电改以来，在全国经济发展增速降低和产业结构调整过程中，全国电力需求增速减缓，全国电力产能出现过剩。在这种情况下，山西省深入推进电力体制改革和电力供给侧结构性改革，破解制约全省电力工业发展的深层次体制机制障碍和结构性矛盾，实现山西电力供应安全、科学、节约、高效发展。山西省工业和信息化厅（原山西省经济和信息化委员会）在2017年发布《山西省电力行业2018年行动计划》，将全省煤电行业淘汰落后产能的标准提高到单机30万千瓦以下煤电机组。同时，进一步加强与江苏、河北、天津等受电省市的协作，签订和落实政府间战略合作框架协议。推进"市场换项目、容量换项目"，支持受电省份在晋控股或参股外送电源项目，扩大电力外送。此外，还研究制定了《山西省"煤改电"居民采暖用电参与市场交易试点方案》，支持新能源企业与煤改电居民用户开展电力交易，降低居民电采暖用电成本，扩大省内电力消纳能力。

现货市场建设正式进入应用阶段。电力现货市场是电力市场体系的重要构成，国网山西省电力公司为了探索适应山西省情网情的解决方案，经与相关部门以及发电、售电和用户等市场主体一年多的共同研究，针对山西供热机组占比较大、新能源机组增速较快、外送电任务较重、电煤价格和用电负荷南北分布不均的特点，因地制宜形成了包括《山西省电力现货市场试点建设方案》《山西省电力交易深化方案》两项方案和《山西省电力市场运营基本规则》等10项规则细则在内的电力现货市场的"1+1+10"规则体系，为全省电力现货市场建设提供了重要保证。山西省电力现货市场于2018年12月27日正式启动模拟试运行，于2019年7月18日和8月27日开展两次调电不结算试运行，对现货市场规则、技术支持系统和市场主体准备情况进行了测试，结果显示，山西省电力现货市场运行平稳有序，市场出清结果符合预期目标。本次开展的电力现货市场按日结算试运行，标志着山西省电力现货市场建设正式进入最后实质性的应用阶段。同时，也标志着山西成为国网区域内首家正式开展结算试运行的省份，实现了国网电力市场改革里程碑式的突破，有利于发挥现货市场在优化资源配置方面的决定性作用，为推动山西省能源革命综合试点提供了有益帮助。

三、山西电力工业发展的趋势

全球电力工业经过100多年的发展，电力已成为目前主要的能源之一。在电力工业的发展过程中，传统的火电工业给人类社会带来了严重的气候灾难。20世纪80年代，西方发达国家陆续提出了"去煤化"发展战略，以水电、风电、太阳能发电、核电为代表的新能源发电项目正逐步取代以煤电为代表的传统发电项目，新能源发电项目在全球的装机容量、发电量逐渐提高，新能源发电在部分发达国家的占比达90%以上，新能源发电成为当今世界电力工业发展的主要趋势。

（一）国际电力工业发展趋势

新能源发电已被认为是世界应对能源供应安全和气候变化双重挑战的关键。进入21世纪以来，在全球范围内开展的以能源转型为核心的第三次能源革命将新能源发电项目提高到实现第三次能源革命成败的关键位置。

1.德国——可再生能源取代化石燃料

2011年，德国正式推出"能源转型计划"，推动太阳能、风能以及其他可再生能源取代煤炭、天然气等化石燃料；2012年，德国修订《可再生能源法》（EEG－2012），以法律的形式明确了可再生能源电力发展的目标。[1]

---

[1] 刘明德，杨玉华：《德国能源转型关键项目对我国能源政策的借鉴意义》，载《华北电力大学学报》（社会科学版），2015（6）。

2.加拿大安大略省——全面退出煤电项目

2003年，加拿大安大略省政府提出绿色发展战略，将逐步淘汰燃煤发电作为重点任务，推动关闭传统燃煤电厂。2009年省议会颁布《绿色能源法案》[1]，规定2014年区域范围内燃煤发电全部淘汰。同时鼓励大力发展绿色能源，到2014年，该省核电约占全部发电装机容量的40%以上，天然气发电装机容量占比上升至27%，有效弥补了燃煤发电退出导致的供应缺口。《绿色能源法案》实施后，该省制定了上网电价制度、可再生能源标准供应计划、太阳能供热激励计划等配套措施，对可再生能源发电以稳定、较高价格收购或给予补贴，鼓励社区、产业界加大新能源投资力度，全力打造绿色能源生产基地。受优惠政策影响，相关行业吸引了大量国内外投资，有力推动了产业发展。2014年该省成功实现《绿色能源法案》规定的"关闭全部燃煤发电设施"，据统计，从2003年到2014年，该省共淘汰7546兆瓦（MW）燃煤发电装机容量。

2015年，加拿大安大略省议会通过《终止燃煤以实现更加清洁空气法案》[2]，全面禁止省内现有及新建发电设施使用燃煤，成为北美首个零煤电地区。

3.发展中国家的新能源发电

除发达国家外，发展中国家也提出了能源转型的目标和措施。印度提出到2030年非化石能源装机达到40%。为此，印度成立了总理气候变化委员会，颁布《国家应对气候变化行动计划》，提出八

---

[1] 加拿大安大略省能源部：green energy act, http://www.energy.gov.on.ca/en/green-energy-act/.

[2] 加拿大安大略省能源部：ending coal for cleaner air act, http://www.energy.gov.on.ca/en/archive/the-end-of-coal/.

个核心计划，涉及太阳能、能源效率、可持续居住环境、水资源管理与利用、喜马拉雅生态环境、植树造林、可持续农业和应对气候变化等领域，为印度推动能源转型提供了有力的政策保障。

巴西提出到2025年人均排放降至6.2吨CO_2，2030年降至5.4吨CO_2。2025年单位GDP排放强度相较2005年水平下降66%，2030年碳排放强度下降75%。为实现减排目标，巴西大力发展生物能、太阳能和风能，提高发电效率，到2030年实现生物质能在能源结构中占比18%，可再生能源占比45%，除水电外可再生能源发电比例增加到23%，电力部门发电效率提高10%。[1]

（二）国内电力工业发展趋势

在第三次能源革命过程中，我国也在大力推进新能源发电项目，力图在新一轮的全球能源革命中占得先机。

1.全国电力工业仍将保持较快增长

一方面，随着我国进入后工业化发展阶段，特别是伴随着城市化进程的加快推进，将拉动全国电力市场的持续较快增长。从图3-10中可以看出，进入21世纪，随着工业快速发展、城镇化率不断提高，全国电力消费量快速增长，由2000年的1.35万亿千瓦时增加到2016年的5.92万亿千瓦时，增长3.39倍，年均增速27.4%。另一方面，中国是当今世界最大的发展中国家，经济发展水平和人民生活水平仍有很大的提高空间，从全球发达国家发展历程来看，经济增长离不开能源消耗量的增长。人均能源消费量和人均耗电量在一定程度上反映了一个国家或地区经济发展水平和人民生活水平。2017年发达国家人均电

---

[1] 刘长松：《国际能源转型进展及其对中国的启示和借鉴》，载《鄱阳湖学刊》，2016（3）。

力消耗量基本在1.2万千瓦时以上，而我国2017年人均电力消耗量仅有4475千瓦时，是发达国家1/3左右。由此可以看出，我国电力工业仍有很大的发展空间。如要实现中央提出的"两个一百年"奋斗目标，全国电力工业需要保持较快的增长速度，才能满足经济社会发展的需要。

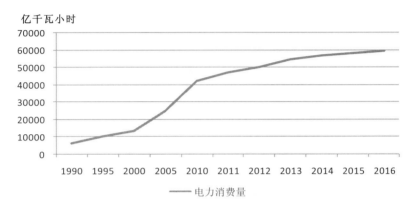

图3-10　近年来全国电力消费量走势

注：根据《中国统计年鉴》（2017）数据绘制，其中2016年数据来源于中国电力企业联合会（http://www.cec.org.cn/yaowenkuaidi/2017-01-25/164285.html）发布的《2016—2017年度全国电力供需形势分析预测报告》。

2.传统火电仍是全国电力市场的供应主体

在未来一段时期内，全国能源需求量仍将保持增长态势，电力需求量的增长速度将快于能源需求量的增长速度。从全国电力工业发展来看，虽然新能源发电将保持较快的增长，但新能源发电的增量无法满足电力需求的增量，火电工业仍将保持增长态势，火电仍是全国电力市场供应的主体，尤其是在沿海城市、开发区等国内电力主要消耗区域内，火电工业仍是满足其正常发展需要的有效途径。

3.全国电力需求空间仍很大

据美国中央情报局CIA·World Fact book的统计，世界人均
耗电量为385W/人，中国为474W/人，高出世界人均耗电量，但远
低于欧美发达国家，只有美国的26%（见表3-4）。按照十九大报告
中提出的"两个一百年奋斗目标"，要在2050年建成社会主义现代
化国家。到那时，无论是全社会电力消费量，还是人均电力消费量
都会比现在增加一倍以上。

表3-4　世界各国电力消费量前19位国家/地区

排名	国家	电力消耗量（MW*h/年）	报告年份	人口数量	人口资料公布年份	人均耗电量（W/人）
1	中国	5,463,800,000	2014	1,360,720,000	2013	474
2	美国	4,686,400,000	2013	317,848,000	2014	1843
3	俄罗斯	1,016,500,500	2012	146,019,512	2014	801
4	印度	983,823,000	2014	1,242,660,000	2014	152
5	日本	910,700,000	2012	127,120,000	2014	941
6	德国	782,500,000	2012	80,716,000	2013	1160
7	加拿大	570,800,000	2012	36,584,962	2014	2185
8	巴西	493,500,000	2012	201,032,714	2013	301
9	韩国	482,400,000	2012	50,219,669	2013	1038
10	法国	451,100,000	2012	65,864,000	2014	904
11	英国	353,300,000	2013	63,705,000	2012	822
12	意大利	327,200,000	2012	60,021,955	2013	781
13	土耳其	264,136,780	2015	78,741,053	2015	335
14	西班牙	253,100,000	2012	46,609,700	2013	875
15	南非	234,200,000	2012	54,002,000	2014	415
16	墨西哥	232,000,000	2012	121,409,830	2013	101
17	沙特阿拉伯	231,600,000	2012	29,195,895	2012	781
18	澳大利亚	229,600,000	2012	23,060,903	2013	1610
19	伊朗	216,290,000	2014	77,800,000	2014	317

数据来源：《2016年全球电力报告》，http://www.cec.org.cn/guojidianli/2016-09-21/158660.html，2016-09-21。

4.新能源发电成为全国新增电力的主力

近年来，在国家政策、资金、技术的支持和推动下，新能源发电得到了迅猛的发展。从我国近年来电力装机容量构成（见图3-11）中可以看出，火电在电力装机中占有主导地位，火电装机占电力装机的比重由2000年的74.4%上升到2005年75.7%的最高点后占比逐渐降低，到2016年时占比达到64.3%的历史最低水平；新型清洁能源装机占比由2000年的25.6%快速上升到2016年的35.7%，增加了10.1个百分点。2016年水电装机、风电装机、太阳能发电装机、核电装机分别占新型清洁能源装机的56.3%、25.0%、12.9%、5.7%。其中，水电装机由2000年的7935万千瓦扩大到2016年的33207万千瓦，增长3.18倍，年均增长26.2%；风电装机由2000年的34万千瓦增加到2016年的14747万千瓦；太阳能发电项目在2010年后快速发展，光伏装机由2010年的26万千瓦发展到2016年的7631万千瓦；核电装机由2010年的1082万千瓦发展到2016的3364万千瓦。2017年10月31日，国家能源局对外公布的一组数据显示，2017年前三季度，中国可再生能源新增装机约占中国全部电力新增装机的67%左右，目前可再生能源已成为中国新增电力的主力。[1]

---

[1] 《官方称中国近七成新增电力为可再生能源》，http://news.xinhuanet.com/power/yw/2017-10/31/c_1121884491.htm，2017-10-31。

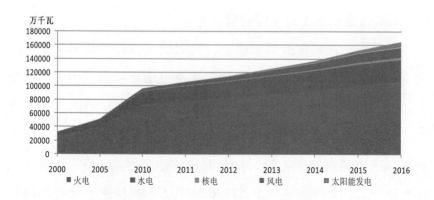

图3-11　近年来全国电力装机容量构成

注：根据《中国统计年鉴》（2017）数据绘制。

5.电力体制改革进一步深化，电力市场体系不断完善

我国将通过输配电价改革、市场化交易和减税降费，降低实体经济用电成本。一方面，持续完善输配电价机制，稳妥推进电价改革，开展竞价上网和输配电价改革试点，推进销售电价分类改革，完善水电、核电及可再生能源发电定价机制。另一方面，大幅提高电力市场化交易规模。持续完善中长期电力交易机制，进一步推进电力辅助服务市场建设，积极稳妥推进电力现货市场建设试点，规范电力市场交易行为，加快推进配售电改革，完善增量配电业务改革试点配套政策，加强售电侧市场规范与引导。

四、山西电力工业发展的思考

我国经济发展仍然处于重要战略机遇期，增长潜力大，电力需求还有较大增长空间；同时，能源转型加快，环境约束增强，对电力工业发展的要求越来越高。面对我省争当能源革命排头兵的新要求，电力工业要实现高质量发展，要继续推进煤电清洁高效发展、

推进电力外送、完善电力市场建设，包括电价形成机制、推动电网投资主体多元化等，就要加大改革力度，为经济社会发展提供安全可靠、环境友好、可持续的能源电力供应，为山西省乃至全国发展做出新贡献。

（一）山西电力工业发展的问题

进入21世纪，在全球经济回落的影响下，中国经济发展进入缓慢增长期，在全国范围内进行了产业结构调整，主要行业开展了"三去一降一补"（即去产能、去库存、去杠杆，降成本，补短板）的供给侧结构性改革，电力工业成为"三去一降一补"的重点领域。山西作为全国能源革命的排头兵和国家资源型经济转型综合配套改革试验区，电力工业发展存在诸多深层次问题，火电装机占比大、清洁能源发电占比小；受冬季供暖影响，淘汰落后火电项目难度大；受技术、成本、价格、市场等因素制约，企业生产经营压力大，这些制约因素将严重阻碍山西电力工业的高质量发展。

1.火电工业占电力工业的比重过高

中华人民共和国成立后，山西电力工业经过70年的快速发展，电力装机容量、产量都取得了质的飞跃。受丰富的煤炭资源影响，火电装机发展迅速，山西电力工业侧重于火电工业发展，火电装机一度位居全国前列。近年来，山西坚持走经济转型、能源转型之路，新能源装机规模快速增加。截至2018年底，山西省发电装机容量8757.7万千瓦，其中，火电装机容量6627.7万千瓦，占比75.68%；并网风电装机容量1043.2万千瓦，占比11.91%；并网太阳能发电装机容量864.1万千瓦，占比9.87%；水电装机容量222.8万千瓦，占比2.54%。

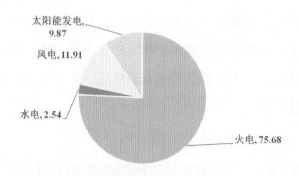

图3-12　2018年山西发装机构成

2018年山西省发电量3041.7亿千瓦时。其中，火电2787.5亿千瓦时，占比91.64%；水电39.6亿千瓦时，占比1.30%；风电176.5亿千瓦时，占比5.80%；太阳能发电38.2亿千瓦时，占比1.26%。[1]

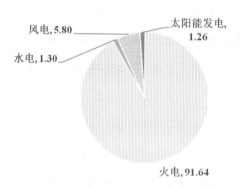

图3-13　2018年山西发电量构成

从图3-12、图3-13可以看出，近年来，虽然山西新能源发电（除水电外）装机从无到有，有了快速的发展，2018年，全省新能源发电装机容量达到2130.1万千瓦，占比上升到24.32%，但火电装机占比仍高达75.68%；从发电量构成来看，2018年全省新能源发电总量为

---

[1]　山东省电力企业协会：《2018年各省市发电量排行榜公布:火力发电山东省第一》，https://www.sohu.com/a/297653085_777961?sec=wd。

254.3亿千瓦时，仅占全省发电总量的8.36%，火电发电量仍占主导地位，仍是"晋电外送"的主体。

2.电力企业生产经营压力增大

近年来，全省发电企业发电利用小时数同比不断降低，发电成本难以有效向外疏导，发电企业发展空间不断缩小。售电侧改革、放开增量配电网业务和发用电计划、输配电价改革等一系列改革措施为电网建设运营带来新的挑战，电网企业的功能定位、收益机制、赢利模式都发生了转变，经营压力增大。从发电企业来看，要通过技术进步促使发电成本下降，通过加强运营管理，强化成本资金管控，提高生产效率。从电网企业来看，要通过管理提升和技术创新降低经营和运行成本，探索新的经营模式和发展业态，提升经营能力水平和供电服务质量。从政府层面来看，应考虑电力行业历史遗留问题和交叉补贴等因素，合理核定输配电价水平，促进电力行业健康有序发展。

3.淘汰落后产能难度大

中国经济发展进入新常态后，落后产能的淘汰成为大势。近年来，山西加大煤电落后产能的淘汰力度，在淘汰煤电落后产能的过程中也表现出一些客观存在的难题和遗留问题。首当其冲的就是冬季取暖保供问题，由于山西冬季气温均在0℃以下，冬季供暖时间至少4个月，除太原、大同、阳泉三个区域可以依托大型火电热电联产项目提供热源外，在其他地市区域均是通过中小型火电站解决冬季的供暖问题，而这些中小型火电站均在淘汰落后煤电产能的范围之内。在20世纪80年代，国家出台《关于鼓励集资办电和实行多种电价的暂行规定》以解决全国电力紧张问题，鼓励地方政府、个人和国（境）外企业投资建设电厂，山西依托丰富的煤炭资源兴建了大量的小型火电站，如今淘汰这些小型火电站，面临的最大问题就是解决淘汰工厂员工的安置问题。

（二）山西电力工业发展的思考

1.加快构建清洁能源发展体系

推进能源生产和消费革命，构建清洁低碳、安全高效的能源体系，是打赢污染防治攻坚战、推动形成人与自然和谐发展的现代化建设新格局的关键所在。要持续推进电网技术升级和跨越发展，加强科技创新能力，使用新技术促进新能源的发展；加快全球能源互联网建设，助力构建新的电力系统，推动清洁能源发展，加大创新投入，坚持创新驱动战略；统筹新能源和煤电清洁开发协调发展，加强电力需求侧顶层设计和技术创新。同时，加快特高压电网发展，把丰富的清洁能源输送到中东部负荷中心，满足新时代人民对美好生活的大量清洁能源的需求。

2.进一步优化电力产业结构

山西电力工业应在保障电力安全可靠供应的基础上，进一步调整优化电源结构，加快清洁电源的发展利用，发展特高压等大容量、高效率、远距离先进输电技术，推进智能电网建设，增强电网优化配置电力能力和供电可靠性。要依托资源优势，加快推动新能源发展，不断提升新能源开发利用规模和比重。以煤层气发电、风能、太阳能、生物质能、水能为重点，加快新能源开发利用产业化进程。积极发展分布式能源，探索推广智能电网、多能互补、储能等多种技术创新，形成风电、光电、煤层气发电等多轮驱动的新能源供应体系。

3.多措并举解决电企经营困难问题

针对当前电力企业尤其是发电企业持续全行业亏损的局面，加大电煤市场价格管控力度，有效保供降价，加快建设煤电产业链，推进煤电一体化。积极发展坑口煤电一体化项目。以晋北、晋中、晋南三大煤电基地坑口火电站为主体，加快实施"晋电外送"，彻底解决电力工业企业开工不足、窝电等制约我省电力工业发展的问题。加强电煤中长期合同监管，确保履约，完善价格条款，明确年度长协定价机制，严禁以月度长协、外购长协等捆绑年度长协变相涨价；保持进口煤政策连续性，引导市场合理预期，控制电煤价格在合理区间，缓解煤电企业经营困境。适度增加对火电企业的信贷支持力度，确保落实存量接续，避免火电企业亏损面持续扩大形成破产清算潮。按约定加快可再生能源补贴目录公布和补贴资金发放，尽快解决巨额拖欠问题，缓解企业经营和资金压力；开发针对风电、光伏等清洁能源项目的融资品种，将应收补贴款纳入流贷支持范围，解决全行业补贴资金缺口；实施促进可再生能源等清洁能源发展的绿色信贷政策。积极争取国家政策，在淘汰电力落后方面继续给予资金补贴，用于妥善安置职工等。

4.加强外送通道建设

加快电网优化改接工程。将500千伏外送通道全面升级为1000千伏特高压外送通道，实现山西电网真正融入全国大电网，进一步提升外送能力。积极拓展省内外市场。做好山西外送电网通道与国家外送电网通道规划的衔接，尽快研究落实投运特高压通道配套电源的替代方案，争取将我省现役发电机组列为外送通道的配套电源点，落实我省在外送电通道中的送电份额。加强与京津唐、长三角和珠三角等地区的产业合作，通过互相参股、签订长输协议、优先购买等形式，促进用电企业与我省电力企业协同发展。加强省际沟通交流与合作，建立和完善跨省区大用户直接交易机制。打破地区封锁和行业垄断，鼓励山西煤电企业与外省企业采取控股、参股、合资合作等多种方式建设电厂，通过市场化方式实现跨地区、跨行业、跨所有制的一体化融合和多元化经营，不断扩大晋电外送规模，推动山西能源优势向经济优势转化。

5.深入推进电力市场化改革

结合国家放开经营性发用电计划的工作要求，进一步扩大电力市场化交易范围、交易规模，通过市场决定交易价格，解决企业用电成本高的问题。探索输配电费用降低的灵活定价方式。针对我省重点行业或大数据等新兴产业，探索增送电量输配电价降低的途径，研究负荷率定价政策，通过提高电力设备的利用率降低电价水平。完善电力市场体系。推进电力交易机构独立规范运行，进一步完善电力市场交易机制。建立以中长期交易为主、现货交易为补充的电力市场交易机制，不断完善现货规则和省间电力交易品种，形成稳定的供需和市场调节价格的关系。综合考虑各类电力用户的用电特性，积极引导参与电力直接交易。持续开展现货结算试运行，促进电力资源优化配置。

6.加强电力领域"一带一路"国际合作

推进"一带一路"国际合作，扩大国际产能合作，带动山西电力设备制造和山西电力服务走出去。能源电力领域的合作是"一带一路"建设的重要内容。目前我省火电装机过剩，"一带一路"沿线国家电力等能源存在明显的供应缺口，"一带一路"国家的能源电力工程投资、设计以及施工存在巨大潜力。要在"一带一路"的背景下，发挥我省在能源资源、科技创新等方面的优势，加强能源互联互通，推动相关产业更好地"走出去"。

专题四　山西煤层气产业发展历程与展望

山西是煤层气资源大省和全国开发利用的重点地区。据国际能源机构（IEA）估计，中国煤层气资源量约达36.8万亿立方米，继俄罗斯、加拿大之后，居世界第三。山西煤层气探明储量在全国居领先地位。全省2000米以浅煤层气预测资源总量约83098亿立方米，约占全国煤层气资源量的四分之一。截至2015年，山西累计探明煤层气地质储量5784.01亿立方米，约占全国的88%，山西已成为全国最大的煤层气气源地。随着我国经济的高速发展，中国将构建以气体能源为第一能源的能源体系，在这一重大的历史变革中，山西煤层气开发利用必将迎来新的战略机遇期。煤层气产业是继煤炭产业之后山西又一个重要能源产业。加快煤层气（煤矿瓦斯）开发和利用，对保障煤矿安全生产、增加清洁能源供应、改善能源消费结构、减少"温室气体"排放、带动地方经济发展具有重要意义。经过近70年的探索，山西在煤层气开发利用方面取得了重大的成就和突破。

一、山西煤层气产业发展历程

煤层气的开发利用最初是源于对煤矿瓦斯的防治。我国是世界第一煤炭生产和消费大国。煤炭产量占到了全球煤炭产量的三分之一，约占我国能源产量的四分之三。日益增长的煤炭产量使得煤炭开采不断向高瓦斯煤层延伸。随着高瓦斯矿井的不断增多，我国每年煤矿安全事故伤亡人数也在不断增加，仅1995年至2009年的15年间，我国每年因煤矿安全事故死亡人数从2631人增长到9659人。煤矿瓦斯事故造成直接经济损失1000亿元以上，间接经济损失2000亿元以上。煤炭安全问题触目惊心，但如果在采煤前预先将煤层气采出，将降低50%到70%的瓦斯涌出量，煤矿瓦斯爆炸率可以降低70%到85%。经过国内外多年的煤炭开采实践证明，预先进行煤层气的开采是治理瓦斯爆炸事故、保证煤炭安全生产的根本途径。此外，煤层气开采还有助于减少煤炭开采中甲烷的排放从而降低温室效应，增加清洁能源的消费，减轻对环境的污染。因此，煤层气开发逐步引起了中央和地方政府的重视。

山西作为全国煤炭大省，瓦斯灾害一直是煤炭开采过程中的重大难题。煤层气的开发为我省煤矿安全生产提供了重要的保障。经过近70年的发展，我省煤层气经济、环境效益不断显现。回顾我省的煤层气发展历程，大体可分为三个阶段：初步发展阶段（1950年—2005年）、产业化发展阶段（2006年—2010年）和快速发展阶段（2011年至今）。

（一）初步发展阶段（1950年—2005年）

山西是全国煤层气地面开发较早的区域。早在20世纪50年代开始，我省已经开始对煤矿井下瓦斯进行抽采来满足居民生活用气需求。到了80年代以来，山西各大煤田相继进行了煤层气的勘探和开发，甚至在部分地区设立了煤层气开发利用试点，初步完成了我省重点煤田地质勘探和储量估计，为我省煤层气的开发和利用积累了一定的经验、奠定了一定的基础。

随着美国等发达国家煤层气商业化开发的成功，1989年起，中央开始高度重视煤层气的开发利用，提出了"依靠科技进步，发展煤层气产业，造福人民""对外开放、突破重点、新老结合、滚动发展"的煤层气发展思路和发展方针，并将大力发展煤层气纳入了"九五"规划和2010年远景目标纲要，全国掀起了地面勘探开发煤层气的热潮。我省积极响应中央精神，于1996年4月山西省八届人大四次会议上通过《山西省国民经济和社会发展"九五"计划和2010年远景目标纲要》（以下简称《纲要》），提出要搞好统筹规划，加快步伐，并积极发展以煤层气为原料的化工系列产品。《纲要》提出后，我省不断加大技术资金投入，煤层气开发技术取得了突破性进展。1989年至2002年间，我省煤炭企业率先开展了小井网开发试验，并将这一技术应用于全国煤层气的开发，形成了"先采气，后采煤"的煤层气开发和瓦斯治理模式。此外，山西煤层气勘探开发对外合作日益广泛，我省积极开展与美国、澳大利亚等国外能源企业签署煤层气合作勘探、开发协议，引入先进开采技术，推动我省煤层气的发展。

2000年12月，山西省委七届十次全会通过《中共山西省委关于制定国民经济和社会发展第十个五年计划的建议》，提出了山西煤层气的勘探开发要和国家"西气东输"规划结合起来，力争在煤层气商业开发和加工转化上有所突破。"十五"期间，我省着力扩大煤层气生产范围，扩大输气管道、加压站、集气站等基础建设规模，为下一步建立煤层气产业化基地打好基础。

随着地面煤层气开采技术的引进，我省地面煤层气开发利用水平逐年提高。这一时期，外商纷纷涌入，前来合作勘探。沁水煤田和河东煤田是我省六大煤田中资源储量最大的煤田，分别为6.85万亿m³和2.84万亿m³，占山西煤层气资源总量的93.26%，是全国最具开发潜力的煤层气基地。沁水煤田和河东煤田因资源总量大、可采性好、发热量高，具备大规模开发的条件（见表4-1），成为外商重点投资关注的对象。

表4-1 沁水、河东煤田煤层气分布及资源量

煤田	分布	矿区	面积（km²）	资源量（万亿m³）	含气量[1]（m³/吨）	渗透率[2]（mD）
沁水	位于晋东南，介于太行山、吕梁山、五台山、中条山之间，为山西省最大的煤田	阳泉、潞安、晋城等矿区	32000	6.85	5.0～38.7	1
河东	位于晋西，介于黄河以东、吕梁山以西	离柳、乡宁、河保偏等矿区	17000	2.84	4.15～23.0	3.2

1995年，晋城煤业集团与美国美中能源公司合资成立了晋丹能源公司，在沁水煤田南部的潘庄井田打了4口试验井，开启了我国地面开发煤层气的先河。同年，美国安然公司与华晋焦煤合作，在河东煤田三交矿区打了4口井，日单井最高产气量超过了10000m³/天。截至2005年，已经有十余家外国企业在沁水和河东煤田开采煤层气，

---

　　[1]　煤层含气量：单位数量煤体中所吸附的煤层气数量，也称每吨煤所含的煤层气数量。
　　[2]　煤层渗透率：流体在压力差作用下通过煤层的难易程度称之为渗透性。渗透性的大小用渗透率表示，煤层渗透率是评价煤层气可采性的重要指标之一。

开采井数达150余口，日单井产气量平均在500m³/天～4000m³/天，最高达16000m³/天。2003年8月，晋城煤业集团成立了山西蓝焰煤层气有限责任公司，逐步发展成为国内地面煤层气开采规模最大的企业。同年，寺河井下煤层气抽采项目全面开展，成为当时国内最大的井下煤层气抽采利用项目。2005年底，山西沁南潘河煤层气项目一期工程正式投产，它是当时我国最大的煤层气地面商业化开发利用项目，标志着我国煤层气地面开发正式从小规模商业化生产阶段进入产能建设和大规模商业化运营阶段。

这一时期，我省煤层气的勘探和开发都取得了不同程度的重大突破。据统计，截止到2005年底，我省煤层气探明储量达750亿立方米，可采量达395亿立方米。山西省成为当时全国煤层气勘探范围最大、程度最高、储量最多的省份。地面煤层气和井下煤层气的开发均取得积极进展。输气管网建设初具规模，已建成输气管道6条，长度达1225公里。

（二）产业化发展阶段（2006年—2010年）

2006年，国务院办公厅出台了《关于加快煤层气（煤矿瓦斯）抽采利用的若干意见》（国办发〔2006〕47号）。同年，国家发展改革委下发了《国家发展改革委关于印发煤层气（煤矿瓦斯）开发利用"十一五"规划的通知》（发改能源〔2006〕1044号），提出加快推进山西省煤层气产业化基地建设，将山西煤层气的开发与利用列入全国煤层气发展的战略重点。随后，国家发展改革委、财政部、国土资源部、商务部和环境保护部等有关部委出台了相应的扶持政策（见表4-2），推动了我国煤气化资源的产业化发展。山西省在贯彻实施国家相关政策的同时，下发了《山西省人民政府办公

厅关于加快煤矿瓦斯综合治理和利用的实施意见》（晋政办发
〔2007〕125号），并出台了配套的政策来提高煤层气抽采利用补贴
标准，为我省煤层气的持久稳定发展提供了有利的政策支持。

　　2010年7月，在全省领导干部大会上，我省提出了"气化山西"
的发展战略。随后，省政府办公厅出台了《山西省"四气"[1]产业一
体化发展规划》（晋政办发〔2010〕71号）、《关于加快推进我省
"四气"产业一体化发展的若干意见》（晋政办发〔2010〕72号）、
《山西省"四气"项目建设管理暂行办法》（晋政办发〔2010〕73
号）等一系列促进山西煤层气产业化发展的配套实施政策。

表4-2　2006—2010年煤层气产业相关政策

政策类别	文号	主要法规	主要内容
矿权管理	国办发〔2006〕47号	《关于加快煤层气（煤矿瓦斯）抽采利用的若干意见》	从财政、税费和价格调控方面入手加强煤矿瓦斯防治
	发改能源〔2006〕1044号	《国家发展改革委关于印发煤层气（煤矿瓦斯）开发利用"十一五"规划的通知》	加快推进山西省煤层气产业化基地建设
	国土资发〔2007〕96号	《关于加强煤炭和煤层气资源综合勘察开采管理的通知》	采取招标方式出让煤层气探矿权
价格政策	发改能源〔2007〕721号	《关于利用煤层气（煤矿瓦斯）发电工作的实施意见》	上网电价比照生物质发电电价政策
补贴优惠	财建〔2007〕114号	《关于煤层气（煤矿瓦斯）开发利用补贴的实施政策》	中央补贴：0.2元/m³ 山西额外补贴：0.05元/m³
	财税〔2007〕16号	《关于加快煤层气抽采有关税收政策问题的通知》	增值税先征后退，资源税免征

　　[1]　"四气"：煤层气、天然气、焦炉煤气和煤制天然气。

续表

政策类别	文号	主要法规	主要内容
排放标准	晋政办发〔2007〕125号	《山西省人民政府办公厅关于加快煤矿瓦斯综合治理和利用的实施意见》	对超标的高瓦斯矿井，建立地面永久抽采瓦斯系统或井下移动抽采瓦斯系统
	GB21522—2008	《煤层气（煤矿瓦斯）排放标准（暂行）》	浓度大于或等于30%的煤层气禁止排放
产业政策	晋政办发〔2010〕71号	《山西省"四气"产业一体化发展规划》	2015年，实现气源管网对市县和建制镇全覆盖
	晋政办发〔2010〕72号	《关于加快推进我省"四气"产业一体化发展的若干意见》	"四气"是优质清洁能源和战略资源
	晋政办发〔2010〕73号	《山西省"四气"项目建设管理暂行办法》	"四气"行业准入条件

在一系列政策的推动下，我省的煤层气开发逐步开始实现规模化、产业化和商业化。截至2010年，我省共有煤层气钻井5000多口，完成产能30亿立方米。地面煤层气产量达到了14.74亿立方米，利用量达到11.45立方米；煤矿瓦斯抽采量也已达到28.04亿立方米，利用量达到9.53亿立方米。沁水盆地和鄂尔多斯盆地东缘两大煤层气产业化基地建设已具雏形，沁水盆地煤层气开发等四个国家科技重大专项示范工程顺利完成。

这一时期，随着煤层气产业开发步伐的加快，带动了整个煤层气中下游产业链的建设和发展。我省输气管网主框架基本形成，连接煤层气各区块的管网日益完善。长输管道陆续建成并投入使用，省内管线长度达到了1500km。煤层气液化项目和加气站市场蓬勃发展。据统计，截止到2010年，山西全省运营、在建和获批的煤层气液化项目多达20余个，多集中在晋城、吕梁等地区。总液化规模将达到1400万m³/天，年液化能力约42亿平方米。此外，煤层气的商业化发展带来了显著的社会效益。煤层气产业广泛应用于民用生活和发电、汽车等工业燃料领域，瓦斯用户达到了150万户，瓦斯发电装机容量超过了100万千瓦，煤层气燃料汽车投放量也超过了7500辆。

（三）快速发展阶段（2011年至今）

党的十八大报告指出："推动能源生产和消费革命，控制能源消费总量，加强节能降耗，支持节能低碳产业和新能源、可再生能源发展，确保国家能源安全。"进入新时代以来，全省上下以推动能源革命为引领，以建立能源革命综合改革试点为契机，逐步出台煤层气发展相关政策措施，为我省煤层气的发展提供了良好的政策环境，山西煤层气产业进入了快速发展阶段。

为加快煤层气（煤矿瓦斯）开发利用，保障煤矿安全生产，增加清洁能源供应，促进节能减排，保护生态环境，2011年11月，国家发展改革委、国家能源局出台了《煤层气（煤矿瓦斯）开发利用"十二五"规划》，提出要重点开发沁水盆地和鄂尔多斯盆地东缘，建设煤层气产业基地。

2013年以后，国家和地方对煤层气的关注提高到一个前所未有的高度，山西煤层气产业迎来了发展的春天。2013年3月，国家能源局下发了《煤层气产业政策》（2013年第2号公告）。同年8月，我省发布了《关于加快推进煤层气产业发展的若干意见》（简称"煤层气20条"）（晋政发〔2013〕31号），提出要以"气化山西"为目标，把煤层气产业打造成为山西省资源型经济转型的战略性新兴产业，把煤层气产业作为我省资源型经济转型的重要支撑。2013年9

月，国务院办公厅出台了《关于进一步加快煤层气（煤矿瓦斯）抽采利用的意见》（国办发〔2013〕93号）。2015年7月，山西省政府办公厅公布了《关于印发山西省煤矿瓦斯抽采全覆盖工程实施方案的通知》（晋政办发〔2015〕69号），提出积极争取国家提高我省补贴标准，支持煤层气抽采利用。一系列政策条例的出台，极大地激发了我省各类企业参与山西煤层气产业的积极性，中石化、中石油煤层气公司、晋煤集团等主要能源企业纷纷参与山西煤层气的开发，初步构建了一条包含煤层气上游、中游、下游的产业链条。至此，山西煤层气产业取得了突破性的发展，成为我国煤层气产业发展的排头兵和引领者。

2016年3月，国土资源部第2次部务会议上通过了《国土资源部关于委托山西省国土资源厅在山西省行政区域内实施部分煤层气勘查开采审批登记的决定》。同年，山西省政府陆续出台《关于加大用地支持力度促进煤层气产业发展的通知》（晋政办发〔2016〕127号）、《关于煤层气矿业权审批和监管的实施意见》（晋政办发〔2016〕139号）、《关于完善煤层气试采审批管理工作的通知》（晋政办发〔2016〕140号）、《关于印发山西省煤层气和煤炭矿业权重叠区争议解决办法（实行）的通知》（晋政办发〔2016〕141号）等配套政策。至此，山西省煤层气勘查开采审批由过去的国土资源部直接受理与审批调整为由省国土资源厅按照国土资源部委托权限实施受理与审批。开采审批权的下放，进一步完善了我省煤层气矿业权的审批制度，为山西煤层气的快速发展提供了政策支持。

2017年8月，山西省政府发布了《山西省煤层气资源勘查开发规划》（2016—2020）（晋政办发〔2017〕90号），这是全国首个煤层气资源勘查开发规划，是全国油气类规划的重要创新，也是对我省下一步煤层气资源勘查、开发利用和保护的总体规划。

随着煤层气勘查开采审批权下放山西的政策利好、《山西省煤层气资源勘查开发规划》（2016—2020）的稳步实施以及沁水盆地、鄂尔多斯盆地东缘两个千亿方储量煤层气产业化基地的建设，我省煤层气产业发展进入了规模化生产阶段。"十三五"时期，国土资源部以及山西省委、省政府对我省煤层气产业发展的支持力度进一步加强，政策红利进一步释放，我省煤层气资源开发利用效果也已逐步显现。

煤层气产业规模化开发水平不断增强。我省在"十三五"时期着重打造沁水煤田和河东煤田两大煤层气产业化基地。目前，全省煤层气开采主要集中在晋城沁河流域，聚集的煤层气开采企业也多以大型央企为主。按照规划部署，我省将分类建设14个煤层气重点矿区，包括7个国家规划矿区和7个省级重点矿区。对沁水—屯留、左权—昔阳、沁源—安泽、古交—交城、保德—兴县、柳林—石楼、乡宁—吉县等7个国家规划矿区实施重点监管，提高准入门槛，打造新型现代化资源高效开发示范区，推动优质资源的规模开发利用，进而支持我省煤层气产业化基地的建设；在国家规划矿区之外，推进晋中、沁源—古县、兴县—临县、石楼—隰县、大同、宁武、霍西等7个省级重点矿区建设，督促矿业权人加快勘查开发，优先配置煤层气探矿权，促进找矿突破，形成煤层气资源开发利用的重要接续区。划定一般规划矿区，包括王茅、古城、芮城、常乐、平陆、坡底、浑源、繁峙等8个含煤矿区。统筹规划新设置探矿权区块25个，采用竞争方式出让。

表4-3　我省煤层气开发利用情况统计

煤层气资源储备情况	我省已登记矿权的煤层气资源量约为8.31万亿立方米，在六大煤田中，除大同煤田属贫甲烷区外，沁水、河东、西山、霍西、宁武等煤田均有煤层气赋存。其中，沁水煤田煤层气资源量5.39万亿立方米，占全省的65%；河东煤田煤层气资源量2.15万亿立方米，占全省的26%；沁水、河东两大煤田占全省的91%以上，为我省煤层气资源的主要赋存区。
煤层气矿业权设置情况	国家在我省共设置煤层气矿权35个，登记面积2.42平方千米。其中，探矿权28个，面积2.29万平方；采矿权7个，面积为0.13万平方。在设置35个煤层气矿业权中，中央企业持有29个（中石油集团矿业权19个，包括14个探矿权，1个采矿权，面积为1.25万平方；中联煤层气公司持有矿业权13个，包括11个探矿权和2个采矿权，面积为1万平方；中石化集团持矿业权1个，面积0.1万平方）。省属企业持有矿业权3个（晋煤集团2个、兰花集团1个，面积为153平方）。省外企业持有矿业权3个（中煤大地公司、襄垣大统能源公司、东宝能投公司各1个，面积为428平方）。
煤层气主要开采企业	煤层气主要有地面开采和井下抽采两种方式。目前在山西省从事煤层气地面开采的中央企业主要是中石油和中联煤两大公司，省内企业有19家。其中，国有企业1个，股份制企业2个，外商投资企业4个，其他类型企业12个。井下抽采主要由省内各大煤炭集团所属煤矿自行抽采。主要开采企业包括：中石化华北油田、中石油煤层气公司、中石化、中联煤层气公司（其中包括亚美大陆煤层气公司、格瑞克中外合作企业）、晋煤集团、中煤大地（北京）、大统能源、东宝能投（北京）、晋城兰花集团等。
煤层气利用情况	从井下煤层气的利用情况看，2015年全省井下瓦斯抽采量总计60.26亿立方米，利用量总计22.35亿立方米，利用率为37%。井下瓦斯的利用主要是民用与发电；从地面煤层气的利用情况看，全省煤层气开采利用以晋城市最为突出。晋城市煤层气抽采总量约占全省的40%，其中地面抽采量占全省的75%。2015年，全市地面煤层气抽采量为29.9亿立方米，利用量21.8亿立方米，利用率73%。目前，晋城市已建成并投产的液化煤层气项目5个，年可液化煤层气7亿立方米。全市核准建设汽车煤层气加气站30个，建成并运营的近20个，市区出租车、公交车全部实现了油改气。全市煤层气居民用户25万户，气化率达到90%以上。全市工业企业1000余户。瓦斯发电企业12家，发电厂33座。

注：表中数据统计年份均截止至2015年。

我省煤层气开发利用达到了前所未有的高度（见表4-3）。2018年，山西省煤层气产量达到了56.3亿立方米，约占全国的90%。根据《煤层气（煤矿瓦斯）开发利用"十三五"规划》，到2020年，建成2至3个煤层气产业化基地，煤层气抽采量达到240亿立方米，其中煤矿瓦斯抽采140亿立方米，利用率50%以上；地面煤层气产量100亿立方米，利用率90%以上。地面开采产能建设将达到300亿立方米/年～400亿立方米/年，煤层气勘探、抽采、运输、转化全产业链条产值达到1000亿元。在大规模开发煤层气的同时，瓦斯发电、压缩、液化以及管网输送等也取得了很大进展。在煤层气管网建设方面，已形成"三纵十一横"的国家主干管网和省内支线管网系统布局，输气管道总长已达8000公里，覆盖了全省110多个县（区）和部分矿区。随着各种配套设施的逐步建成和投入使用，煤层气利用率逐步提高，煤层气开发利用取得突破性进展。此外，按照产权明晰、规则完善、调控有力、运行规范的要求，我省将依托山西省煤炭交易中心，探索建立具有山西特色的煤层气资源交易平台，反映并引导市场价格。

随着煤层气在开发、输送和利用方面突破性的进展，我省逐步形成上游资源勘探抽采、中游资源管网输送、下游资源利用消费有序衔接的运行格局。煤层气在全省能源结构中所占比重也在逐步增加，有望成为拉动我省经济增长的重要引擎。

二、山西煤层气产业发展成就

经过几十年的探索与实践，山西省煤层气资源的勘查开发利用打破多年徘徊局面，在"统筹上游、整合中游、发展下游"发展思路的引导下，我省煤层气发展陆续取得一些重要成果，初步形成了煤层气产业持续快速发展的良好格局。

（一）上游勘探开发市场化步伐加快

我省煤层气资源储量丰富，随着勘查技术的不断升级，煤层气上游勘察开发面积也在不断扩大。我省通过鼓励多种市场主体进入勘探开发领域、完善矿业权竞争出让和退出机制，不断提高我省煤层气勘探开发的市场化步伐。

1.煤层气资源勘探取得积极进展

山西蕴藏着丰富的煤层气资源，是我国煤层气开发潜力最大的省份。根据煤层气资源调查评价成果，我省埋深2000米以浅的煤层气地质资源量为35797万平方千米，占全国的11.97%；预测资源量约83098亿立方米，占全国的27.7%，居全国第一位（详见表4-4）。截至2015年底，山西累计探明煤层气地质储量达5784.01亿立方米，约占全国的88%，主要分布在沁水盆地和鄂尔多斯盆地东缘，其中沁水煤田4341.18亿立方米，河东煤田1228.55亿立方米，西山煤田214.28亿立方米。随着煤层气的不断勘探开发，煤层气产业逐步在全省能源结构中占据着重要位置。

表4-4　山西省煤层气资源储量分布

煤田	含气面积（平方千米）	资源储量（亿立方米）
沁水煤田	20869.39	53915.01
河东煤田	10669.64	21494.29
霍西煤田	1843.78	2366.37
西山煤田	1331.89	1332.02
宁武煤田	1082.16	3990.17
合计	35796.86	83097.86

资料来源：《山西省煤层气资源勘查开发规划》（2016—2020）。

2.矿业权市场化出让步伐加快

山西省煤层气登记面积90%以上都掌握在少数几家大企业手中，圈而不采现象比较突出，制约了煤层气开发进度。为了扭转煤层气区块资源垄断造成的活力不足现象，山西省积极推行煤层气矿业权改革，通过拍卖、挂牌等竞争方式对煤层气探矿权进行公开出让；探索煤层气区块退出机制，对长期勘查投入不足的核减其区块面积，情节严重的将收回区块。在此基础上，山西2019年全面实行煤层气矿业权退出机制。

按照山西省政府相关规定，将提高煤层气区块最低勘查投入标准和区块持有成本，企业取得煤层气区块后长期勘查投入不足的将受到处罚，具备开发条件的区块将限期完成产能建设，已进入自然保护区等禁采区的矿权要责令停止开采并有序退出。此外，山西省将鼓励企业之间采取合作或调整矿业权范围等方式，妥善解决矿业权重叠范围内资源协调开发问题，统筹协调煤层气与煤炭、页岩气、铝土矿等资源的勘查开采布局、时序、规模和结构，鼓励多气共采和综合开发。除简政放权举措先行试点以外，2019年2月，山西首次通过挂牌竞价方式完成了两宗煤层气探矿权的出让，市场化配置机制愈加完善。

（二）煤层气开采能力取得跨越式发展

经过70年的发展，我省煤层气的开采能力取得了跨越式的发展，在煤层气抽采规模和技术开发水平上有了突破性的进步，为我省煤层气的发展壮大奠定了坚实的基础。

1.煤层气抽采利用规模日益扩大

我省煤层气开发利用取得积极进展，煤层气抽采利用规模日益扩大。全国煤层气产量90%来自山西，山西成为全国最大的煤层气气源地。2005年，全国累计煤层气钻井总数尚不足330口。2006年之后，在国家出台的一系列扶持政策激励下，煤层气抽采量和抽采水平迅速提高。截止到2015年，全省在建及建成煤层气产能77.09亿立方米/年，全省1000余座煤矿有316座煤矿建成了瓦斯抽采系统。2015年，全省煤层气抽采量达到101.3亿立方米，相当于替代标煤1246万吨，相当于减排二氧化碳1.52亿吨（按照1立方米煤层气相当于1.23千克标准煤、利用1亿立方米煤层气相当于减排二氧化碳150万吨测算）。其中，全省煤层气地面抽采煤层气量达到41.77亿立方米、利用量34.78亿立方米，分别占全国的94.93%、91.53%，利用率为83.27%；煤矿瓦斯抽采量60.2亿立方米、利用量22.3亿立方米，分别占全国的41.65%、46.46%，利用率为37%。

2.煤层气开发技术水平逐步提升

在技术开发领域上，山西煤层气产业技术创新取得了突破性进展。我省在建设山西省煤层气开发利用工程技术研究中心和山西省煤矿瓦斯防治工程技术研究中心的基础上，设立了全国唯一的"煤与煤层气共采国家重点实验室"。积极加强产学研合作，联合国内多所高校和科研机构，组成"煤层气开发工程产学研基地"协调创新平台。通过实施国家科技重大专项和山西省科技重大专项、煤层气联合基金等科技项目，形成了多项技术系列：一是高阶煤层气开发技术，支撑了沁水盆地南部的煤层气开发；二是中阶煤层气开发技术，支撑了鄂尔多斯盆地东缘的煤层气开发；三是煤层气装备技术，发展煤层气装备技术是实现产业化发展的重要保障，我省在煤层气的开采、储存和发电装备方面已初具规模；四是矿井煤层气抽采技术，煤矿立体抽采技术的应用成为该领域的重大突破。此外，我省还因地制宜开发了一批适宜山西省煤层气资源条件的煤层气开发利用关键技术，如煤层气直井钻井技术、煤层气丛式钻井技术、多分支水平/U型井钻井技术、煤储层高效压裂技术、煤层气井智能排采技术和煤层气气田低压集输技术，并且在瓦斯提浓工业化技术开发、燃气管网数字化系统开发以及降低开发生产成本等领域也加大了研究力度。

（三）中游输气管网基本形成

我省在大规模开发煤层气的同时，煤层气储运设施以及管网输送建设也取得了很大进展。随着各种配套设施的逐步建成和投入使用，煤层气利用率不断提高，反过来促进了上游煤层气的勘探开发，提高了下游煤层气的综合利用，加速了煤层气上中下游一体化的建设步伐。

输气管网建设是煤层气产业上中下游一体化建设的基础。随着山西境内国家级与省级输气管线的陆续投资建成，我省已基本形成贯穿全省的"三纵十一横，一核一圈多环"输气管网格局（见表4-5）。截至2018年，山西省输气管道总长已达8000公里，覆盖了11个设区市、全省110多个县（区）和部分重点镇。目前，山西省境内有近2000公里的国家级主干线投入运营，连接了22个市辖区、74个县城的省级输气管道，已实现180亿立方米/年的输送能力，而省级支线管道的输气能力也已达到60亿平方米/年。随着我省现阶段环城输气管网和应急调峰储气设施群的建设，覆盖全省的大燃气网将逐步形成和完善。大燃气网的建设，为山西省煤层气的外销提供了良好的基础设施保障，有力推动了"气化山西"战略实施，极大拓展了煤层气利用下游市场空间，进一步促进了我省煤层气产业的发展。

表4-5 山西省"三纵十一横，一核一圈多环"输气管网格局

"三纵"	西纵	乡宁—柳林—临县—保德输气管道（河东煤田）
	中纵	大同—朔州—忻州—临汾—运城输气管道（沿大运高速公路）
	东纵	阳泉—和顺—长治—晋城输气管道（沁水煤田）
"十一横"	国家主线	陕京一线：山西境内管线长330km
		陕京二线：山西境内管线长260km
		陕京三线：山西境内管线长400km
		西气东输管线：山西境内管线长328km
		榆济线：山西境内管线长600km
	省级主干线	应张线
		右玉—山阴—浑源
		沁水—侯马—河津（长输管道）
		洪洞—安泽—长治输气管道（南线）
		柳林—介休—太原—阳泉长输管道（中线）
		保德—原平长输管道（北线）
"一核一圈多环"管网格局	一核	围绕太原榆次同城化，建设大太原外环管网
	一圈	以"东纵""西纵"管线为基础，以长治—临汾、保德—原平两横管线为连接，构建省级气源调配大环网
	多环	在全省11个设区市建设环城输（储）气管网，形成覆盖全省的大燃气网

（四）煤层气下游利用初具规模

随着我国能源消费结构的优化，清洁能源的消费比重逐年递增，我国天然气消费量也在快速增加。据统计，我国天然气消费量由2012年的1471亿平方米上涨至2018年的2803亿平方米，六年间翻了一番。天然气在能源消费结构中的占比由2010年的4%上升到2018年的7.8%。我国天然气的缺口不断扩大，天然气进口量进一步攀

升，对外依存度大幅增加。据海关统计，2018年中国天然气进口总量达9039万吨，同比增加31.9%。煤层气作为天然气的重要补充，市场前景十分广阔，煤层气产业需求和政策扶持短期内不会改变。

十八大以后，山西煤层气产业发展迅速，全省以"气化山西"为统领，坚持"统筹上游、适度开放中游、有序搞活下游"的发展战略，不断加快煤层气开发利用水平。我省煤层气利用途径现已涵盖煤层气发电、民用燃气、工业用气、CNG清洁能源汽车和煤层气液化等方面。2018年11月，全国首家瓦斯发电协会在山西省晋城市成立，带动着我省瓦斯发电行业不断向规模化、产业化发展。山西省煤层气发电装机容量在新能源发电装机容量占比已上升至27%，仅次于风力发电占比（见图4-1）。至2017年底，山西省共有59家瓦斯发电企业，133座瓦斯发电站，发电总装机容量150万千瓦，总装机台数1281台，主要分布在晋城、阳泉、太原、吕梁等地区。山西省已投运瓦斯发电装机容量达117.14万千瓦，占全国"十三五"规划的41%。其中，晋城市煤层气发电总装机容量占到全省的29%，是目前我国最大的煤层气发电基地，也是全世界煤层气发电装机规模最大、最集中的区域。晋煤集团作为全国最大的瓦斯发电企业集团，按照"高浓度瓦斯集中发电、低浓度瓦斯就地发电、采动区瓦斯孤岛式发电"的路径，加快推进多个分布式瓦斯发电项目建设，着力打造全国最强最优的"煤—气—电"循环绿色产业链。2018年，晋煤集团总装机容量已攀升到288兆瓦，其瓦斯发电量在2016年16亿度、2017年18亿度的基础上持续攀升，2018年跃上21亿度新台阶，成功实现"三级跳"，并连续第十年保持瓦斯发电量全国第一。

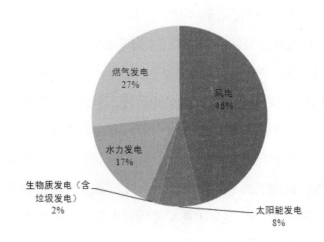

图4-1 2015年山西省新能源装机占比

资料来源：《山西省"十三五"新能源产业发展规划》。

我省的煤层气下游基础设施不断完善。全国最大的煤层气综合利用产业园区、全国首座商业运营的焦炉煤气合成天然气项目、全国首个氢混天然气示范项目等山西转型综改重大项目陆续建成投产。随着我省输气管网建设的推进，到2017年，我省已有105个县（区）城区和部分矿区建成市政煤层气（燃气）管道，从而保障了全省居民的燃气供应，惠及人口达2000多万。近年来，我省大力推进燃气配套站点建设。在高速公路网、电厂周边、上站煤沿线等重要地段布局压缩天然气（CNG）和液化天然气（LNG）加气站，形成遍及全省的加气网点。同时，我省陆续增加燃气重卡来促进山西物流产业的发展。目前，山西省已实现全省燃气大管网纵横联通全覆盖；全省天然气、煤层气、焦炉煤气和氢气混合气源全覆盖；全省加气站、物流车队等物流产业全覆盖，真正将山西煤层气产业培育成为产业集中度高、竞争优势明显的新兴能源产业。晋城市是我国最大的煤层气液化基地。到2015年，仅晋城市沁水县就建成5个煤层气压缩站、4个煤层气液化项目，可形成每日液化155万立方米标准状态煤层气的能力，年利用6亿立方米。目前，晋城市已建成并投产的瓦斯发电企业12家，发电厂33座。全市核准建设汽车煤层气加气站30个，建成并运营的近20个，市区出租车、公交车全部实现了油改气。全市煤层气居民用户25万户，气化率达到90%以上。

我省煤层气利用率呈现逐年上升趋势（见表4-6）。2015年，全省地面煤层气产量为34.78亿立方米，较2010年增长了3倍有余。地面抽采煤层气利用率为83.27%，较2010年高5.59个百分点。井下煤层气（煤矿瓦斯）利用量为22.3亿立方米，较2010年翻了一番。煤矿瓦斯利用率为37%，高于全国平均水平1.7个百分点，较2010年上涨3个百分点，井下瓦斯的利用主要是民用与发电。其中，销售气量占煤层气利用量的90%以上；上网发电用气量占到利用量的9%；企业自用气量占比不及1%。从地面煤层气的利用情况看，全省煤层气开采利用以晋城市最为突出。2015年，晋城市地面煤层气抽采量为29.9亿立方米，利用量21.8亿立方米，利用率73%，远远高于全国平均水平。

表4-6　山西煤层气利用情况

指标	2010年		2015年	
	全国	山西	全国	山西
煤层气地面产量（亿平方米）	15	14.74	44	41.77
煤层气地面利用量（亿平方米）	12	11.45	38	34.78
煤层气地面利用率	80%	77.68%	86.4%	83.27%
煤矿瓦斯抽采量（亿平方米）	76	28.04	136	60.2
煤矿瓦斯利用量（亿平方米）	24	9.53	48	22.3
煤矿瓦斯利用率	31.58%	34%	35.3%	37%

资料来源：根据《山西省煤层气资源勘查开发规划》（2016—2020）整理。

（五）气价改革迈出实质性步伐

我省按照"管住中间，放开两头"的思路，深化煤层气价格改革，理顺煤层气价格机制，逐步完善由市场为主导的价格决定机制，稳定煤层气出厂价格，加强管道运输配送环节价格监管，有序推进销售价格市场化改革。具体措施如下：（1）落实煤层气出厂价格市场定价机制。凡是能由市场形成价格的都交给市场，使市场在资源配置中起决定性作用。落实国家放开煤层气出厂价格政策，煤层气生产企业可根据市场变化等因素自主制定出厂价格，让上游勘探抽采企业有效益。（2）加强管网输配环节价格监管。做好中间"网络自然垄断"环节价格监管。加强管道运输和城市配气环节成本监审，按照准许成本加合理收益的原则，科学制定省内管道运输价格和城市配气价格。（3）鼓励下游煤层气大用户直接和上游煤层气生产企业对接，气源价格及用气量由供用气双方协商确定，中间环节的管输价格和城市配气价格按价格主管部门规定的标准执行，切实降低下游用气成本。（4）建立成本价格信息编制和报送规范制度，落实管网输配成本和价格动态校核机制。推动信息公开，强化社会监督，做好价格监督检查，维护正常的价格行为秩序。

（六）管理体制机制逐步完善

随着煤层气勘查区块退出机制和公开竞争出让制度的逐步建立和完善，按照《山西省煤层气资源勘查开发规划》（2016—2020）要求和省委、省政府部署，我省在统筹煤层气产业布局的基础上，大力发展煤层气产业，通过建立"政府牵头、部门联动、优化流程、提高效率"的工作机制，更加有力地推动本地区煤层气矿业权监管的落实，进一步完善煤层气管理体制机制。

我省按照产权明晰、规则完善、调控有力、运行规范的要求，建立健全矿业权有形市场，促进公平竞争和有序流转。建立适合煤层气资源勘查开采特点、充分发挥市场配置资源决定性作用的煤层气探矿权竞争性出让制度；严格煤层气探矿权延续登记管理，提高探矿权持有成本和最低勘查投入标准，完善探矿权退出机制，促进区块有序流转。为解决矿权重叠矛盾，2016年4月，国土资源部出台《关于委托山西省国土资源厅在山西省行政区域内实施部分煤层气勘查开采审批登记的决定》，将煤层气开采审批登记等权力下放至山西省，允许其实施部分煤层气勘查开采审批登记，首次实现了采煤权和采气权由同一级政府审批处理，有利于协调和解决因煤气分置而造成的纠纷。2017年8月起，山西省国土资源厅通过公开招标方式，受托对柳林石西等10个煤层气勘查区块进行煤层气探矿权的出让。2019年山西开始全面实行煤层气矿业权退出机制。矿业权退出机制的实施，有利于扭转我省煤层气区块资源垄断造成的活力不足现象。

三、山西煤层气产业发展展望

"十三五"时期，是我省推动能源革命的蓄力加速期。要在新一轮发展中争取主动，做大做强山西煤层气产业，必须贯彻习近平总书记关于推进能源革命的重要指示，把握当前形势，积极应对挑战，切实解决好影响煤层气产业发展的突出问题。在结合山西实际的基础上，制定相应对策措施，推动煤层气产业发展方式转变、规模升级和效益提高。

（一）山西煤层气发展面临的形势

"十三五"时期，世界政治经济形势更加复杂严峻，贸易摩擦不断升级，国际能源形势正在发生深刻的变化。我国既迎来了由能源大国向能源强国转变的历史机遇，也面临着诸多风险与挑战。煤层气作为新型的清洁能源和优质的化工能源，为缓解常规天然气供应紧张、改善大气环境状况和保障国家能源安全发挥了重要的作用。同时，推动能源革命的战略要求、山西转型发展和环境气候保护的需要为山西煤层气产业化发展提供了良好的机遇。

1.国内外能源格局面临深刻变化

目前，世界能源格局正处在深刻调整期，能源供求不均衡的区域性矛盾和结构性矛盾日益突出，能源资源竞争日益激烈，能源的政治和战略属性更加凸显，世界能源供求格局正在发生着深刻变化，应对全球气候变化任重道远，新一轮能源革命正在兴起。我国的经济发展步入新常态，能源发展环境和形势也随之发生深刻变化，能源需求增速放缓，能源生产方式依旧粗放，能源结构的不合理和发展质量低下等问题突出，能源发展进入油气替代煤炭的重要阶段，低碳清洁高效发展诉求日益突出，能源供给侧结构性改革刻不容缓。开发和利用煤层气可以有效弥补我国常规天然气在区域分布和供给上的不足，同时也对优化能源结构、稳定天然气价格和保障国家能源安全起到了至关重要的作用。据国家发展改革委能源所预测，到2020年，我国能源消费结构中，天然气所占比重将由目前的6%上升到10%，我国天然气缺口将达到1000亿立方米。而2017年全国煤层气产量仅为72.6亿立方米，这给我省煤层气的发展提供了巨大的市场空间。在这样的宏观大背景下，我省开发和利用煤层气资源的前景广阔。我省在"气化山西""降煤增气"的政策引领下，主动调整优化能源结构，大力发展煤层气产业，提高资源利用水平，增强产业核心竞争力，使煤层气在清洁、低碳、高效、安全的现代能源体系中发挥重要作用。

2.能源革命战略深入推进

以"绿色低碳"发展为目标的能源革命正在席卷全球。十八大以后，我国确立了能源革命战略，逐步控制能源消费总量，不断推进能源结构优化，将天然气提升为我国的重要能源，并正式发布了《能源生产和消费革命战略(2016—2030)》，明确指出到2030年一次能源结构中天然气占比要达到15%左右。山西作为能源大省，在能源革命推进过程中，党中央、国务院把打造能源革命排头兵的使命交给了山西，进一步确立了山西在全国经济发展格局中的战略地位和作用。2017年6月，习总书记在调研考察时提出了山西今后经济社会发展的总体要求和扎实推进经济发展方式转变等重大任务，充分肯定了山西"争当全国能源革命排头兵"、促进产业转型升级的重大决策。同年9月，国务院发布了《关于支持山西省进一步深化改革促进资源型经济转型发展的意见》（国发〔2017〕42号），明确指出山西未来的发展方向，建成资源型经济转型发展示范区，推动能源供给、消费、技术、体制革命和国际合作，打造能源革命排头兵。2017年9月，山西省出台了《山西打造全国能源革命排头兵行动方案》，提出了发展煤层气产业是山西推动能源革命、争当能源革命排头兵重要突破口之一，依托山西煤层气资源优势，大力发展煤层气产业，把煤层气产业培育成为我省战略新兴能源支柱产业。能源革命的深入推进，为我省煤层气的发展带来了有利的政策环境。

3.山西经济发展面临转型升级

山西作为我国煤炭生产大省，不仅肩负着保障国家能源安全的重任，同时也面临着产业升级、节能减排、生态环境修复等多重挑战。针对新形势下山西发展面临的新形势、新任务，紧紧抓住"国家资源型经济转型综合配套改革试验区"和能源革命综合改革试点的历史机遇，依托山西煤层气资源优势，大力推进煤层气资源开发利用，无疑是实现转型发展的重要途径和现实选择。山西要实现转型发展，再造能源产业新优势，必须在能源供给侧改革的大背景下，大力发展煤层气产业，着力解决"规模小、布局散、效益低"等问题，解决上、中、下游联动发展不足问题，大幅提高煤层气资源利用的规模化、产业化水平，切实增强产业核心竞争力。针对市场运行中出现的新问题、新矛盾，进一步解放思想、深化改革，建立行之有效的体制机制，丰富产业供应种类和方式，加快完善价格机制、管网配套、市场监管，促进煤层气产业上、中、下游一体化发展，为有限资源的充分利用提供更有力的保障。

4.生态环境约束日益突出

山西作为煤炭大省，资源浪费和大气环境污染形势严峻。我省每年因采煤排放的煤层气量约60亿立方米。煤层气的大量排空，不仅导致能源的浪费，还会加剧全球气候变暖与大气污染。据研究，煤层气造成的温室效应是二氧化碳的21倍，对臭氧层的破坏程度是二氧化碳的7倍。而我国每年因开采煤炭造成的煤层气排放量达到194亿平方米，占世界煤层气排放量的三分之一，居全球第一。但是，煤层气（甲烷）同时又是一种清洁、高效能源。按热值计算，每1000立方米甲烷相当于1吨标准煤，由于其热效率比燃煤热效率高，250立方米甲烷便可代替1吨标准煤，所产生的二氧化碳仅为燃煤的二分之一，并且不产生硫化物和烟尘。

面对资源约束趋紧、环境污染严重、生态系统退化的严峻形势，能源的开发利用必须把生态文明建设放在突出地位，更加自觉地贯彻节约资源和保护环境的基本国策。煤层气是高热值、低污染的清洁能源，其开发利用将有利于优化能源结构、节约资源和降低能耗，改善大气环境状况，提高人民群众的生活质量和生活水平。在应对气候变化、降低排放的国际大环境下，中国签订了《巴黎协定》，承诺在2030年前二氧化碳排放达到峰值。与2005年相比，单位地区生产总值的二氧化碳排放量下降比例在60%到65%之间，同时积极参与全球能源治理，促进国际能源合作。随着近年来山西多数城市不断出现严重的雾霾天气，雾霾治理已成为山西省大气环境治理的重要任务。大力推进"煤改气""油改气"等政策将是山西省治理雾霾的重要措施。这些重大决策和措施将为山西煤层气产业发展带来新的历史性机遇。

(二) 山西煤层气产业发展面临的问题

山西煤层气资源储量丰富，产业化开发水平居于全国先进行列。在国家政策红利的推动下，山西煤层气产业基本构建了上游勘探、开采，中游管输，下游用户不断扩大的良好局面，有望成为我省资源型经济转型的重要支撑。但与发展煤层气战略性新兴产业目标要求还有差距，还存在一些亟待解决的问题。

1.制度法规不健全，管理服务不到位

由于煤层气产业发展中制度法规不健全，山西煤层气资源的开发利用也缺乏系统而翔实的规划，政策的实施效果还有待于在实践中进一步检验。产业政策乏力，影响了中外企业落地山西进行煤层气开采的积极性。由于缺乏相应政策，大部分开采企业未在当地成立分（子）公司，勘探企业私自销售勘探阶段生产的煤层气，既造成资源浪费、税费流失，也带来不少安全隐患。在管理服务方面，目前主要存在条块分割现象严重、项目建设水平重复和上中下游缺乏科学有效的协调联动机制。煤层气开发企业从勘探开发到输送利用都自成体系，上游开采和中游管网未建立有效的衔接管线，造成供需断档、产输脱节、气源输出不畅。这一系列问题，都制约着山西煤层气产业的健康发展。

2.技术创新力度不足，开发存在技术瓶颈

煤层气产业是一种高投入、高风险、回收周期长的技术密集型产业。经过多年的勘探开发，我省煤层气的开发虽然取得了一定的成效，但受地质条件复杂和适应性技术不到位的影响，目前总体产量较低。我省煤层气资源量虽大，但是有效开采难度大，应用基础研究程度低，共性关键技术尚待完全突破，自动化生产技术落后，开发效益有待提升，适应新形势的煤层气协调开发技术亟待优化。煤层气开发对我国而言还是一个新兴产业，国内从事煤层气研究的科研机构、高等院校还很少，无论在实践经验还是理论基础方面，我国包括我省都还有很长的路要走。此外，山西煤层气具有多样性的成煤条件、多期性的成煤时代、叠加性的煤变质作用和复杂性的构造运动的特征，致使国外对于煤层气开发的经验不能照搬在我省煤层气开发上。我省要发展煤层气产业，需要将科技创新应用在勘探、开采、输送和利用各个环节上。我省煤层气产业的成败最终取决于技术创新在煤层气全领域的运用程度。技术创新的滞后，已成为制约我省煤层气产业发展的关键因素。

3.缺乏协调管理机制，上游、中游、下游对接难

目前，我省煤层气产业还面临着上游勘探开发缓慢、中游管网运营效率不高、下游市场利用不充分的问题。受开采技术不成熟、风险高以及体制机制不健全等因素影响，我省煤层气上游勘探存在着社会资本进入困难、开发主体积极性不强等问题，"占而不采"的现象普遍存在。中游管网建设方面，集输站、集输管网、输出管网等配套建设滞后，输气管线各主体互不联通、输气管线互不干涉，统一监管难度大，执行力低、效率低下，难以实现管网开放和公平竞争，导致输配环节层级多，终端价格高。同时，由于管道互联互通欠缺问题，导致区域性供需不平衡现象存在。下游工业、企业、居民用户气源供应紧张，价格不统一、不规范，煤层气利用率低；政府协调管理机制不健全，上中下游对接难。

4.价格形成机制不健全，缺乏经济评价

目前，国家对煤层气产品价格的管理，只是原则性地提出参照常规天然气的价格，实行煤层气与常规天然气一致的价格标准，煤层气的价格形成机制还不健全。首先，煤层气价格比照天然气，缺乏经济评价。天然气的主要成分除了CH_4外，还有少量的乙烷和丙烷，而煤层气中基本不含乙烷和丙烷，两者热值相差500KCAL/NM^3，煤层气价格比照天然气价格，影响煤层气企业的开发和运营效益。其次，煤层气作为新兴产业，还未在市场上形成稳定的供求关系，市场机制对价格的调节作用还不完善，没有形成稳定的价格机制。此外，现行的"供需双方协商确定"政策缺少相应的体制机制支撑，政府无法根据市场需求对煤层气价格进行有效调节，进而增加了煤层气企业的政策风险。一直以来，山西省虽然

处于气源所在地，但居民用气价格从未获得优惠，不利于民生的改善和经济的发展。

（三）新形势下山西煤层气产业发展的对策建议

随着世界新一轮能源革命兴起，中国将加快推进能源生产和消费革命，构建清洁低碳、安全高效的能源体系，在这一重大的历史变革中，山西煤层气开发利用必将迎来新的战略机遇期。为促进山西煤层气资源的有序开发，推动煤层气产业健康发展，加快煤层气产业化基地建设步伐，我省应从政策、技术、价格、融资等方面入手，完善煤层气相关体制机制，着力打通煤层气产业发展的快车道。

1.完善煤层气法规政策，加大煤层气支持力度

在煤层气发展的初级阶段，国家的政策支持可有效引导社会资本的投入，减少企业所承担的风险，提高资源的配置效率。特别是在十八大以后，国家和我省分别出台了多项鼓励煤层气产业发展的措施，加速了我省煤层气产业的发展，我省煤层气产业进入了新的发展阶段。为此须加强我省政策与中央相关政策的统筹协调，加强煤层气产业政策与我省能源产业政策的衔接。通过制定并实施税收优惠、价格补贴、技术支持等政策，进一步提高我省煤层气产业的制度保障。加大政策的宣传力度，理顺政策落实的部门协调机制，加强对政策实施的监测评估。

2.推动煤层气技术创新，促进煤层气产业升级

煤层气的开采相比较于天然气开采，具有一定的独特性。我省煤层资源条件差异较大且开发技术移植性差，导致我省煤层气的开发既不能引用天然气的开采技术，也不能照搬国外先进技术，而要针对不同煤田、不同区块的特征采用适应当地煤层气开发的技术。

因地制宜的技术创新是我省煤层气产业发展的有效保障。我省要以煤层气重大开发项目为依托，开展关键技术联合攻关，在煤层气勘查抽采、煤层气装备制造和煤层气储运利用方面实现关键技术的突破。加强煤层气创新成果的使用、处置和收益管理，促进煤层气科技成果的转化。加强科技创新人才队伍的建设，拓宽技术创新的融资渠道。强化技术创新要素保障，实现因地制宜技术创新，以驱动煤层气产业快速发展。

3.推动体制机制创新，构建一体化发展模式

着力打造包含煤层气资源的勘探开发、煤矿井下抽采、压缩液化、集输物流、装备制造、材料生产、综合利用等上中下游一体化发展的煤层气产业体系。进一步加快勘查开采力度，完善管网全覆盖工程，提高煤层气压缩和液化的规模化水平，加快下游市场体系建设，培养多元化销售主体，拓宽煤层气销售渠道，完善调峰机制和应急保障机制，理顺价格形成机制，成立煤层气信息调控中心，提高对煤层气全方位的监管力度，构建煤层气上中下游协调发展机制，逐步形成监管有效、竞争有序和协调发展的煤层气产业体系，全力推进我省煤层气产业的健康、安全、高效、可持续发展。

4.建立多元化融资体系，加大社会资本投入

煤层气产业是高投入、高风险的产业，在积极发挥财税政策引导作用和金融资本助推作用基础上，通过风险投资、股权融资等形式引导社会资本进入煤层气行业。拓宽融资渠道有助于推动我省煤层气产业的发展。我省应积极推广PPP模式，鼓励社会资本进入煤层气领域，培养多元化融资主体。在煤层气勘探开发阶段，积极引进民间资本参与煤层气的投资，通过设立天使投资基金、科技成

果转化基金以及互联网股权融资基金等风险投资基金，提高直接融资比例，解决煤层气产业发展前期投入严重不足问题。加大股权融资力度，充分利用资本市场为煤层气产业资本的流动性提供必要条件，形成财政资金、金融资本和社会资本多方投入的新格局，进而推动我省煤层气产业的发展。

5.理顺价格形成机制，推进煤层气价格市场化改革

目前我省的煤层气市场价格机制还没有完全形成，价格的引导和发现功能缺失。因此，通过体制改革形成市场化的煤层气价格机制尤为重要。我省要进一步放开煤层气气源、储气设施和销售价格，推进煤层气出厂价格、销售价格的市场化改革，试点放开大型用户销售价格，建立完善季节性差价等价格政策，合理疏导储气调峰成本，完善居民用气价格机制，努力实现居民用气与非居民用气价格机制衔接。加强管道运输和配送环节的监管，按照"成本加合理收益"的原则，合理核定输配定价成本，科学制定输配价格，加大输配价格和成本信息公开力度。探索推进煤层气交易平台建设，放开竞争性环节价格。进一步完善当地煤层气价格制定和调整制度，建立与物价水平、居民收入水平以及企业开采成本相适应的动态的煤层气价格联动机制。坚持"市内优先、余气外输、让利于民、扶持工业"的原则，实现气源地民生用气价格优惠、工业用气价格合理、外输价格市场化指导的价格形成机制。

专题五　山西煤化工产业发展成就与展望

山西是煤炭大省，具备发展煤化工得天独厚的资源条件，不仅煤炭资源丰富，煤炭储量占全国的40%以上，生产能力占全国的1/3，而且煤种齐全、品质优良，适合做化工原料的无烟煤资源占全国已探明储量的三分之一，还有大量可做化工原料的煤层气和焦炉煤气等资源。经过70年的发展，山西煤化工已具备一定研发能力和产业基础，形成一批优势企业和产品，但仍面临环保、能效以及碳减排等诸多挑战。在新形势下，发展煤化工是中国及山西能源必不可少的发展途径，规范有序建设煤化工基地、科学稳步适度发展现代煤化工是推动山西能源革命的重要组成部分。要坚持问题导向和目标导向，明确我省煤化工产业定位和发展方向，依靠创新、安全、环保、节能四轮驱动，在重大共性技术、技术转化、工程示范等方面取得突破，推进形成大型化、多联产、一体化的现代煤化工产业格局，实现"三个转变"，即产品由资源型向材料型转变，产业链由上游向下游转变，价值链由低端向高端转变，加快煤化工行业创新、集聚、绿色发展。

一、山西煤化工发展历程

（一）发展的起步阶段（"六五"—"九五"时期）

山西在20世纪50年代是全国三大煤化工基地之一。山西煤化工产业起步于第六个五年计划初期。1981年8月，由煤炭工业部与山西省人民政府合营的全国第一个煤炭综合利用大型联合企业——太原煤炭气化公司在太原成立。1982年8月，该公司开工建设焦化厂，设计采用58-Ⅱ型双联下喷复热式36孔焦炉两座，年产冶金焦能力45万吨，回收煤气2亿立方米，回收焦油、硫铵、硫黄等化工产品13种（年生产能力3.7万吨），项目投资概算1.11亿元，由冶金部第十三冶金公司承担施工。1984年12月2日建设投产备煤、炼焦、化产3个主要车间和水汽、运输、机动、中化、仪表5个辅助车间。太原煤炭气化公司成为涵盖煤炭生产、洗选、焦化、城市供气、煤化工、输气管线、煤气灶具仪表产装的联合企业，开启了全国煤炭企业向煤焦（气）化产业延伸的先河。

"七五"期间，大同矿务局煤气公司于1986年7月在大同市南郊区泉落路南开工建设煤气化一期工程，为矿区职工提供生活用煤气。1989年9月建成一座40门连续直立炭化炉，设计年供矿区煤气13.5万立方米，在炼焦产气的同时回收煤焦油并生产活性炭。

至"七五"期末的1990年，太原煤炭气化公司生产并供应太原城市煤气1.43亿立方米，比1995年增长3.26倍；城市煤气用户达到20.17万户，比1995年增长88.3%；年产焦炭51.2万吨，回收焦油2.3万吨，生产硫铵5478吨、轻苯4892吨、硫黄323吨、粗酚78吨。

"八五"时期，1991年10月，始建于1989年的西山矿务局古交矿区煤气化公司晋66-4型下喷复热式焦炉建成举行点火仪式，设计年产焦炭10万吨、焦油4015吨、硫铵1400吨，供城市煤气5.5万立方米。1992年一季度进行试生产，后3个季度共生产焦炭6.35万吨、煤焦油2595吨，1995年建成5000吨/年焦油加工项目。1993年9月，大同矿务局煤气公司开工建设煤气厂二期工程，至"九五"时期的1996年投产，设计年供矿区煤气28万立方米，拥有直径3.3米水煤气两段炉、36门焦炉、斯列普活化炉等生产设备，副产焦油、活性炭。

"九五"时期，山西兰花煤炭实业集团公司，对长期亏损的晋城巴公化肥厂实施兼并重组，改变了该厂长期单一碳铵生产的局面。1999年生产碳酸氢铵11.58万吨，扭亏为盈，实现利润350万元。2000年全国化肥市场价格下滑，但该厂碳酸氢铵年产量达18.3万吨，实现利润500万元。1998年，山西兰花煤炭实业集团接收晋城市第一化肥厂，改制为兰花科创股份公司化肥分公司（兰花集团公司化肥厂），投资9398万元（其中晋城市政府注入启动资金2500万元）实施4万吨合成氨、6万吨尿素技术改造。1999年碳铵改尿素工程投产，成为晋东南地区第一家尿素生产企业。

山西在20世纪50年代是全国三大煤化工基地之一。经过20多年的发展，已具备一定的研发能力和产业基础，形成一批优势企业和产品，拥有一支具有较高管理水平和技术技能的职工队伍。

（二）煤化工发展初具规模（"十五"—"十一五"时期）

21世纪以来国际石油价格翻了一番，煤化工与油气化工的成本发生了巨大变化，在煤炭资源丰富的地区，煤化工迎来历史性的发展机遇。山西工业化发展进入中级阶段以来，工业产业重心向产业链条的中端和高端转移。根据省内的资源条件、市场潜力和工业发展的规律分析，煤化工将成为继煤炭、焦炭、电力、冶金工业之后高速发展的又一个新兴产业。

在21世纪油、气价格暴涨的历史机遇中，山西煤化工业依托资源优势得以长足发展，"十五"期间是山西煤化工业发展最快、最好的时期之一。"十五"以来，煤化工业的总体规模和经济效益显著提高，已形成一批国内知名企业，在肥、醇、炔、苯、油五大产品系列上均已形成一定的生产能力，我国的40多种煤炭精细化工产品基本上集中在山西。"十五"期间山西在化肥、甲醇及其衍生品、乙炔电石、乙烯、丙烯、粗苯加工、煤焦油深精加工、煤基醇醚燃料方面生产能力快速增长，已经具有一定的产业优势。2005年山西尿素生产能力达到400万吨，在全国排前五位；甲醇生产能力80万吨，占到全国的1/4；PVC生产能力50万吨，占全国产量的1/8，粗苯加工能力25万吨，煤焦油初加工能力100万吨。各项优势产品生产能力已具备快速增长的能力。

"十五"时期，山西潞安矿业集团（原潞安矿务局）煤化公司电石项目，于2001年4月5日开工，10月8日点火试生产。2002年5月开工建设以电石为主要原料的乙炔炭黑项目，投资1613.38万元，设计年生产纯炭黑0.48万吨。2003年1月建成投产。

2002年7月晋城煤化工有限公司成立并开工建设，项目总投资10.6亿元，由晋城市政府和晋城无烟煤矿业集团各出资2.5亿元、山西兰花煤炭集团公司出资5.6亿元共同建设。2003年，晋城无烟煤矿业集团投入700万元后退出合作，晋城市政府决定政策性资金不再投入生产领域，在投入1.3668亿元后停止投资。根据晋城市人民政府要求，晋城煤化工公司隶属山西兰花煤炭集团，由山西兰花煤炭集团完成建设，2004年一期工程投产，甲醇生产能力为20万吨/年。

2003年8月8日，晋城无烟煤矿业集团（原晋城矿务局）与山西丰喜肥业集团合作成立的山西晋丰煤化工有限责任公司在高平市揭牌，是年10月开工建设高平一期项目，设计年产尿素82万吨、甲醇10万吨；2004年开工建设闻喜（运城市）分公司项目。两个项目于2005年相继建成投产，主要产品为尿素、甲醇、液氨，闻喜分公司规划生产4万吨/年聚甲醛树脂。

2003年10月，潞安矿业集团五阳煤矿在西湾工业园区建成新源煤化公司，11月年产2.4万吨电石项目完成投资1300万元（含环保投资230万元），进入试生产。

2004年5月—9月，晋城无烟煤矿业集团走出山西，实施并购煤化工企业，加大投资力度开发煤化工产业。5个月内，先后投资7.6亿元并购河南省开封化肥厂，成立晋开化工投资控股集团有限公司（简称晋开集团）；投资2.4亿元并购河北省石家庄化肥集团公司，成立晋煤金石化工投资集团有限责任公司（简称金石集团）；投资8120.5万元控股兼并江苏恒盛化肥有限公司（简称恒盛公司），享有该公司股东会会议51%表决权。晋开集团主要生产甲醇、尿素、硝酸铵、多孔硝酸、碳酸氢铵、复合肥；金石集团主要生产甲醇、尿素、多孔硝铵、碳酸氢铵、复合肥、过氧化氢、二甲醚；恒盛公司主要生产甲醇、尿素、碳酸氢铵、复合肥。这年11月，晋城无烟煤矿业集团与中国科学院山西煤炭化学研究所共同出资，在太原成立山西天和煤气化科技有限公司，为专事煤种试验、专利转让、工艺包编制及灰熔聚系统配套服务的科技研发公司，为煤化工产业发展提供科技研发服务。

2004年12月，山西焦煤集团西山煤电集团公司在汾阳焦化工业园区（山西焦煤集团与吕梁市民营企业山西五麟焦化公司共同出资开发，由山西焦煤集团西山煤电集团公司控股80%）建设的焦化项目一期工程竣工投产，设计年产焦煤100万吨、甲醇20万吨。

2005年5月8日，大同煤矿集团利用煤气厂富余煤气制造甲醇，兴建城市煤气联产甲醇示范项目，设计年产甲醇5万吨，该项目于2006年9月16日投产。2005年6月28日，晋城无烟煤矿业集团，接受山东联盟化工股份公司寻求稳定原料支撑的意向，在济南与山东联盟化工股份公司就股权转让签约。晋城无烟煤矿业集团出资10254万元持股38%，山东联盟化工集团持股37%，其他股东总持股25%，股份制经营山东联盟化工股份公司，晋城无烟煤矿业集团公司在股东会会议享有51%表决权。是年7月该股份公司年产36万吨合成氨、60万吨尿素，联产12万吨甲醇破土动工，翌年10月一期工程投产。

2005年6月28日，晋城无烟煤矿业集团与山东明水大化集团（山东章丘）签订增资扩股协议，出资6241.42万元持明水公司35%股权，为第一大股东，通过授权享有股东会会议51%表决权。明水大化主要产品有合成氨、尿素、碳酸氢铵、甲醇、过氧化氢、三聚氰胺、甲醛、乌洛托品、包膜尿素、BB肥等。

2005年12月，阳泉煤业集团兼并了原属山西纺织行业的三维集团，设计年产焦炭100万吨、聚乙烯醇8万吨、丁二醇7万吨。

"十一五"时期，2006年1月16日，潞安矿业集团聚氯乙烯项目工程开工，该项目设计规模年产20万吨聚氯乙烯、20万吨离子膜烧碱，建设总投资16.9亿元，2008年末建成投产。

2006年5月，晋城无烟煤矿业集团，在晋城市成立晋城无烟煤矿业集团天溪煤制油分公司，开工建设煤制油项目，该项目设计年产甲醇30万吨、煤基合成油10万吨，投资21.96亿元，于2009年9月建成投产。

2006年6月，阳泉煤业集团氯碱化工有限责任公司一期年产5万吨聚氯乙烯、5万吨烧碱项目试生产，翌年实现聚氯乙烯4.36万吨、烧碱5.05万吨产量。该项目为阳泉煤业集团调整产业结构和阳泉市百项重点工程项目，于2004年3月筹建，4月在山西平定县开工建设，设计年产聚氯乙烯10万吨、烧碱10万吨，分两期建设。二期工程于2008年6月底建成投产，引进世界先进离子膜烧碱技术，采用的45立方米聚合釜是国家专利设备，为当时国产单釜最大、控制水平最高的设备，整套装置各项技术经济指标处于国内领先水平。

2007年1月27日、28日、29日三天时间内，晋城无烟煤矿业集团先后在山东省章丘市、安徽省阜阳市和临泉县、湖北省枝江市，分别与山东章丘日月化工有限公司、安徽昊源化工集团有限公司、安徽临泉化工股份有限公司、湖北三宁化工股份有限公司签订增资扩股协议，股份制经营以上四家化工企业。晋城无烟煤矿业集团以货币资金3894.65万元投入章丘日月化工公司，组建山东晋煤日月化工有限公司，占股权35%；以货币资金1.08亿元投入临泉化工股份有限公司，占股权35%；以货币资金7357.3万元认购三宁化工股份有限公司增发的全部股份，占新三宁公司35%股权。晋城无烟煤矿业集团均经股东授权对以上四家企业在股东会会议上，享有51%表决权。晋城无烟煤矿业集团控股以上四家企业生产经营后，原章丘日月化工有限公司主要产品为合成氨、尿素、甲醇、过氧化氢、苯胺、二甲基甲酰胺（DMP）；安徽昊源化工集团有限公司主要产品为合成氨、尿素、甲醇、甲醛、吗啉、碳酸氢铵；安徽临泉化工股份有限公司主要产品为尿素、甲醇、过氧化氢、复合肥、碳酸氢铵；湖北三宁化工股份有限公司主要产品为碳酸氢铵、过磷酸钙、硫基复合肥、磷酸一铵、甲醇、液氨、氟硅酸钠、盐酸。

2007年4月6日，潞安矿业集团煤基合成油有限公司煤基合成油示范厂在屯留县余吾镇开工建设，设计年产油品16万吨、尿素30万吨，主要产品为柴油、石脑油、LPG、混合醇燃料，副产品为硫黄、合成氨、尿素等。2008年12月22日，潞安煤基合成油示范厂成功产出第一桶煤基合成油，开启了全国煤基合成油生产先河。

2007年5月20日，由大同煤矿集团塔山煤化公司开发的年产120万吨（一期60万吨）甲醇项目奠基。

2007年12月26日，晋城无烟煤矿业集团与江苏双多化工有限公司签订协议，以货币资金3835万元对其增资扩股，占其股本总额的35%，并经授权享有在股东会会议51%表决权，控股该公司生产经营，主要产品为尿素，生产规模13万吨/年。是年12月19日，晋城无烟煤矿业集团与浙江省巨化股份有限公司签订协议，共同组建浙江晋巨化工有限公司，投资1.23亿元，设计生产甲醇16万吨/年、尿素11万吨/年。

2008年1月30日，晋城无烟煤矿业集团与山东寿光市联盟石油化工有限公司在寿光市签订增资扩股协议，以货币资金1.82亿元占该公司股本总额的40%，成为该公司第一大股东并经授权享有公司股东会会议51%表决权，控股该公司生产经营，开工建设100万吨/年重焦沥青和60万吨/年重油催化裂解装置，以渣油生产汽油。

2008年3月，潞安矿业集团高纯硅业科技有限责任公司，在屯留县康庄工业园区投资33亿元开工建设多晶硅项目，设计规模一期3500吨/年光伏多晶硅。本月，阳泉煤业集团兼并山东省淄博市齐鲁一化集团，该集团拥有资产总额13.64亿元，主要产品生产规模为氨醇14万吨/年、尿素22万吨/年、辛醇23万吨/年，2020年实现氨醇产量12.84万吨、尿素产量16.8万吨、辛醇产量6.19万吨。5月，阳泉煤业集团兼并河北石家庄市正元化工集团，该集团拥有资产总额50亿元，主要产品生产规模为氨醇80万吨/年、尿素100万吨/年、甲醇20万吨/年，2010年实现氨醇产量41.42万吨、尿素产量56.61万吨、甲醇产量12.74万吨。

2008年，阳泉煤业集团对山西运城市丰喜化肥集团实施兼并，兼并后拥有资产总额90亿元，主要产品生产规模为氨醇154万吨/年、尿素170万吨/年、复合肥40万吨/年，2010年实现氨醇产量83.84万吨、尿素产量131.12万吨、复合肥产量16.23万吨。本月，晋城无烟煤矿业集团与唐山邦力大银化工有限公司签订协议，注资9409万元成立唐山邦力晋银化工有限公司，设计尿素生产能力10万吨/年。

2008年9月，阳泉煤业集团相继兼并河北深州化肥公司、山东莱阳巨力化肥公司和山东青岛恒源化工公司。深州化肥公司拥有资产总额7.1亿元，主要产品生产规模为氨醇30万吨/年、碳铵15万吨/年，2010年实现氨醇产量12.3万吨、碳铵产量6万吨；莱阳巨力化肥公司拥有资产总额5亿元，主要产品生产规模为氨醇15万吨/年、尿素18万吨/年，2010年实现氨醇产量10.63万吨、尿素产量15.07万吨；青岛恒源化工公司拥有资产总额4.2亿元，主要产品生产规模为稀硝酸15万吨/年、浓硝酸8万吨/年，2010年实现稀硝酸产量14.12万吨，浓硝酸产量7.27万吨。

2009年1月，潞安矿业集团公司在黎城县西仵工业园区开工建设山西潞安西仵硅业有限公司硅业生产线，设计工业硅生产能力3万吨/年，完成投资4亿元，计划于2011年投产。5月，山西焦煤集团西山煤气化有限责任公司焦化厂（古交）二期工程开工建设，设计生产焦炭120万吨/年并回收煤焦油，连同1991年开工的一期工程，共完成投资14.6亿元，2010年已实现焦炭产量34.5万吨。是年，潞安矿业集团投资22.5亿元，在长治郊区漳泽新型工业园区开工建设山西潞安太阳能科技有限公司太阳能电池片生产线一期工程，设计生产规模为240兆瓦。二期工程760兆瓦，于2010年10月开工建设。

是年8月，晋城无烟煤矿业集团在北京地安门大街设立北京晋煤太阳石化工有限公司，公司由该集团公司与所属19家化工公司出资组建，承办该集团化肥销售业务。是年9月，大同煤矿集团广发化学有限公司在大同南郊区落里湾村，开工建设甲醇生产线，甲醇设计生产规模60万吨/年，至2010年仍在建。是年10月，晋城无烟煤矿业集团在阳城县北留镇城乡一体化工业园区成立山西金象煤化工责任有限公司，投资15亿元建设化工生产线，设计甲醇和尿素生产规模分别为2万吨/年和40万吨/年。是年11月，西山煤电集团在唐山曹妃甸工业区成立唐山首钢京唐西山焦化有限公司，设计焦炭生产规模420万吨/年，2010年实现焦炭产量314万吨，并回收煤焦油。是年12月，阳泉煤业集团相继在晋中市昔阳县和和顺县建设化工生产线。昔阳电石化工建设投资8.9亿元，设计电石生产规模40万吨/年，至2010年仍在建；和顺化工建设投资13.58亿元，设计生产规模为氨醇24万吨/年、尿素40万吨/年，至年末在建。阳泉煤业集团兼并山东恒通化工公司（山东省郯城县），该公司资产总额30亿元，主要产品生产规模为氨醇17万吨/年、尿素24万吨/年、聚氯乙烯10万吨/年。2010年实现尿素产量24.64万吨、聚氯乙烯8.25万吨。

（三）打造我国重要煤化工基地（十八大以后）

"十一五"与"十二五"期间，山西煤化工在产业结构布局、技术装备水平、自主创新能力、对外合作等方面都有了全面提升。全省煤化工依托资源禀赋，积极适应经济新常态，结构调整步伐加快，产业规模进一步扩大，自主创新能力不断增强，技术装备水平明显提高，总体保持平稳较快发展。

2015年底，山西全省拥有合成氨产能650万吨，居全国第三位；化肥产能1200万吨，其中尿素产能1000万吨居全国第二位；甲醇产能550万吨，居全国第五位；潞安集团、晋煤集团分别建成煤制油和甲醇制汽油（MTG）示范装置，并积极建设百万吨级工业化项目；阳煤集团年产百万吨乙二醇项目（一期）、昔阳氯碱项目和化工新材料园区基本建成；同煤集团建成60万吨/年甲醇项目。

由阳煤集团研发制造、达到国内领先水平的水煤浆水冷壁气化炉成功投入运行；晋煤、阳煤、同煤、兰花等集团引进航天炉、壳牌炉、GSP炉等大型先进煤气化技术装备；化肥行业形成百万吨级化肥生产企业5户，整体装备达到国内先进水平。

二、山西煤化工发展成就

经多年发展，我省化肥、甲醇、乙炔等传统煤化工领域在全国具有重要影响力。近年来，我省积极开发和引进先进技术，在煤制油、煤制乙二醇等现代煤化工领域也有了一定基础。

（一）产业规模进一步扩大

2005年，山西化工行业实现工业增加值70亿元，是2000年的2.47倍；出口交货值为9亿，实现利税21.79亿元，各项指标均在煤炭、焦炭、电力、冶金之后排第五位。年末资产合计417.32亿元，排各行业第六位（在机械工业之后）。

在20世纪90年代，全省化工行业（以煤化工为主）总产值占全省工业的比重维持在11%～13%之间。21世纪以来，山西省内煤炭、焦炭等低端产业和冶金、电力等中端产业在市场拉动下高速发展，而煤化工行业发展速度要低得多。除2002年增长32.79%和2004年增长42.73%以外，其余年份增长并不高。从表5-1可以看出，全省煤化工行业占全省工业的比重一路下滑，从1990年的7.5%，下降到2005年的4%。

而全国化工行业保持着高水平的增长速度，反映出国内化工产品有广阔的市场前景。全国化工行业中石油化工所占比重要高得多，以煤化工为主的山西化工发展速度远低于全国平均水平。山西化学工业在全国同行业中的排位一路下滑，由20世纪90年代初期的17位、18位，退居到20位以后，山西化工占全国化工行业的比重，从2%以上，已跌落到1.6%。山西是煤炭资源大省，尽管"十五"期间是煤化工发展的最好时期之一，但山西化学工业的发展与山东、江苏等省份的差距还是在进一步拉大。

表5-1　山西化工行业在全省工业及在全国化工行业中的比重

单位:亿元

年份	1999	2000	2001	2002	2003	2004	2005
山西化工增加值（%）	30.06	28.4	30.04	39.89	44.3	63.23	70.35
山西化工增长速度（%）	—	−5.5	5.77	32.79	11.06	42.73	11.26
山西工业增加值（%）	400.65	431.93	499.78	632.99	908.71	1380.27	1756.7
山西化工占全省工业的比例（%）	7.50	6.57	6.01	6.30	4.87	4.58	4
全国化工增加值（%）	1216.88	1415.81	1610.27	1862.64	2464.88	3496.73	4391.92
全国化工增长速度（%）	—	16.35	13.73	15.67	32.33	41.86	25.6
山西化工占全国的比例（%）	2.47	2.01	1.87	2.14	1.8	1.81	1.6

数据来源:历年《山西统计年鉴》《中国统计年鉴》。

从2005年以前的统计数据看,对山西煤化工的发展不能过分乐观。山西煤化工产业规模总量偏小、产业集中度低、产品结构低级化以及污染严重的状况还未根本改观。

（二）主要产品产量不断增长

全省重点煤化工企业在产量、技术和装备方面在国内处于领先地位,为全省煤化工产业的规模化发展提供了技术支撑。"十五"以来,全省煤化工主导产品单系列生产能力大幅度提高,例如尿素装置单系列能力扩大到30万吨，甲醇单套装置由2万吨提高到10万吨。全省化肥工业围绕以节能降耗为目的的潜技术改造已基本完成。重点企业已开始涉足粉煤加压气化等以改变原料路线为目的的新型气化技术，并通过实施热电联产，最大限度地提高能量利用效率，降低生产成本。甲醇生产已由单纯小化肥企业的小规模联醇向利用先进煤气化技术规模化制甲醇、焦炉气制甲醇和大型合成氨双甲精制工艺联醇等方向发展。密闭加料、塔式汽提、垂直筛板塔、大立方聚合釜和DCS自控技术的应用使传统电石路线聚氯乙烯生产呈现单系列产量大规模增加、产品质量提高和成本大幅度降低的态势。氯乙烯聚合釜容量由原来的13.5立方米增大到70立方米，单系列PVC生产能力提高到20万吨。粗苯已经由单纯作为初级原料出售，向加工精制和深度转化为顺酐、环己酮、己二酸、TDI、苯胺和1，4-丁二醇等高附加值有机化工产品方向发展。煤焦油加工装置单系列能力达到30万吨的企业已有多家，焦油加工由粗加工向精加工、多品种、深加工和煤焦油加氢制柴油等方向发展。煤化工全行业信息化管理水平明显提高，山西煤化工主要企业和主导产品的工艺、技术、装备水平基本达到20世纪90年代国际水平。

（三）产业集中度明显提高

"十五"期间全省煤化工生产能力进一步向大型企业集团集中，形成以大型企业为核心的集中连片的"六区一带"煤化工业经济区和特色工业园区。连片发展的煤化工经济区，有利于充分利用各种资源，延伸产品链条，发展循环经济，提高产业的规模和效益，形成产业优势。"六区一带"依托当地资源优势和技术优势，在国内已有一定的市场竞争能力。其中太行、丰喜、洪洞、太原、吕梁五个经济区已经形成产业优势，核心企业的技术装备和环保设施达到国内先进水平，是山西煤化工进一步做大做强的基石。

以天脊、兰花、晋丰等煤化工企业为核心的太行山煤化工经济带和以丰喜集团为核心的经济区，两区依托晋东南无烟煤资源优势和相对丰富的水资源，成为全国举足轻重的煤炭气化延伸产品生产基地。天脊一直是全国最大的复合肥企业，丰喜集团在中国化工企业500强排序中名列第72位，在中国氮肥行业50强排序中名列第6位。两区近期除氨、醇、尿素生产能力大规模扩张以外，还大力开发产销对路的下游化工和精细化工产品，如三聚氰胺、多孔硝胺等，延长产品链条。国内最大的苯胺生产装置——年产13万吨苯胺工程在天脊集团建成投产，顺利打通流程，生产出合格产品，这标志着经济带的产品结构进一步优化。苯胺是重要的有机化工原料和精细化工中间体，广泛用于染料、医药、橡胶助剂、农药、MDI及精细化工的生产，市场潜力巨大，项目关键技术和设备从加拿大和美国引进。经济带中的潞安矿业集团年产20万吨聚氯乙烯、3万吨乙炔炭黑以及年产520万吨油当量煤间接液化项目已经启动。其中煤制油项目以煤化所自主研发的煤基液体燃料合成浆态床工业化技术为核心，拥有完全自主知识产权，项目建成后将成为我国直接液化技术的第一条产业化生产线。这两个经济带（区）将成为我国最大的煤制氨、醇生产区和综合煤化工经济区。另外，太行经济带还有丰富的煤层气资源，目前煤层气开发已有一定的规模，如果进一步开发煤层气化工，带来的经济发展潜力将是难以估量的。

洪洞煤化工经济区以乙炔化工和焦油深加工为主，核心企业是两个化工行业的绩优上市公司——三维和山焦。21世纪以来，三维集团引进美国ISP公司雷珀法1，4-丁二醇、瑞典铁钼法甲醛工艺技术等多项技术和设备；山西焦化集团引进法国30万吨煤焦油加工工艺技术和关键设备，经济区生产工艺技术和装备的现代化水平大幅度提高。山焦的焦油加工能力在国内处于先进水平；三维主要产品1，4-丁二醇和聚乙烯醇的生产装置都是国内唯一的万吨级装置，处于国内领先水平。三维是国内最大的也是全世界上唯一的用电石法生产1，4-丁二醇的企业，2006年第二套装置投产，产能达到7.5万吨，聚乙烯醇产能达7万吨以上，白乳胶产量为全国第一，白乳胶的换代产品干粉胶已投入生产，三大主导产品属于技术密集型的精细化工产品，均为国内同类产品最大的生产基地。公司还是国内首家也是唯一的 PTMEG生产厂家，其他多项产品也在国内占有重要位置。2006年三维与阳煤集团完成强强联合，公司发展潜力进一步增强。

　　太原煤化工经济区的核心企业是太化集团，其发展历史悠久，技术实力雄厚，以煤炭汽化、乙炔化工、苯精制及深加工产品为主，主要产品有合成氨、己二酸、聚氯乙烯、TDI、PVC、焦油加工等。经济区依托现有的产业链条，形成网络化的产业、产品结构特色。太原煤化工经济区抓住石油价格暴涨的机遇，迅速走出低效益徘徊的阴影，各项主导产品在2006年均获得良好的效益。2006年太化集团与宝钢和省内民营企业合资建设的30万吨苯加氢精制项目建成，填补了山西省大型焦化粗苯精制装置的空白。该装置全部实现了国产化，并已完全达到国际先进水平。装置能够生产出的精制苯纯度达到99.99%，不但产品纯度高，产品回收率也高，可以和石油苯抗衡，实现了焦化产品的升级换代。太化30万吨PVC也即将投产。太原煤化工经济区依托太原市的科技力量，重点发展高新技术化工产品，不断完善以苯、己二酸、环己酮等产品为代表的焦化产业链，以差别化聚氯乙烯为代表的乙炔化工链，以甲醇、甲醛、二甲醚为代表的碳—化工产业链，以硝酸为主向下游发展的硝基产业链，以橡胶助剂等为代表的高新技术产业链，以污水回用为主的水产业链，发展目标是打造全国最大的煤化工企业和国际煤化工先进制造业基地。

以宏特煤化工有限公司为核心的吕梁煤化工经济区依托吕梁地区的焦炭工业基础和丰富的焦化资源，重点发展煤焦油加工产业。经济区除焦油加工外，还是发展焦炉煤气制氨、醇及下游产品的重点区域。宏特在短短的几年内，通过大量吸引东部地区的技术和人才，已形成了45万吨／年的焦油加工能力，可生产出酚类、萘系、洗油类、蒽油类、各种沥青和油品等6个系列、30多种产品，其规模、加工深度和技术水平在国内达到领先水平。目前宏特是山西省最大的煤焦油加工企业，其加工规模和技术水平已经位居全国第二、全球第五。宏特在化工经济区域建设中，拓展延伸产品链，坚持产品与关联度大的企业互联，适度集中处理"三废"，统一配置水、电、气、热、消防等公用设施，推进了资源的循环利用和污染的治理，取得了较好的生态效应。特别是2006年公司研发针状焦取得成功，已投入生产，2006年可生产1.5万吨，装置最终可形成5万吨生产能力。沥青针状焦是高技术含量、高附加值的沥青深加工产品，是生产超高功率电极必不可少的原料，市场前景和经济效益非常可观。目前世界上只有少数发达国家垄断该项技术和产品生产，宏特成为世界上少数几个能生产此高技术产品的公司之一，彻底打破了我国多年来针状焦完全依赖进口的局面。宏特煤化工有限公司生产规模、技术水平和经济效益有可能在短期间超过宝钢，在焦油加工行业达到国内第一。

（四）装备水平和创新能力明显提升

煤化工：由阳煤集团研发制造，达到国内领先水平的水煤浆水冷壁气化炉成功投入运行；晋煤、阳煤、同煤、兰花等集团引进航天炉、壳牌炉、GSP炉等大型先进煤气化技术装备；化肥行业形成百万吨级化肥生产企业5户，整体装备达到国内先进水平。炼焦化产品深加工：山西焦化等建成大型煤焦油连续化深加工装置；丰喜华瑞40万吨焦炉煤气制尿素装置、山西焦化40万吨焦炉气制甲醇等装备水平位居全国前列；天脊集团引进国际先进技术建成多孔硝铵、苯胺装置。盐化工：山焦盐化公司开发的婴幼儿专用洗护产品技术达到全国先进水平。全行业DCS集散控制技术得到广泛采用，行业信息化管理水平明显提高。

同时，我省煤化工创新能力逐步提高。我省大型化工企业均建立了科研技术中心，行业拥有省级企业技术中心25户、行业技术中心2户。天脊集团等5户企业技术中心被认定为国家级技术中心，潞安集团组建了国家煤基合成工程技术研究中心。我省集聚了中科院山西煤化所、赛鼎工程公司等一批知名的化工研究设计机构，在相关领域的科研实力达到国内先进水平。

三、山西煤化工发展优势与劣势

（一）潜力分析

1.国家稳步推进的产业政策为山西现代煤化工产业发展提供了优良环境

"十一五"以来，国家始终对现代煤化工产业的发展保持高度关注，陆续颁布了一系列产业政策，对其发展进行调整和引导。

2017年初，国家能源局、国家发改委和工信部又先后出台了《煤炭深加工产业示范"十三五"规划》和《现代煤化工产业创新发展布局方案》，从优化产业布局、严格行业准入、加强审批管理、强化要素资源配置、限制项目规模、做好统筹规划和试点示范工作等方面综合考虑，对新上煤化工项目的能源转化效率、综合能耗、吨产品新鲜水用量等具体指标进行控制，以此促进我国煤化工产业的技术创新和持续健康发展。稳步推进的产业政策方针充分保障了现代煤化工产业的良性发展。

2.煤炭储量丰富的资源禀赋和对能源化工产品的巨大市场需求使发展煤化工产业成为我国能源战略的必然选择

煤化工作为一个承担能源供应多元化和资源清洁化利用角色的战略性新兴产业，主要是对石油化工业的必要补充，以弥补我国能源化工产品供应的巨大缺口，减少对国外市场的过度依赖，是充分保障我国的能源安全的重要举措。同时巨大的国内市场缺口，也决定了我国煤化工产业具有广阔的发展空间。

3.技术的显著进步创造了山西煤化工产业发展的新机遇

近年来，我国煤化工尤其是新型煤化工产业发展迅速，目前在煤制油、煤制烯烃、煤制天然气、煤制乙二醇等方面均已实现工业化，煤制芳烃正在建设工业化装置，现代煤化工已不存在技术难题。此外，煤化工行业的技术装备国产化、项目运行和资源利用水平的显著提高，使我国煤化工产业技术总体上已处于世界领先水平。在不断完善现有工艺技术的同时，煤炭分质利用、催化气化、煤提取煤焦油与制合成气一体化、甲醇制芳烃、合成气制含氧化学品、二氧化碳捕集封存与驱油技术等一批前沿技术正在开发示范过程中，技术进步将成为进一步推动新型煤化工产业发展的强力助剂。

4.山西煤化工发展的优势被省内外投资者看好

近些年山西省煤化工行业吸引省外资金大幅度增长。中化集团入驻山西合成橡胶集团、原平化工集团、双喜轮胎公司、太化集团、天脊集团；山东兖矿控股投资山西天浩化工有限公司建焦炉煤气制甲醇项目。省内大型煤炭企业的产品链条逐步向煤化工领域延伸，成为我省煤化工产业发展的重要力量。如潞安集团已发展多项煤化工项目，晋城煤业集团和丰喜集团合作发展尿素、甲醇，阳煤集团与三维联合，霍州煤电集团控股汾河生化，大同煤业集团拟与日本合作发展甲醇等。集中于我省煤炭、焦化等资源型、高能耗行业的民营资本加快向煤化工产业转移，大量投资于优势煤化工企业或合资开发煤化工项目。大型煤炭企业及民营资本的规模化介入，成为推动全省煤化工产业持续快速发展的动力，同时促进了山西优势煤化工企业产权结构走向多元化，使运行机制更加适应市场经济的需要。

但是应当看到，21世纪以来是我国化工行业高速发展的时期。山西煤化工行业吸引外资规模远远低于全国平均水平，大量外资和东部投资跨越山西省流向西部，反映出山西的投资软环境和硬环境与周边省份甚至和西部省份相比，还有很大的差距。

（二）优势分析

1.资源优势

山西煤种齐全，煤炭、焦炭及电价相对低廉，特别是山西拥有全国最丰厚的优质无烟煤和焦煤资源，优质无烟煤是煤炭气化的主要原料，山西由于无烟煤及电力价格相对低廉，合成氨以及尿素生产成本为全国各省中最低，有强劲的市场竞争力；甲醇生产成本也低于国内的大部分生产厂家。大型机焦的普及使山西拥有丰富的焦炭、焦炉煤气、煤焦油和粗苯资源，焦炉煤气资源量在300亿立方米/年以上，焦油600万吨年以上，价格也为全国最低，是发展各类煤化工产品的有利条件。2005年山西电石产量达125万吨，占全国的19%，是发展电石乙炔化工的主要原料。山西还有10万亿立方米煤层气资源，其成分接近天然气，是优质的化工原料。

2.传统煤化工产业基础良好

传统煤化工产业作为我省重要的支柱产业之一，具有良好的产业发展基础，截至2015年底，全省现有合成氨产能650万吨、化肥产能1200万吨、甲醇产能550万吨。传统煤化工现有基础为产业后续产业链的衍生提供了支撑。

3.产业链延伸的必然趋势

山西是我国最大的煤炭、焦炭生产基地。山西工业经济经过多年的高速发展，已形成以煤炭产业为龙头的两大类产业链条，即以煤、焦作为燃料的煤—焦—电—冶金—机械产业链条和以煤炭为原料的煤—焦—电—化产业链条。煤炭、焦炭等低端产业是支撑山西工业化初级阶段稳步发展的支柱产业。21世纪以来，在煤、焦工业规模迅速扩张并基本达到市场饱和的基础上，工业发展的重心加快向产业链条的中端和高端转移。山西以及我国冶金工业产能已基本饱和，投资空间已不大；而煤化工尚有很大发展空间，我国还有很多化工产品需要进口，如果考虑石油替代的需求以及新材料的需求，则煤化工的市场空间更加广阔。山西选择煤化工作为下一阶段的重点发展产业，有利于充分发挥优势，无论是近期效益还是长远效益，都将是可观的。21世纪以来，省内外投资已经向产业链条的中端产业聚集，中端产业的稳步、高速发展，将是支撑山西工业化中级阶段保持较高增长速度的支柱产业。

4.人才技术储备充分

山西省是我国最早的煤化工产业基地之一，拥有大量的煤化工专业技术人才和大量传统煤化工生产经验，拥有山西煤化所、化工部第二设计院（赛鼎工程公司）等众多煤化工专业技术研究和工程单位，拥有阳煤集团、晋煤集团等一批煤化工生产企业，拥有太重等一批大型煤化工装备制造企业，向现代煤化工产业转变，有利于产业经济的传承和接续。

（三）劣势分析

1.土地资源紧缺

山西是一个被黄土覆盖的山地型高原，境内有山地、丘陵、盆地、台地等多种地貌类型。山地丘陵区面积约占土地总面积的80.3%，大部分地区在海拔1000米以上，地表破碎、地形复杂、起伏悬殊。对于装置众多、占地面积大的煤化工项目而言，适于发展煤化工的土地资源紧缺。

2.现代煤化工产业发展不足

虽然山西省的传统煤化工发展得比较快，但清洁高效、经济效益相对较好的焦炉煤气制天然气、甲醇制烯烃等现代煤化工刚刚起步，目前还未形成精细化工等高附加值的产业链，产品市场竞争力弱。在目前的国际油价和我省煤炭价格条件下，与国内同类产品相比，甲醇和焦炭产品仍有一定的成本优势，合成氨处于亏损状态；煤制烯烃和乙二醇国内市场供需缺口较大，具有较强的发展空间；煤制油生产的产品属于超清洁油品，但受油品消费税等因素的影响，很难与目前的原油路线油品竞争；煤制气项目受国内产品定价机制、原煤价格和管道输送费用等因素的影响，缺乏商业竞争力。

3. 交通运输条件不完善

山西省特殊的地形使得山西省与其他地方的连接通道不是很完善。但对乙二醇、烯烃、二甲醚等中间产品，其下游企业大多在沿海城市，铁路运输的欠缺，使得产品远距离运输成本不断增加，在价格方面与省外产品和进口产品相比处于劣势。

4. 煤种对气化技术的适用性较差

山西省虽然煤炭资源丰富，但大部分为灰熔点高、成浆性差、可磨性差的煤种，这部分煤种对现有成熟大型粉煤气化技术的经济适用性差。目前，山西省内的煤气化技术还不够成熟，存在诸多技术和经济缺陷。

5. 环境资源欠缺

煤化工作为资源消耗量大、环境污染严重的产业，在早期大规模粗放式发展的过程中对我省的环境造成了极大破坏，加之山西省水资源匮乏、生态环境脆弱的先天不足，使得环境剩余容量成为制约我省煤化工产业发展的重要因素。

6. 煤化工发展中的环保问题

由于现有工艺技术的不完善，我省煤化工产业还存在着废水处理成本高、部分废气治理不达标、废气无组织排放治理还未实现全覆盖、危险固废处置难等问题。

随着新环保法及多项法规陆续出台，特别是"2+26"京津冀及周边地区大气污染物特别排放限值的执行，我省煤化工发展面临更大的环保挑战。我省煤化工产业发展需付出一定的成本代价，通过提升环保技术、加强组织管理等措施解决产业发展面临的环保问题。

四、山西煤化工发展展望

"十三五"及今后较长一段时间，是推动传统煤化工技术改造、现代煤化工升级示范的关键时期。山西应立足资源优势和产业基础，按照"企业、项目、产品、技术、园区(基地)"五位一体推进思路，科学实施现代煤化工示范工程，大力发展化工新材料和精细化工，实现由原料制造向材料制造转变，加快化肥、甲醇、氯碱等传统煤化工提质升级，推进煤炭资源清洁高效利用。要围绕制约产业发展的重大关键共性技术和重大装备积极开展科技攻关，加快形成终端产品高端化、差异化发展的新局面，构建山西特色煤化工产业体系。

(一) 发展思路

基于资源禀赋及产业基础，山西省煤化工产业可以考虑以下两种发展模式：

1.提高煤气化、煤焦化等热转化工艺效率，用新技术嫁接和提升传统产业，降低物耗能耗，实施清洁化生产

煤气化领域，在开发适合我省煤质特点的大型、高效、清洁煤气化技术的同时，探索利用陕西、内蒙古等周边地区的优质煤炭资源，采用配煤工艺克服我省煤质"先天不足"，实现煤气化原料来源多元化，从源头突破制约我省煤化工产业发展的煤气化龙头技术瓶颈问题。

煤焦化领域，探索以低阶煤为原料，生产用于加压或常压固定床气化原料即气化焦或民用清洁焦，充分利用山西省过剩的焦化产能，彻底化解山西焦化产能过剩的问题，降低固定床气化成本，减轻下游气化生产过程中造成的环境污染。积极推动用焦炉煤气和煤气化（或气化焦气化）双气头生产清洁燃料、精细化学品及合成材料项目，以技术创新为手段，解决产能过剩问题。推进焦油、粗苯等焦化副产品加工的大型化和规模化，在市场引导下，提高加工精细化程度，全面提升焦化副产品加工层次。

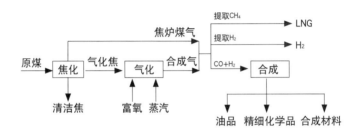

图5-1 山西焦化气化双气头发展模式示意图

合成氨、电石、甲醇等传统煤化工领域，不再进行大规模发展，主要任务是采用先进适用技术进行升级改造，提升产业的技术装备水平，降低资源和能源消耗水平。通过淘汰落后产能，推动产能向优势企业集中，实施"等量置换""腾笼换鸟"，为现代煤化工项目留出发展空间。

2. 延长产业链，发展高附加值精细化学品和新材料

现代煤化工领域，我省煤制油产业发展有一定基础，但其他产业发展速度相对缓慢，体量较小，受固有的煤质与煤价制约，目前难以形成明显的竞争优势。发展应立足目前的产业现状，与国内其

他煤化工大省在产品结构、产业定位方面实行差异化竞争，发展重点应定位于费托油品、烯烃、芳烃及乙二醇等下游的精细化学品及新型材料等高端产品，走高端化精细化路线，形成具有我省特色的专有技术，以技术优势保证产业优势。

引导煤化工与本地优势的煤炭开采、煤层气、电力、盐化工、冶金、焦化、建材等产业链实行互补发展，形成集群发展优势，突出山西特色，提升产业竞争力。优化资源利用方式，积极采用节水、节能、废弃物综合利用的先进技术，构建上下游有序衔接、资源利用效率最大化的循环产业体系，实现经济效益、社会效益和环境协调统一。

（二）发展路径

以山西省现有煤化工产业及资源条件为基础，结合国内煤化工产业发展形势和产品市场预测，以现有、在建和批复项目为主，合理规划发展路径，"十三五"期间主要着力推动六大产业链协同发展：

一是煤制油及费托合成油品下游深加工产业链。依托潞安集团，在16万吨/年间接法煤制油工程示范运行基础上，以废弃的高硫下组煤为原料，以中科合成油公司自主研发的高温浆态床费托合成工艺为核心，建设山西180万吨/年长治高硫煤清洁高效利用油化电热一体化示范项目，积极推动该项目在发展清洁成品油、超低凝点柴油等特种油品的同时，延伸高熔点费托蜡、高黏度润滑油基础油、高纯度正构烷烃、系列溶剂油等高附加值精细化学品；依托晋煤集团，在总结10万吨/年煤基甲醇合成油（MTG）示范工程运行经验上，以国内新型气流化气化技术和美国美孚公司MTG技术为依托，利用晋城地区丰富的低质煤资源，加快建设100万吨/年煤制清洁燃料项目，未来考虑向煤制芳烃（MTA）及下游精细化学品和合成材料发展。

二是煤制烯烃及下游精细化学品和新材料产业链。依托山西焦煤集团和同煤集团，以现有甲醇产能为基础，建设两套60万吨/年甲醇制烯烃项目，减少烯烃产品聚合数量，为苯乙烯、EVA树脂、乙丙橡胶、环氧乙烷、苯酚丙酮、环氧丙烷、ABS工程塑料等下游精细化学品和合成材料的生产提供原料，实现精细化高端化发展。

三是煤制乙二醇及下游聚酯材料产业链。依托阳煤集团和襄矿集团，充分利用资源优势，建设三套20万吨/年煤制乙二醇项目，远期与芳烃项目联合，形成一体化的聚酯生产基地。

四是煤制天然气产业链。依托中海油和同煤集团，立足丰富的劣质煤，通过煤制天然气项目实现晋北低质煤的清洁高效转化及利用，改变我省传统煤炭输送方式，形成"煤炭开采→煤炭转化天然气→管道运输→终端利用"的新型产业链模式。

五是粗苯加氢及下游精细化工及材料产业链。利用我省焦化产业副产的粗苯和焦炉气资源，通过加氢生产苯、甲苯、二甲苯等芳烃产品，与煤制烯烃产业链结合，发展工程尼龙、聚酰亚胺纤维、非结晶型共聚酯（PETG）等高性能材料和功能纤维，推动焦炉气直接还原铁项目示范运行，适时扩大生产规模。

六是煤焦油制取高附加值化学品及碳素材料产业链。继续延伸煤焦油下游产业链，以资源集中化、装置大型化、产品系列化为方向，提高煤焦油加工深度，积极发展苯酐、高档炭黑、染料中间体、咔唑、精蒽、蒽醌、2-萘酚等煤焦油精深加工产品；加强沥青的利用，生产针状焦、超高功率电极、沥青碳纤维及沥青球状活性炭等碳素材料，形成碳素新材料产业优势。

（三）产业空间布局

山西省内已经形成晋北、晋中（南）、晋东三个化工产业聚集区。晋中、晋东聚集区产业基础相对较好，但晋北基地发展潜力较大，已被国家发展改革委、工业和信息化部明确列为我国七大煤化工产业基地之一。根据我省煤炭资源和大型企业分布状况，综合考虑煤种适应性、水资源、土地资源和环境等支撑条件，在晋东、晋中（南）、晋北化工产业布局不同现代煤化工产业，进一步优化产业布局，实现集约发展。

晋东基地：以潞安集团、晋煤集团、兰花科创、襄矿集团等企业为依托，利用丰富的无烟煤资源，高硫、高灰、高灰熔点劣质煤和煤层气资源重点发展化肥、煤制油、煤制乙二醇等产业，形成国内最具竞争力的化肥、液体清洁能源和化工新材料特色煤化工示范基地。

晋中（南）基地：以阳煤集团、山西焦煤集团等企业为依托，发展甲醇制烯烃、煤焦油加工、粗苯加氢、乙炔化工等产业，通过产业耦合发展，打造国内最大的焦化深加工和化工新材料特色基地。

晋北基地：以中海油、同煤集团等企业为依托，发展煤制甲醇及深加工、甲醇制烯烃、煤制天然气等产业，加快晋北煤基清洁能源和化工新材料特色煤化工基地建设步伐。

（四）完善相关政策

1.构建权威、精简、高效的组织体系

建议设立现代煤化工发展专门推进机构，设置相关职能办公室，协调各级政府及相关职能部门，协调推进基础设施建设、项目核准、财税、金融等方面的重大事项，统筹煤炭、水、土地、环保等资源配置，研究制定具体实施方案和项目推进计划，创造条件推动重大项目落地和化工园区基础设施建设。

2.优化产业投资环境

在政策允许的范围内，细化促进现代煤化工发展的相关政策，建立形成环保、土地、信贷以及税费等综合政策保障体系。对重点项目在立项、审批、核准、融资等方面给予积极支持，帮助企业落实煤炭、电力、水、土地、环境容量等发展条件的保障，协调解决项目实施中的各种问题和困难。探索政府组织、财政扶持、内资外资联动的投资模式，加强铁路、公路、供水、供电、供热、工业气体及污水处理等配套基础设施建设，提高产业承载能力，改善大宗煤化工产品的外输能力，降低企业运营成本，提升市场竞争力。

3.拓宽投融资渠道

支持企业通过股票、企业债券、信托资金、金融租赁和引进国内外战略投资者等方式筹集建设资金。引导各类金融机构运用银企联手、银团贷款等方式增加对现代煤化工项目的贷款支持，搭建融资平台。对于示范效应突出、经济效益显著的项目，推荐申报国家发改委、工信部等有关部门的各类专项资金，优先支持发行企业债券或上市融资。利用我省现有各类政府资金，设立专项融资平台，用于支持关键核心技术的研究开发、新技术的示范与推广、重大工程的实施等。

4.争取国家政策支持

积极争取将规划发展的重点示范项目纳入国家层面的煤炭深加

工产业发展规划和石化产业布局方案；鼓励企业申报国家各类专项产业基金，拓宽企业融资渠道；推动国家落实煤制清洁油品市场公平准入制度，使我省煤制油企业获得独立的成品油批发和销售资质，参与油品质量升级，扩展销售渠道；积极争取国家煤制油品的消费税优惠政策，提高产品市场竞争力；向国家申请项目自备电厂网前直供、余量优先上网、不参与调峰等优惠政策，降低企业运行成本。

5.提高技术自主开发能力

由政府主导，搭建技术转移服务机构、投融资机构、高校、科研院所和企业间的合作平台，集聚资金、人才、服务、政策等多类创新要素，推动产业链、创新链和资金链无缝对接。针对制约我省煤化工产业做大做强的关键技术和瓶颈问题，组织联合攻关，形成自主知识产权的专利技术和专有技术，变资源优势为技术优势。保持政策的延续性，提供资金、政策支持，引导企业有计划、持续地增加研究投入，并结合"硅谷模式""剑桥模式"等国外先进的科技成果转化模式，多措并进加速科技成果转化，改变"墙内开花墙外香"的窘境，促进科技成果省内开花、省内结果的良性循环。

6.加大人才引进及培养力度

在引进外地智力和技术的同时，要高度重视本省研发力量和自主开发技术。加大扶持以实体产业为主结合高校和研究院的研发及服务平台的建设力度，推动新兴产业规模化，传统产业现代化，培养创新转化的复合型人才。积极创造条件引进发展急需的科技创新人才和高端管理人才，进一步完善发展人力资源支持体系。

7.加强交流合作

加强与国内现代煤化工产业较为发达地区的合作，在产业创新模式、技术研发、项目运营、人才培养等多方面进行深度交流。支持我省煤化工企业与国内外创新企业和科研院所联合研究和攻关关键技术，适时在我省开展产业示范项目建设。结合我国"一带一路"倡议，支持我省煤化工企业走出国门。

专题六　山西煤炭资源整合煤矿兼并重组回顾与总结

　　山西煤炭资源整合、煤矿企业兼并重组，基本上伴随了中华人民共和国成立以来山西煤炭工业发展的全过程。山西煤矿企业历次改造和整治，都含有资源整合和企业兼并重组的内容，从国民经济和社会发展第一个五年计划时期（简称"一五"时期，下同），根据中共过渡时期总路线，对工业、手工业和资本主义工商业进行社会主义改造，山西整合保留非全民性质的手工业集体煤矿（后改称"二轻"煤矿），并设立手工业管理部门对其进行管理。"六五"时期，国家和山西省政府提倡社队（后称乡镇）煤矿执行"扶持、整顿、联合、改造"的方针，直至"九五"时期对全省地方煤矿进行安全整治、关小上大，其中，包括"八五"时期中国人民解放军各军兵种及武警部队在山西开办的煤矿企业移交山西管理。广义上看，煤炭资源整合、企业兼并重组一直处于持续状态。

　　山西具有实际意义专项性的煤炭资源整合、煤矿企业兼并重组，始于"九五"期末。2005年山西省政府在《关于推进煤炭资源整合有偿使用的意见》中，明确提出"资源整合"的思路。经过几年的推进，至2008年9月省政府下发《山西省人民政府关于加快推

206

进煤矿企业兼并重组的实施意见》，新一轮煤炭资源整合、煤矿企业兼并重组有条不紊地推进，"山西煤改样本"成为全国关注的焦点。

一、煤炭资源整合煤矿兼并重组的背景

中华人民共和国成立以后，我国矿产资源开发长期实行的是资源的无偿划拨制度。这种状况一直持续到改革开放之后的1994年才有所改变。客观讲，在特定历史条件下，这种低门槛的市场准入制度，对推动我国矿产资源开发起到过积极作用。但是，正像一把双刃剑，无偿划拨也有其消极的一面，过低的市场准入门槛，引发了企业和个人的盲目进入，出现了"多、小、散、乱"过度竞争的局面，形成对稀缺资源的大量浪费与过度消耗。山西作为煤炭资源大省，现行的采矿权配置同合理开发与高效利用煤炭资源的矛盾越来越尖锐，山西煤炭生产中存在的粗放经营、开采方式落后、安全事故频发、矿区生态环境恶化等问题难以得到根治，已成为制约影响全省煤炭工业健康发展的重要障碍。要克服长期困扰山西煤炭业发展的弊病，必须改革现行采矿权配置方式，建立合理的采矿权有偿使用制度，只有这样才能从根本上规范煤炭资源开发秩序，形成矿产资源保护的约束机制。由此可见，进行煤炭资源整合和有偿使用改革已成为一种现实的迫切需要。

进入2008年以来，伴随着全球国际金融危机的漫延，国内经济增长由高速向中速转变，煤炭需求增速放缓，产能过剩矛盾显现，煤炭价格呈走跌态势。针对这一状况，山西在煤炭资源整合和有偿使用取得显著成效的基础上，适时做出了推进煤炭企业兼并重组整

合的战略决策，通过兼并重组获取企业发展所需的关键性资源，通过兼并重组实现规模经济，通过兼并重组多元化布局煤炭下游产业链及开拓其他新兴业务板块，从而显著增强企业、产业的市场竞争力和抗风险能力。

回眸山西煤炭资源整合、煤矿兼并重组发生的历史背景，我们可以发现煤炭资源整合、煤炭资源有偿使用、煤炭企业兼并重组三者之间存在紧密的内在联系。

煤炭资源整合是指以现有合法煤矿为基础，对两座以上煤矿的井田合并和对已关闭煤矿的资源及其储量进行合并，实现统一规划，提升矿井生产、技术、安全保障等综合能力；并对布局不合理和经整改仍不具备安全生产条件的煤矿实施关闭。煤炭资源整合是实施煤炭资源有偿使用的前提和基础，是全面提升资源开发水平、煤炭企业产业集中度和安全防范能力的重要途径。

煤炭资源有偿使用是指通过行政审批取得采矿权的采矿权人，除缴纳采矿权使用费外，还应当依法缴纳采矿权价款。煤炭资源有偿使用，是促进煤炭合理有序开发的根本性措施，是对煤炭资源全面实行有偿使用或资本化管理，是矿产资源国家所有的重要法律体现。煤炭资源整合和有偿使用的目的，是为了提高煤炭产业集中度，加强对煤炭资源的保护和合理开发利用，维护矿产资源国家所有者权益。

煤炭企业兼并重组的动机则是通过企业兼并重组进行生产经营流程的再造，发挥资源的协同效应，获得规模经济效益和实现多元化经营目标。煤炭资源整合煤矿兼并重组是山西煤炭产业转型发展的创新实践，为山西煤炭经济走集约发展、高效发展和可持续发展的良性道路奠定了基础。

二、煤炭资源整合煤矿兼并重组的主要做法

山西煤炭资源整合、煤矿企业兼并重组是一场意义深远的重要变革，山西作为煤炭资源整合、企业兼并重组的先行者，进行了大量的创新实践，在全国具有"样本"意义。

（一）煤炭资源整合

山西煤炭资源整合和有偿使用的规范有序进行，以临汾试点为开端，以全省"三大战役"为具体实施步骤。2007年以来，山西作为煤炭工业可持续发展试点，更是将"加大煤炭资源管理和有偿使用"列为试点实施方案的主要任务之一，使资源整合和有偿使用制度得到不断深化与完善。

全省煤炭行业"三大战役"是煤炭资源整合和有偿使用推进的三个基本步骤。为配合煤炭资源有偿使用的深入开展，从2005年9月起，山西省在煤炭行业发起了"治乱、治散、治本"三大战役，重点推进全省煤炭资源整合和有偿使用，为矿业权改革开辟出了一条"山西路径"。

1.第一战役

坚决依法关闭所有无证非法开采的煤矿，严厉整治所有违法开采的煤矿，整治不合格的坚决予以关闭。2005年全省共取缔关闭4876个非法采矿点，截至2006年初又关闭了3500个死灰复燃和新发现的非法矿点以及非法储煤场283个，彻底改变了无证小煤矿林立、煤炭开采安全水平低的现状，为煤炭资源整合和有偿使用的顺利开展奠定了坚实基础。

2.第二战役

实行煤炭资源整合和有偿使用。在总结临汾试点经验的基础上，2005年6月，由山西国土资源厅、煤炭工业局、煤矿安全监察局联合下发了《山西省煤炭企业资源整合和有偿使用实施方案》，进一步细化了资源整合和有偿使用的工作目标及推进措施，决定将试点工作在全省推广。2006年2月，山西省人民政府令公布了《山西省煤炭资源整合和有偿使用办法》（以下简称《办法》），以地方性法规的形式对山西煤炭资源整合和有偿使用改革予以肯定和规范，为推进煤炭资源整合和有偿使用工作提供了重要法律保障。山西煤炭资源改革的基本做法和经验完全体现在《办法》之中。

煤炭资源整合的具体规定主要有整合方式、范围和目标等。煤炭资源整合可以采取收购、兼并、参股等方式，鼓励大中型企业参与煤炭资源整合，组建和发展大型企业集团。规定了应当予以关闭，或其资源参与整合、不得参与整合的若干情形。明确了煤炭资源整合目标。县级行政区域内资源整合后新增资源面积不得超过整合前已占用资源总面积的10%；新增煤炭生产能力不得超过整合前核定生产能力的10%。煤炭资源整合后的煤矿必须实现壁式开采，达到一矿一井、两个安全出口、全负压通风等法律、法规规定的安全生产条件。对历史原因形成的多井口煤矿，因地质构造因素不能整合为一矿一井的，由省人民政府煤炭工业部门会同省国土资源部门、安全监察机构进行认定，并由国土资源部门分立采矿许可证。厚煤层采区回采率不低于75%，中厚煤层不低于80%，薄煤层不低于85%。煤炭资源整合后的煤矿必须依法办理采矿许可证、煤矿安全生产许可证、煤炭生产许可证、企业法人营业执照，煤矿矿长应当取得矿长资格证和矿长安全资格证。

煤炭资源有偿使用的具体规定主要有有偿使用主体、收费标准、分配比例和缴纳方式等。通过行政审批取得采矿权的采矿人依法缴纳采矿权价款。采矿权价款由县级人民政府国土资源部门负责收取。县级人民政府国土资源部门收取的采矿权价款，按照省、市、县3∶2∶5比例分配；资源整合过程中通过公开竞价出让采矿权收取的采矿权价款，按照省、市、县2∶3∶5比例分配。未整合煤矿和整合后煤矿的资源／储量应当由有资质的中介机构进行检测，并出具资源／储量检测报告。资源／储量检测报告应当由设区的市人民政府国土资源部门进行核查，并报省人民政府国土资源部门备案，备案结果作为缴纳采矿权价款的依据。采矿权人缴纳采矿权价款可以采取货币缴纳、转为国有股份、转为国家资本金三种方式。采矿权价款应当纳入同级财政预算管理。省、设区的市人民政府分配所得的采矿权价款，主要用于矿产资源勘查、保护和管理。县级人民政府分配所得的采矿权价款，主要用于在煤炭资源整合过程中关闭合法矿井的补偿和煤矿企业所涉及乡村的地质生态环境治理。

3.第三战役

2007年煤炭工业可持续发展政策措施试点在山西启动，将"加大煤炭资源管理和有偿使用"列为试点实施方案的主要任务之一，并就做好煤炭资源开发规划和矿业权管理，完善矿业权有偿取得制度，合理分配和使用矿业权出让收益等做出具体部署。作为试点政策的配置手段，以提高产业集中度、做大做强大集团公司、深化资源整合、促进产业转型升级为重点的第三战役深入推进。按照《山西省关于加快培育和发展大型煤炭集团公司的实施方案》，全省重点培育同煤、焦煤、阳煤、潞安、晋煤等八大煤炭集团公司。以重点煤炭企业为依托，采取兼并、联合、重组等方式，加快对地方中小煤矿进行区域性整合，从而实现对本省煤炭资源的集团化经营、规范化开采和链条式开发，增强全省煤炭工业综合竞争力。

（二）煤矿兼并重组

山西在兼并重组整合建设大型煤炭集团中，以国家批准的山西3个大型煤炭基地和18个矿区为单元，根据一个矿区一个开发主体的原则，打破所有制界限，以资源和产权为纽带，按照地域、煤种、市场分布、动力流向等进行科学规划，通过横向、混合、战略合作等形式，进行整合重组。

1.横向重组

山西煤炭资源丰富，小煤矿数量较多，多数装备水平差、管理能力弱、职工素质低、作业环境差。针对此状况，山西以培育现代大型煤矿企业和企业集团为主线，充分发挥大型煤矿企业理念、技术、管理、资金优势，依托大型煤矿企业兼并重组中小煤矿，着力提高煤炭产业集中度和产业水平，实现规模经营。山西推进煤炭企业兼并重组的过程，是山西煤炭行业优胜劣汰的过程，政府、企业、中介组织在其中分别扮演着不同的角色，各自发挥着不同的作用。

（1）政府——健全组织机构、加强制度设计。为加快推进煤矿企业兼并重组整合工作，山西省人民政府成立了领导组，省长任组长，成员单位有省煤炭厅、国资委、国土厅、监察厅、发改委、财政厅、工商局、环保局、煤炭安全监察局等，领导组办公室设在省煤炭厅。各市县政府均是重组整合工作的责任主体，相应成立了由政府主要负责人任组长的专门机构，统一领导本行政区域内的兼并重组整合工作。加强组织保障的同时，科学制定规则。山西省政府先后以晋政办发〔2007〕35号、晋政发〔2008〕23号、晋政发〔2009〕10号下发了《山西省人民政府办公厅关于印发山西省加快培育和发展大型煤炭集团公司实施方案的通知》《关于加快推进煤矿企业兼并重组的实施意见》《关于进一步加快推进煤矿企业兼并重组整合有关问题的通知》等，并出台了一系列配套政策，制定了《关于煤矿企业兼并重组所涉及资源采矿权价款处置办法》；下发了兼并重组流程图和《山西省煤矿企业兼并重组整合方案编制提纲》；为进一步规范省外企业在晋兼并重组、合作开发和控股经营煤矿行为，省政府下发了《关于省外企业在晋兼并重组煤矿有关事项的通知》；编制了《山西省煤矿企业兼并重组整合规划》和《关于加快兼并重组整合煤矿改造建设工作的安排意见》等一系列配套政策。通过建立起相对完善的煤矿企业兼并重组政策体系，确保煤矿兼并重组整合工作得以规范、有序推进。

（2）企业——发挥主体地位，整合模式灵活。按照国家的煤炭产业政策要求，结合山西大型煤矿企业在资本、人才、技术、管理等方面的优势，以先进生产力标准和建立现代企业制度为目标，确定重组整合主体：一是大力支持大型煤炭生产企业作为主体，兼并重组整合中小煤矿、控股办大矿，建立煤炭旗舰企业，实现规模经营。二是以山西煤炭运销集团公司、山西煤炭进出口（集团）公司等省属煤炭生产经营企业作为主体兼并重组整合地方中小煤矿。三是以具备一定生产规模的地方民营企业为主体，兼并重组相邻中小煤矿。四是电力等与煤炭行业相关联的大型企业以参股的方式参与煤矿企业兼并重组。

积极探索兼并重组整合的有效途径。以市、县（区）为单位，以资源为基础，以资产为纽带，以股份制为主要形式，通过企业并购、协议转让、联合重组、控股参股等多种方式，由大型煤炭生产企业兼并重组中小煤矿。规定了兼并重组企业应在被兼并企业注册地设立子公司，维持原有税费上缴渠道不变，继续承担原企业相应的社会责任，落实工业反哺农业、以煤补农方针，支持当地新农村建设和公益性事业；国有企业之间的兼并重组，采用资产划转的方式；非国有之间或非国有与国有之间煤矿企业的兼并重组，采用资源、资产评估作价入股或补偿退还；资产处置坚持依法评估、协商协调；采矿权价款补偿在退还企业剩余资源量采矿权价款的同时，再给予经济补偿，力争做到兼顾各方利益。

（3）中介机构——全程积极参与，确保合法合规。山西着力推进兼并重组中介服务专业化、规范化。以山西省长治市为例，该市在兼并重组过程中充分发挥中介组织和专家团队的作用，通过提供法律咨询、决策咨询、专家论证、参与决策等方式，做好兼并重组的信息咨询服务。市政府聘请山西大学数名法律专业人员，全过程提供法律服务指导、咨询等工作，做到依法推进煤矿兼并重组工作。国内35家有矿业评估权的中介组织，兼并双方可以进行自主选定。同时十分重视舆论的引导，利用报刊、电视和互联网，宣传兼并重组的意义，解读政策，释疑解惑，示范引路。山西省监察部门全程参与和监督，煤焦领域反腐败专项斗争办公室出台了加强纪律约束防止发生违纪的"十个严禁"，开展专项监督检查，及时公布查处的典型案件。

2.混合重组

近年来，山西省本着立足煤、巩固煤、延伸煤、超越煤的理念，把发展煤基高端产业链作为煤炭行业的主要转型路径，以混合兼并重组为手段，构建煤电一体化、煤焦一体化、煤化一体化发展产业链，实现煤炭产业的多元化发展。

以煤电联营为例，煤炭和电力是国民经济的重要基础产业，相互依存，相互促进。山西省委、省政府高度重视煤电和谐发展，以政府之手扫清煤电联营政策绊脚石，以市场之手破解"煤电疙瘩"，达到了1+1>2的效果。山西省人民政府办公厅于2012年7月13日制定下发了《关于促进山西省煤炭电力企业协调发展实施方案的通知》（晋政办发〔2012〕51号），明确了煤电联营的指导思想、目标、工作阶段和联营内容。创新煤电一体化发展新模式。山西煤电联营合作模式灵活多样，形成了以股权为纽带的煤电联营模式，即"煤控电""煤参电""电参煤""煤电互参"和以资产重组为手段的煤电联营模式，即"组建新公司"。"煤控电"，大同煤矿集团公司重组漳泽电力实现互利双赢。"煤参电"，晋能集团参股榆次热电厂。"电参煤"，华能股份公司参股潞安集团下属煤矿。"组建新公司"，山西煤销集团与山西国际电力合并重组成立了晋能集团。随着煤电一体化进程的推进，新模式不断涌现。格盟能源和潞安集团在10个煤炭项目和电力项目上实施股权置换、交叉持股，开启了煤电联营新的合作模式、商业模式和发展模式。2014年，省调20万千瓦及以上主力火电企业中，有30户实现了以股权为纽带的煤电联营，装机容量2716万千瓦，占比达到75%，未实现联营的企业全部与省内煤企签订了长协合同。

3.战略合作

大型国有煤炭企业通过将国有产权及资源进行市场化评估，在保持国有控股的前提下，积极引进规模实力雄厚、技术先进的著名跨国公司和国内大型企业等战略投资者，加快股权多元化改革步伐。实现向煤电、冶金、煤化工延伸的综合快速发展，不断提升山西煤炭企业的整体技术水平和核心竞争力。

4.区域重组

有条件的市、县地方国有、集体和民营煤矿在区域内以几个和多个骨干煤矿为核心，与所在区域内不同所有制的煤矿采取股份制的形式进行重组整合，关小建大，构建产权多元的区域性集团公司。

三、煤炭资源整合煤矿兼并重组的成效与经验

山西煤炭资源整合、煤矿企业兼并重组，顺应了经济转型的趋势，体现了以人为本、科学发展的理念。在能源投资体制、资源综合利用、安全生产和行业管理制度等方面实现了创新，为全国煤炭行业结构调整和体制创新积累了经验，在中国煤炭工业发展史上具有里程碑意义。

（一）成效

山西煤炭资源整合煤矿企业兼并重组取得重大成果，突出表现为开发规模效应、企业管理效应、资源利用效应、循环发展效应、安全生产效应、经济收益效应及行业示范效应等方面。

一是产业水平明显提升。全省矿井数由2008年底的2600座压减到1053座，70%的矿井规模达到90万吨／年以上，30万吨／年以下的

小煤矿将全部淘汰，平均单井规模由30万吨／年提升到100万吨／年以上，保留矿井将全部实现机械化开采，参见图6－1。

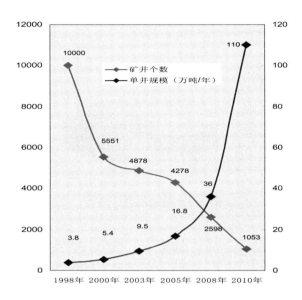

图6－1　1998—2010年矿井数量及单井规模变化趋势

二是产业集中度明显提高。办矿主体由2200多家减少到了130多家，形成了4个年生产力亿吨级和3个5000万吨级以上的煤矿企业，参见图6－2。

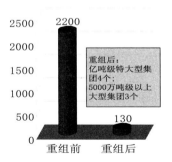

图6－2　重组前后山西省煤矿企业数量对比

三是办矿机制明显优化。形成了以股份制为主要形式，国有、民营并存的以现代企业制度运行的办矿格局。其中：国有企业办矿占20%，民营企业办矿占30%，混合所有制的股份制企业办矿占50%，参见图6-3。

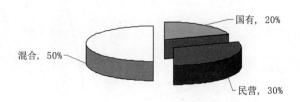

图6-3　重组后办矿格局

四是安全保障能力明显增强。兼并重组整合后的保留矿井将按照安全质量标准化矿井建设，矿井机械化、信息化水平将得到大幅度提升，本质安全保障能力大幅提高，参见图6-4。

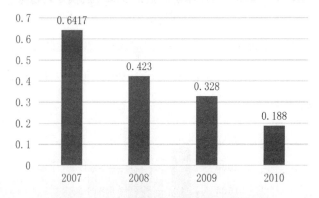

图6-4　2007—2010年百万吨死亡率对比

五是可持续发展能力明显增强。全省煤炭资源回收率和循环利用率、原煤洗选加工率、主要污染源治理达标率、煤层气（瓦斯）抽采和利用量都得到显著提高。

（二）经验

山西煤炭资源整合煤矿兼并重组的发展进程，呈现出"思路明确、重点突出、组织有力、运行规范"的显著特点。首先，遵循"制度建设先行、工作思路清晰、目标进度明确、范围方式具体"的原则，着眼长远，统筹规划。其次，切实加强政府领导、部门协调配合，强化舆论宣传，狠抓落实。再次，突出重点、抓住关键。在上述合力的共同作用下，山西煤炭资源整合煤矿兼并重组为全国煤炭工业可持续发展提供了"山西样本"。

1.操作性强

煤炭资源整合煤矿兼并重组所涉及的程序和步骤应当是在当时条件下可操作的，实施方法是切实可行的。首先，山西在组织领导上责任明确，形成了工作合力。省、市、县党委、政府是组织领导的主体，企业是推进实施的主体，调动了两个方面的积极性。其次，具体实施上讲究方法。坚持先进生产力标准和现代企业制度理念，坚持用具体明确的政策来指导。第三，整体效果上努力做到统筹兼顾各方利益，完善配套措施，和谐整合。

2.系统性强

煤炭资源整合煤矿兼并重组本身就是一个系统工程，涉及各类要素。为此，山西注重各项措施内容的连贯性、完整性。以煤炭企业兼并重组为例，更是在人力资源整合、文化整合领域进行了有益的尝试，通过主动发现被兼并煤矿企业文化，保障兼并主客体企业文化的融合和发展。同煤集团在兼并重组过程中积极整合各企业文化理念，从细处着手，对整合的85座煤矿实现从小到徽章、工作服，大到规章制度，都实现一个标准、一把尺子，让被兼并煤矿有了更高的标准和更优化的发展模式，使得整合的各煤炭企业能够更好、更稳健地发展。

3.持续性强

煤炭资源整合煤矿兼并重组是一个持续深入不断推进的过程。山西在基本完成煤矿企业主体兼并重组的基础上，坚持"改造为主、新建为辅"的原则，将推进重组整合与加快现代化矿井建设相结合，全力推进重组整合后续工作。首先，确保按期完成整合矿井关闭任务。对已明确列入关闭的矿井，严格按照规定和标准实施关闭；进一步加强关闭矿井的安全监管，加大对已关闭煤矿的日常巡查力度，严防死灰复燃、弄虚作假、变相多井口出煤。其次，严格管理过渡期生产矿井，组织开展矿井关闭专项行动和省级督查。第三，确保兼并主体企业真正到位。严格按照现代企业制度和《公司法》规定，进一步完善法人治理结构，推进股份制改造。建立起产权清晰、权责明确、管理科学、同股同利的现代企业制度，形成科学高效、集中统一的管理体系，规范运行。第四，确保兼并重组整合改造矿井按期建成。全力抓好兼并重组整合矿井建设改造工作，加强矿井建设管理，提高矿井机械化、信息化水平，大力推进高标准现代化安全高效矿井建设。

四、煤炭资源整合煤矿兼并重组的启示

山西作为煤炭资源整合煤矿兼并重组的先行者，克服了许多始料不及的困难，以敢为人先的精神进行了大量的创新探索。在开展"能源革命综合改革试点"的新征程中，回顾梳理煤炭资源整合煤矿兼并重组的历史进程，总结经验教训，对新时期山西能源

领域改革具有重要的借鉴和启示意义。

（一）推进整合重组，必须发挥政府主导作用

世界各国的发展实践表明，市场经济条件下，政府的行政干预不仅必不可少，有时甚至是非常重要的。煤炭作为一种可耗竭资源，其稀缺性、非再生性和差异性的特点属性，决定了难以单纯依靠市场机制有效约束生产者的逐利行为，需要国家法律法规、产业政策及行政手段的约束引导。山西煤炭资源整合煤矿兼并重组规模大、范围广、涉及整体布局和利益调整，政府的积极推动和适度干预，不仅符合当前实际和常规做法，而且是各项改革取得成功的根本保证。

政府的主导作用不容忽视，但也应特别注意要杜绝个别地方政府主导行为过多的情形。由于重组整合工作要求时间紧、任务重，完全依靠市场作用和企业自主重组，无法在短期内完成重组整合工作和国家下达的淘汰落后产能任务。为加快推进辖区内煤矿重组整合工作，部分地方在政府主导下，主体企业与被整合煤矿企业在达成意向性协议的前提下，报批了重组整合方案，但由于在后期推进过程中，涉及资产和资源的评估、补偿等一系列工作，特别是在补偿问题上难以达成一致意见，造成重组整合工作无法推进，遗留问题长期得不到解决。上述现象说明，政府在煤炭资源整合煤矿兼并重组中，主要职责是编制规划、制定政策、牵线搭桥、提供服务，而不能行政命令，"拉郎配"，对企业主体的具体市场行为做出过多的干预。"有为政府"的作用发挥应准确、适度，有边界。

（二）推进整合重组，必须遵循市场经济规律

市场经济要求以市场为基础来推动经济的发展，按经济规律办事。这次煤炭资源整合煤矿兼并重组，山西省明确规定，企业是兼并重组整合工作的实施主体，政府是推动主体。煤炭资源整合煤矿兼并重组，需充分发挥市场在资源配置中的决定性作用，采用市场化方式、法律化手段灵活解决相关问题。鼓励煤矿企业以资源和资产为纽带，以股份制为主要形式实施兼并重组。完善以招、拍、挂形式为主体的二级市场交易体系。允许矿业权人通过出售、作价出资、股权转让等多种方式依法进行流转，促进矿业权流通。坚持依法合规原则，对重组整合双方企业已签订重组整合协议，但因某一方未履行协议造成重组整合工作无法推进的，通过法律途径予以解决。这次煤炭资源整合煤矿兼并重组，先进生产力是改革的唯一标准，大的整合小的、优的整合劣的，符合世界煤炭产业发展的大潮流、大趋势。

（三）推进整合重组，必须把握机遇，手段灵活

机遇就是契机、时机或机会，通常被理解为有利的条件或环境。一般来说，机遇有一定的时间限制或有效期，时间过后，就再也得不到了。在经济发展中，错过机遇就会被超越。2008年下半年以来，国际金融危机给煤炭产业带来巨大冲击，国内经济增长由高速向中速转变，煤炭需求增速放缓，产能过剩矛盾显现，煤炭价格呈走跌态势。就山西而言，依靠扩张产能谋利的时代一去不复返。山西抓住金融危机给煤炭产业休养生息的难得机遇，以横向兼并重组和混合兼并重组为手段，灵活推进，转"危"为"机"。一方面，采取以现有大企业为核心整合中小企业的"以大带小"模式，通过重组整合，省内煤矿"多、小、散、乱"的产业格局发生了根本性转变；另一方面，以混合兼并重组为手段，着力构建煤电一体化、煤焦化、煤气化、煤液化产业链，"以煤为基，多元发展"渐

成气候。在煤炭市场遭遇寒流的逆境下，通过混合兼并重组形成的非煤产业释放出巨大的能量，全省煤炭就地转化能力得到提高，煤炭产业的抗风险能力有所增强，为全省煤炭产业延伸拓展开辟了新道路。

专题七　山西能源安全生产发展成就与展望

　　安全系于责任，责任重于泰山。中华人民共和国成立70年来，安全生产领域从矿山、工贸、电力等传统能源行业向化工、新能源、新材料等不断拓展；对安全生产的认识也从计划经济时期的"安全为了生产，生产必须安全"到"安全第一，预防为主"再到"以人为本，本质安全"直至"生命至上，安全第一"贯穿经济社会发展全过程的"大安全观"逐渐深化。

　　山西作为重要的能源重化工基地，在国家能源供给体系中占有重要的地位。在长期的能源产业发展中，由于特定的产业结构，与能源产业相关的采掘、重化工、冶炼等行业所占比重大，经济发展方式粗放、部分企业生产工艺技术落后、设备老化陈旧、安全管理水平低、安全生产保障能力差，安全生产面临的形势复杂严峻。可以说，安全生产事关全省能源工业可持续发展，事关保障国家能源供应安全，事关山西经济社会发展大局。本专题将回顾中华人民共和国成立70年以来我省安全生产形势发展历程，研究梳理安全生产工作中的经验、成效及问题，为当前形势下推进能源领域安全生产提供借鉴，并为促进全省经济持续健康发展提供有益参考。

一、山西能源安全生产发展历程

（一）安全生产和管理体制初创时期（1949年—1977年）

中华人民共和国成立以来，党和政府高度重视安全生产工作。毛泽东同志多次强调，在增产节约的同时，必须注意职工的安全、健康和必不可少的福利。从中华人民共和国成立初期至第一个五年计划时期，在"安全第一"的方针指引下，山西工矿行业不断加强安全管理和逐步完善安全设施。这一时期的安全状况较以前有了很大改善。1952年，全省煤矿百万吨死亡率比1949年下降60%。1958年至1961年"大跃进"时期，由于片面追求"高指标、高产量"，导致安全生产事故大幅上升。工矿企业事故年平均死亡人数比"一五"时期增长了近4倍。经过三年调整，安全状况稍有好转。在"三五""四五"时期，以及"文化大革命"期间极左思想的指导下，安全生产事故又大幅增加。

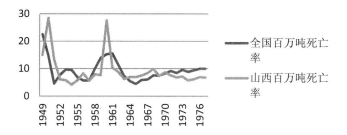

图7-1　1949—1977年全国和山西煤矿百万吨死亡率比较

（二）安全生产恢复发展时期（1978年—1992年）

1978年十一届三中全会后，经过"拨乱反正"和工作重点转移，重新确立了"安全第一"的方针。20世纪80年代初，我省被国务院确立为全国能源重化工基地后，对煤炭工业发展采取了

"大、中、小并举""国家、集体、个人一起上"和"有水快流"的方针，煤炭工业快速发展的同时，也出现了办矿标准低、矿点过密、规模过小、私开滥挖、浪费资源、事故多发等问题。尽管"七五"时期，我省在严厉打击非法矿、遏制私开滥挖的同时，提出了"以销定产、以运定产、合理开发、增强后劲"的煤炭工业发展方针，但"村村办矿、处处开口"的状况已经形成。

"八五"时期，省委、省政府坚持"安全第一，预防为主"的方针，积极推进能源领域安全综合治理：在机构设置方面，1978年，各矿务局先后恢复和建立安监部门。1979年，进一步整顿安全机构，省地方煤管局和各统配矿务局、矿成立安监处，充实安监队伍。1981年，省煤管局恢复安全监察局，加强全省煤矿的安监工作。1985年，省煤炭厅和11个地市煤管局成立安全监察局。"七五"时期，各统配局、矿，各地市、县煤管局纷纷成立安全领导组和安监站，加强安全监管。在完善安全生产相关规章制度方面，1982年，省煤管局下达《关于加强通风管理，防止瓦斯、煤尘爆炸事故的若干规定》《关于防止零星事故的若干规定》《关于改善综采安全生产的若干规定》《关于加强火工管理防止重大事故的若干规定》。1984年，省政府下达《加强乡镇煤矿安全生产的通知》和《乡镇煤矿安全生产的若干暂行规定》，修订1980年制定的"十条标准"等一系列规定，这些规定下达后，又组织了全省的检查，安全状况有所好转。1986年出台《山西省乡镇煤矿管理办法（试行）》《山西省乡镇煤矿职工培训方案》。在运用新技术保障安全生产方面，国有重点煤矿积极发展综合机械化采煤技术，减人减面、提高单产，实现集约化生产，加大安全投入，提高安全装备水平。1984年开始在国有重点煤矿引进安全监测监控系统。80年代后期，国有重点煤矿和生产规模大、经济效益好的高瓦斯地方煤矿使用瓦斯监测监控系统，瓦斯超限次数减少58.3%。其他煤矿则普遍推广使用"三专两闭锁"，遏制了重特大瓦斯爆炸事故的发生，全省煤矿百万吨死亡率比安全状况最好的"一五"时期低17.46%。

表7-1　1978—1992年煤矿百万吨死亡率表

单位：人；%

年份	全国合计		全省合计		国有重点		国有地方		乡镇	
	死亡人数	百万吨死亡率	死亡人数	百万吨死亡率	死亡人数	百万吨死亡率	死亡人数	百万吨死亡率	死亡人数	百万吨死亡率
1978	5830	9.44	631	6.42	308	5.66	—	—	177	9.42
1979	5429	8.54	610	5.63	286	4.95	—	—	155	6.2
1980	5067	8.17	697	5.76	254	3.99	137	6.58	306	9.27
1981	5079	8.17	693	5.23	236	3.49	121	5.6	336	7.75
1982	4805	7.21	725	4.99	259	3.57	149	6.05	317	6.57
1983	5431	7.6	703	4.42	233	3.06	134	4.96	335	5.97
1984	5698	7.22	857	4.58	241	2.98	130	4.42	483	6.28
1985	6659	7.63	1058	4.94	298	3.47	192	6.08	568	5.86
1986	6736	7.53	955	4.52	177	1.91	162	3.85	616	7.12
1987	6726	7.43	889	3.98	130	1.39	159	3.46	600	5.72
1988	6469	6.7	915	3.92	185	1.88	149	3.44	581	5.15
1989	6877	7.07	892	3.48	98	—	—	—	578	5.21
1990	6515	6.66	724	2.72	75	0.73	153	3.28	496	3.7
1991	5446	5.78	1065	3.39	74	0.69	382	7.66	609	3.1
1992	4942	5.43	822	2.78	59	0.52	201	3.98	562	3.85

（三）建立健全安全生产监管体制（1992年—2008年）

1992年10月，党的十四大召开，明确我国经济体制改革的目标是建立社会主义市场经济体制。为发挥企业的市场经济主体作用，国家相继颁布了《矿山安全法》《劳动法》等法规。1993年10月，国务院发出《关于控制重大、特大恶性事故的紧急通知》，要求建立"企业负责、行业管理、国家监察和群众监督"的安全生产管理体制。

这一时期，全省推广应用安全系统工程，完善全员、全过程、全方位的安全管理网络，建立健全以法制约束和经济制约手段为主的安全监察和安全管理机制。初步建立煤矿安全生产监管体系。1999年12月，国务院办公厅发布《关于煤矿安全监察管理体制实施方案的通知》，国务院决定对现行的煤矿安全监察管理体制进行改革，建立全国统一的垂直管理的煤矿安全监察体系。2001年初组建国家安全生产监督管理局。依照国务院和山西省委相关改革精神，山西煤矿安全监察局在原山西煤管局的基础上成立，职能是依法监督、监察山西省各类煤矿安全生产情况，依法查处煤矿伤亡事故。

推进安全生产法制化进程。1998年制定了《山西煤矿企业安全条例》，同年，根据修正后的矿产资源法及其3个配套法规，结合山西工作实际，制定了《山西省矿产资源管理条例》。2001年以后，先后出台《山西省乡镇煤矿安全生产的若干规定》《山西省煤矿安全质量标准检查验收办法》《山西省煤炭管理条例》（2001年3月实施），以及《山西省煤炭管理条例》《山西省实施〈矿山安全法〉办法》《山西省劳动保护暂行条例》《关于强化煤矿安全监督管理有效遏制重特大事故发生的有关规定的通知》《山西省煤矿职工伤亡事故报告和调查处理实施细则（暂行）》等一系列地方法规和规章。2002年6月，颁布了《安全生产法》，将我省安全生产纳入法制轨道。2004年出台了《山西省安全生产监督管理办法》和《山西省煤矿安全生产监督管理规定》《关于进一步加强安全生产工作的决定》等政府规章和相应的规范性文件，安全生产监督管理和监察执法的制度体系已初步形成。

初步建立了安全生产考核指标体系。根据中央相关要求，结合我省实际情况，2004年2月，我省建立了安全生产考核指标体系[1]。最初将考核指标分为控制指标和工作目标两类，控制指标包括：各类事故死亡人数、亿元国内生产总值死亡率、10万人死亡率、工矿企业死亡人数、工矿企业10万人死亡率、煤矿企业死亡人数、煤矿企业百万吨死亡率、杜绝一次死亡10人以上特大事故，其中明确将各类事故死亡人数、杜绝一次死亡10人以上特大安全事故这两项指标为否决项。

加强安全监管机构和队伍建设。2004年《山西省人民政府关于进一步加强安全生产工作的决定》提出，建设成安全生产三级机构、五级网络监管体系。要求2004年县级以上人民政府全部建立安全生产监管机构，充实人员，保障经费。产煤乡镇和工业比重较大的乡镇，要设立安监办或安监站，街道办事处、村民委员会要确定专职安全监督管理人员，负责所辖区域内的安全生产监督管理工作。企业生产车间班组要设立专（兼）职安全生产管理人员。

开展安全生产专项整顿。这一时期开展了以煤矿和非煤矿山、

---

[1] 《山西省人民政府关于建立全省安全生产考核指标体系的通知》（晋政发〔2004〕6号）指出，各市安全生产考核指标包括控制指标和工作目标两部分。控制指标包括：各类事故死亡人数、亿元国内生产总值死亡率、10万人死亡率、工矿企业死亡人数、工矿企业10万人死亡率、煤矿企业死亡人数、煤矿企业百万吨死亡率、杜绝一次死亡10人以上特大事故；工作目标包括加强管理、召开安全工作例会、治理重大安全事故隐患、组织安全生产大检查、及时报告特大事故、督促企业按有关要求提取、使用各项安全经费等任务。

道路和水上交通运输、危险化学品、民用爆破器材和烟花爆竹、人员密集场所消防安全等为重点的安全生产专项整治。2001年发布《关于深化煤矿安全专项整治的决定》，在全省开展以"一通三防"为重点的煤矿安全专项整治，严厉打击了安全生产领域的非法生产经营活动，取缔、关闭了一大批非法和不具备基本安全生产条件的小矿、小厂及各类经营网点。2005年至2006年推进安全生产"三大战役"中，全省依法关闭了4876个非法、违法采煤矿点，依法处理各类非法、违法采矿人员1268人，查处了62名监管失职、工作不力的县、乡干部及执法管理人员，基本遏制了非法、违法煤矿的生产。通过经济手段，同时辅之以必要的行政手段，整合淘汰主要产煤县年产9万吨以下的小煤矿，全省淘汰减少超过1300个小煤矿；改造提升30万吨左右的中型矿井，达到提高单井生产能力和采煤机械化水平的目的。

实施煤矿企业安全许可制度。国务院397号令发布了《安全生产许可证条例》（以下简称《条例》），从2004年3月起施行。《条例》规定，2004年现有煤矿必须取得安全生产许可证，未能取得安全生产许可证的将予关闭。提高煤矿安全准入门槛，煤矿企业必须取得安全生产许可证，方可从事生产活动。

建立安全生产问责制度。积极贯彻国务院302号令，认真查处生产安全事故，组织生产事故的调查处理，起到应有的警示教育作用。仅2003年在煤矿安全事故调查中，就处理责任者1217人，其中地市级2人、县处级25人、科级136人，移交司法机关追究刑事责任86人，给予行政处分549人，党纪处分146人，关闭事故矿井19处。

建立企业安全生产风险抵押金制度。2003年，省政府办公厅转发省安全生产监督管理局《乡镇煤矿安全风险抵押金管理办法的指导意见》的通知，规范乡镇煤矿安全风险抵押金的交给、管理和使用。2004年，《国务院关于进一步加强安全生产工作的决定》第十八条明确规定："建立企业安全生产风险抵押金制度。为强化生产经营单位的安全生产责任，各地区可结合实际，依法对矿山、道路交通运输、建筑施工、危险化学品、烟花爆竹等领域从事生产经营活动的企业，收取一定数额的安全生产风险抵押金，企业生产经营期间发生生产安全事故的，转作事故抢险救灾和善后处理所需资金。"

建立生产安全应急救援体系。2004年《山西省人民政府关于进一步加强安全生产工作的决定》提出"建立生产安全应急救援体系"，2005年，在《山西省人民政府办公厅关于加强全省安全生产应急救援体系建设的意见》（晋政办发〔2005〕57号）中提出"在合理规划、整合资源、拓展功能的基础上,利用两年左右的时间,分阶段进行建设,建立统一指挥、职责明确、结构完整、功能全面、反应灵敏、运转协调,符合山西实际的全省安全生产应急救援体系"。

表7-2 1993—2009年煤矿百万吨死亡率

单位：人；%

年份	全国合计		全省合计		国有重点		国有地方		乡镇	
	死亡人数	百万吨死亡率	死亡人数	百万吨死亡率	死亡人数	百万吨死亡率	死亡人数	百万吨死亡率	死亡人数	百万吨死亡率
1993	5152	4.78	586	1.91	53	0.56	144	3.07	389	2.72
1994	6574	5.15	668	2.07	72	0.63	198	3.48	398	2.11
1995	6222	4.89	583	1.76	61	0.56	135	2.14	387	1.7
1996	6142	4.55	566	1.62	44	0.5	91	2.01	431	1.7
1997	6753	4.47	538	1.63	37	0.32	121	1.76	380	1.3
1998	6134	5.04	361	1.18	23	0.15	67	1.32	271	1.13

续表

年份	全国合计		全省合计		国有重点		国有地方		乡镇	
	死亡人数	百万吨死亡率	死亡人数	百万吨死亡率	死亡人数	百万吨死亡率	死亡人数	百万吨死亡率	死亡人数	百万吨死亡率
1999	5518	6.08	503	1.95	32	0.32	100	2.02	371	4.03
2000	5798	5.77	518	1.85	51	0.42	48	1.12	419	3.69
2001	5670	5.07	490	1.66	38	0.27	81	1.4	371	3.64
2002	6995	4.64	501	1.24	40	0.28	121	1.9	340	1.85
2003	6702	3.71	496	1.18	51	0.26	123	1.62	322	1.78
2004	6027	3.08	485	0.98	—	0.12	—	1.28	—	1.91
2005	5491	2.81	490	0.902	38	0.095	71	0.823	381	1.994
2006	6072	2.04	491	0.845	107	0.356	93	0.966	291	1.579
2007	3786	1.485	458	0.748	38	0.118	62	0.561	358	1.993
2008	3210	1.182	308	0.47	48	0.138	65	0.559	195	1.02
2009	2700	0.892	206	0.328	127	—	39	—	40	—

表7-3　2003—2010年山西煤矿重特大事故情况

时间	重大事故（10—29）				特大事故（30— ）			
	事故起数	死亡人数	其中煤矿事故		事故起数	死亡人数	其中煤矿事故	
			事故起数	死亡人数			事故起数	死亡人数
2003	8	243	7	171	1	72	1	72
2004	10	149	6	102	3	102	3	102
2005	12	194	8	140	2	108	2	108
2006	6	114	6	114	3	137	3	137
2007	8	146	6	122	1	105	1	105
2008	9	149	5	82	3	356	1	35
2009	5	61	3	37	1	78	1	78
2010	3	60	2	49	1	38	1	38

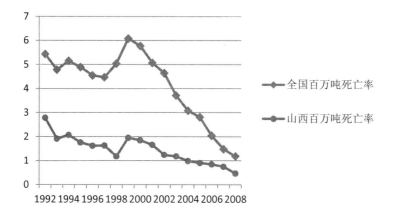

图7-2　1992—2008年全国和山西煤炭百万吨死亡率

（四）安全生产形势稳定好转阶段（2008年—2018年）

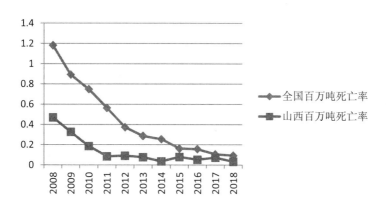

图7-3　2008—2018年全国和山西煤炭百万吨死亡率

1.深入推进"依法治安"

全面贯彻落实《中华人民共和国安全生产法》《职业病防治法》《生产安全事故报告和调查处理条例》等国家有关安全生产法律法规，修订完善了《山西省安全生产条例》《山西省煤炭管理条例》等一批地方性法规；做好地方性安全标准制定工作，出台

《山西省非煤矿山安全管理十条规定》《山西省企业劳动防护用品管理标准化规范》；颁布实施《山西省人民政府办公厅关于加强安全生产监管执法工作的通知》《山西省安全生产应急预案管理办法》《山西省工作场所职业卫生监督管理实施意见》等制度规定；针对我省作为煤化工大省，危险化学品从业单位量大面广、安全监管任务十分繁重的省情，出台了《山西省尾矿库安全生产规定（草案）》《山西省人民政府办公厅关于进一步加强危险化学品安全生产工作的意见》《山西省危险化学品从业单位安全生产标准化评审工作实施办法(试行)》等规程标准；编制安全生产权力清单，对权力加以规范和确认，依法严格监管，用法治方式、法律手段推进安全发展，切实把安全生产监管工作纳入法制化轨道；强化经济政策的引导作用，从实际出发制定有利于安全生产的财政、税收等经济政策，落实煤矿、非煤矿山、危险化学品、烟花爆竹、交通运输、建筑施工等行业企业的安全费用提取制度和风险抵押金制度、安全生产责任保险制度等，全省安全生产法规体系基本形成。

2.理顺安全生产管理体制

连续11年将安全生产作为1号文件。自2009年起至今，省政府已经连续11年把安全生产列为"1号工程"，出台1号文件部署安全生产工作。每年1号文件的重点有所侧重。如2015年的1号文件要求各级各部门编制安全生产权力清单，并首次提出"依法治安"理念。2016年1号文件提出要牢固树立安全发展理念和"三个决不能过高估计""三个敬畏"的认识，始终把安全生产放在首要位置，并要求企业必须健全全员、全过程、全方位安全生产责任制，健全隐患排查治理体系。2017年要求以"四铁"精神（即以铁的担当尽责、以铁的手腕治患、以铁的心肠问责、以铁的办法治本）狠抓安全生产工作，强化安全生产红线意识，突出行业领域的薄弱环节，继续深化重点行业领域安全专项整治。在上年实行安全生产挂牌责任制度的基础上，2018年的1号文件要求企业建立健全从主要负责人到一线从业人员的全员安全生产责任清单，同时增加安全生产巡查制度。2019年，在健全完善应急管理体系和全面提升防灾减灾能力两方面增加了对深化改革发展的要求。

组建高规格安委会。省长任省安委会主任，各副省长任省安委会副主任，分管副省长任常务副主任兼省安办主任。在原41个成员单位的基础上，增加省政府应急办、省地震局、省食品药品监督管理局、省劳教局、省重点工程建设领导组办公室等5个部门，46个安委会成员全部调整为各部门主要负责人。各市各企业比照省政府安委会调整了组成人员。

理顺安全管理机构。2009年，根据《中共山西省委、山西省人民政府关于印发〈山西省人民政府机构改革方案〉的通知》（晋发〔2009〕13号），设立山西省安全生产监督管理局，承担安全生产综合监督管理责任。同时将安监与煤监分设，明确安监部门在非煤矿山、尾矿库和危险化学品等行业的监管和综合兼顾职能。2018年，按中央有关改革部署实施，将原山西省安全生产监督管理局的职责，以及山西省政府办公厅、省公安厅、省民政厅等厅局的应急管理、消防管理、救灾及省煤炭工业厅的煤矿安全监督管理职责等整合。

建立安全生产制度体系。2008年11月19日，省政府公布了《山西省人民政府安全生产委员会制度》《山西省安全生产厅（局）际联席会议制度》《山西省安全生产联合执法制度》《山西省安全生

产事故隐患排查治理制度》《山西省安全生产责任事故约谈制度》
《山西省安全生产隐患和事故举报奖励制度》《山西省重大危险源
监督管理制度》《山西省安全生产专项督察制度》等有关强化安
全生产的8项制度，随后又出台了《山西省煤焦领域惩治和预防腐
败制度》和《安全生产行政问责制度》，形成了10项系统化的制度
体系。通过建立健全这些制度，协调部门工作，进行联合执法，隐
患排查治理，事故约谈预防，强化安全生产监督管理，落实相关行
政责任。同时还制定了煤矿、尾矿库、道路交通、危险化学品、冶
金有色、金属非金属矿山、烟花爆竹、消防、水利、学校、特种设
备、建筑工程及市政营运等12个重点行业领域118条易懂、易记、管
用的安全生产规定，规定每个环节的具体操作规范。

3.建立完善的考核指标体系

2009年4月，省政府出台《山西省人民政府印发山西省安全生
产工作考核评价体系的通知》（晋政发〔2009〕9号），除了对安
全生产工作考核指标加以充实完善外[1]，还对区分煤矿、非煤矿山
及尾矿库、道路交通等六行业制定了安全考核评价标准，同时还加
大安全考核权重。2013年3月，省政府办公厅印发《山西省安全生
产考核指标和考核办法》，将省有关部门和单位纳入安全生产工作
考核范围，并明确提出省政府与各市政府、省有关部门和单位签订

---

[1] 考核指标分为绝对控制指标和相对控制指标两大项。绝对控制指
标是考核性指标，共7项，对考核指标加以明确完善，增加了道路交通、火
灾、铁路等事故的死亡人数。按规定分别计算出各项实得分，计入安全生
产指标考核得分。相对控制指标也是考核性指标，共4项，包括亿元GDP事
故死亡率、工矿商贸企业十万人事故死亡率(简称十万人事故死亡率)、道路
交通万车死亡率、煤矿百万吨死亡率。按规定分别计算出各项实得分，计
入安全生产指标考核得分。

安全生产工作目标责任书，并对奖励激励等制度进行充实完善，明确了对安全生产、监管监察、专项整治、科技进步与创新、抢险救灾等先进个人的奖励标准。2016年11月，省政府出台了《山西省安全生产目标责任考核办法》[1]，明确把11个市和36个省有关部门和单位安全生产纳入省年度目标责任考核体系，责任包括健全责任体系、推进依法治理、完善体制机制、加强安全预防、强化基础建设、防范遏制事故。办法还设立减分项和否决项，将省委、省政府安排部署的重点行业领域安全生产工作作为年度重点工作列入目标责任。2017年8月，省政府印发《山西省贯彻落实国家及省安全生产"十三五"规划实施方案》，明确了安全生产的5项约束性指标，各地、各有关部门将把其纳入经济社会发展综合评价和绩效考核范畴，通过建立健全安全生产控制考核指标体系和逐级分解落实制度，定期公布指标进展情况，定量评价各地、各行业(领域)安全生产状况。5项约束性指标为：生产安全事故死亡人数控制在"十二五"时期平均数以内；亿元地区生产总值生产安全事故死亡率控制在0.2以下；工矿商贸就业人员十万人生产安全事故死亡率控制在1.5以下；煤矿百万吨死亡率控制在0.1以下；道路交通万车死亡率控制在4.0以下。

---

[1]　安全生产考核采用评分法，满分以100分计。考核结果分优秀、良好、合格、不合格4个等次。省安委办负责制定年度安全生产考核工作方案，并依据得分情况评定考核结果。各被考核单位有这三种情形之一的，予以否决，考核结果评为不合格：一是煤矿、道路交通、化工和危险化学品、消防等行业领域发生重大以上（含重大）责任事故的；二是其他行业发生一次死亡6人以上（含6人）责任事故的；三是发生较大事故瞒报、迟报或应急处置不当造成恶劣社会影响的。

4.健全安全生产责任体系

（1）强化监管部门的监管责任。

推进党政同责，建立健全安全监管体系。按照"党政同责、一岗双责、失职追责"和"管行业必须管安全，管业务必须管安全，管生产经营必须管安全"的要求，2011年省安监局与省国资委联合制定《山西省安全生产监督管理局关于进一步加强驻晋中央企业和省属企业安全生产分级属地监管的实施意见》，2013年省政府办公厅制定实施了《山西省人民政府办公厅关于进一步明确部分行业领域安全生产监管职责的通知》，对目前监管责任不明晰的电力、选矿、新能源和再生能源等16个行业领域的安全监管职责予以明确，2014年省委、省政府制定出台了《关于实行安全生产党政同责的意见》，明确提出实行安全生产"党政同责、一岗双责"。到2015年，省、市、县已全部建立了安全生产"党政同责、一岗双责、齐抓共管"责任体系，实现了三级五个"全覆盖"。2018年8月，出台《山西省贯彻落实〈地方党政领导干部安全生产责任制规定〉实施细则》，对县级以上各级党委、政府主要负责人及分管安全生产工作的政府领导及政府班子其他成员的安全生产职责进行了细化，还增加了县级以上各级党委常委会的职责。这一系列的政策出台实施，使全省齐抓共管的安全生产责任体系进一步健全完善。同时还按照"横向到边、纵向到底"的要求，在建立健全市、县安监机构的基础上，重点加强了乡镇安监执法机构队伍建设，全省乡镇建立了安全监管机构，多数行政村指定专人负责安全生产工作，初步形成了"四级机构、五级网络"的安全生产监督管理体系。

创建市县长安全助理和安全监管"五人小组"[1]。针对部分地方主管安全生产工作的领导力量薄弱、专业知识跟不上、不适应安全生产管理要求的现状，2009年，我省创新煤矿安全监管体制，在各产煤市、县组建煤矿安全监管五人小组，五人小组由熟悉煤矿安全生产法律法规的采煤、掘进、机电、运输、通风、地质、防治水等专业管理人员组成，对所负责矿井实行安全监管检查包保责任制。2010年，为11个市和重点产煤县（市、区）选派了市长、县长安全助理，协助分管安全工作的副市长、副县长，做好本行政区域内煤矿和非煤矿山安全工作。乡镇设置了安监站。2014年，加强对安全监管五人小组的管理的同时还实行定期考核奖惩机制，通过这些举措，推进安全与生产的同步规划、同步决策、同步实施。

治理非煤矿山安全生产工作。2018年，针对地下矿山井巷支护不到位、通风管理不规范等突出问题，制定了《金属非金属地下矿山安全管理五条规定》；针对非煤矿山安全隐患预防和治理问题等突出问题，制定了《非煤矿山安全管理十条规定》；针对尾矿库湿排式排尾等突出问题，制定了《关于进一步加强尾矿库安全监管工作的通知》。

（2）落实企业主体责任落实。

实行安全生产挂牌责任制。2012年6月，省政府办公厅出台《关

---

[1] 煤矿安全监管五人小组，由熟悉煤矿安全生产法律法规的采煤、掘进、机电、运输、通风、地质、防治水等专业管理人员组成。每组负责5个矿井，由市、县煤炭部门管理，并对所负责矿井实行安全监管检查包保责任制。检查方式以井下现场检查为主，采取日常和不间断巡回检查，并建立检查档案，记录检查时间、地点、发现问题及处理情况等。重点对通风系统、瓦斯防治、水害治理、机电管理、掘进头管理、瓦斯尾巷管理等重点部位和环节，以及违章违规指挥、操作等进行检查。并对煤矿企业领导跟班下井制度和重大隐患排查治理制度的落实情况等进行督促检查。受市、县政府委托，检查组被赋予相应的行政执法权和行政处分建议权。

于印发煤矿安全生产挂牌责任制实施方案的通知》，明确了挂牌责任人和挂牌责任人的工作职责、检查次数等。2017年实现了高危行业企业实现挂牌全覆盖。到2019年初，全省已有2713家非煤矿山企业实现安全生产挂牌全覆盖。

推行企业法人代表安全生产承诺制度。在全省重点行业（领域）推行法定代表人安全生产承诺制，签订《企业法定代表人安全生产承诺书》。2009年12月，省政府办公厅《关于转发省安委办全省重点行业（领域）生产经营单位推行法人代表人安全生产承诺制实施方案的通知》精神和"法人代表人安全生产承诺制"，根据"分级、属地管理"原则，由监管部门制作承诺书，企业法定代表人签字，重点承诺健全完善企业安全生产管理责任、保障责任、岗位责任和监督责任体系以及安全投入、管理、装备、培训等内容。

实施"六大员""五大员"制度和煤矿通风区长兼任矿长助理制度。2010年11月，省政府出台《关于贯彻落实国发〔2010〕23号文件精神进一步加强企业安全生产工作的意见》，要求每个煤矿逐步配齐矿长、分管安全、生产、机电副矿长、总工程师和通风区长，在金属非金属地下矿山配齐主要负责人、分管安全、生产、机电、技术副矿长，有尾矿库的选矿企业要配齐主要负责人、分管安全、技术负责人，其他行业企业也要配齐相应的专业技术人员。此外还推进煤矿通风区长兼任矿长助理制度。在国有重点煤矿集团公司所属各矿现任通风区（队）长兼任矿长助理的基础上，全省地方煤矿现任通风区（队）长兼任矿长助理。同时落实企业领导干部现场带班等制度，将国家规定的煤矿"领导带班下井"制度将延伸到所有矿山企业，并把干部下井带班制度，作为干部考核的一项重要指标。

建立健全企业全员安全生产责任清单。2018年要求企业建立健全从主要负责人到一线从业人员的全员安全生产责任清单。在规范执法方面，要求各级各部门建立行政执法决定法制审核、执法过程记录、执法公示等制度，执法结果必须向社会公开，做到执法闭合、过程留痕、责任可溯。同时，新增了清单化管理内容，要求各级各部门建立问题整改、挂牌督办、追责问责和联合惩戒清单，并将清单的建立和重大事项落实情况，列入同级政府督办系统。

对煤矿矿长实行考核记分。针对煤矿落实安全生产主体责任不到位，出现重大事故隐患、违法违规行为、发生生产安全事故及其他情形，2019年6月，省政府办公厅印发《山西省煤矿矿长安全生产考核记分办法》，对全省煤矿矿长的安全生产职责、考核分值设置、考核记分情形、记分结果处理、考核记分管理和实施等作出了规定，同时在依法对煤矿实施行政处罚的同时，对煤矿矿长实行安全生产考核记分制度。

加强煤矿班组安全建设。班组是煤矿企业最基层的组织单元，加强煤矿班组安全建设，强化煤矿基础管理和现场安全管理，是减少煤矿各类伤亡事故最切实有效的措施。为加强煤矿班组安全建设工作，充分发挥煤矿班组安全生产第一道防线的作用，2018年，编制《山西省煤矿班组安全建设规定》（晋煤监政法〔2019〕6号），2019年2月，做法经验及规定被国家煤监局转发，供各地学习借鉴。

开展安全生产"知责履责、失职追责"。2017年5月，省政府安委办下发了《关于在全省开展安全生产"知责履责、失职追责"活动的通知》，在全社会形成"人人知责、人人履责、人人尽责、失职追责"的安全生产责任落实机制,将安全生产"知责履责、失职追责"活动开展情况纳入年度目标责任考核内容。

5.提升安全生产保障能力

煤炭资源整合和企业兼并重组。为彻底改变我省煤炭行业"多小散乱"的格局,2008年起,实施了煤炭资源整合和企业兼并重组,提高生产集约化、规模化和机械化水平,为煤矿安全生产奠定坚实基础。经过整合,全省矿井个数由试点前的4389座减少到1053座,办矿主体由2200多家减少到130个左右;非煤矿山由9072座压减到5028座,尾矿库由1735座压减到472座。平均单井规模提高到100万吨/年以上,保留矿井全部实现机械化开采。形成了4个亿吨级、3个5000万吨级的大型煤炭集团,大集团控股经营的煤炭产量占全省总产量的70%以上。形成以股份制企业为主要形式,国有、民营并存的办矿格局和以大基地、大集团、大煤矿为主的新型煤炭工业格局已初步形成。兼并重组后的保留矿井本质安全保障能力大幅提高。关闭安全生产水平低、安全无保障的小金属与非金属矿山企业、小化工企业和尾矿库,从根本上提高企业安全生产保障能力。

开展打非治违等专项整治。自2009年开始,连续开展煤矿、非煤矿山、危险化学品、道路交通、建筑施工、民用爆破器材和烟花爆竹、人员密集场所消防安全等18个行业领域的安全生产专项整治活动。在治理整顿的基础上,强化监督检查,引导企业逐步走向规范化管理,按照安全质量标准化的要求进行安全生产。

煤炭行业:按照"关闭取缔""停产整顿""加强监管"三类标准,地毯式、全覆盖、不留死角地全面排查,施行了分类整治。关闭取缔非法和不具备安全生产条件的生产经营单位,遏制低水平重复建设，提升水、瓦斯、火、煤尘等防治水平。

非煤矿山：整顿关闭违法生产的非煤矿山企业。通过联合、重组、股份制改造等多种形式，推动非煤矿山企业逐步实现规模化、集约化和规范化生产，在两年内非煤矿山企业数量减少10%。对重大危险源进行重点监控，加强重大事故隐患的治理，推进安全质量标准化管理。对山体滑坡、水害等灾害开展有效防治，对设计库容1000万立方米以上或设计主坝高60米以上的尾矿库，全部建立完善安全监控系统，逐步建立尾矿库等的安全监控体系。

危险化学品：完善危险化学品安全监管部门协调机制，落实监管责任。加强危险化学品生产经营单位选址规划的管理，重点对威胁城市公共安全的危险化学品生产经营单位，采取"关停、治理、搬迁、转产、限产"等措施进行整治。对化学工业园区开展区域风险评价和安全规划，提高园区的科学布局及区域安全水平。

建筑业：建立省、市、县三级安全监督机构，强化施工现场监管。推广建筑施工新技术、新工艺，稳步推进全省建筑施工安全质量标准化工地建设。建立建筑施工企业安全信用体系和失信惩罚机制。建立完善建筑业安全生产信息系统。建立建筑业重大质量安全事故快报系统，完善事故处理机制。强化高处坠落、施工坍塌和塔吊倒塌等多发事故的预防工作，督促和检查重点地区和重点企业事故预防措施的制定与落实。

特种设备：构建特种设备动态安全监管、安全责任、安全评价和应急救援体系。持续开展了气瓶、压力容器、压力管道、电站锅炉、危险化学品承压罐车、起重机械以及取缔土锅炉、简易电梯等特种设备的专项整治，提升特种设备安全检验检测能力。

6.建立健全应急救援和隐患排查机制制度

建设安全生产事故应急救援体系。2009年4月，出台《山西省安全生产事故灾难应急预案》（晋政办发〔2009〕47号）。2014年初，为推进建设高效的应急救援体系，省安监局在全省按地域划分，建立了北部（大同、朔州、忻州）、中部（太原、晋中、吕梁、阳泉）、南部（长治、晋城、临汾、运城）安全生产应急救援协作区。

树立"隐患就是事故"的理念，建立健全隐患排查治理体系。2008年11月，省政府发布《山西省安全生产事故隐患排查治理制度》（晋政发〔2008〕30号），2014年4月，省政府办公厅发布《关于印发山西省建立安全隐患排查治理体系工作方案的通知》，建设隐患排查数据库，排查治理重大隐患，关闭取缔非法违法生产经营窝点，停产整顿了存在严重安全隐患的企业。2018年8月，省安委办印发《企业安全风险分级管控和隐患排查治理工作指南》，从政府、部门和企业三个层面构建我省安全风险分级管控和隐患排查治理双重预防机制。

电力行业：推进电力企业安全风险预控体系建设，加强危害辨识和风险评估，督促企业做好安全风险管控工作。继续完善各级各类应急预案，定期组织开展应急演练，有效提高电力突发事件应急处置能力和水平。推进电力企业安全生产标准化建设，督促企业做好检修维护、更新改造、施工过程中安全管理工作。危险化学品：以化工园区和化工集中区为重点，加强安全管控，强化源头管理，加强危险化学品特殊作业环节整治。开展危险化学品生产、经营、储存、运输、使用、废弃物处置各环节、分区域安全评估，建立危险化学品信息数据库。实施危险化学品重大危险源普查。开展危化学品管道隐患排查治理，强化对穿越公用区域危险化学品管道安全监管。冶金工贸：强化冶金、有色、建材、机械、轻工、纺织、烟草和商贸等行业安全监管，推动企业深入开展隐患排查治理。强化金属冶炼企业煤气、配套的危险化学品等事故易发、复发区域（部位）安全管控，以高温液态金属吊运、防有毒有害气体中毒窒息为重点，从严排查治理隐患，重点排查治理粉尘易爆场所、有限空间、涉氨制冷液氨使用等事故隐患。完善劳动密集型加工企业安全防护设施。建立健全有限空间作业、交叉检修作业安全操作规程和标准规范。

加大应急管理监督检查。对市、县级生产安全应急管理机构建设、应急预案管理、应急演练工作开展情况进行检查，进一步规范应急管理工作，推动应急管理制度化、规范化。按照监督检查计划，编制现场检查方案，加大对中央驻晋、省属重点企业和其他生产经营单位安全生产应急管理的监督检查力度，督促企业完善应急准备，加强重大危险源应急管理，强化应急演练和培训，有效提升应急处置能力。

开展应急宣传和培训。宣传贯彻新修订的《山西省生产安全事故应急预案》，提高应急管理人员的应急意识和能力，开展生产安全事故技术专家培训，利用省安监局门户网站，宣传应急管理工作，推广经验做法，在安全生产宣传月宣传事故预防、避险、自救、互救及应急救援有关法律法规等常识，普及应急知识，提升公众风险防范意识和自救互救能力。

7.健全科技、人才支撑体系

（1）科技兴安。

推进安全生产科技支撑体系建设。依托山西省矿山安全实验室、非矿山安全和重大危险源监控实验室、职业危害检测与鉴定实验室建立完善以企业为主体、以市场为导向、产学研用相结合的安全技术创新体系。同时以煤矿、非煤矿山、危险化学品、特种设备、建筑、交通运输等行业和领域为重点，加强事故隐患诊断与治理等安全生产技术研究，开展矿山重大灾害机理及预防、危险化学品事故预防与控制、重大危险源监控与管理信息化、重大事故隐患治理、现代安全管理、重大事故调查分析与仿真等相关技术应用研究与创新。支持和推广利用先进、适用的安全生产技术。创新安全生产监督监察手段。实施以矿山灾害综合防治、重大危险源监控和应急管理、安全生产信息化等为重点的安全生产技术示范工程，提升安全生产科技水平。

（2）人才支撑。

坚持安全生产全员培训，提升从业人员素质。严格执行企业主要负责人、安全管理人员和特种作业人员"持证上岗"制度。建立健全省、市、县三级培训体系；企业安全生产培训的主体责任和地方政府的监管责任得到全面落实。

加强监管监察队伍建设。以"人才兴安"为牵引，大力加强企业经营管理人才队伍、专业技术人才队伍、高技能人才队伍建设，培养适合我省转型跨越发展的安全生产人才。加强注册安全工程师队伍建设，切实做好注册安全工程师考试组织、注册管理和继续教育工作。鼓励高等院校、职业学校进一步完善校企合作办学、对口单招、订单式培训等政策，加强高危行业专业人才和生产一线急需技能型人才的培养，解决人才需求。加快建设专业化的安全监管监察队伍，建立以岗位职责为基础的能力评价体系，通过多种途径加强监管执法人员业务培训，不断提升监管执法能力和水平。

规范用工管理。对煤矿井下工种和专业技术岗位实行严格准入制度。推行统一发布用工信息、组织报名和资格审查，统一培训，统一签订劳动合同和劳动用工备案，统一参加社会保险和派遣，统一管理的"五个统一"煤矿劳动用工管理制度。

"变招工为招生"。2008年8月，《山西省煤炭企业转产煤炭城市转型政策试点实施方案》中明确提出"煤矿企业用工逐步实现变招工为招生"。其后，省政府陆续发布文件，明确要求"国有重点煤矿新招工人做到变招工为招生、先培训后上岗"，鼓励企业加强与以培养后备技术工人为目标的职业院校开展合作，开展订单式培养和定岗培训，实行"变招工为招生"。2015年7月，省政府下发《关于贯彻落实〈国务院关于加快发展现代职业教育的决定〉的实施意见》提出在煤炭、建筑、旅游、餐饮服务、化工、制造等有条件的行业领域试行行业用工准入制度，开展现代学徒制和"变招工为招生"改革试点。据统计，2013年至2016年全省煤矿新招原煤生产人员15.8万人，其中直接从职业院校招用12.7万人，为产业升级提供了强有力的智力支撑和人才保障。

8.建立完善社会监督体系

对安全生产领域失信行为开展联合惩戒。2015年10月，省政府办公厅下发《关于加强安全生产监管执法工作的通知》，提出我省将建立完善安全生产诚信约束机制，严格实行企业安全生产"黑名单"制度，同时建设企业安全生产违法信息库。2017年省政府印发《山西省建立完善守信联合激励和失信联合惩戒制度加快推进社会诚信建设实施方案》，要求将严重失信主体列为重点监管对象，建立健全信用信息归集共享和使用机制,依法依规采取行政性、市场性、行业性和社会性约束和惩戒。2017年12月,省安监局发出联合惩戒第1号文件,公布了首批安全生产失信企业名单,对33家生产经营单位及36名有关人员实施联合惩戒。同时严格实行企业安全生产"黑名单"制度,并通过企业信用信息公示系统向社会公示,对列入"黑名单"的企业,在经营、投融资、政府采购、工程招投标、国有土地出让、授予荣誉、进出口、出入境、资质审核等方面依法予以限制或禁止。

开展安全文化建设。开展"安全生产月""三晋安全行""安康杯"竞赛、创建青年安全示范岗等群众性的安全宣传教育活动,宣传党和国家关于安全生产方面的方针政策、法律法规,宣传安全生产工作先进典型和先进经验,普及安全生产知识,引导全社会切实增强安全意识,牢固树立安全发展的科学理念,营造全省各地各行各业人人关心、支持安全生产的良好社会氛围。同时认真落实安全生产新闻发布制度和救援工作报道机制,完善隐患、事故举报奖励制度,加强社会监督、舆论监督和群众监督。

9.夯实安全生产基层基础

强化安全生产投入。企业是安全生产投入的主体,安全生产投入是企业的法定责任。我省按照吨煤不低于15元的标准足额提取安全费用。各市政府建立安全生产专项资金,按照财政收入的比例列入财政预算,用于保障安全生产的公共需要,包括扶持安全生产科技研究、强化安全生产教育、扩大安全培训的费用。

推行安全生产标准化建设。安全生产标准化建设涵盖了增强人员安全素质、提高装备设施水平、改善作业环境、强化岗位责任落实等方面，是一项长期的、基础性的系统工程。2010年以来，我省在各行各业全面推行安全标准化建设，开展安全生产标准化企业、车间、班组、岗位等创建活动，提高从业人员素质和现场管理水平。制定了安全生产标准化总体实施意见，出台了各行业领域和各企业实施方案，明确达标期限，严格达标考核。开展"安全生产标准化企业""安全标准化车间""安全标准化班组""安全标准化岗位"建设达标活动，切实把建立安全生产质量标准化企业向增强企业员工自我约束能力延伸。2018年12月，省应急管理厅、省地方煤矿安全监督管理局公开发布了《山西省煤矿安全生产标准化管理办法（试行）》，规定考核定级后煤矿要在取得的安全生产标准化等级基础上，加强动态管理，强化动态达标，持续保持考核定级时的安全生产条件，不断提高标准化水平。

加强安全生产应急管理。2009年至2012年全省严格落实《领导干部全天候应急值班值守制度》，组建了三级应急管理机构，培训应急管理人员7380人，编制了覆盖高危险性行业的《生产安全事故应急预案》1000多个，对1万多个企业应急预案进行了备案。3年来，组织应急演练3万余次，应急响应近1.5万次。为了提高山西省新能源行业安全生产事故快速反应能力，建立健全新能源行业安全生产事故的监测、预警、预防、救援的组织管理和应急处置机制，2018年1月，制定了《山西省新能源行业安全生产事故应急预案》，以确保科学、及时、有效地应对新能源行业安全生产事故，最大限度减少人员伤亡和财产损失。同时为了更加适应生产安全事故应急需要，2019年6月，省煤监局修订《煤矿生产安全事故应急预案》，结合山西安全生产实际，在修订过程中做出了多达20处的改动，还更新了全省煤矿应急救援专家库、各矿山救护队主要装备情况。

职业健康安全监管工作。进一步理顺各地政府职业健康安全监管体制，将安全生产工作从以控制伤亡事故为主向全面做好职业安全健康工作转变。严格执行《中华人民共和国职业病防治法》，深入落实职业危害防护设施"三同时"制度，切实抓好粉（矽）尘、高毒物质等职业危害防范治理。对可能产生职业病危害的建设项目，必须进行严格的职业病危害预评价，未提交预评价报告或预评价报告未经审核同意的，一律不得批准建设；对职业病危害防控措施不到位的企业，要依法责令其整改，情节严重的要依法予以关闭。切实做好职业病诊断、鉴定和治疗，保障职工安全健康权益。

10.严肃责任追究

严格安全生产问责。2010年我省出台了包括《安全生产行政问责制度》在内的10项制度。2014年全省目标责任考核中，强化了对"安全生产"等5个"一票否决"的考核。即发生10人（含10人）以上重大安全生产伤亡事故的，在食品安全、药品安全、社会安全、消防安全领域发生重大事件的，当年考核一票否决。实施行政问责制，严肃生产安全事故调查处理，按照"四不放过"的原则，严肃追究有关事故责任人的责任，真正做到有责必究、有过必罚、一查到底。2017年6月，省政府安委办下发《关于落实遏制重特大事故工作指南全面加强安全生产源头管控和安全准入工作的实施意见》，加强规划设计安全评估，把安全风险管控、职业病防治纳入经济和社会发展规划、城乡总体规划和区域开发规划，实行重大安全风险"一票否决"。10月，我省出台《中共山西省委山西省人民政府关于推进安全生产领域改革发展的实施意见》，提出各级政府要对同级安全生产委员会有关成员单位、下级政府实施严格的安全生产工作责任考核。进一步落实安全生产绩效与履职评定、职务晋升、奖励惩处挂钩制度，严格落实安全生产"一票否决"制度。

二、取得的成就与宝贵经验

中华人民共和国成立70年来，我省深刻领会和全面贯彻党中央国务院关于安全生产工作的一系列重要指示精神，牢固树立"发展决不能以牺牲人的生命为代价"的红线意识，坚持"三个绝不能过高估计"[1]的基本判断和"三个敬畏"[2]"三个越是"的要求，把安全生产作为最基本的民生，采取一系列行之有效的措施加强安全生产工作，全省安全生产状况发生了历史性转变，由事故多发、伤亡惨重转变为持续好转、稳定好转，安全生产工作取得明显成效：

——安全生产形势向稳定好转转变。事故总量大幅度下降，一般事故、较大事故明显减少，原煤生产百万吨死亡率逐年下降。1978年我省煤矿死亡4500多人，百万吨死亡率为9.44。1997年受亚洲金融危机影响，煤炭供大于求，煤矿陷入困境，安全生产投入不足，造成安全事故多发，死亡人数攀升至6753人，百万吨死亡率达到5.1。2002年以后，我国经济进入新一轮快速增长期，对煤炭的需求日益增大，加上前期安全投入严重不足，煤矿死亡人数开始上升。但整体看，随着安全投入增加、科技保障和管理水平提高，尽管开采深度延伸、安全隐患加大、产量大幅度增加，但死亡率呈不

---

[1] 绝不能过高估计全省安全生产形势，绝不能过高估计干部群众对安全生产重要性的认识，绝不能过高估计各级各部门各企业安全生产的能力和水平。

[2] 敬畏生命、敬畏责任、敬畏制度。

断下降趋势。2018年，全国煤矿实现事故总量、重特大事故、百万吨死亡率"三个明显下降"，共发生事故219起、死亡375人；百万吨死亡率为0.106，创历史最好水平。瓦斯事故起数、死亡人数由2012年的414起、171人，降到2018年的25起、103人，分别下降了94%、95%。

——安全生产法治化水平得到提升。认真贯彻落实新颁布的《安全生产法》《职业病防治法》等安全生产法律法规，不断提高科学执法、严格执法、公正执法、廉洁执法和文明执法水平。同时不断加强安全生产法规制度建设，修订《山西省安全生产条例》，颁布实施了《山西省人民政府办公厅关于加强安全生产监管执法工作的通知》《山西省安全生产应急预案管理办法》《山西省工作场所职业卫生监督管理实施意见》等制度规定；编制安全生产权力清单，对权力加以规范和确认，依法严格监管，用法治方式、法律手段推进安全发展，切实把安全生产监管工作纳入法制化轨道，为推动安全生产提供了坚实的法律法规和制度保障。

——安全生产责任体系日益健全。按照"党政同责、一岗双责、齐抓共管"的要求，进一步健全各级党委政府安全生产责任体系，落实安全监管责任，实现省、市、县、乡、村安全生产责任"五级五覆盖"。各级政府安委会履职尽责，统筹协调解决安全生产重点难点问题，出台了地方党政领导干部安全生产责任制规定，明确地方党政主要负责人为安全生产第一责任人。建立健全安全生产巡查、考核、约谈等制度。同时在全省重点行业领域推行领导干部安全生产挂牌责任制，开展安全无事故竞赛、政府部门领导和企业主要负责人谈心对话等专题活动，在重点行业企业持续推行法定代表人安全承诺制，把安全生产作为各级领导班子和领导干部政绩考核的主要内容，切实落实安全生产和重大事故风险"一票否决"。

——安全生产专项整治和隐患排查、源头治理取得明显成效。持续开展覆盖各行业领域的安全生产专项整治和"打非治违""六打六治"等专项行动。按照全覆盖、零容忍、严执法、重实效的要求，对所有生产经营单位进行摸底排查。采取日常巡查、交叉检查、专家会诊、异地检查、专项督查、联合执法、有奖举报等方式，开展百日安全生产大检查、全面检查和专项检查。采取分级负责、分类指导、重点管理、挂牌督办等办法，排查治理重大隐患，关闭取缔非法违法生产经营窝点，停产整顿了存在严重安全隐患的企业，有效治理各类事故隐患。严格按照"四不放过"原则和"一地出事故，全省鸣警钟、一企出事故，全省受教育"的要求，加大事故查处力度，对典型和影响较大的事故进行提级调查，变事后追究为事前、事后追究并重，起到了"查处一起事故，整改一批隐患，警示一批企业"的作用。5年来，共对2482家重点企业实行领导干部挂牌责任制，处理违法违规行为320多万起，停产整顿生产经营单位3.5万家，关闭取缔非法生产经营单位324家，有效遏制了重特大事故多发势头。坚持把关闭不符合安全生产条件的生产经营单位与淘汰落后产能、推动转型升级结合起来，从源头上加强安全生产治理。依法关闭小煤矿、非煤矿山和尾矿库，取缔非法危化品企业，消除了一大批风险隐患。

——安全生产保障水平进一步提高。开展安全生产标准化建设。推广应用安全生产先进适用技术，推动实施科技兴安战略。加强安全培训，每年举办政府分管领导安全生产专题培训班，与省高校合作培训应用型安全人才，组织注册安全工程师继续教育。完善应急救援体系，加强应急管理机构和制度建设。各级政府部门统一编制了各类专项应急预案，全省重点行业企业应急预案编制率达到了100%，处置突发事件能力有效提高。全面推动实施《山西省创建安全乡村活动实施方案》，全省安全生产基层基础工作进一步加强，安全生产宣传和安全文化建设进一步强化，安全生产的社会基础进一步巩固。

——安全生产标准化提升。截止到2018年底，我省有164座煤矿达一级安全生产标准化等级，占到了全国一级标准化煤矿总数的38%左右。另有3座煤矿已经通过国家煤矿安监局组织的现场检查考核，415座生产煤矿被省煤矿安全监管部门确认为二级安全生产标准化煤矿。此外，我省对煤矿安全生产标准化实行动态管理，全年有21座生产煤矿因事故被撤销等级，其中8座被撤销一级安全生产标准化煤矿等级，13座被撤销二级安全生产标准化煤矿等级。

——安全文化建设得到进一步加强。2012年山西全面启动安全文化建设示范企业创建活动。从2002年开始，连续开展了"安全生产万里行"和"安全生产月"活动。每次活动都突出一个宣传主题，引导安全生产的舆论宣传保持正确的导向。通过举办安全发展论坛、安全文艺汇演、安全模范事迹报告会、安全知识竞赛等多种形式的安全宣传和教育活动，传播安全知识和安全理念。同时发挥新闻媒体的舆论监督和引导作用，营造全社会关爱生命、关心安全生产的良好舆论氛围。

中华人民共和国成立70年来，山西安全生产由"形势严峻到巩固持续稳定好转态势"，经验弥足珍贵。安全生产工作创造和积累的基本经验，概括为"六个坚持"：

一是必须坚持以人民为中心、坚守安全红线，用安全发展理念指导和统领安全生产工作。习近平总书记指出："人命关天，发展决不能以牺牲人的生命为代价。这必须作为一条不可逾越的红线。"历经70年的探索，我省逐渐廓清了安全发展理念和战略，从"三个绝不能过高估计""三个敬畏" 到树立"红线意识"并把它贯穿于经济社会发展全过程，到把安全生产纳入社会管理创新和经济建设的重要内容，同时考虑、同时部署、同时落实，再到坚持"以铁的担当尽责，以铁的手腕治患，以铁的心肠问责，以铁的办法治本"筑牢安全发展理念，将其贯穿经济社会发展的始终。正是在安全发展理念的指导下，我省坚持不断地积极探寻安全发展的方法和途径，把握工业化进程中安全生产的基本规律和特点，牢牢抓住我省安全生产中的主要矛盾和问题，采取有力措施加以解决，提升安全生产水平，促进了安全发展。

二是必须坚持压紧压实两个主体责任，强化责任落实，织牢安全生产责任网。安全发展，责任是灵魂。落实政府安全生产的监管主体责任，落实企业安全生产的主体责任。70年来，我省深入学习贯彻党中央、国务院关于安全生产的重要思想，全面落实安全生产工作的大政方针、目标任务和重大举措。针对我省经济社会发展实际，按照"党政同责、一岗双责、齐抓共管、失职追责"的要求和"管行业必须管安全、管业务必须管安全、管生产经营必须管安全"的原则，进一步落实党委政府领导责任、部门监管责任和企业主体责任，形成全覆盖、无死角的安全生产责任网，严格考核问责。着力完善安全生产督导检查、挂牌督办、问责约谈等措施，健全安全生产工作巡查、考核机制，严格落实安全生产"一票否决"制度，推动各类责任主体把安全生产工作时刻放在心上，把责任牢牢扛在肩上，促进我省安全生产形势持续稳定向好。

三是必须坚持依法治安，推进安全生产法治建设，把安全生产工作纳入法制化、规范化轨道。依法治安是贯彻全面依法治国战略的必然要求，是建设法治政府的重要内容，也是中华人民共和国成立70年来安全生产形势实现好转的基本经验。70年来，我省积极学习贯彻国家《安全生产法》《安全生产条例》等相关法规，在总结多年来经验教训的基础上，结合我省省情，对原有的法律规定进行了补充、修改和完善，在法律法规标准上查找漏洞，强化源头治理，建立完善了适应我省省情的地方安全生产法律体系，为推动安全生产工作提供有力的法治保障。

四是必须坚持"防风险、除隐患、遏事故"，推动安全生产关口前移、超前防范，实现源头治理。防患于未然才是做好安全生产工作的最高境界。只有视隐患如事故，把发生事故的隐患消灭在萌芽状态，才能达到安全生产的最高境界。如果不从事故中汲取事故教训，消除事故隐患，事故就会重复发生，同时，事故发生的时间间隔也会越来越短，事故的级别也会越来越高，极易出现事故的恶性循环和事故高峰期。我省安全生产工作的实践证明，始终坚持预防为主，并把其作为安全生产方针的基本要求，科学把握安全生产规律，突出抓好源头控制、隐患治理等预防工作，做到防治结合，才可能推动安全生产形势的稳定好转。把安全生产贯穿于规划、设计、建设、生产、流通、消费各环节，强化政府监管责任和企业安全生产主体责任的落实，加大从源头上防范和遏制事故的力度，提升市场主体本质安全水平。

五是必须坚持"科技兴安""人才兴安"战略，切实提升安全生产保障能力。科学技术是第一生产力，也是推动安全生产的力量之源。实现安全生产状况的根本好转，要在依靠科技进步和提高劳动者素质的基础上，加强科学技术的革新与集成，继续抓好煤矿、非煤矿山、危险化学品、职业危害等国家科技支撑计划重点项目和重点课题的实施工作，支持安全生产关键技术、重大灾害防治的科研攻关，在矿山、危险化学品、金属冶炼等高危行业开展机械化换人、自动化减人、智能化作业示范创建工作，从根本上增强企业的安全生产保障能力，提高安全生产的保障水平。

六是必须坚持抓基层、打基础，提升安全生产基层基础。"强基须固本"。基层和基础工作是安全生产的关键所在。抓住了基础工作，就抓住了影响安全生产的牛鼻子，就为安全生产提供了可靠保障。安全生产工作中要始终坚持从"基本、基层、基础"入手，健全企业增加安全投入的激励约束机制，积极推行安全生产责任保险制度。同时，完善安全科技、宣传教育、专家队伍等支撑体系，加强安全文化建设，深入开展安全生产宣传教育活动，营造安全氛围，凝聚安全共识。加强安全生产诚信体系建设，对存在主观故意违法违规行为的单位及企业负责人纳入"黑名单"管理，实行联合惩戒。

三、山西能源安全生产展望

（一）新时期安全生产面临的机遇与挑战

当前，我省进入决胜全面建成小康社会的关键时期，经济由高速增长阶段转向高质量发展阶段，安全生产面临着一系列新形势新任务新要求。我省正处于经济转型的重要窗口期、攻坚期，要牢牢把握重要战略机遇期。

安全生产面临诸多机遇和有利条件。一是省委、省政府把安全生产工作摆在推进我省发展的战略高度，以新的发展理念引领新的安全发展实践，将更加有力地促进全省安全生产与经济社会同步协调发展。二是安全发展已成为全省上下的共识。各级领导干部和广大人民群众深刻认识到了发展决不能以牺牲人的生命为代价，安全生产是我们必须牢牢树立的红线、紧紧守住的底线。三是我省产业结构调整和经济发展方式的转变为从根本上解决深层次、结构性的安全生产问题创造了更加有利的条件。四是安全生产责任体系不断健全完善，企业依法强化主体责任，自我约束、持续改进的机制不断强化，为安全生产各项措施的落实到位提供了制度保障。五是过去我省安全生产取得的成绩和长期以来积累的宝贵经验及做法，为今后做好安全生产工作奠定了坚实基础。

当前，在推进转型发展的形势下，我省处于工业化跃升期、城镇化加速期、基础设施建设加大期，也使安全生产事故进入相对易发期，从安全生产的规律特点来看，既具有长期性、艰巨性、复杂性，也处于脆弱期、爬坡期和过坎期。近年来，随着全球经济的深度调整和国内经济的转型升级，我省能源行业安全发展遇到了许多新的困难和问题，既要妥善解决长期积累的问题，又要积极应对新情况、新挑战：

一是高质量发展对能源行业安全生产提出了新要求。近年来，经济全球化不断向纵深发展，已成为世界经济发展的主要推动力，山西也受到了全球化的带动和影响。山西拥有丰富的资源和独特的产业优势，煤炭工业为国家和本省的经济发展作出了重要贡献，但是煤炭及高耗能工业产业比重过高，这种畸重的产业结构，也决定了山西应变市场的能力很弱。当前复杂多变的经济形势给山西省煤矿安全工作带来了新挑战，提出了新要求。

二是资源条件造成能源行业安全生产压力加大。由于我省特定的产业结构，采掘、重化工、冶炼等高危行业所占比重过大，经济增长方式粗放；部分企业生产工艺技术落后、设备老化陈旧、安全管理水平低、安全生产保障能力差，影响和制约安全生产的深层次问题尚未得到根本解决。在产业结构调整过程中，实现安全发展、安全生产在一些行业（领域）压力大，任务艰巨。

三是发展阶段决定了我省正处于安全生产事故多发期。从安全生产的长期性、复杂性、阶段性的基本规律和山西安全生产的现状分析，今后几年是我省全面建成小康社会关键之年，也是我省在"两转"基础上拓展新局面的攻坚时期，围绕转型发展目标，我省在产业转型、基础设施、科技创新等领域，积极谋划实施了一批打基础、利长远、补短板、增动能的新项目、大项目，因而在推进项目建设的过程中，安全生产事故进入多发期。从近年来化工、煤矿、金属非金属矿山、建筑施工发生多起重特大事故，给人民群众生命财产安全造成重大损失，暴露出安全生产基础性、源头性、瓶颈性问题依然突出。

四是保障广大人民群众安全健康权益面临新的考验。随着经济发展和社会文明进步，全社会对安全生产的期望不断提高，广大从业人员对自身生命健康权益的保护意识不断增强，对安全监管效能、事故灾难应对处置能力、安全文化建设等安全生产工作的要求越来越高，但职业危害较为严重，安全生产基础依然薄弱。

（二）各省推进安全生产的做法

对举报重大事故隐患及非法行为予以重奖。近年来，山东、安徽、贵州等省纷纷出台《安全生产举报奖励办法》，举报安全生产重大事故隐患、非法违法行为，经核查属实的，按标准予以奖励，最高可获得30万至50万元的奖励。

对安全生产领域失信行为开展联合惩戒。2019年初，浙江对生产经营单位安全生产信用管理进行规范，在6月底前落实安全生产信用等级差异化监管，并把信用等级评定结果推送至公共信用管理平台，通过守信联合激励、失信联合惩戒的机制，激励民营企业安全生产守信行为。广东近期加大联合惩戒力度，定期通报各地级以上市联合惩戒"黑名单"报送管理情况，对"应报未报"、未落实惩戒措施等现象提出严厉整改要求，并积极探索拓宽"黑名单"惩戒范围，加大对企业主要负责人未依法履职、涉及重大隐患和违法违规行为多部门联合惩戒力度。10月，《河南省安全生产领域失信联合惩戒实施办法（试行）》印发，该办法对生产经营单位及其有关人员的失信行为和纳入安全生产领域失信联合惩戒对象进行细化，完善了失信惩戒措施，加强了安全生产领域失信行为信息管理，明确信息采集主体和管理期限，严格信息采集、提交、审核、上报及信息移出程序。

安全生产实施差异化监管。2018年7月，江西对生产经营单位根据安全风险程度进行分类分级，实施差异化监督管理，将分类分级评定结果作为保险、银行、证券和诚信管理等单位对生产经营单位信用等级评定的参考依据。根据生产经营单位固有风险、安全管理、安全生产信用情况等要素，共分为四个风险等级，一级为重大风险、二级为较大风险、三级为一般风险、四级为轻度风险。安全生产分级实行动态管理，凡生产经营场所、企业所有权等发生变更，需重新评级。同时，也规定了提升或降低一个风险等级的情形。

安全生产行政执法与刑事司法衔接，提升安全生产违法成本。山东省制定《山东省安全生产行政执法与刑事司法衔接工作实施办法》，推进"两法衔接"破解安全生产领域"以罚代刑"局面，提升安全生产违法成本。该办法提出，各级安全生产行政执法机关、公安机关、人民检察院、人民法院建立安全生产行政执法与刑事司法衔接长效工作机制，加强日常工作沟通与协作，协调解决重要问题，定期联合通报辖区内有关涉嫌安全生产犯罪案件移送、立案、公诉、裁判结果等方面的信息。

积极推进安全生产双重预防标准体系建设。山东省注重管控风险治理隐患，将事故防范由被动变主动，2016年开始加快研究制定安全生产双重预防体系地方标准，到2018年已建立起覆盖71个具体行业门类的安全生产双重预防标准实施指南。已发布的双重预防标准体系共包含164项地方标准。其中通则有2项标准，提供的是双重预防标准体系的基本框架；细则有20项，已发布的细则覆盖了非煤矿山、特种设备、建筑施工、公路水路、职业病危害、工贸、化工、燃气、电力、民爆等10个安全生产风险性较高的行业领域。

推行实施安全生产责任保险制度。2018年12月，安徽省安全监管局、省经济和信息化委员会等11个部门联合印发《安徽省安全生产责任保险实施办法》，要求煤矿、非煤矿山、危险化学品、烟花爆竹、交通运输、建筑施工、民用爆炸物品、金属冶炼、渔业生产等高危行业领域的生产经营单位，投保安全生产责任保险，并鼓励其他行业领域的生产经营单位投保安责险。该办法提出，各市根据本地实际，制定各行业领域安全生产责任保险基准指导费率及行业间差别费率标准，建立费率动态调整机制，同时要确定安全生产责任保险中涉及人员死亡的最低赔偿金额，要求不得低于30万元／人。各保险机构应建立快速理赔机制和生产安全事故预防服务制度，并从保险费中提取不低于保费总额10%的费用，定期组织对投保生产经营单位的安全状况进行评估，还提出治理生产安全事故隐患的建议及防范措施等。

对安全生产责任人实行终身追责。2018年2月，宁夏修订的《宁夏安全生产行政责任规定》出台。明确规定对相关责任人的安全生产行政责任追究实行跟踪责任追究制度，已调离工作岗位的相关责任人在任职期间有责任追究情形的，也将依法追究其行政责任。同时建立安全生产双问责制度，规定发生较大以上生产安全事故或者生产安全事故造成恶劣影响、连续发生生产安全事故且影响重大、生产安全事故发生起数和死亡人数超过年度安全生产控制考核指标，以及不执行生产安全事故隐患挂牌督办指令等情形的，不仅要对相关单位进行警示通报，还要对相关责任人进行问责。2019年8月，海南省委明确将党政领导干部安全生产责任制落实情况纳入省委巡视和重大政策措施落实跟踪审计的重要内容，并在省安委会框架下设立安全生产专业委员会，压实安全主体责任和监管责任。

完善企业安全生产标准化工作管理制度。为进一步加强企业安全生产标准化工作，规范安全生产标准化管理，提高企业安全生产水平，2019年7月，河北省应急管理厅印发《河北省企业安全生产标准化工作管理办法》，适用于河北省内企业安全生产标准化的创建、评审和管理工作。交通运输、建筑施工、煤矿等行业的安全生产标准化，国家另有规定的，按国家规定执行；国家没有规定的，按本规定执行。该办法对取得安全生产标准化等级的企业，实施以下激励措施：按规定下调安全生产责任保险费率；列入安全生产诚信管理体系；优先推荐企业及其相关人员参加"青年安全示范岗""安康杯"竞赛优秀单位及个人等先进的评选。各地企业安全生产标准化推行情况纳入年度安全生产考核内容。

强化危化品安全生产风险监测预警。2019年11月，吉林省应急管理厅制定了《吉林省危险化学品安全生产风险监测预警管理运行机制（试行）》，以推动应用监测预警系统为重点，明确省、市（州）、县（市、区）、化工园区各级应急管理部门和企业的责任与权限，规范危险化学品监测预警信息采集、推送和反馈流程，指导危险化学品风险预警工作，实现监测预警信息的闭环管理，加快建立定位准确、边界清晰、分工负责、衔接配合的运行机制。

推进安全风险分级管控机制建设。广东省积极探索实施重大风险管控挂牌警示制度，2019年1月23日，省应急管理厅印发《广东省应急管理厅关于安全风险分级管控办法（试行）》规定，省级负有相关监督管理职责的部门应当建立重大风险管控挂牌警示制度，每年的1月15日和7月15日前向全社会公布本行业领域重大风险及其管控情况，促进各类单位有效管控、降低安全风险。

（三）推进我省能源行业安全生产的思考及政策建议

当前，要切实以改革的办法和创新思维推动安全生产领域改革发展。着力解决安全生产领域的深层次、结构性问题，尽快出台一批制度，转化一批改革成果。对较复杂、难推动又无经验可循的，可选取一些基础较好的市县或部门先行先试，待取得一定经验后在全省推广。

一是建立健全风险隐患双重预防标准体系。2015年12月，习近平总书记在中共中央政治局常委会会议上指出，必须坚决遏制重特大事故频发势头，对易发重特大事故的行业领域采取风险分级管控、隐患排查治理双重预防性工作机制，推动安全生产关口前移。双重预防体系就是通过管控风险治理隐患，将事故防范由被动变主动，是对传统以排查隐患为主的事故防范进行的一项系统改革。要积极推进标准的制定发布，包括煤矿、水利工程运行、供电、电梯使用、服装加工等行业领域的地方标准推进在我省主要行业领域全覆盖。研究制定非煤矿山风险因素辨识标准、安全风险分级管控办法等；危化品领域要贯彻落实应急管理部《关于印发危险化学品生产储存企业安全风险评估诊断分级指南（试行）的通知》，进一步细化分级标准；冶金工贸行业要落实有关标准，每个行业都要做到有章可循、有样可学。同时，要督促其他行业领域主管部门推进落实"双预控"机制。推动企业开展安全风险辨识、评估、分级、管控，绘制安全风险分布图，设立安全风险公示栏和告知卡。

二是探索市场化条件下的隐患排查治理工作。培育发展或建立区域性技术服务机构，把专家查隐患工作机制纳入企业隐患排查治理的重要内容，为煤矿企业提供隐患排查、技术指导和效果评价等捆绑式服务，提高隐患排查治理的效果。

三是建立健全联合惩戒机制。建立联合惩戒的跟踪、监测、统计、动态评估和持续改进机制，对拒不落实主体责任的企业及责任人，纳入联合惩戒"黑名单"。推动行政执法信息化建设，实现联网直报。

四是探索运用大数据、物联网、云平台等技术支撑，创新安全监管模式。通过建设安全生产监管大数据和综合信息平台，打造企业行为监控、风险预警防控、执法检查录入、违规违法惩戒等监管"一张网"；在高危行业推行安全生产责任险的基础上，积极探索"政府—保险公司—企业"监管方式，发挥第三方在安全监管中的推动作用。

五是积极构建运转高效的安全生产社会化服务体系。推进安全生产社会化服务体系建设既是贯彻落实安全生产领域改革发展意见的具体行动，又是创新提升社会治理的有力措施之一。当前，我省安全生产社会化服务工作存在能力不足、行为不规范、机制不完善、管理不严格等问题，有的社会化服务机构存在弄虚作假、租借资质、违法挂靠、恶性竞争等情况，扰乱了正常的安全生产社会化服务秩序，因此亟须推进安全生产社会化服务体系的建设。分行业分阶段逐步放开安全生产服务市场，引入市场化"多中选好、好中选优"的竞争性选择机制，通过招标竞标、公开采购、买卖方双向选择等多种形式，让服务提供方与购买方双向选择，择优约定服务内容和形式，杜绝行政干预安全生产技术服务市场的行为，促使社会服务组织提高服务质量，降低服务成本。同时在推进安全生产社会化服务过程中，充分尊重企业意愿，杜绝政府部门干预，不搞强制性任务安排和指定性行政要求。体系建设中的重点内容包括：推进安全评价、检测检验和职业健康技术服务"一体化"建设；建立保险机构参与安全生产事故防控机制；推进安全生产培训社会化服务建设、注册安全工程管理机制建设、行业社会组织建设等。

此外，建议进一步建立完善巡查考核制度和行政执法和刑事司法衔接制度。我省已成立了省委、省政府安全生产巡查领导小组。省安委办制定的巡查制度目前已完成征求意见工作，对各市党政领导干部安全生产履职情况巡查中，应进一步细化完善相关考核办法，强化各级监管责任。同时探索建立安全生产行政执法与刑事司法衔接长效工作机制，提高违法成本，发挥法律威慑作用。

专题八　山西煤炭管理体制、机构沿革

受客观资源条件制约，中华人民共和国成立70年来，以及今后一段时期内，煤炭仍是我国的主体和第一能源，国民经济的可持续发展仰仗于煤炭的开发和二次甚至多次转化。作为我国最重要的煤炭资源大省、煤炭外调第一大省，不可否认，曾几何时，山西煤炭的发展和供给，很大程度上左右和关乎着整个国民经济良性和快速发展。由此，自中华人民共和国成立伊始，国家就高度重视乃至直接集中管理与调节着山西的煤炭产业，山西煤炭管理体制和机构变迁因此带有浓重的国家能源与煤炭管理体制、机构沿革印记。

一、国家能源与煤炭管理体制、机构变迁

（一）国家能源与煤炭管理体制变革概要

中华人民共和国成立70年来，国家能源管理体制演变进程，大致可以分为两个阶段：第一阶段是在改革开放以前，以能源管理部门为基本单位多次分合，但保持政企合一、高度集中的特质；第二阶段是改革开放后，随着计划经济向中国特色社会主义市场经济的过渡和转变，政企逐步分开，能源管理职能随市场调整，期间伴随利益博弈，地方和企业自主权逐渐增大，能源资源开发权限不断放开，国有能源企业日渐演变为国有、民营协同发展。与管理体制相

对应，同期能源管理机构经历了三次电力部、三次煤炭工业部、两次石油部、两次能源委员会、一次燃料工业部、一次能源部、一次发改委能源局和一次国家能源局的撤、并、分、建、复撤、复并、复分、复建之变革历程。

1.改革开放前，能源部门之间的分合、中央的放权与集中

1949年—1955年，国家设立燃料工业部，下设煤炭管理总局、电业管理总局、水力发电工程局、石油管理总局。

"一五"之后，随着经济发展，国内能源需求旺盛，煤炭、石油、电力分家的诉求强烈。1955年，一届人大二次会议确定撤销燃料工业部，分别成立煤炭部、石油工业部和电力工业部。1958年，国家开始尝试下放管理权，撤销各大区煤炭管理局，撤地质部石油地质局；将水利部与电力工业部合并，成立水利电力部，将电力工业企业全部下放省级政府。但此次改革出现"一放就乱"的问题，随后煤炭、石油、电力管理权限上收。

1970年，能源管理第二次放权，中央撤销石油部、煤炭工业部、化学工业部，合并为燃料化学工业部。同年6月，将原煤炭工业部与地方双重领导的中央企业下放地方。到1971年，几乎所有的生产、建设单位全部下放。

1975年开始，国家又逐步收回管理权限，重塑中央部门垂直管理体制。撤销燃料化学工业部，重新成立煤炭工业部，并组建石油化学工业部。

1978年3月，五届人大一次会议撤销石油化学工业部，分别设立化学工业部和石油工业部。电力工业管理体制重新回归以中央集中管理为主，大区电业管理局分片管理的体制。

2. 改革开放后，开始寻求适应市场化的改革探索

1980年成立国家能源委员会，负责管理石油、煤炭、电力工业。由于国家能源委与国家计委职能交叉，两年后的1982年能源委员会取消。此后，国内能源企业化轮廓开始出现。

1982年2月，石油工业部所属海洋石油业务独立，成立中国海洋石油总公司；1983年7月，国家将石油工业部所属炼油厂分离出来，与化工部和纺织部的部分石化、化纤企业合并，组建中国石油化工总公司。同期，电力工业管理出现反复：1979年国务院撤销水利水电部，成立电力部和水利部，电力供应由国家统一分配；1982年3月，水利部与电力部再次合并为水利电力部。同一阶段，同步进行投资体制改革，打破了国家独家办电的格局。

1988年4月，我国进行第四次行政体制改革，撤销煤炭部、石油部、水利电力部、核工业部，组建我国第一个能源部，统管国家能源工业。煤炭部撤销后，成立中国统配煤矿总公司和东北内蒙古煤炭工业联合公司；石油部取消后成立中国石油天然气总公司；电力工业在省级层面实现政企分开。

由于政企不分，再加上能源部不掌握价格和投资职能，接受老干部们的建议，1993年能源部撤销，重新组建煤炭工业部和电力部。1996年底，组建国家电力公司，与电力部两块牌子、两个班子运行，前者负责国有电力资产经营，后者负责电力工业行政管理。

1998年，新一届政府推进机构改革，撤销煤炭部、电力部等专业能源部门。撤销煤炭部改组为国家煤炭工业局；在国家经贸委下组建国家石油和化学工业局，重组国有石油天然气企业，组建中石油、中石化、中海油三大集团，俗称"三桶油"；电力部撤销后，

电力行政管理职能移交国家经贸委，行业管理交由中国电力企业联合会。

2001年，煤炭工业局、国家石油和化学工业局撤销，煤炭、油气工业由国家经贸委和国家计委管理；2002年，国家启动新一轮电力体制改革，撤销国家电力公司，组建五大电力集团。

在2003年的机构改革中，国务院机构决定撤销国家经贸委，能源行业管理转到发改委能源局。同期组建国家电监会，负责电力行业监管。2005年5月，在煤荒、油荒、电荒肆虐的背景下，国务院成立国家能源领导小组，作为能源工作最高层议事协调机构。

2008年，国务院推动"大部制改革"，国家发改委能源局、国家能源领导小组和原国防科工委的核电管理职能合并，成立国家能源局，在能源价格上具有建议权。

2010年，国务院成立国家能源委员会，负责研究拟订国家能源发展战略，审议能源安全和能源发展中的重大问题，统筹协调国内能源开发和能源国际合作的重大事项。

2013年，国家能源局、电监会的职责整合，重新组建国家能源局，完善能源监督管理体制，不再保留电监会。改革后，国家能源局继续由发改委管理。

（二）国家煤炭管理机构沿革年历

1949年，国家在燃料工业部下设煤炭总局，管理全国煤炭产业。

1955年7月30日，第一届全国人民代表大会第二次会议通过，决定撤销中华人民共和国燃料工业部，设立中华人民共和国煤炭工业部。

1970年6月，煤炭工业部、石油工业部和化学工业部合并，成立燃料化学工业部。

1975年1月，撤销燃料化学工业部，成立煤炭工业部。

1988年4月，根据国务院机构改革方案，提出政企分开的原则，成立了由煤炭、石油、核工业部的全部和水利电力部的部分政府职能组成的能源部，再次撤销了煤炭工业部。下设中国统配煤矿总公司，管理全国煤炭行业。

1993年8月6日国办发〔1993〕47号文，撤销能源部和中国统配煤矿总公司，组建煤炭工业部。

1998年6月25日国办发〔1998〕82号文，煤炭工业部改组为国家煤炭工业局，隶属经贸委;山西煤炭管理局不再对煤炭企业进行直接管理。

1999年12月30日国办发〔1999〕104号文，国务院办公厅印发《煤矿安全监察管理体制改革实施方案》。国务院批准实行垂直管理的煤矿安全监察体制;设立国家煤矿安全监察局，负责全国煤矿安全监察工作，与国家经济贸易委员会管理的国家煤炭工业局一个机构、两块牌子;国家煤炭工业局的有关内设机构，加挂国家煤矿安全监察局内设机构的牌子。

2000年12月23日国办发〔2000〕81号文，撤销国家煤炭工业局，保留国家煤矿安全监察局，组建国家安全生产监督管理局，两者一个机构两块牌子，隶属国家经贸委。

2003年3月21日国发〔2003〕8号文，国家安全生产监督管理局(国家煤矿安全监察局)从国家经贸委独立出来，成为国务院直属国家局(副部级)机构，负责全国安全生产综合监督管理和煤矿安全监察;国家发改委下设能源局，负责制定我国煤炭工业中长期发展政策。

2005年2月23日，国务院召开常务会议决定，把国家安全生产监督管理局升格为国家安全生产监督管理总局，为国务院直属机构(正部级)，而国家煤矿安全监察局成为由国家安全生产监督管理总局实行部门管理的国家局(副部级)。

2005年5月，国务院设立国家能源领导小组，主要负责研究国家能源发展战略和规划，研究能源开发与节约、能源安全与应急、能源对外合作等重大政策。

2008年，国家能源局（副部级）成立，整合了煤炭、石油、电力、天然气等部分管理职能，归发改委管理。

2010年1月27日，国务院成立国家能源委员会，负责研究拟定国家能源发展战略，统筹国内能源开发。

2018年，撤销国家安全生产监督管理总局，组建应急管理部。国家煤矿安全监察局职工安全健康监督管理职责，划入国家卫生健康委员会；原国家安全生产监督管理总局综合监督管理煤矿安全监察职责，划入国家煤矿安全监察局。国家煤矿安全监察局由应急管理部管理。

二、山西煤炭管理和安全监管体制沿革

（一）山西煤炭管理体制沿革

作为国家最重要的煤炭生产和供给基地，国家始终从能源安全的战略高度出发，对山西煤炭产业实行着严格的直接或宏观管控，山西煤炭管理体制因此随国家能源和煤炭管理体制的变化而不断调整。但在不断变革的过程中，还是保持了多层次的煤炭管理机构、

分体系（所有制）的管理范围和分环节的专业管理部门的特点，即：一是维系着多层次的煤炭管理机构。山西煤炭工业管理机构设置，始终按照"中央能源（煤炭）管理部门—山西煤炭管理部门—各市县煤炭管理部门"这样一个分级管理层次，只是隶属关系和机构名称变化较大。二是企业管理体系是按经济性质和隶属关系划分的。中华人民共和国成立以后，山西煤炭行业基本上是将煤炭企业划分为国营统配煤矿和地方国营煤矿两大体系来进行管理，除此之外，还有部分集体、乡镇和个体煤矿分别隶属于各级煤矿管理部门进行管理。三是保持了不同部门的专业管理结构。山西煤炭产业发展至今，煤炭企业形成并保持着分环节进行专业管理的管理结构，从而形成了分环节的专业化管理体制，如地质勘探、煤炭设计、环境保护设计方案评审、基本建设、生产经营、财务管理、劳动管理、物资供应、煤炭销售、机械制造、科技教育、劳动培训、安全监督和管理、医疗卫生、多种经营分部门的专业化管理体制。

山西煤炭工业管理，就是通过这个特殊的管理体制的运转来实现的。通过国家、省、地（市）、县各级政府所属的煤炭管理部门，对不同规模、不同所有制性质的多层次煤炭企业进行管理。通过统配煤矿管理机构、地方煤矿管理机构、乡镇和个体煤矿管理机构对统配、地方国营、乡镇和个体煤矿企业进行分体系管理。对煤炭的地质勘探、设计施工、生产、运输销售、后勤服务等各个环节通过分部门的管理机构实现专业化管理。

综观全球，世界上的能源（煤炭）管理体制，按国家宏观管理机构级别和集中与分散程度来划分，大致有四种模式：一是国家级别的能源集中管理模式，即由国家能源部或燃料动力部等类似部门集中管理全国能源，其主要代表国家有美国、俄罗斯、澳大利亚、南非、印尼、哥伦比亚、西班牙、韩国等；二是以印度为代表的高级别分散的能源管理模式，其设有煤炭部，与我国计划经济时期的能源管理模式相似；三是以日本、德国为代表的低级别集中的能源管理模式；四是我国区别于其他国家的独特的能源管理模式。中华人民共和国成立以来，为有效管理能源产业，我国的煤炭、石油、电力等能源管理体制虽历经改革，但这些改革由于缺乏能源产业管理体制的整体规划设计，因而改革仅限于对管理权限简单的、不停的收与放，以及对管理机构分散的、表面的、简单的、局部和零碎的立与撤。

与国家煤炭管理体制亦步亦趋，70年来，山西煤炭管理体制曾多次变革。特别是改革开放以来，经过几次重大调整，形成了现行的煤炭管理体制。

1.改革开放前的煤炭管理体制

（1）国民经济恢复和"一五"时期的高度集中管理体制。

1949年中华人民共和国成立后，山西煤炭工业由中央和地方分级管理，由中央燃料工业部煤矿管理总局管理山西国营煤矿企业，山西地方煤矿企业则归当地人民政府工业部门管理。

第一个五年计划时期，燃料工业部在华北、东北、华东、中南、西南和西北6个大区设立了煤矿管理局，直接由燃料工业部煤矿管理总局领导，负责所在地区的国营煤矿企业，山西的中央直属企业，如大同、阳泉矿务局和轩岗、西山、义棠煤炭筹备处、潞安煤矿由中央燃料工业部煤矿管理总局下设的华北煤矿管理局管理，为中央直属企业。1954年华北煤矿管理局撤销，山西成立太原煤矿管理局，集中管理上述中央直属企业。地方煤矿则由省、地、县分级管理，按照"统一领导，分级管理"的原则分别管理省营、地（市）营、县营和劳力合伙、私营煤矿。1955年7月，国家撤销燃料工业部，分别成立石油工业部、煤炭工业部和电力工业部，煤矿管理总局随之撤销。太原煤矿管理局仍保留原来建制，改由国家新成立的煤炭工业部直接领导。

煤炭产、运、销实行"五统一"的管理体制，即：统一投资、统一（物资材料）供应、统一（煤炭产品）调配、统一价格、统一（亏损）补贴。

"一五"时期，经过社会主义改造，山西省的私营煤矿全部改造为全民所有制或集体所有制企业。西山和汾西改称矿务局，划为中央直属。大同矿务局等所有中央直属煤矿企业的管理体制是：计划采取指令性自上而下的下达。财务统收统支，利润全部上缴，超额完成利润计划，企业按规定提取一定比例的奖励基金。物资供应由国家统一调拨。煤炭销售实行统一调配、统一价格。人、财、物、产、供、销都由国家行政部门统一计划。煤炭运销上强调全国一盘棋，要求山西局部利益服从全国利益，产品以外销为主。地方煤矿企业由省、地（市）、县各级政府主管部门领导和管理。

在大中型煤矿均实现国营的基础上，山西煤炭工业进入严格的计划管理范围，在产运销各个环节实行"五统一"管理，即由中央和地方投入大量的人力、物力和财力，大力建设和发展国有煤矿，煤矿建设在资金上由国家和地方政府统一安排和投资，煤炭建设和生产所需要的物资由国家统一供应，煤矿的所有产品由国家统一调拨和调配，煤炭价格由国家统一制定和调整，煤矿利润全部上缴，亏损统一由财政补贴。国家直属煤矿一般被称为国家统配矿，由国家"五统一"；省属煤矿为地方统配矿，由省直接"五统一"。其他国营矿由地方管理，其管理方式与"五统一"相似，但其产品不列入国家统配范畴，主要供应地方市场，有一定的灵活自主权。乡村的集体所有制煤矿很难得到国家的直接投资，其产品供应当地农民。"五统一"是计划经济的模式，机制僵化，企业没有适应市场的活力。长期的"五统一"形成强大的机制惯性，直到改革开放中期经多次改革攻坚才逐步转变。

(2) "二五"时期的下放管理，调整时期的再次集中管理。

1958年至1960年的"大跃进"，煤炭工业和其他行业一样，执行盲目追求高速度的产业政策。致使国营煤矿由于基建战线过长，33对矿井中途停建，损失资金5000多万元；在生产上，由于盲目夺高产、放"卫星"，78%的矿井采掘比例失调；在管理上，规章制度被破坏，打乱了正常的生产秩序，重大事故接连发生；技术经济指标下降。集体所有制小煤窑已不必经过批准，到处乱采滥挖，破坏了煤炭资源和原有的生产秩序。"大跃进"时期盲目追求高速度的产业政策造成生产能力的巨大破坏，其损失和严重后果是灾难性的，导致煤炭产业乃至国民经济濒于崩溃。据此，为改变现状，国家不得不对高度集中的煤炭管理体制予以调整。1958年元月，煤炭工业部颁发《关于改进所属企业、事业管理体制的规定》，作出了将企业下放管理的指示，山西撤销太原煤矿管理局，成立山西省煤矿管理局，将当时省内的大同等中央直属煤矿划归山西省领导。这次管理体制改革，削减了中央对大型煤矿企业的宏观控制能力，有欠稳妥，至1959年10月，煤炭工业部对山西省煤矿管理局及所属企业又予以上收集中管理，形成了大同等中直煤矿由煤炭部和山西省双重领导，以煤炭部为主，地方煤矿则以山西省领导为主的管理体制。

1960年，国民经济不得不进入调整期，产业政策转向修补被损坏的生产秩序，国家统配矿再次下放到山西省。煤炭工业作为维持经济运行的重点行业，在粮食及生产用品的分配方面得到国家的优先供给，煤炭工业逐步恢复生产。

1963年至1965年随着调整政策的执行，国民经济有所恢复，国家又对中直煤矿实行上收。1963年3月，根据《煤炭工业部关于统一部直属的管理机制名称的通知》，山西省煤矿管理局改名为中华人民共和国煤炭工业部山西煤炭工业管理局，实行煤炭部和山西省政府双重领导，一班人员，两块牌子，两个公章。1965年3月，轩岗矿务局改称轩岗煤矿，人、财、物下放忻县地区领导。但煤矿建设、产、供、销仍由国家统一调配。在生产、建设等业务上接受山西省煤炭工业局指导。这一体制伴随着国统矿的上收和下放，在山西多次施行。

（3）十年"文化大革命"，山西煤炭企业又一次下放管理。

1966年至1976年的十年，山西煤炭管理体制受到严重破坏，省内中直煤矿全部下放。1967年8月，从省局到直属企业先后实行军管，省局成立了山西煤炭系统领导小组，企业成立了革命委员会。1970年，煤炭与化工合并成立山西煤炭化工局，煤矿企业的人、财、物管理权限下放给所在地县，实行块块管理，产、供、销仍由省煤炭化工局管理。1975年1月，国家撤销燃料化学工业部，煤炭与化工分家，恢复煤炭工业部，并将以前下放给地方的煤炭企、事业单位陆续上收煤炭工业部直管。同年3月恢复成立山西煤炭工业管理局。

2.改革开放后的山西煤炭管理体制变革历程

1976年"文化大革命"结束，面对百废待兴的国民经济形势，1978年召开的十一届三中全会，确立了全面实行改革开放的基本路线，做出了以经济建设为中心，大力发展国民经济，加快实现"四个现代化"，20世纪末进入小康社会的重大战略决策。改革开放带来国家经济与行政管理体制的不断调整和变革，各行各业改革的节奏尽管各有区别，但总体方向和目标是由计划经济管理体制向市场经济管理体制过渡，由政府的直接行政干预向市场资源配置为主、政府宏观调控为辅转变，即简政放权。

为保证改革开放带来国民经济飞速发展对能源的需要，国家提出了"优先发展能源工业"的方针。依托资源和地理区位两大优势，山西成为国家能源开发建设的重点，被国家列为能源重化工基地，从投资等诸多方面予以政策倾斜和扶持。"五统一"的煤炭产业发展政策逐步向大中小一起上，长期和短期兼顾，国家、集体、个人一起上的"有水快流"政策转变，煤炭管理体制也因此逐步从高度集中的垂直管理体制向中央与地方相结合的条块结合的煤炭管理体制转变。

（1）"拨乱反正"时期，条块结合的山西煤炭管理体制。

1976年"文化大革命"结束，山西煤炭工业开始扭转混乱局面，并着手酝酿管理体制改革。1978年，中共十一届三中全会以后，中共中央国务院作出了把山西建成能源重化工基地的战略决策，极大调动了煤炭行业发展的积极性，煤炭工业管理体制和管理机构为适应生产力发展进行了较大的调整，一些关系国民经济全局的大型骨干煤炭企业陆续收回中央管理，重新实行以煤炭工业部为主的部、省双重领导体制。

1979年4月，成立山西煤炭工业管理局（为一级局），内设地方煤炭管理局（二级局）和安全监察局，全省地方国营煤矿企业（包括6个地方统配矿务局）由地方煤炭工业局和各地（市）、县煤炭工业管理部门，按分级管理的原则，从生产、安全、建设、勘探、设计、经营、教育培训等方面实行职能管理，干部及党务工作仍由所在地方党政块块管理，对集体所有制煤矿进行业务归口管理。从而形成了由全省煤炭工业管理局负责全省国有煤炭企业的管理，山西省乡镇企业管理局内设的矿业公司负责乡镇以下各类小型煤矿和集体煤矿，国有煤炭企业人事党务归口地方的山西煤炭条块结合的管理体制。

随着农村各项经济政策的逐步落实，1979年，山西省集体煤矿发展迅速，煤矿企业及产量在山西煤炭行业中所占比重急剧增长。为了加强对集体煤矿的管理，12月，山西省决定由山西省社队企业管理局和山西省地方煤炭工业管理局对全省社队煤矿企业实行双重领导。山西省社队企业管理局所属的山西省矿业公司，在原管理全省小煤窑集运车队和煤炭集运站的基础上，具体负责社队煤矿的管理工作。

1980年，山西省政府决定，除矿山行政管理（审批权）和煤炭销售的分配计划仍由山西省地方煤炭工业管理局统一管理外，全省社队煤矿全部由山西省社队企业管理局所属的矿业公司负责管理。山西省煤炭工业管理局只负责全省国有煤炭企业的管理，内设地方煤炭工业管理局和安全监察局，即山西煤炭工业管理局管理大同等7

个国家统配矿务局，山西省地方煤炭工业管理局管理霍县矿务局等6个非统配矿务局，山西省社队企业管理局（通过矿业公司）管理全省社队煤矿。这一体制的确立，在当时条件下对于调动各类煤矿积极性，扬长避短，发挥各自优势，促进山西能源重化基地的建设，发挥了一定的作用。同年5月，中共山西省委决定，山西省地方煤炭工业管理局改为二级局，隶属于山西省煤炭工业管理局。

1980年6月，成立地方煤炭对外贸易公司，隶属于山西省进出口委员会，负责管理全省煤炭出口事宜。1981年底，为适应晋煤出口业务不断发展的需要，将"山西地方煤炭对外贸易公司"改为山西省煤炭进出口公司，隶属于山西省进出口委员会。原山西省五金矿产进出口公司经营的统配煤矿出口业务全部移交煤炭进出口公司。全省所有涉及出口的煤炭，均由煤炭进出口公司统一经营。公司内部设立两本账，地方煤炭出口利润归缴省地方财政，统配煤矿出口的收入归国家财政。1982年11月，又根据煤炭工业部和国家对外经济贸易部的通知精神，将山西省煤炭进出口公司改为中国煤炭进出口总公司山西分公司，下设大同、阳泉、雁北、秦皇岛4个办事处。分公司接受总公司和山西省的双重领导。业务以总公司为主，山西省通过省煤炭工业管理局和地方煤炭工业管理局对其进行管理。

1983年4月，山西省在管理体制改革中，将山西省煤炭工业局改为山西省煤炭工业厅，山西省地方煤炭工业管理局为厅属二级局。山西省煤炭工业厅直接管理大同等7个统配局(矿)，霍州矿务局等7个（荫营煤矿分为荫营和固庄两个独立核算的煤矿）地方统配矿务局（矿）和非统配地方国营煤矿（含军办）归山西地方煤炭工业管理局对口管理，手工业合作煤矿仍由山西省人民公社企业管理局下设的省矿业公司管理。

为了加强山西省煤炭资源的管理，1983年10月，中共山西省委和山西省人民政府决定成立山西省煤炭资源管理委员会，统一划分和审批各类煤炭企业对山西煤炭资源的占用；协调统配和地方煤矿开采中发生的资源归属问题，调处和裁决采矿权属和矿界纠纷；制定有关煤炭资源开发方面的地方性法规，贯彻国家有关法令、法规并监督其执行情况。同时，为了加强对出省煤炭的统一管理，在山西省经济委员会下设山西省煤炭运销总公司。各地市设立分公司，在总公司的统一领导下，组织全省地方煤炭外运销售。1992年《山西省人民政府关于全省地方煤炭运销系统管理体制的通知》发布，出于维护正常的煤炭运销秩序，加强对地方煤炭产运销的宏观调控，决定将全省煤炭运销系统由块块管理为主改为条块结合，以条为主。各地、市、县煤炭运销公司领导班子上划一级管理，由上一级煤炭运销公司征求当地组织、人事意见后任免。

1984年7月5日，中国煤炭进出口总公司在大同、阳泉分别成立了中煤总公司大同和阳泉矿务局办事处，原中煤进出口总公司山西分公司经营的统配煤炭出口业务分别转交两个矿务局办事处，其业务和财务实行以中煤进出口总公司为主的管理体制，即总公司、分公司为两级经营管理部门，总公司、口岸办事处为两级核算单位，矿务局办事处为中国煤炭进出口公司办理出口煤炭调运业务的派出机构。至此，山西省煤炭工业的管理体制为：山西省煤炭工业厅直接管理大同等7个地方统配局（矿）和地方国营（含军办、手工业）煤矿；山西省人民公社企业管理局管理全省的社队煤矿；山西省煤炭运销总公司负责全省地方煤炭的出省运销；山西省煤炭资源管理委员会管理全省煤炭资源占用；中国煤炭进出口公司山西分公司管理全省煤炭出口业务。

煤炭运销管理上实行煤炭价格双轨制。1983年，按国家煤炭价格分步改革安排，经国务院批准，煤炭价格实行计划内煤炭价格和计划外煤炭价格双轨制，计划内煤炭又包括指令性和指导性两块，价格由国家统一定价，计划外价格实行国家最高限价。统配矿煤炭产品执行指令性计划价格，地方国有矿执行指导性计划价格。乡镇煤矿的出省外销煤炭执行指导性计划价格，本地销售煤实行计划外价格。1992年《山西省提高和放开地方煤炭价格的实施细则》，上调指令性计划煤炭价格10元/吨，放开指导性煤炭和计划外煤炭价格，实行市场调节。国统矿除规定产量内的煤炭执行计划价格外，超出部分的煤炭产量也有一定的自销权利，其价格可执行市场价格。这一时期通过双轨制，煤炭产品从指令性计划价格为主，逐步过渡到以市场价格为主。到1994年，我国生产资料产品价格基本上都已放开，山西省除重点合同电煤外，煤炭价格管制也基本上全面放开。

（2）国家体制改革时期的简政放权。

1984年，山西煤炭产业按照中共中央和国务院《关于国营工业企业体制改革的决定》，对煤炭企业实行简政放权，对煤矿的行政管理变为"统筹、协调、监督、服务"，把生产经营权交给企业，扩大企业自主权，企业改革了用工制度、收益分配制度等，完善了各项经济责任制，在部分中直煤矿试行矿长负责制和矿长任期目标责任制。逐步推行计划管理和承包制相结合的经营管理措施。80年代末，在统配矿推行投入产出总承包。煤矿企业的自主经营权逐步扩大，煤炭产业出现了多种经营的发展思路。在投资政策和煤炭产业组织结构政策中，打破了单一国有体制，允许国家、集体、个人一起上，引进国外和省外投资，形成投资主体多元化，煤炭产业单一公有制的所有制体系被打破，国家对山西煤炭工业的管理从计划管理，逐步向计划、市场双轨制管理转变。

1985年，山西煤炭管理体制做出重大改革。当年，经国务院批准，煤炭工业部对全国统配矿实行总承包。1月，国家将山西大同、阳泉等七大统配矿务局和基本建设局、煤田地质公司、煤矿机械厂、煤矿设计院、煤炭管理干部学院、煤矿安全培训中心、煤炭中心医院、煤炭环境保护监测站等，按1984年底在册人数全部收归煤炭工业部，将山西省煤炭工业厅改为煤炭工业部山西煤炭工业管理局，为煤炭工业部的派出机构，统一管理山西部属企业事业单位（内设安全生产监察局），实行垂直管理。原由煤炭工业部直属的山西矿业学院、中国煤炭博物馆、大同煤校、煤炭科学院研究院太原分院、中国平朔煤炭工业公司、平朔矿区物资供应公司、山西煤炭运销检查组等维持原管理体制。其中大同矿务局由煤炭工业部直接管理，太原煤炭气化公司原为煤炭部和山西省合营企业，仍由原董事会领导，所有上划单位的党务工作仍接受所在地党委统一领导。原作为山西省煤炭工业厅内设机构的山西省地方煤炭工业管理局与乡镇企业管理局所属的山西省矿业公司合并，组建成了山西省煤炭工业厅，管理全省各类地方煤矿，厅下设立安全监察局，督察煤矿安全。

1988年，国务院组建能源部，撤销煤炭工业部，成立中国统配煤矿总公司。山西省煤炭工业管理局又改为中国统配煤矿总公司山西分公司，其管理范围不变。到1990年，山西省煤炭工业管理体制演变为：由中国统配煤矿总公司直接领导大同矿务局、平朔露天煤矿和煤炭科学研究员太原分院、山西矿业学院等企事业单位；由山西煤炭工业管理局管理阳泉、西山、汾西、潞安、晋城、轩岗6个统配矿务局及其他上划的企事业单位，由山西省煤炭工业厅管理霍州矿务局和东山等7个地方统配矿务局及省、地（市）、县（区）非统配地方国营煤矿、军办矿、手工业合作社经营矿和乡镇煤矿。

1993年3月，国家撤销能源部和中国统配煤矿总公司，再次组建煤炭工业部。1994年，国务院决定将管理国有重点煤矿的山西煤管局与管理全省地方国有煤矿、乡镇煤矿及其他煤矿的山西省煤炭工业厅两个机构合并为一个机构，但保留两块牌子，两块牌子的隶属关系和管理范围不变，原隶属于两个机构、各自独立的两个安全监察局合并，实行以煤炭工业部为主的双重领导。至此，山西煤炭工业管理体制得到初步理顺，机构改革迈出了重大一步。

（3）彻底打破条块分割的煤炭产业管理体制，形成职能相对分散、多个部门分工协作的煤炭管理体制。

20世纪90年代，我国经济体制改革已取得显著成效，市场经济体制的框架初步建立。80年代，国家对山西煤炭工业的高强度投资建设，统配矿的现代化程度和适应市场能力均大幅度提高，具备了进一步推进机构改革和企业转换经营机制的条件。

1994年的条块结合、双重领导管理体制，是山西省介入统配矿的管理的先导。1994年，国务院将管理国有统配煤矿的山西煤炭工业管理局和山西省煤炭厅合并为一个机构，挂两块牌子，受煤炭部和山西省政府双重领导。一个牌子为山西煤炭工业管理局，是煤炭部的派出机构，一个牌子为山西省煤炭工业厅，为山西省政府职能部门，列入政府序列。新机构是山西省境内各类所有制和各种隶属关系煤炭企业的行政主管部门。新机构由煤炭部和山西省政府协商组建。国家统配矿的名称取消，改为国有重点煤炭企业。山西省国有重点煤矿主要领导由煤炭部征求省政府意见后负责任免，副职领导干部由山西省煤炭管理机构任免，报部、省备案。通过这一机构设置改革，山西省开始介入对统配矿的管理。

在投资体制改革方面。20世纪80年代，国家投资已由"全方位、高强度、大规模的区域投资"转化为"重点项目投资"。继而国家不再为大部分国有企业直接投资而开始实行"拨改贷"政策。1992年，中央下发了中发〔1992〕12号文，制定了国有大中型企业实行"债转股"的相关规定。1999年7月5日，国家煤炭工业局和国家经贸委研究，在64家煤炭企业实施"债转股"。90年代后期，国有重点煤矿完成股份制改造，开始进入股票市场融资。

在价格改革方面。从1995年起，除对电煤价格实行指导价以外，其他煤炭产品价格全部放开，实行国家宏观指导下的市场调节。同时，在运销环节实施多年的煤炭统配制度，转变为重点购销合同和一般合同。

1998年，国有重点煤矿管理权限的彻底下放。1998年国发《国务院关于改革重点煤矿管理体制有关问题的通知》，作出了将国有重点煤矿下放地方管理的重大决策，除平朔煤炭工业公司、太原煤炭气化总公司隶属中煤能源集团公司外，将原属中央直属的大同、阳泉、西山、汾西、潞安、晋城、轩岗、霍州等八大矿务局及山西煤管局所属的事业单位下放山西省管理，彻底和永久打破了长期以来多头行政、条块分割的山西煤炭产业管理体制。

2001年，按照国务院有关文件和山西省政府机构改革方案，国家、省政府对山西煤炭安全机制进行重大改革，同年9月山西省煤炭工业厅改为山西省煤炭工业局，负责全省煤炭工业的宏观调控和行业管理；山西省煤炭工业管理局改组为山西煤矿安全监察局，隶属国家煤矿安全监察总局，实行垂直管理，负责监督、检查各级煤矿安全监察执法情况。

2001年2月，国务院决定撤销国家煤炭工业局，组建国家安全生产监督管理局，与国家煤炭安全监察局实行一个机构、两块牌子，以进一步适应我国安全生产监督工作的需要。2002年3月组建山西省安全生产监督管理局，具有全省煤矿安全管理职能，与山西省煤矿安全监察局合署办公。2004年，全省煤矿安全管理职能重新划归山西省煤炭工业局。2007年，针对山西煤炭管理部门机构重叠、职能交叉等问题，山西省委、省政府联合下发了《关于调整煤炭工业管理体制的通知》，对煤矿安全监管体制再次进行调整。

至此，山西省煤炭管理体制为：由山西省煤炭工业局负责全省煤炭工业宏观管理；国家派出机构山西煤矿安全监察局负责依法行使煤矿安全监察职能；山西省安全生产监督管理局负责全省各行业安全监管；山西省国土厅负责资源的规划、管理、保护与合理利用。此外，省内涉煤部门还有山西省发展改革委员会、山西省经济委员会、山西省国有资产监督管理委员会等综合经济管理部门。职能分散、多部门协作的煤炭产业管理体制确立。在企业管理上，全省除平朔煤炭工业公司、太原煤炭气化集团公司隶属中煤能源集团外，山西五大国有重点煤炭企业，以及地方国有煤矿、乡镇煤矿和其他煤矿，均由山西省煤炭工业局归口管理。

行政管理转向法制管理。1992年颁布《中华人民共和国矿山安全法》，1996年全国人大制定并颁布《中华人民共和国煤炭法》和《中华人民共和国矿产资源法》，推动煤炭行业发展走上了规范化、法制化的轨道。对完善我国煤炭法律法规体系，合理开发利用和保护煤炭资源，规范煤炭生产、经营活动，促进和保障煤炭行业的依法发展发挥了重要和积极的作用。为煤炭安全生产和管理提供了法律规制，划定了红线，明确了方向。

国有重点煤矿转划地方管理，是煤炭工业管理体制的重大改革，是市场经济的客观要求，有利于政府职能转变和企业经营机制转换，也有利于煤炭工业结构调整和健康发展。

（4）新时代下的煤炭宏观管理体制。

2013年12月起，全部取消煤炭、焦炭公路运销管理行政授权，全面撤销省内煤炭、焦炭公路检查站和稽查站点。

2013年10月，国土资源管理部门按照"部控省批"原则，积极开展煤炭、煤层气审批权限下放改革试点。

2014年6月，省政府出台《涉煤收费清理规范工作方案》，取消专门面向煤炭行业的行政事业性收费和服务性收费，取消一切涉煤不合理收费，降低部分涉煤收费和基金的征收标准，严格按政策执行保留的涉煤收费项目。

2016年修订后的《山西煤炭管理条例》规定：县级以上人民政府煤炭管理部门负责本行政区域内煤炭行业的监督管理。县级以上人民政府国土资源、环境保护等有关部门在各自职责范围内负责对煤炭行业的监督管理。省煤炭管理部门根据全国煤炭生产开发规划和全省矿产资源开发规划，组织编制本省煤炭生产开发规划，经省人民政府批准后组织实施并报国务院煤炭管理部门备案。省煤炭管理部门按照国务院规定的分级管理权限审批煤矿企业，并自收到规定的材料之日起45日内依法进行审查，并作出批准或不批准的决定；不批准的应当书面说明理由。经批准开办的煤矿，凭省煤炭管理部门的批文，由国土资源主管部门分发采矿许可证。煤矿建设工程，由煤炭管理部门组织矿山安全、环境保护、国土资源等有关部门进行竣工验收，审计部门应当对国家投资的建设工程进行竣工决算审计。

2018年10月25日，山西省应急管理厅挂牌，同时加挂山西省地方煤矿安全监督管理局牌子。山西省应急管理厅将省煤炭工业厅的煤矿安全监督管理职责等整合，属省政府组成部门。2018年10月27日，山西省能源局正式挂牌，将省煤炭工业厅的职责和省发改委的能源管理职责，山西省经信委的节能降耗、能源(含电力、焦炭)管理职责，相关部门的煤层气管理职责等整合，属山西省政府直属机构，山西省煤炭工业厅将不再保留。同日，山西省工业和信息化厅挂牌，主要职责包括参与编制能源基地建设规划，分析、监测煤电油气运的供需态势和市场状况，负责产运需平衡衔接和日常调节，统筹协调全省煤电油气运保障工作等。

(二) 煤炭安全监管体制年历

1950年3月，省工业厅成立工矿安全行政科，负责全省地方煤矿的安全工作。同时省煤矿公司，大同、阳泉矿务局成立保安科，潞安、太原、东山、西山、南庄等煤矿成立安全股，矿务局、煤矿都配备专人负责安全管理。1952年，大同、阳泉矿务局和潞安煤矿将保安科改为安全检查科，新成立通风科，将安全检查(简称安检)和业务保安人员分设，明确了各自职责，使安检工作更为有效。1953年，省工业厅在煤矿管理处内成立安全检查科，配备9人，负责全省地方煤矿安检工作。1954年，太原煤矿管理局筹备处成立，局内设技术安全检查处，管理大同、阳泉矿务局及潞安煤矿安检工作。由于安全生产方针贯彻不力，安检部门查出的问题得不到及时处理。根据煤炭工业部指示，太原煤管局和大同、阳泉矿务局1956年成立安全监察局，由煤管局、矿务局副局长兼任局长，并向各矿派驻安全监察组。同时，充实安监人员，大同矿务局由32人增为75人，阳泉矿务局由18人增为38人，安监机构逐步完善。

1958年至1960年，在"大跃进"影响下，安全机构削弱。省煤管局撤销安全监察处，在生产技术处内设劳动保护科；大同、阳泉矿务局将技术安全监察局改为技术安全检查处；其他单位安全监察机构相继撤销。煤矿安全工作削弱，事故大幅度上升。1960年5月9日，大同矿务局老白洞矿发生特大煤尘爆炸事故，死亡684人；西山、汾西矿务局也连续发生顶板和瓦斯爆炸事故，地方煤矿的事故也屡有发生。这一年，安全生产情况十分不好，全省死亡988人，百万吨死亡高达27.63人，比1957年上升2.96倍。为扭转这一局面，1961年，省煤管局将安全检查处改为安全监察处，大同、阳泉、西山、汾西矿务局重新成立安全监察局，潞安、轩岗矿务局和晋城煤矿筹备处恢复安全监察处，各矿设立安全监察站，作为安全监察局(处)的派驻机构。1963年，再次对全省煤矿安全机构进行全面整顿和调整，中直煤矿加强安全监察机构，制定了安监局、站技术人员责任制。到年底，配备安监站长67人，安监干部317人，监察工462人，安全矿长36人，坑口安全主任157人，瓦斯检查员780人，专职放炮员1461人；地方煤矿也进一步健全机构，充实安全工作人员。

"三五"和"四五"时期，由于"文化大革命"干扰，再次撤销安监机构，废除规章制度，取消安全教育，安全无人管理。1974年开始恢复安监机构，安全情况开始好转。1978年，各矿务局先后恢复和建立安监局，向各矿派驻了安监站。各矿成立安检科。1979年，进一步整顿安全机构，省地方煤管局和各统配矿务局、矿成立安监处，充实安监干部250人、安监员610人、安全员3214人。

1981年，省煤管局恢复安全监察局，加强了全省煤矿的安监工作。动员采、掘、机、运、通和党、政、工、团、家属各个部门的人员开展全面安全管理。各矿务局和各地市、县煤炭主管部门充实安监机构。大同矿务局安监人员达到300人，安全网员3400人，青年监督岗956个，岗员4806人。11个地市煤管局(煤炭公司)和80多个产煤县成立安监(检)科或股，产煤多的县还分片成立乡(镇)安监站。按年产3.5万吨配备一个安监员的标准，共配备安监干部1100人，安全员4200人。

1985年，省煤炭厅和11个地市煤管局成立安全监察局。7个统配局进一步加强安监机构，充实人员。安监干部达到383人，安监工人284人，安检员1755人，安全网员10347人，青年监督岗员13525人，形成了一支专业人员与矿工及家属相结合的安全监察队伍。

"七五"时期，遵照统配煤矿总公司提出的"安全第一、预防为主、总体推进、综合治理"方针，山西煤炭系统层层成立安全领导组。各统配局、矿，各地市、县煤管局和乡镇安监站整顿机构，充实人员，全省再次充实安监人员1400人。

1990年，山西煤管局、省煤炭厅所属的各统配矿务局、大同矿务局、平朔露天煤矿、太原煤炭气化公司及11个地市煤管局都建立了安监局，配齐了安监人员。全省共有安监干部1800余人，安监工人6500余人，安检员4500余人，安全网员3万余人，青年团监督岗员数万人。

2000年9月，山西煤炭工业管理局改组为山西煤矿安全监察局，隶属于国家煤矿安全监察局，各级煤矿对应成立安全监察处、科，实现对煤炭行业的全网无漏洞安全监管。

2018年10月25日，山西省应急管理厅挂牌，同时加挂山西省地方煤矿安全监督管理局牌子。山西省应急管理厅将省煤炭工业厅的煤矿安全监督管理职责等整合，负责全省煤炭行业安全监管。

三、山西煤炭管理机构变迁

中华人民共和国成立初期，国家煤炭管理体制在机构设置上，基本上是按照国家各级行政机关下设置煤炭管理部门分级进行管理。山西的直属煤炭企业由中央政府管理，各省、市、自治区（20世纪50年代初按大行政区）分设煤炭管理机构，对所属煤炭企业进行管理，管理机构的管理范围、职能和管理方式因不同的历史时期而有所不同。

（一）煤炭管理机构沿革

1.国民经济恢复时期的初建

中华人民共和国成立初期，山西煤炭工业管理机构——煤矿公司设在山西省工业厅内，除中央直属企业外，省营以下煤炭企业由工业厅统一领导。各地（市）县设矿务局分级管理。1950年11月，阳泉市成立工业管理局，属山西最早的地市级煤炭专门机构。1952

年察哈尔省撤销后,雁北专署矿务局归山西省工业厅管辖。同年6月,山西省煤矿公司撤销,在省工业厅内设立煤矿生产管理处,在基本建设处内设矿井改造办公室,原4个省营煤矿由工业厅直管,生产、基本建设业务由煤矿生产处和基建处分别管理。

1954年8月,中央人民政府决定撤销各大行政区,华北煤矿管理总局随之撤销。为大规模开发山西煤炭资源,加强对山西煤矿的管理,中央人民政府决定抽调原华北煤矿管理总局120人到山西筹建太原煤矿管理局,同年10月从北京迁至太原,成立太原煤矿管理局筹备处。1955年6月,正式成立工业部太原煤矿管理局,为煤炭工业部派出机构,编制240人,设置14个处室,负责管理大同、阳泉矿务局,潞安、轩岗、义棠煤矿筹备处以及内蒙古包头煤矿筹备处。

2."一五""二五"时期的机构扩建

为加强山西焦炭基地建设和发展,1956年1月,国家把原山西煤炭工业厅管理的地方国营西山煤矿和西铭焦炭厂合并,成立西山矿务局;将原富家滩煤矿和义棠煤矿筹备处合并,成立汾西矿务局。这两个矿务局上划为中央直属企业,由煤炭工业部太原煤矿管理局管理。

1957年,山西工业厅机构改组,撤销各专署工业处,按一厅多局建制设置山西矿业管理局,以行业归口管理原则,统管全省各类地方煤矿的生产、安全、基建和矿业管理等各项业务。直属事业单位有太原东山煤矿、雁北大仁煤矿、阳泉白羊墅煤矿、霍县辛置煤矿、晋城元庆煤矿筹备处和排水队、建井队。工业厅有驻长治、雁北、榆次、忻县专区工业指导小组,指导管理各专区煤矿。

1958年1月,煤炭工业部决定将华北煤田地质局(1954年已迁入太原）、太原煤矿基建局、大同煤矿基建局、阳泉矿务局基建工程公司，以及由抚顺迁至太原的煤矿安装公司、大同煤矿学校、太原煤矿学校等事业单位，划归太原煤矿管理局领导。同年8月，中共山西省委决定撤销山西工业厅矿业管理局，将排水队和建井队下放至专区（市），机关全体职工和管理业务移交太原煤管局代管。10月，根据中央确定的实行地方分权的精神，对经济管理体制进行重大调整，依照工业部发布《关于煤矿企事业单位下放地方管理的通知》，经国务院批准，撤销太原煤矿管理局，下放大同、阳泉、西山、汾西矿务局和轩岗、潞安煤矿筹备处归山西省领导，组建山西煤矿管理局，局长贾冲之，随后由赵邦荣接替，局内基建处改为基本建设局，连同地方煤矿局均为局内局。随即山西省委作出决定，将大仁煤矿、东山煤矿、白羊墅煤矿下放归所在地市直接领导，省煤矿管理局保留领导职能。之后，各地（市）、县逐步完善了煤炭工业管理机构。至1959年9月，省煤矿管理局直辖大同、阳泉、西山、汾西、潞安、轩岗、霍县7个矿务局，以及晋城煤矿筹备处、山西洗选工程公司、山西煤矿设计院、山西煤矿科学研究所、太原煤矿学校。山西省形成了由山西煤矿管理局直接管理的7个矿务局、1个煤矿筹备处，及各地（市）、县管理的地方国营、集体煤矿协调发展的格局。山西省煤矿管理局统一对全省各类大、中、小煤矿实行行业归口管理，对全省煤田统一规划、合理开发起主导作用。

1959年10月，中共中央、国务院《关于若干煤矿企业实行以中央为主的双重领导的决定》指出：省（除陕西省外）、区工业的行政管理机构（厅、局）实行以中央领导为主的管理体制以后，应当成为工业部和省人民政府双重领导的机构，对中央直属煤炭企业的管理以煤炭工业部为主，对地方煤炭企业的管理以省人民委员会领导为主。从而确定山西的大同、阳泉、西山、汾西、潞安、轩岗6个矿务局和晋城煤矿筹备处以煤炭工业部管理为主，霍县矿务局以及其他地方煤矿的管理以山西省人民委员会为主。

3. "文化大革命"时期的破坏

1966年"文化大革命"开始，1967年1月，管理秩序陷入混乱，中国人民解放军进驻山西煤炭工业管理局实行军管，局机关及职能处室合并为调查、生产、宣传3个组，下属各矿务局相继实行军管，并成立革命委员会。1967年11月，成立山西煤炭系统领导小组，对全省煤炭工业实行业务领导，内设政工、生产和后勤3个组和办公室。1969年8月，山西省革命委员会下设11个办公室，山西煤炭系统领导小组和电力、化工合并，组建为煤电化办公室，管理全省煤炭、电力、化工行业。9月，省地方煤炭管理局撤销，地方煤矿管理业务由煤电化办公室统一管理。

1970年1月，山西省革命委员会决定，成立山西省煤炭化工局，由任剑波主持全面工作，后由何白沙接任。机关设14处2室，编制314人，实际仅有工作人员109人。同年6月，燃化工业部对山西煤炭工业管理体制做出调整，将原煤炭工业部和山西省条块管理的7个矿务局人、财、物管理权限下放，由山西省实行块块管理。1971年又将潞安、晋城、轩岗矿务局的人、财、物管理权限下放至所在地（市），产、供、销仍由省煤化工局统一管理。地（市）煤炭管理机构随省煤炭管理体制和名称的改变而变更为煤化工局。

1973年10月，为了加强地方煤炭管理，在省煤化工局成立地方煤矿管理处，编制26人，负责全省地方煤矿的业务管理。同时，为发展集体煤矿，解决煤炭短途集运和外销问题，成立山西省非金属公司，隶属于山西省手工业管理局，负责全省集体煤矿短途集运汽车队、煤炭集运站的管理。同年12月，山西省革命委员会正式下文，将阳泉市南庄煤矿、雁北地区小峪煤矿、太原市东山煤矿、省营荫营煤矿、西峪煤矿寨沟井5个煤矿（井）的建设及产、供、销业务上划省煤化工局统一管理，人、财、物、党、工、团仍由所在地（市）管理。至此，山西形成了中央直属的大同、阳泉、西山、潞安、晋城、轩岗、汾西7个统配矿务局和霍县矿务局、东山、南庄、小峪、荫营、西峪6个地方统配局、矿。

4.调整时期管理机构的恢复

1975年3月，山西省决定分别设置省煤炭工业和化学工业管理局。山西省煤炭工业管理局机关设置14个处室，编制244，局长王丕成。同年10月，山西省又决定将1971年下放地（市）管理的晋城、潞安、轩岗3个矿务局划归山西省煤炭工业管理局管理，连同大同、阳泉、西山、汾西4个矿务局的基本建设、生产计划、财务、销售、物资供应都由山西省煤炭工业局管理，党务工作接受所在地（市）领导，局级干部的任免以山西煤炭工业管理局为主，与所在地（市）党委协商，经省委任免。其他由地方管理的统配矿及非统配的地方国营煤矿、集体所有制煤矿的管理不变。1976年4月，山西省非金属矿业公司划归山西省社队企业管理局，改称山西省矿业公司。

5."拨乱反正"后的进一步理顺

1978年10月，山西省决定将山西省煤炭工业管理局的基建处和地方煤矿管理处升格为二级局建制，改称基本建设局和地方煤矿管理局，分别管理全省统配煤矿的基本建设和全省地方煤矿。年底，山西省煤炭工业管理局编制373人，其中基本建设局67人、地方煤矿管理局70人。

1979年4月，为适应全省地方煤矿迅速发展的需要，山西省成立山西地方煤炭工业管理局（为一级局），编制110人，局机关设12个处室，同时批准组建山西地方煤矿设计公司、地质勘探公司、供应公司、地方煤炭工业学校。

1983年，山西省委、省政府与煤炭工业部协商，将山西省煤管局改为山西煤炭工业厅，成为省政府职能部门，地方煤管局改为厅属二级局。1985年山西省煤炭工业厅及其所属单位全部上划煤炭工业部直属，改称煤炭工业部山西煤炭工业管理局，局内设28个处室、编制377人。与此同时，山西省人民政府决定山西地方煤炭工业管理局和山西省矿业公司合并，组建山西省煤炭工业厅，设14个处室，编制115人，另设9个直属企事业单位。

1988年，国家能源部门进行机构改革，山西省煤炭工业管理局改为中国统配煤矿总公司山西公司，保留山西煤炭工业管理局之称。

1993年，能源部和中国统配煤矿总公司撤销，山西省煤炭工业管理局再次归新组建的煤炭工业部领导。1994年管理山西国有重点煤矿的山西煤管局与管理全省地方国有煤矿、乡镇煤矿及其他煤矿的山西煤炭工业厅两个合并，原隶属于两个机构、各自独立的两个安全监察局合二为一，实行以煤炭工业部为主的双重领导。山西煤炭工业管理机构、体制初步理顺，机构改革初现成效。

6."十五"期间的改革调整到位

1998年3月，在国家机构改革中，再次撤销煤炭部，山西煤炭工业管理局由国家经贸委下设的国家煤炭工业管理局领导。同年7月，国务院下达22号文件，原中央直属的大同、阳泉、西山、汾西、潞安、晋城、轩岗、霍州等8个矿务局由山西省管理，山西煤炭工业管理局所属的事业单位也一并归口山西省管理。

根据《国务院关于改革国有重点煤矿体制有关问题的通知》（国发〔1998〕22号）和原煤炭工业局、山西省人民政府联合印发的《关于印发山西国有重点煤矿管理体制改革问题商谈纪要的通知》（煤办字〔1998〕第440号）精神，山西煤田地质局更名为山西煤炭地质局，为正厅级建制，归口省国土资源厅管理。局内设置14个职能处室。

2000年，国家、省政府对山西煤炭工业管理体制进行重大改革，山西省煤炭工业厅改组为山西煤炭工业局，正厅级建制，由省经委归口管理，内设6个职能处室，2006年增加至16个职能处室。

全省11个市除运城外，有6个市设有煤炭工业局，有4个市的煤炭工业局与安全生产监督管理局一套人马、两块牌子。

2000年9月，山西煤炭工业管理局改组为山西煤矿安全监察局，隶属国家煤矿安全监察局，实行垂直管理。山西省煤矿安全监察局在全省每个地（市）设立垂直管理的安全监察分局，负责本区域内煤矿安全监察工作，11个分局共有工作人员220人。

2002年3月，山西设立安全生产监督管理局，与山西煤矿安全监察局合署办公，将全省煤矿安全管理职能划到该局，负责对全省煤矿工业的安全监管，负责矿长资格证的考核与发证工作，监督煤矿贯彻执行安全生产法规、法律，负责"一通三防"工作的监督管理等。全省11个地（市）政府和119个县区全部建立了安全监管机构，承担全省安全生产综合监管职能。另外在300多个重点产煤和工矿业发达的乡镇设置安监站或安监办。为强化安全监管的现场执法监督，省安监局成立了安全生产监督执法总队，全省10个市和50个县安全监管部门成立了安全生产监察执法支队和大队。2007年4月，根据山西省委、省政府办公厅《关于改革煤炭工业管理体制的通知》，将其煤矿安全监管职能、煤矿矿长资格证的考核发证职能移交由山西煤炭工业局负责，安全生产监督管理局主要为非煤矿业安全监管。

另外，山西省国土资源厅负责全省煤炭资源管理。

2009年，根据《中共山西省委、山西省人民政府关于印发〈山西省人民政府机构改革方案〉的通知》（晋发〔2009〕13号），撤销山西煤炭工业局，设立山西省煤炭工业厅，正厅级建制，为省人民政府的组成部门。

至此，山西省涉煤管理机构有：

（1）山西煤矿安全监察局。隶属于国家煤矿安全监察总局，实行垂直领导，主要负责全省煤矿安全监察工作，在西山、大同、阳泉、长治、临汾、吕梁6个地区还设置了安全监察办事处。其主要职责是：对煤矿安全实行重点监察、专项监察和定期监察，对煤矿违法违规行为依法作出现场处理或实施行政处罚；对地方煤矿安监工作进行检查指导，负责煤矿安全生产许可证的颁发管理工作和矿长安全资格、特种作业人员的培训发证工作，负责煤矿建设工程安全设施的设计审查和竣工验收，组织煤矿事故的调查处理，2007年4月，按照山西省委、省政府办公厅《关于调整煤炭工业管理体制的通知》文件精神，将安全监察局的矿长安全资格、煤矿特种作业人员的考核发证职能将由山西煤炭工业局负责。

（2）山西煤炭工业厅。负责全省煤炭行业管理和煤矿安全监督管理；贯彻落实国家煤炭产业政策，提出全省煤炭行业发展战略和政策建议并组织实施；拟定全省煤炭生产开发规划并组织实施；参与编制矿区总体规划；拟定煤矿准入条件和办矿标准并组织实施，提出煤炭资源矿业权设置的初审意见；按省人民政府规定权限，审批、核准煤炭企业技术改造类固定资产投资项目；承担全省煤矿安全监管责任，编制并组织实施煤矿安全生产规划，监督落实煤矿安全生产责任制；负责分解下达设区的市和国有重点煤炭企业安全生产控制指标，并进行考核；承担全省煤炭生产监管责任，制定煤炭生产技术规范、规程和标准，实施行业调控；负责煤炭生产许可证颁发管理工作；监测煤炭工业经济运行情况；负责全省煤炭行业统计调度、信息化工作；负责全省煤炭运销管理工作；负责煤炭经营资格证颁发管理工作；对全省煤炭行业职业教育培训工作进行组织协调和业务指导，负责煤矿相关从业人员所需证照的考核发放；指导全省煤炭行业机电管理工作等。

（3）其他管理部门。其他省级管理部门涉及煤炭行业管理职能的有：省国土资源厅对矿产资源的开发利用和生态环境保护进行监督管理；省发改委拟定能源发展规划，负责煤炭运销和煤矿建设项目核准等；省经委负责全省煤炭行业经济运行监测、煤炭运销、煤炭经营许可证的发放等工作；省国资委对省属国有重点煤炭企业的国有资产进行监管，承担国有煤炭企业改革和管理等职能；省工商管理局，负责煤炭企业营业执照的发放、年审。

7.新时代国家大部制改革下的机构重建和职能整合

与国家机构改革相适应，2018年10月18日，《山西省机构改革方案》正式出台。据此，山西省主要涉煤管理机构为：

山西省能源局：承接原山西煤炭工业厅和山西发改委的煤炭与能源管理职能。

山西省应急管理厅（挂山西省地方煤矿安全监督管理局牌子）：承担原煤炭工业厅的煤矿安全监督管理职责。

山西省自然资源厅：承接原国土资源厅煤炭等所有自然资源的规划、管理、保护与合利用及其环境保护职能。

山西省工业和信息化厅：参与编制能源基地建设规划，分析、监测煤电油气运的供需态势和市场状况，负责产运需平衡衔接和日常调节，统筹协调全省煤电油气运保障工作等。

省市场监督管理局：为煤炭企业发放营业执照等。

（二）山西煤炭运销总公司

山西煤炭运销总公司是独一无二的山西煤炭运销管理专设机构。

1.山西煤炭运销总公司的设立

由于煤炭产业"有水快流"政策的实施，到1985年，山西境内煤炭生产能力大于运输能力即"产大于运"的局面已经形成，运力不足使地方煤矿生产的煤炭销售不畅，山西各地方煤矿只好相互压价竞销，造成山西境内煤炭市场价格一再走低，省内煤炭价格一度低至10元/吨煤左右。与其他实行双轨制的产品不同，山西境内的煤炭市场价格出现倒挂——市场价明显低于计划价，地方煤矿的价格大大低于统配矿。乡镇煤矿以低价和统配矿竞争，挤占统配矿的市场份额，其结果是：一方面对统配矿的正常生产经营造成极大干扰；另一方面由于地方矿价格过低，也使山西地方利益大量流失。为加强对山西出省煤炭的统一管理,保护山西地方利益,1983年10月,山西省人民政府晋政发〔1983〕147号文件批准,把矿业公司、几个小型运输公司和地方煤管局合并到一起,组建了山西省煤炭运销总公司(以下简称煤运公司),接受国家煤炭部的业务指导,负责对全省除国有统配煤矿之外的所有地方煤矿实行统一(铁路外运)计划和销售。煤运公司在各地市县组建基层公司,形成覆盖全省的地方煤炭统一销售网络和管理机构。当时,山西煤炭外销主要依靠铁路,为支持山西地方煤炭工业的发展,国家给地方煤矿也分配了3000万吨铁路计划,由省计委直接掌握,煤运公司成立后,对该计划的具体落实移交该公司负责。继煤运公司之后,政府还授予乡镇煤炭运销公司、煤炭进出口公司、山西能源公司等几个单位有经营地方煤炭运销和收取能源基金的权力,但这几个公司销售量很少,地方煤炭运销还是以煤运公司为主。

2.两大主要职能

(1)代收代缴能源基地建设基金等各种煤炭价外收费。

在煤炭市场热销的时期,山西境内煤炭产地价格与东部销售市场价格有巨大的价差空间。为了把这部分价差更多地留在省内,同时缩小省内统配矿和地方小矿的销售价格差距,山西省把当时国家对山西地方煤炭发展的许多项优惠政策捆绑起来,另外再增加部分资源损耗和环境损耗的补偿费用,经国务院批准,山西地方煤矿从铁路外运出省的煤炭,每吨向用户加收20元能源基地建设基金,简称能源基金。1989年,山西公路外运煤炭开始征收能源基金,同年,省政府向地方煤矿外运出省煤炭收费又增加了每吨10元的煤炭生产补贴款;1991年增加专项维简费(维持简单再生产费用)5元、水资源费2元。几项合计，山西每吨出省煤炭由煤运公司征收的政府性收费项目共37元。这些价外收费全部由煤运公司在各公路出省口及各县级公路开设的收费站严格收取后全额上缴省财政，省财政按比例返还煤运公司作为其手续费。

在承担收取能源基金的职能后，政府在基金收取额中给煤运公司0.5%的手续费和可观的奖励以及分成，这部分收入高于运销业务的服务费等收入，成为煤运公司的主要经济收入。到20世纪90年代初，地方煤炭价格放开，原来向省外用户征收的能源基金转为向煤矿征收。煤运公司征收能源基金的相关收入，没有经营风险，收入稳定。

（2）统一山西地方煤炭销售。

1985年，随着国家统配矿的上划，山西煤炭运销的统一格局被打破。山西煤炭管理局对6个统配矿务局实行集中管理，成立了山西统配煤炭经营公司和大同矿务局、平朔煤炭工业公司的煤炭运销机构。山西煤炭运销总公司名称不变，划归省煤炭工业厅领导，负责山西地方煤炭的运销，受政府委托，对地方外销煤炭征收"山西能源基地建设基金"，中止了对地市分公司和县分公司的垂直领导。

省政府为支持煤运公司全额征收能源基金，在省政府1986年第25号文件中赋予煤运公司新的"五统一"的权力，即煤运公司对地方煤矿外销业务实行统一价格、统一合同、统一票据、统一计量和统一结算，进一步强化了公司在山西煤炭运销中的垄断地位。各基层煤运公司逐步转变为行政职能为主、经济职能次之的公司，而省公司多年来并不直接经营煤炭运销业务，其职能是管理性质的行政性收费的工作，是一个完全的行政性公司。

在公司成立初期，尽管煤运公司拥有铁路计划权，但煤运公司主要通过煤炭运销管理业务获取效益。当时省物价部门为其制定了服务费用、管理费、短途集站费、站台装卸费等收费标准。其中，服务费为向省外用户征收煤价的2.5%；管理费为：通过铁路外运的煤炭向煤矿征收煤价的3%，通过公路运输的煤炭向煤矿征收煤价的1.5%，并向用户和煤矿各征收0.1元的交易费，这些收费标准一直延续。当时，虽然收入较高，但其性质和其他类型公司的区别还不明显，经济收入是合理的。后来因煤价不断上升，地方煤炭的运销量也大幅提高，管理收费水涨船高，煤运公司的收入增高。

随着中国人民解放军军矿局的成立，原在山西境内的军办矿的运销，从省煤炭运销公司划归军矿局管理。1989年，山西晋煤实业公司成立，业务范围是经营统配煤炭，实际上主要是收购地方煤炭转销。1991年10月，山西省腐殖酸公司更名为山西省乡镇煤炭运销公司，经营乡镇煤炭企业生产的原煤（含精煤）、焦炭及腐殖酸类产品。1992年全系统人事上划一级管理。

至此，山西省煤炭运销管理体制演化为：由山西煤炭管理局管理6个统配矿务局，山西煤炭运销公司负责全省地方煤炭运销；山西省内军办矿的运销划归军矿局；山西晋煤实业公司经营统配煤炭，实质上主要是收购地方煤炭；山西省乡镇煤炭运销公司经营乡镇企业生产的原煤（含精煤）、焦炭及腐殖酸类产品；各地市煤炭运销公司划归各地市、县领导。山西煤炭进出口权由中国煤炭进出口公司代理，山西省煤炭进出口公司只负责货源。

煤运公司收取的能源基金等各项收费是省财政预算外收入的主要来源，其数额巨大，最初即达数亿元，到90年代中期稳定在40亿元左右，最高达到50亿元，煤运公司不搞生产经营却是省内上缴财政预算外收入最高的单位，在山西是性质特别、地位也很特殊的管理准公司。

3.完成使命，转型发展

煤运公司的存在与能源基金紧密相连，其性质是计划经济管理体制、管理模式以及管理思维的延续。强化"五统一"虽然有利于基金的全额征收，但运销环节对地方煤炭工业发展的促进作用逐渐弱化，甚至在一定程度上成为障碍。煤运公司垄断销售割断了煤矿和用户的直接联系，在煤炭市场疲软时期不利于煤矿按用户需求组织生产、扩大销售。煤运公司在发煤以前先收取基金和各项费用，待收回货款后再向煤矿回款的销售程序，不利于及时收回货款。不顾煤矿的实际经营状况刚性收取基金的职能以及巨大的收入差距，使煤运公司与地方煤矿的矛盾加大。到90年代，煤运公司僵化的运行机制并不能起到保持价格平稳和保护地方煤矿利益的作用，体制缺陷逐步显现。煤运公司从90年代后期开始谋划转型，能源基金停止征收后，煤运公司转型为完全企业化煤炭生产及多种经营公司，即曾经的山西煤炭运销集团，现在的晋能集团。

（三）山西煤炭进出口（集团）公司

1.公司概览

山西煤炭进出口（集团）公司成立于1980年，1992年经国务院批准开始自营煤炭出口，2001年实现出口煤炭铁路运输计划单列，2003年6月经山西省人民政府批准经营国内煤炭销售业务，是全国少有的4家具有煤炭出口成交权的出口企业之一，也是山西省唯一拥有出口与内销两个通道的大型国有企业。主要经营山西地方煤炭出口及山西省内国家统配煤矿的煤炭代理出口业务。同时还经营焦炭、煤矿机械、煤制品及冶金、化工等产品的进出口业务。

山西煤炭进出口（集团）公司是山西唯一具有煤炭出口成交权的专业外贸公司，煤炭出口占全国出口量的五分之一多，占全省煤炭出口量的4成以上，是山西规模最大的出口创汇企业。

山西煤炭进出口（集团）公司拥有27个全资子公司、5个控股公司、7个参股公司、4个员工持股公司、4个虚拟联合公司。在山西主要产煤区，以大秦、石太、太焦等晋煤外运的重要通道为纽带，建成78个煤炭发运站（点）、年发运能力逾亿吨；在秦皇岛港、青岛（黄岛）港、天津（塘沽）港、日照港、京塘港、连云港等优良港口设立管理有序、服务完善的港口公司，建成了以煤炭生产加工、发运集港、内外贸销售为一体的完整的煤炭内外贸体系；煤炭经营品种齐全，包括动力煤、炼焦煤、无烟煤、半无烟煤四大类26个品种，与20多个国家和地区的煤炭用户以及国内各大企业用户建立了长期稳定的贸易合作关系。

2.公司历史沿革

1980年7月成立"山西地方煤炭对外贸易公司"，事业单位，隶属于省经贸厅。

1982年7月，为适应晋煤出口业务不断发展的需要，公司更名为"山西煤炭进出口公司"，隶属于山西进出口管理委员会。原山西省五金矿产进出口公司经营的统配煤炭出口业务全部移交该公司，全省所有涉及出口的煤炭均由该公司统一经营。公司内设两本账：地方煤炭出口利润归山西财政，统配煤炭出口利润归国家财政。

1982年11月，根据煤炭工业部和国家对外经济贸易部的要求，公司更名为"中国煤炭进出口公司山西分公司",接受总公司和山西省双重领导,业务以总公司为主,省政府通过山西煤炭管理工业局和地方煤炭工业管理局对其管理。

1984年转为企业,隶属于煤炭厅。

1992年取得部分煤炭出口权,开始自营和代理双轨制煤炭出口业务。

1995年12月更名为"山西煤炭进出口(集团)公司",2001年实现出口煤炭铁路运输计划单列。

2003年取得煤炭内销经营资格。

公司的历史沿革表明,截至"十一五"初期,该公司虽然是全国四家、山西省唯一一家取得煤炭出口专营权的公司,但基本上靠收取代理费和手续费维持生存。

3.适应市场经济需要的多元化发展

(1)利用山西丰富的煤炭资源,积极整合、购并煤炭企业,发展煤炭生产产业,形成以煤炭生产和贸易为主导的新型产业体系。

自"十五"以来,坚持"资源—通道—市场"三位一体,以"谁占有资源、谁占有通道、谁就占有未来"的理念,坚定不移地进行体制改革和机制创新,在山西省三次煤炭资源整合中,利用省政府认可的煤炭生产主体资格,大力整合、并购煤炭企业和资源,积极坚持煤炭生产、贸易先行,注重培育、发展和完善自身的产业体系,全力推动煤炭生产基地开发和市场开发,在完善营销体系和提高产销一体化上狠下功夫,在探索企业产权制度改革和混合所有制经济上大胆实践,实现了高起点、跨越式发展。集团目前已形成三大支柱产业,即煤矿产业、高铁轮对制造产业和金融投资产业。

（2）延伸煤炭产业链。

一业为主、多种经营，由单一的自营和代理出口转变为以煤炭生产贸易为主，内外销兼有，工贸结合，延伸煤炭产业链，煤—焦、煤—化工、煤—电、煤—建材、煤—机、煤—冶金并举，煤炭加工、仓储、设备开发加工、对外投资、房地产开发等多元化发展，实现了形式多样化、经营多元化并举，激活了企业的经营机制，加快了企业经营结构调整，壮大了公司实力，增强了企业的集团优势，提高了企业抵御市场风险和可持续发展的能力。

（3）以煤为基，循环发展。

集团科学分析形势、调整战略规划、明确发展路径，实施"以煤为基、循环发展"的专业化发展战略，以煤炭产运销与煤电铝并驾齐驱、优势互补的产业格局，形成了山煤集团转型跨越发展的"两翼"。一是以煤炭产运销为主业，以动力煤、焦煤、无烟煤、半无烟煤四大煤炭生产基地为基础，以强化管理、优化布局为手段，以降低成本、增加效益为目标，进一步做强煤炭生产业；同时，立足自身优势，合理优化运力，坚定不移地实施大客户战略，发展中长期市场，加大市场开拓力度，增强营销应变能力，以稳定客户、实现共赢为目标，进一步做实煤炭销售业。在煤炭产运销相互依托、相互支撑的基础上不断做大做强。二是以煤为基高端发展，坚持依托煤、延伸煤、超越煤的思路，建设低质煤高效综合利用的循环工业园区，构建"煤—电—铝—铝型材—建材—余热利用"的循环产业链条，实现资源的多级循环和综合利用，实现煤、电、铝跨行业一体化发展。

目前，山煤集团已经建设成为以煤炭生产为基础，以煤炭销售为重心，以煤电铝循环产业为支撑，集煤炭生产、销售、循环产业于一体，相互支撑、协调发展的大型煤炭企业集团。成为山西乃至全国真正具有竞争力和影响力的一流企业集团。

截至2018年底，山煤集团位列"中国500强企业"第151位，"中国煤炭企业100强"第16位，"中国煤炭企业煤炭产量50强"第47位，"山西企业百强榜"第8位。各项排名均创历史之最，极大提升了山煤集团的对外影响。

专题九　山西煤矿矿区生态恢复治理

　　山西省煤炭资源储量丰富，含煤面积6.2万平方公里，预测煤炭资源总量6000多亿吨，约占全国的30%。独特的地理位置、优良的煤种和便利的开发条件，使得山西煤炭资源得以大规模、超强度地开发和利用。但长期高强度开发造成了水土流失、植被破坏、土地退化等问题，严重制约着山西的可持续发展。2015年矿山地质环境遥感监测最新成果报告显示，我省矿山开采形成大面积采空区和沉陷区，面积分别约为5000平方公里和3000平方公里，引发包括崩塌、滑坡、泥石流、地面塌陷、地裂缝等地质灾害2900多处，是全国矿山地质灾害累计发生量最多的省份之一。矿山开采损毁土地面积45.7万公顷（其中地下开采沉陷区面积占73%），占全国矿产资源开发损毁土地面积总量的20.74%。矿山开采造成破坏的村庄共2868个，共涉及乡镇420个，受灾人口约230万，受破坏村庄总面积约46.55万亩。加快矿区生态修复，既是山西建设生态文明的重大任务，也是建设资源型经济转型综合配套改革试验区的主要任务。

一、山西煤矿矿区生态恢复治理历程

　　我国矿区生态修复始于20世纪50年代，1988年出台的《土地复垦规定》标志着我国矿区生态修复工作开始走上法制化轨道，20世纪90年代以来矿区生态修复研究得到了迅猛发展。2011年3月国务院公布实施新《土地复垦条例》，2012年12月国土资源部出台《土地复垦条例实施办法》，我国矿区生态修复进入快速发展期。

山西煤矿生态修复历史悠久，中华人民共和国成立后，山西煤矿生态恢复伴随着煤炭建设的发展进入了新的历史发展时期，从1949年到2019年，山西煤矿生态恢复经历了几次大的发展阶段，取得了一些成绩。改革开放以来，山西在大力发展经济的同时，始终将生态环境保护放在重要地位。矿区生态修复理念不断丰富深化，矿区生态修复治理成效显著，环境质量现状明显改善，生态环境状况持续好转，能源资源利用不断优化，绿色生活方式全面推广，生态文明制度建设持续推进，生态文明建设硕果累累。特别是党的十八大以来，全省贯彻落实习近平生态文明思想，我省矿区生态文明建设全面发力，不断深入，谱写了生态文明建设新篇章。

（一）矿区生态恢复治理起步阶段

中华人民共和国成立到20世纪70年代末，山西煤炭开采对生态环境的破坏，未得到足够重视，重煤炭开发，轻环境保护、修复、治理。20世纪60年代起，山西各矿务局对"三废"治理和矿区绿化曾做过一些工作，仅仅开展对煤矸石等煤炭生产废弃物的综合利用以及复垦土地、植树造林几个项目，规模很小。1979年，国务院颁布《中华人民共和国环境保护法》后，山西矿区生态环境恢复才提到重要议事日程，山西煤炭系统环境污染治理才逐步进入正规化发展轨道，治理力度不断增强。与20世纪50至70年代相比，环境治理的内容逐步拓宽，治理项目日益增多，不仅对"三废"治理扩大了规模、加大了力度，而且特别强调在新建项目中同时建设防治污染设施，从先污染后治理逐步转向建设和防治同步进行。1980年，为贯彻国务院《关于工矿企业治理"三废"污染，开展综合治理，产品利润留成办法的通知》，山西省煤管局制定了《山西煤矿环境保护工作条例》和"环保综合利用规划"。该条例强调严格执行"三同时"规定（同时设计、同时施工、同时投产），要求建设单位必须提出对环境影响的报告书，矿井水及其他废物要做到达标排放和综合利用，并规定企业要设专职机构，专人负责环境保护和综合利用工作。1982年，根据国家颁发的《基本建设项目环境保护管理办法》，对古交矿区和平朔安太堡露天煤矿建设做出"环境影响预评价"。古交矿区的环境影响预评价，在山西煤矿是首次，对山西煤矿开展环境保护产生了一定的影响。1984年4月，古交矿区西曲矿全部按照防治污染设施和主体工程"三同时"的原则建成投产，后被誉为"古交精神"，在全国环保会议上宣传推广，促进了山西煤矿抓环保的自觉性。可以说山西在"六五""七五"计划期间，政策导向开始从关注经济增长转变为关注环境保护。尤其是1983年第二次全国环境保护会议后，环境保护成为我国的一项重大基本国策。1985年，山西将环境保护纳入国民经济和社会发展计划，确立了环境保护的战略地位，并与当时山西能源基地建设同步规划协调发展。

（二）矿区生态恢复治理发展阶段

"十五"到"十一五"期间，随着经济发展水平的提高，政策的关键已从经济增长变成能源供应保障、经济增长和环境保护三者之间的平衡，即经济发展和能源保障的平衡，能源保障和环境保护的平衡以及环境问题和经济发展之间的平衡，山西重点关注可持续发展理念在煤矿区生态修复的应用。山西省人民政府办公厅于2007年3月31日发布《山西省煤炭工业可持续发展政策措施试点工作总体实施方案》，山西省试点工作以科学发展观为指导,从确保国家能源安全和推动山西地方经济持续健康发展出发,认真贯彻国务院第133次常务会议精神,统筹研究推进管理体制、资源开发、安全生产、环境治理、煤矿转产和煤炭城市转型等各项工作,建立职责明确、相互协调、务实高效的行业管理体制和监管机制,进一步完善煤矿安全生产长效机制,培育具有活力、依法经营、承担经济和社会责任的市场主体,形成节约、合理的资源开发机制, 构建不欠新账、渐还旧账的生态环境恢复补偿机制,建立煤炭企业转产、煤炭城市转型发展援助机制,促进山西煤炭工业尽快步入资源回采率高、安全有保障、环境污染少、经济效益好、全面协调和可持续的发展道路,为推进全国煤炭工业可持续发展提供经验。

1.建立矿山环境治理恢复保证金制度

山西省境内所有煤炭生产企业应依据矿井设计服务年限或剩余服务年限, 按吨煤10元分年按月提取矿山生态环境治理恢复保证金。按照"统筹兼顾、突出重点, 预防为主、防治结合, 过程控制、综合治理"的原则, 加强产煤地区生态环境恢复治理, 建立健全煤炭开采生态补偿机制, 构筑煤炭开发的"事前防范、过程控制、事后处置"三大生态环境保护防线, 做到"渐还旧账, 不欠新账"。这些政策的实施, 增加了全省生态环境建设投入。加快实施蓝天碧水工程、造林绿化工程和煤矿沉陷区治理、棚户区改造工程,促进煤炭企业按照科学发展观的要求, 大力整治和保护生态环境，促使全省煤炭企业走上清洁生产、循环经济和环境友好的绿色发展道路。建立可持续发展基金并用好这一基金是整个试点工作的核心内容和关键环节。形成了提高煤炭资源回采率的内在机制，建立生态环境恢复机制和煤炭城市转型及重点接替产业发展援助机制，从而促进煤炭工业的可持续发展。煤炭可持续发展基金主要用于单个企业难以解决的跨区域生态环境治理、支持资源型城市转型和重点接替产业发展、解决因采煤引起的社会问题。其中，跨区域生态环境治理主要内容包括：煤炭开采所造成的水系破坏、水资源损失、水体污染；大气污染和煤矸石污染；植被破坏、水土流失、生态退化；土地破坏和沉陷引起的地质灾害等。支持资源型城市、产煤地区转型和重点接替产业发展主要包括：重要基础设施；符合国家产业政策要求的煤化工、装备制造、材料工业、旅游业、服务业、高新技术产业、特色农业等。解决因采煤引起的社会问题，包括：分离企业办社会；棚户区改造；与煤炭工业可持续发展密切相关的科技、教育、文化、卫生、就业和社会保障等社会事业发展。基金用于以上三个方面的支出，原则上按的50%、30%、20%的比例安排。

2.建立煤炭开采生态环境恢复补偿机制

按照"统筹兼顾、突出重点，预防为主、防治结合，过程控制、综合治理"的原则，加强产煤地区生态环境恢复治理，建立健全煤炭开采生态补偿机制，构筑煤炭开发的"事前防范、过程控制、事后处置"三大生态环境保护防线，做到"渐还旧账，不欠新账"，编制产煤地区生态环境综合治理规划，有序推进矿区生态建设。在详细调查全省煤炭开采生态环境破坏状况的基础上，由省环保部门牵头组织有关部门编制《山西省煤炭开采生态环境恢复治理规划》，省发展改革部门综合平衡报省人民政府批准后实施。各市、县人民政府和各煤炭企业分别组织编制本行政区域、本企业煤炭开采生态环境恢复治理规划和方案。各市煤炭开采生态环境恢复治理规划报省相关主管部门审核，由省发展改革、环保部门综合平衡后审批，其余由市级相关部门按程序审批。强化规划管理，所有煤炭开采生态环境恢复治理项目必须纳入各级各部门的环境治理规划。抓好煤炭开采的生态环境治理重点项目。其中，对于企业负责治理的生态环境问题，如矿井废水处理、煤矸石治理、除尘防治、矿区植被恢复、造林绿化和水土保持等项目，由企业利用生态环境恢复治理保证金实施。对于企业无法解决的区域生态环境问题，如较大范围采煤地表沉陷、水系破坏、林木损毁、矿区生态恢复治理等项目，由政府利用煤炭可持续发展基金等负责组织实施。使用政府资金的项目，按《国务院关于投资体制改革的决定》要求，严格实行政府投资项目审批制，由环保等有关部门实施监督。项目建设实行工程项目法人负责制、招投标制、工程建设监理制和合同管理制管理。强化事前防范和过程控制，构建煤炭开采环境污染与生态破坏防治机制。严格执行《中华人民共和国环境影响评价法》，强化全省煤炭开发规划和建设项目环境影响评价工作，具体制定煤炭开发环境影响评价的内容、标准和规范。从区域生态环境安全角度出发，合理确定全省煤炭生产规模、布局、开采时段，划定禁采、限采区。要严格禁止有可能诱发严重生态衰退和环境灾难的采矿活动，建立起长期有效的防范和规避机制。强化煤炭开发过程控制，实行矿区生态质量季报制度和煤炭企业生态环境保护年度审核制度。建立环境监理制度，加强对煤炭开采活动的环境监理，预防和减少环境污染与生态破坏。新建和已投产各类煤炭生产企业必须提交规范的环境影响报告书，作为发放生产许可证的条件。新建和已投产各类煤炭生产企业必须按照环境影响评价批复要求，制定矿山生态环境保护与综合治理方案，并经环保部门审批后实施。煤矿生态建设、环境保护工程要与生产设施同时设计、同时施工、同时投产使用。煤矿闭坑时，必须提交生态环境恢复治理评估报告书，经环保部门验收合格后，方可办理有关手续。强化矿区生态环保能力建设，完善煤炭开采生态环境恢复治理保障体系。加强煤矿开采生态环境监测监理能力建设。加强矿区生态环境遥感监测与科学研究，重视生态环境恢复治理项目可行性研究、投资及工程实施效果的技术审核与评估。建设以遥感和地面观测站相结合，野外核查与室内纠正相补充的矿区生态环境综合监测体系。将生态监测和生态质量评价纳入环保等有关部门的日常监管工作中，全面及时掌握煤炭开采生态环境质量现状及动态变化情况。推进煤炭开采生态环境恢复治理法制化建设。

（三）矿区生态恢复快速发展阶段

党的十八大以来，生态文明建设纳入中国特色社会主义事业"五位一体"总体布局，习近平生态文明思想成为新时代推动生态文明建设的根本遵循。"十二五"到"十三五"期间，与以往不同，矿区生态修复政策成为一个独立的政策。山西煤矿区生态修复政策的制定经历了若干根本性的转变，这些转变在政府颁布的官方政策中有迹可循。

山西省人民政府2010年2月8日发布了《山西省煤炭开采生态环

境恢复治理规划》，指导山西省煤炭开采生态环境恢复治理的中长期规划。规划原则坚持"谁开发、谁保护，谁破坏、谁恢复，谁受益、谁补偿，谁排污、谁付费"原则。明确煤炭开采者负有保护生态环境的责任及对因煤炭开采造成的生态环境破坏负有恢复治理的责任，并把保护与恢复治理生态环境费用列入企业成本，实现煤炭企业生态环境恢复治理成本内在化。坚持"不欠新账，渐还旧账"的原则。对新建及已投产的煤矿，要严格执行环境影响评价和"三同时"制度；要以煤矿生态环境恢复治理保证金制度的形式，建立煤炭开采生态环境恢复补偿长效机制；全省煤炭企业要有计划、有步骤地实施清洁生产和循环经济，把煤炭企业建设成煤炭资源节约型和环境友好型的企业；坚持统一规划，分步实施的原则。

山西省人民政府办公厅2011年12月31日发布《山西省煤炭开采生态环境恢复治理实施方案》，坚持以人为本、全面协调可持续发展、统筹兼顾的科学发展观，以政策创新、制度创新的观念，建立我省"不欠新账、渐还旧账"的煤炭开采生态环境补偿机制。完善"事先防范、过程控制、事后处置"的生态环境监管机制，推进煤炭开采生态环境保护工作。十八大以来，我省建立和不断完善煤炭开采生态环境补偿机制，完善生态环境监管机制，重点推进汾河沿线6个市、27个县的区域生态环境恢复治理，确定大同、阳泉、临汾、太原等市为重点矿区区域治理地区，使矿区生态环境恶化趋势得到强力遏制，重点区域生态环境质量得到明显改善。建立完备的生态环境补偿机制，并使之制度化、法制化，生态环境恢复治理工程的环境效益开始显现，全省矿区的生态环境明显好转，煤炭工业步入环境污染少、生态恢复快、经济效益好、全面协调和可持续的发展道路，全省向资源节约型、环境友好型、生态文明型的社会发展。

2012年以来，为加快我省重点区域矿山地质环境治理和矿区生态恢复，我省在探矿权、采矿权使用费和价款（即"两权"收入）使用范围中明确规定"两权"收入可用于支持矿山企业矿山地质环境治理。2012年以来，省财政累计投入"两权"收入资金1.76亿元，重点安排了9个危害严重、对经济社会影响较大、涉及民生尤其是威胁人民生命财产安全及严重影响视觉景观的矿山地质环境项目，其中：国家级示范工程项目1个，资金1亿元；省级项目8个，资金0.76亿元。项目的实施，将促进解决我省矿业开发造成的矿山地质环境破坏问题，推动矿山企业实现开发、治理、恢复的良性循环。

《山西省"十三五"环境保护规划》提出，将加强资源开发利用监管，推进矿山生态修复。进一步建立和完善矿山生态环境保护法规和标准，建立符合省情的地方性法规和标准体系，为矿山生态环境保护管理建立法律标准支撑。加快历史遗留采煤沉陷区生态环境修复治理，开展全省矿山生态环境调查，实施矿山环境治理工程，全省历史遗留矿山环境综合治理率要达到35%。加强矿山生态环境监管，严格环境影响评价和"三同时"制度，开展矿山生态环境专项检查，督促企业加强污染防治和生态修复。为保障治理工作有效开展，该规划明确规定，重点推进尾矿、煤矸石、粉煤灰等工程填充及生态填充利用。新建铁路、公路等大型公共基础设施工程必须优先选用尾矿、煤矸石和粉煤灰等作为填筑材料，提高大宗工业固废的利用率。同时，加大生态环保投入的开放和模式创新力度。鼓励绿色信贷、环保基金、绿色保险等生态金融，以多元化的投入模式保障全省环保投入。

2016年，国家把我省作为采煤沉陷区治理试点省。作为全国唯一的采煤沉陷区治理试点省份，山西省制订出台了《山西省采煤沉陷区综合治理地质环境治理专项工作方案》，提出要因地制宜、分类实施、创新模式，多渠道广泛吸引社会力量参与治理，将治理后土地的开发利用与发展产业相结合，提高土地治理收益。我省将对2014年（含2014年）以前形成的历史遗留和灭失主体留存的采煤沉陷区，以各地政府为治理责任主体，实施恢复治理。此次列入治理目标的59座煤矿和40个重点土地复垦区来源于《山西省矿产资源总体规划》（2008—2015），主要进行村庄搬迁后的旧房拆迁、土地复垦，开展全省采煤沉陷区综合治理矿山地质环境、地质灾害治理和重点复垦区的土地复垦。

为此，2016年7月1日山西省人民政府发布《山西省采煤沉陷区综合治理工作方案》（2016—2018），省政府成立山西省采煤沉陷区综合治理领导小组以解决采煤沉陷区人居环境突出问题为重点，全面实施采煤沉陷区搬迁安置、土地复垦、地灾治理、生态恢复等综合治理，恢复和改善采煤沉陷区生态环境。2016年，实施7.6万户、21万人的搬迁安置任务；启动20个矿山地质环境治理项目，历史遗留矿山环境综合治理率达到12%；启动15个重点复垦区的土地复垦任务，复垦土地120平方公里；启动全省采煤沉陷区矿山地质和生态环境详细调查，完善矿山环境治理恢复保证金制度。到2017年底，完成全省21.8万户、65.5万人的搬迁安置任务。到2018年底，完成59个采煤沉陷区矿山环境恢复治理项目，历史遗留矿山环境综合治理率达到35%；完成40个重点复垦区的土地复垦任务，复垦土地面积达到310平方公里；完成全省采煤沉陷区矿山地质环境、生态环境调查，建立完善矿山环境治理恢复保证金政府动用机制；搬迁村基本都确立主导产业，采煤沉陷区治理重点县发展一个现代农业园区，带动1000个村发展，搬迁农民人均可支配收入达到全省平均水平。

2018年7月31日山西省生态环境保护大会的召开，开启了山西生态文明建设新实践，以生态文明建设统揽经济社会发展全局，大会要求积极开展重点矿区生态环境恢复治理。大同、阳泉、临汾、太原等地矿区治理要积极开展生态环境恢复治理工作，分阶段确定恢复治理任务，洗煤厂实现闭路循环，生产废水、生活污水达标处理，区域内主要地表水系得到恢复；提高矿区锅炉脱硫除尘效率，稳定达标；煤场和集运站加快防尘设施建设，大幅度削减空气中扬尘和粉尘污染量；2010年前所有历史遗留的矸石山得到彻底治理并进行生态恢复；开展沉陷区治理、工棚区改造，加大矿区造林绿化和植被恢复工作力度，并着力保障和解决因采煤引起的居民饮用水安全问题，使矿区生态环境质量和居民生活环境不断得到改善。

二、山西煤矿矿区生态修复主要经验与成效

中华人民共和国成立70年，特别是改革开放40年来，山西矿区生态修复工作坚决落实党中央、国务院战略决策部署，积极服务国家重大需求，不断深化改革，拓展工作领域，为国家生态文明建设做出了重大贡献，也形成了宝贵经验，必须长期坚持并不断完善。

（一）取得的主要经验

1.坚持正确的基本原则

科学规划，整体推进。各地政府要科学编制本地采煤沉陷区综合治理规划。规划要坚持"三同步"（即与改革发展同步规划、同步落实实施、同步见到成效），"四结合"（即与当地改革发展、农民增收致富、农民整体生活水平提升、农村社会治理水平提升结合起来），"五统筹"（即与新型城镇化建设、产业开发、基础设施建设、提升公共服务、环境整治和生态恢复相统筹），要采用政府引导、企业配套、群众参与的治理办法，连片整治，整体推进。

明确责任，严格监管。对以前形成的历史遗留和灭失主体留存的采煤区，各地政府为治理责任主体，其恢复治理工程由政府组织实施。全省各有关部门要按照本部门的职责，规划、指导、督促各地扎实做好采煤区生态综合治理的相关工作。按照"谁开发、谁保护，谁破坏、谁治理"的原则，煤炭企业为治理和投资责任主体，其恢复治理工程由企业组织实施。政府应加强监管，督促企业履行责任。

试点先行，分步推进。采煤区生态综合治理是一项复杂紧迫的系统工程，生态恢复、土地复垦等工作也要尽快选择试点，摸索经验，以点带面，示范推广，全面实施，有序推进，确保采煤区生态综合治理的各项工作能够统筹协调、同步推进、全面实施。

2.生态环境恢复治理资金保障措施

经测算，2016年我省采煤沉陷区综合治理资金总投资约300亿元，其中居民搬迁安置约158亿元，道路、学校等公共基础设施建设约60亿元，沉陷区灾害环境恢复和土地复垦约60亿元，固废堆积治理约20亿元，矿山地质环境和生态环境详细调查2亿元。采煤沉陷区综合治理资金由政府投资、企业配套投资、居民个人出资及其他社会投资等构成。政府投资包括省、市、县政府投资和中央财政支持。中央资金主要通过中央财政返还山西上缴中央的"两权"价款资金解决。省、市、县政府资金主要通过地方留成的"两权"价款解决或资源税改革后公共预算安排。企业资金可优先从企业已提取的矿山环境恢复治理保证金中解决。

山西省境内所有煤炭生产企业应依据矿井设计服务年限或剩余服务年限，分年按月预提矿山生态环境恢复治理保证金。用于煤炭企业根据省环保行政主管部门审批的"矿山生态环境保护与综合治理方案"所实施的生态环境恢复治理工程。矿山生态环境治理恢复保证金列入企业成本，按"企业所有、专款专用、专户储存、政府监管"的原则管理。省环境行政主管部门根据不同类型企业环境恢复保证金提取和管理形式制定生态环境治理恢复保证金使用实施细则，加强保证金的政府监管力度。

依据相关规定，对全省行政区域内从事煤炭开采的所有生产企业一律征收煤炭可持续发展基金，其中50%用于单个企业无法解决的跨区域生态环境恢复治理。跨区域生态环境治理主要内容包括：煤炭开采所造成的水系破坏、水资源损失、水体污染；大气污染和煤矸石污染；植被破坏、水土流失、生态退化；土地破坏和沉陷引起的地质灾害等。

煤炭可持续发展基金的使用，要严格执行财政部批复的《山西省煤炭可持续发展基金征收使用管理实施办法（试行）》（财综函〔2007〕3号）和国家发展改革委商财政部、环保总局批复的《山西省煤炭可持续发展基金安排使用管理实施细则（试行）》（发改办能源〔2007〕1805号），按照"规划先行，统筹安排，分级管理，专款专用，国库集中支付"的原则使用。鼓励矿山生态环境恢复治理的市场行为。按照"谁投资、谁受益"的原则，省发展改革委、财政、物价、环保等部门应共同研究，联合制定各项优惠政策，把矿山生态环境恢复治理项目投向市场，引导社会资金进入。

3.构建煤炭开发"事先防范、过程控制、事后处置"的管理模式

强化"事先防范"，严格执行《中华人民共和国环境影响评价法》，强化全省煤炭开发规划和建设项目环境影响评价工作。制定《山西省煤炭开发环境影响评价管理暂行规定》，研究确定煤炭开发环境影响评价内容、标准和规范。从区域生态环境安全角度出发，合理确定全省煤炭生产规模、布局、开采时段，划定禁采、限采区。严格禁止可能诱发严重生态退化和环境灾难的采矿活动。新建和已投产各类煤炭生产企业必须严格执行环境影响评价制度和环境保护"三同时"制度，并作为发放各种证件的条件。没有进行环境影响评价的煤炭企业，煤炭行政主管部门不得发放煤炭生产许可证、矿长资格证，国土部门不得发放采矿许可证，安监部门不得发放安全生产许可证、矿长安全资格证，工商部门不得办理营业执照。

实行"过程控制"，实行煤炭企业生态环境保护年度审核制度。对审核合格的企业，相关部门在政策和资金项目上进行支持；对审核不合格的企业，经整改后仍达不到要求的，强制实行断水、断电、禁运、禁贷、项目限批等行政措施，提请工商、税务等部门

收回相关证照，提请国土、煤炭等行政主管部门收回或吊销其采矿许可证、煤炭生产许可证及相关证件，并按相关政策和规定按程序做出停产、关闭的决定。

加强"事后处置"，对矿区生态恢复治理工程要实行后评估制度。退役煤炭企业必须提交生态环境恢复治理评估报告书，经环保行政主管部门验收合格后，方可办理有关手续。

4.矿区土地整治取得的经验

第一，矿区土地整治与生态环境的修复相结合，矿区土地整治主要工程有：地表沉陷治理、煤矸石治理、水资源保护、土地复垦、水土保持、矿区造林绿化、植被恢复、生物多样性保护、污水处理和中水回用、矿区居民环境条件改善、生态环境监管能力建设等。通过矿区土地整治与生态修复相结合，初步提升了矿山土地质量，恢复了植被，增加了生物多样性。第二，山水林田矿综合整治，把山水林田矿作为一个生命共同体，实行综合治理，提升矿区生态环境和人居环境质量。第三，因地制宜，根据不同情况采取不同的整治技术措施。

（二）矿区生态恢复治理的成效

1.煤炭工业可持续发展基金试点成效

煤炭工业可持续发展基金试点政策实施两年多以来，山西合理界定政府与企业责任，利用煤炭可持续发展基金和矿山环境恢复治理保证金，加强产煤地区生态环境恢复治理。2007年至2009年，山西省政府共安排煤炭可持续发展基金113.54亿元，用于跨区域的生态环境综合治理，集中支持汾河流域生态环境治理修复与保护、矿山环境恢复治理及生态环境综合治理"2+10"重点工程、造林绿化工程、节能减排和淘汰落后产能等重点工程。各地市也积极开展矿区生态环境恢复治理工作。阳泉市投入2.2亿元开展4300亩生态恢复工程和27座矸石山的生态恢复治理；同煤集团加大云冈沟矿区生态环境整治取得成效；长治投入资金9亿元用于改善矿区环境，完成储煤场改造项目45个，建成园林式矿山企业30座。

2.绿色生态矿山建设成效

"十一五"以来，全省煤炭行业坚持现代化矿井与园林式企业发展相统一的原则，全面推进绿色生态和谐矿区建设，取得了突出成效。山西省政府安排195.22亿元煤炭可持续发展基金，用于跨区域生态环境综合治理。2007年以来煤炭企业累计提取矿山环境恢复治理保证金200亿元，用于矿区生态环境综合治理。全行业完成造林107万亩，比"十五"增加90万亩，矿区绿化面积11629万平方米，比"十五"增加10395万平方米，同煤大唐塔山煤矿、潞安余吾煤业、晋煤寺河煤矿等12个煤矿被列为国家级绿色矿山试点，采空沉陷区治理和土地复垦面积42.2平方公里。2015年，以煤矸石为主的固体废弃物综合利用率达到60%。新建矿山破坏的土地复垦率达到100%，历史遗留矿山开采破坏土地复垦率达到45%。全省恢复治理矿山362座，矿山地质环境恢复治理面积近600平方公里，矿区土地复垦率达到50%以上。2016年，山西成为全国采煤沉陷区治理试点省，3年内完成59座国有重点老煤矿的地质环境治理和40个重点复垦的土地复垦。

2008年以来，全省矿山地质环境恢复治理累计投入资金21.53亿元，其中中央财政投入1.38亿元，地方财政投入1.74亿元，矿山企业投入18.41亿元。通过加大对矿山环境治理的修复，使得平朔矿区、太原城郊森林公园等一批资源开发地区生态环境得到明显改善，生态文明建设初见成效。

3.实施生态新政，创新了治理模式

2011年起，经过深入调研、反复酝酿，太原市委、市政府紧紧抓住国家资源型经济转型综合配套改革的历史机遇，出台了《关于促进西山城郊森林公园建设的实施意见（试行）》，大胆创新生态建设模式，充分发挥公司的力量，运用市场机制，将西山山水资源资本化、资产化、要素化，在太原西山破坏比较严重的前山地区规划了30万亩、21个城郊森林公园，建设具有太原西山特色的城郊森林公园，总体思路是"政府主导、市场运作、公司承载、园区打造"。通过政府主导与市场运作相结合的手段，吸引了一大批有实力的国有、民营企业参与环城城郊森林公园建设，进一步明确了不低于80%的面积实施绿化，不高于20%的面积进行配套设施建设和适度开发，国有土地70年认养，集体绿化土地50年流转，配套设施及适度开发土地先征后转，对完成年度绿化任务、投资力度大、速度快、质量好的部分企业，先行启动建设用地指标供给。在土地指标有限的情况下，利用全省综改试验区的优惠政策，合理调配全市废弃矿山用地指标，用于公园配套设施及适度开发建设，节约、集约利用宝贵的土地资源。目前，已引进13个国有、民营企业参与西山城郊森林公园建设，占地15.6万亩，计划总投资300亿元。经过两年多的实践，西山生态建设完成投资60亿元，其中，政府投资11亿元，企业投资49亿元，完成绿化6.5万余亩，栽植乔灌木1000多万株，配套建设了绿化防火及旅游通道和公园道路，实施了绿化用水上西山工程和公园内部水网建设，并进行了污染治理，过去的荒山荒坡、矸石堆和垃圾场披上了绿装，过去的污染源、粉煤灰池变成了景观湖，西山生态环境有了明显改观。西山地区综合整治是全省综改试验区的一个缩影，将对全省综改试验区工作具有引领、示范和推动作用。

4.矿山生态恢复治理走在全国前列

在矿山生态恢复治理上，我省做了很多创新和尝试，在全国第一家建立了煤炭工业可持续发展基金，并明确不低于50%的发展基金用于跨区域的生态环境恢复治理；在全国第一家实行矿山生态环境恢复治理保证金制度；在全国第一次提出了建立煤炭开采"事前防范、过程控制、事后处置"的三大生态防线；在全国第一次提出了实施矿区生态环境季报及煤炭企业生态环境年审制度。2010年9月，环保部、国家能源局联合在我省召开矿山生态环境恢复治理经验交流现场会，会议充分肯定了我省矿山生态环境保护经验。一系列政策使我省在矿山生态环境保护与恢复治理方面走在了全国前列。2011年，省环保厅选定中煤平朔集团为矿山生态环境质量监测体系建设试点单位，完成了试点任务，建设了支撑矿山生态环境质量季报制度实施的"山西省矿山生态环境监测评价系统"。

三、山西煤矿矿区生态恢复治理思考

（一）矿区生态恢复治理的思考

1.生态恢复是矿区环境改善的主要途径

矿区环境的改善途径有两种不同观念：生态恢复和环境修复。前者主要依靠生态系统的自我恢复能力，成本低但周期较长，可持续性好；而后者主要依赖人工干预，成本高但速度快，可持续性则要看修复手段和理念是否合适。矿区大都面积大、位置偏、污染严重，改善环境更适宜采用"以生态恢复为主，工程修复为辅"的方式。即，对生态系统停止人为干扰，以减轻负荷压力。同时，在关键节点辅以人工措施，使遭到破坏的生态系统逐步恢复或使生态系统向良性循环方向发展。

矿区系统是一个复杂的巨系统，生态恢复要抓要害、分主次，在关键节点上采用人工治理修复。但在不同的地方，自然条件不一样，人工干预的尺度要区别把握，总体上还是要以生态恢复为主。生态恢复充分利用了自然界的自我修复能力，可以大大降低成本。

2.充分考虑自然生态原貌，避免过度修复

矿区经地质环境治理后的各类场地应安全稳定，对人类和动植物不造成威胁；对周边环境不产生污染；与周边自然环境和景观相协调；恢复土地基本功能，因地制宜实现土地可持续利用；区域整体生态功能得到保护和恢复。

就像农业生产需要因地制宜一样，矿区修复也应该充分考虑到当地的自然条件。让不同气候的自然条件下的矿区修复工作更科学、更合理。用生态恢复还是人工修复应结合当地经济水平、城市发展规划和场地周边环境等因素综合考虑，还应进一步将一些被认为是废弃物的有用资源充分利用起来。

矿区环境修复理应做到成本与效益兼顾。我省有关部门可在普查工作的基础上，研究制定"全省一盘棋"的矿山环境修复规划，制定相关政策和制度，因地制宜地设立修复目标和修复内容，选定恰当的技术路线，相关的验收标准也要进一步细化，要按照不同地域的自然环境和矿山品种分门别类、区别对待。

3.用综合技术应对矿区环境中的复杂问题

在矿区生态恢复治理中，不仅要进行治理清除危石、降坡削坡、平整土地、治理空采区和塌陷区、消减堆积的尾矿、恢复植被等比较直观的工作，还要选择相应的技术修复土壤和水体，消除重金属污染等。而这方面，我省矿区环境修复中做得还远远不够。

在矿区环境治理过程中，只关注物理变化，而不关注化学变化，是不全面的。从我省多目标地化学调查结果看，主要土壤重金属异常大都与矿区有关。某些流经矿区的江河，河道两侧的农田土壤污染可以延伸至下游20至50公里范围内。流域性的重金属污染甚至达到上千公里。与矿区地质灾害相比较，重金属的危害面积更大，受损人群更广，治理难度也更大。

当前，各地物理修复、化学修复、生物修复都已经有了不少比较成熟的技术，已经形成了许多成功的案例。但矿山作为面积较大、污染情况较为复杂的区域，更适应采用综合修复的手段，而且情况越是复杂，各种修复方法越应兼顾。

（二）山西矿区生态修复保障措施

由于实践中存在生态修复资金不足、修复技术有待提升、修复土地规划缺少等诸多问题，修复实效不尽如人意。一方面，由于相关责任主体意识不强，矿区生态修复仍是问题不断；另一方面，我省尚需开展整治工作的矿区基数过大，现有的资金投入方式不仅加大了政府的财政压力，也容易导致企业陷入生存危机，我省的矿区生态修复治理仍然缺乏长效性的资金保障。未来山西矿区生态修复工作将有如下重点：

1.建立较为完备的矿山开采与环境保护法律体系

从整体的法律体系上来说，我国现行的矿区生态修复法律规范过于分散，法律层面上缺乏专门而具体的规定，使得矿区生态修复没有统一的规制。对此，应加快立法，在现有法律中增设矿区生态修复专章或制定专门的法律，确定矿区生态修复的基本原则，即整体性与综合性原则、因地制宜原则、生态效益原则和远近期目标相结合的原则，细化具体的保障措施和促进方式。

从具体的配套制度来说，首先，我国应在法律中规定矿区生态修复责任主体的确定原则，并列举常见情况下的责任主体，来明确生态修复的责任主体。其次，我国应编制专门的矿区生态修复标准，根据环境资源种类、场地类型对生态修复进行分类、分阶段验收。然后，尽快落实自然资源部对煤矿区生态修复的统一监管职责，提高生态修复违法成本，加大执法力度，并提高公众的参与意识和能力，对参与状况进行检查，对违法行为进行惩处。最后，我国应完善保证金制度，加大国家的修复资金支持，并广泛吸收社会资金，以保证生态修复资金的充足；进一步提升煤矿区生态修复技术，为生态修复提供技术支撑；对矿区生态修复进行土地规划，为生态修复提供土地使用保障。

坚持"开采与保护并举、损毁与复垦并重"的原则，加强矿区开采过程中土地复垦与生态修复工作，将矿区生态环境保护放在突出位置，建立较为完备的法律体系，上述法律将矿区土地复垦与生态修复贯穿于矿产资源开发、环境影响评价、土地复垦方案编制、土地复垦年度计划实施、土地复垦资金收缴与使用、公众参与、生物多样性保护、闭矿验收与移交等关键环节，增强民众对矿区开采中生态保护的认识，实现了对矿区生态环境的综合管理。

健全以矿区环境保护、土地复垦与生态保护修复为主的法律体系和标准规范。目前，我国针对矿区开采和生态环境保护的法律和标准规范较少。比如：《矿产资源法》主要规定了矿产勘查、开采和登记审批，缺少生态环境保护内容；《土地复垦条例》提出编制土地复垦方案，但主要针对后期土地利用，考虑生态保护较少；《环境保护法》没有针对矿产开采提出生态环境保护的要求；已出台的有关绿色矿山建设规范，也缺少针对矿山开采全过程动态的生态保护内容。应进一步修改完善相关法律，构建以生态环境保护为核心的标准体系，涵盖矿山开采、土地复垦与生态修复、闭矿验收和运行维护等全过程。

2.创建绿色矿业发展示范区

2017年9月，国土资源部办公厅印发《关于开展绿色矿业发展示范区建设的函》（国土资厅函〔2017〕1392号），按照政策引导、地方主体，一区一案、突出特色、创新驱动、示范引领的原则，以优化矿山布局、调整矿业产业结构、全域推进绿色矿山建设、创新绿色发展管理等为主要任务。山西省可以选择资源相对富集、矿山分布相对集中、矿业秩序良好、转型升级需求迫切、地方政府积极性高、有一定工作基础的市或县开展示范区创建工作。

3.矿产修复领域国际合作

落实国家总体外交战略，积极响应"一带一路"倡议，全面推动矿山生态修复领域双边与多边合作。通过国际交流平台，积极推进地质调查合作项目，进一步拓展山西与有关国家的矿山生态修复理念、技术的交流与合作。

4.实施生态修复全过程动态监管

矿山勘探开采之前应开展环境影响评价，对可能造成重大环境影响的活动进行环境评估；矿业公司在获得勘探许可证后，须与土地所有者达成土地经济损失补偿协议和土地复垦协议，同时依法编制矿山环境保护和闭矿规划，才能申请环境许可证，且须在得到当地政府的评审许可后，采矿许可证申请才能获得批准。政府部门要求矿业公司开采前必须根据开采方案和土地复垦方案制定切实可行的年度开采计划和土地复垦计划，在开采过程中，严格按照土地复垦年度计划进行复垦，同时对复垦中的生态环境指标进行跟踪监测，及时向环保部门提交年度土地复垦进展报告，根据监测结果不断修正复垦方案的复垦目标、标准、指数及技术参数。

5.建立以企业需求为主导的科技创新机制

我省煤矿生态修复工作主要由政府主导，缺少科技成果转化应用的动能。煤矿生态修复是人工修复为主、自然恢复为辅的过程，融合了地质学、水文学、土壤学、工程学、生态学、作物学等多个学科。在当前科技创新大背景下，应建立以企业为主体、以市场为导向的矿山生态修复科技创新机制，提升科技成果转化能力。

6.建立相关保障措施

加强督导力度，督促各市县和企业主调动一切积极因素，督促采取超常规措施，加快整改，保质保量按时完成整改任务。加大媒体宣传，深入矿山企业开展宣传，引导各类矿山企业深刻认识到生态修复及矿山整治工作的重要性和必要性，自觉加强矿山生态修复治理。

增进执法巡查，要坚持严格执法，从严打击无证开采、非法盗采、私挖乱采、超层越界开采等违法违规行为，构成犯罪的，依法追究其刑事责任。

矿山生态修复，应遵循"谁破坏、谁修复，边开采、边治理""宜林则林、宜耕则耕"的原则，坚持矿山采矿区和排渣场生态修复工作与资源开发同步进行，逐坑制定整治复耕方案，加强督促协调，做到"闭坑一个恢复一个"，逐步消化"老账"，坚决不欠"新账"。

70载春华秋实，山西省把经济建设得更加繁荣富强，展望未来，山西煤矿生态修复工作将坚持以人民为中心，以需求和问题为导向，以科技创新和信息化建设为动力，推动矿区生态修复工作不断满足经济社会高质量发展和生态文明建设的重大需求，解决经济社会发展面临的重大资源环境问题。

专题十　山西能源开发与环境治理

山西是能源大省，由于长时期、大规模、高强度的煤炭资源开发，引发了较为严重的环境问题，主要包括大气污染、水污染以及工业固废污染等。进入21世纪以来，山西在大力发展能源工业的同时，将环境保护与治理放在十分重要的地位，环境污染治理成效显著，环境质量状况明显改善。据山西省统计局发布的《改革开放40年山西经济社会发展成就系列报告》显示，40年来，特别是党的十八大以来，全省深入贯彻落实习近平生态文明思想，绿色发展全面发力，能源资源利用不断优化，生态环境状况持续好转，生态文明制度建设持续推进，环境治理硕果累累。

一、山西环境治理的主要历程

进入21世纪，山西省环境污染治理经历了从单纯的"三废"治理向防与治结合、多措并举的综合防治转变，包括优化结构、节能减排、清洁生产、末端治理等。环境保护的基本国策地位得到明显加强。

（一）"十五"时期环境保护工作全面推进

"十五"期间是山西改革开放以来经济社会发展最快的时期。在经济高速增长的同时，山西省委、省政府高度重视环境保护，把环境保护列为全省经济社会发展的重要内容；制订了《山西省环境保护"十五"计划》；每年都将环境保护列入为人民群众办的实事之一；将环境保护许可作为产业发展的先决条件，充分发挥环境保护对产业结构调整的导向作用。

1.加强工业污染源治理，努力削减排污量

一是实施重点工业污染源限期治理，实现污染源达标排放。"十五"期间，制定了《山西省重点工业污染源全面达标排放实施方案》，省人民政府先后下达了5批共计275个限期治理项目。各市县也分别对所辖区域污染严重的企业下达了限期治理任务。至"十五"期末，全省确定的2833家重点工业企业，已有1481家完成达标治理任务。焦化行业有15%的企业完成治理任务，火电企业有29%的脱硫项目已经完成；冶金、铸造、耐火、造纸等行业污染治理也取得了较大的进展。二是实施环境污染企业末位淘汰。按照国家和山西省确定的产业政策，对列入淘汰名录的土焦、小炼铁、小耐火、小造纸等实施淘汰、关停，对当地污染最严重的工业污染源实行年度末位淘汰。三是开展了全省焦化行业专项清理整顿。省人民政府先后印发了《关于对全省焦化行业实施专项清理整顿的决定》《关于对全省焦化项目实施分类处置的通知》等一系列规范性文件，基本结束了山西省土焦、改良焦生产历史。遏制了焦化行业违法建设，无序发展，污染严重发展的势头。四是通过推行清洁生产和循环经济减少污染物的产生和排放。以焦化、电力、化工、建材等行业为重点，积极开展企业清洁生产审核，加大了对企业清洁生产改造的支持力度，重点行业的清洁生产水平有较大提高。5年间，一批污染严重的企业，经过治理改造后进入了环保模范企业行列。

2.环境法制建设与监管力度不断加强

"十五"期间,环境法制建设取得积极进展。在认真贯彻执行国家环境保护法律法规的同时,针对山西省实际情况,制定了地方环保法规、规章、条例、标准。省人大审议通过了《山西省汾河流域水污染防治条例》修正案;省人民政府先后颁布了《山西省排放污染物许可证管理办法》《山西省环境违法行为举报奖励暂行规定》《山西省焦炭生产排污费征收使用管理办法》《山西省工业企业环境保护供电管理暂行规定》和《山西省火电厂二氧化硫排放地方绩效标准》等。太原市颁布了《太原市大气污染物排放总量控制管理办法》《太原市锅炉大气污染物排放标准》等城市环保法规和标准。

环境监管力度加大。"十五"期间,逐年加大对环境违法行为的查处力度,全省共查处违法案件1592起,有效打击了环境违法行为。排污收费逐年增加,2005年达12.11亿元,比2000年增加了近6倍。省人民政府有关部门连续3年在全省范围内开展了"严肃查处环境违法行为""严厉打击污染反弹,遏制死灰复燃""清理整顿不法排污企业,促进经济结构调整"和"整治违法排污企业,保障群众健康"等环保专项行动,取得明显成效。省、市、县各级环保机构设置了12369专线举报电话,受理举报案件1万多件。加强了对污染源的现场监督检查,特别是加强了对产生有毒有害污染物和有较大环境风险污染源的监控。

环保执法队伍得到加强。"十五"期间省级先后成立了环境监察总队、环保技术评估中心、宣教中心等处级单位,辐射监督站、培训部由副处级单位升格为处级单位。省内大部分县级环境管理机构实现独立行政设置，成立了省、市、县三级环境监察机构，省环保局先后出台了《环境保护执法程序》《违反环境保护法规行为行政处分办法》等制度。

3.环保投入不断加大

"十五"期间，环境保护的投入力度不断加大，全省环保投入达到231.9亿元，超过"九五"期间5倍多，占同期GDP的1.56%，达历史最高水平。"十五"期间，共完成环保监管能力投资2.04亿元，省本级固定资产比"九五"增长10倍多。环境监测能力大幅提升，11个地级市、11个县级市和30个重点县先后建成了大气环境质量自动监测系统，发布日报的市、县达到52个；55个县配备了监察执法取证设备、交通工具等；建成了黄河万家寨水库、汾河河津大桥两个水质自动监测站，8个地表水国控断面和18个城市集中饮用水源地开展了水质月报。太原、晋城两市建成了重点污染源监控中心。各级环境监测站开展了标准化建设。建成了省环境监测、监理、信息、科研业务大楼，提高了省级信息化、自动化办公水平，实现了省和11个地级市局环境信息局域网互联。

（二）"十一五"期间工业污染防治重点突破

山西省先后出台《山西省重点工业污染监督条例》《山西省减少污染物排放条例》《山西省重点工业污染源治理办法》等80多个环境保护管理法规、规章和规范性文件，为强力推进工业污染防治和污染减排提供了法律依据和制度保障。各级政府、各部门把环境保护作为转变发展方式、调整经济结构、改善民生的重点内容，层层实行环保目标责任制，落实环保责任，强化环保工作。环境保护部门坚持落实科学发展观，充分发挥宏观调控作用，创造性地实行了"部门联动""区域限批""末位淘汰""自动监控""奖惩问责"等一系列管理措施，敢于碰硬、严格执法，塑造了山西环保精神。

1.淘汰落后产能成效显著

全省钢铁行业淘汰落后产能5397万吨，焦化行业淘汰落后产能4767万吨，电力行业淘汰落后产能443.77万千瓦，水泥行业淘汰落后产能2586万吨，电石行业淘汰落后产能142.82万吨，铁合金行业淘汰落后产能38.48万吨，各污染行业的产业结构得到了提升。否决不符合产业政策、不符合环境功能区划要求、低水平重复建设的"两高一资"项目1336个，涉及投资2012亿元。

2.初步建立生态环境补偿机制

在全国率先建立了煤炭开采生态补偿机制，矿山生态环境恢复治理全面展开，创建国家和省级生态示范县、乡镇和生态村900多个。2010年，实施了地表水跨界水质考核生态补偿，共扣缴生态补偿金19117万元，奖励生态补偿金10600万元。流域生态补偿、绿色信贷等经济政策措施相继出台实施，全社会环境保护投资超千亿元。

3.环保体制机制创新成果丰硕

实施部门联动，15个部门联合推出20多项制度，对4420余家环境违法企业采取综合制裁措施，先后对15个未完成主要污染物削减指标、环境污染严重、环境违法行为突出的县（市）实施了区域限批；通过"末位淘汰"，累计关停淘汰污染严重企业1236家、落后设施1817台（套）；推动自动监控，实现了重点工业污染源24小时全天候监控；在全国率先实现了重点污染源在线监控和所有县

（市、区）的环境空气质量自动监测，环境监管能力建设投资13.9
亿元，超过了"九五""十五"的总和。排污费征缴连续5年排全国
第一，总额达百亿元。环保问责考核奖惩力度空前。对环保工作突
出的县（市、区）给予了8000多万元的奖励，先后对80名环保不作
为干部进行责任追究，否决了72个单位和个人的评先评优资格。

（三）"十二五"期间环境监管能力逐步提升

"十二五"时期，山西省全面推进资源节约型、环境友好型社
会建设，以改善环境质量为目标，以解决危害人民群众健康的突出
问题为重点，以生态省建设和绿色生态工程为主要载体，不断创新
环保体制机制，加大环保能力建设，为削减排污总量、改善环境质
量、防范环境风险奠定了坚实的环境基础。

1.加强环境监管与环境执法

全省环境质量监测网络基本建成，在全国率先全面开展环境
空气质量新标准监测。建成覆盖省、市、县三级污染源在线监控网
络，重点企业自动监控设施安装率达到100%。建成省级及设区的市
重污染天气监测预警系统，环境应急能力进一步增强。环境监察执
法能力得到提升，加强行政执法与刑事司法衔接，严厉打击环境污
染犯罪行为，始终保持环境监管执法的高压态势。积极推进环境信
息公开，建立重污染行业企业环境信息强制公开制度和环境质量信
息发布制度。

2. 推进市场化环境治理手段

"十二五"期间，山西省持续推进环保审批简政放权，先后6
次下放116类项目环评审批权限至市、县环保部门。将环境污染损害
赔偿纳入环境管理机制，在国内率先成立了省级环境污染损害司法

鉴定中心。为强化环境标准，促进产业优化升级，先后制（修）订《煤粉工业锅炉大气污染物排放》等6项地方环境保护标准。实施排污权交易、跨界断面水质生态补偿、提高排污费征收标准、环境污染责任保险、环境污染第三方治理等多项环境经济政策，金融、信贷、保险等政策工具正在成为推进全省环保工作的重要手段。

（四）"十三五"期间环境治理体制不断创新

"十三五"期间，以环保立法支撑生态文明建设，山西先后修订并出台了《山西省环境保护条例》《山西省大气污染防治条例》及《山西省汾河流域水污染防治条例》《山西省排污许可证管理办法》等法律法规，以立法推动工作薄弱领域的环境保护，以操作性强、条款细化的条例、办法推动整体工作水平的提升。

1.加强山西地方环保标准的制定

逐步制定电力、钢铁、焦化、水泥等污染行业的地方排放标准。按照山西省委、省政府要求，进一步完善"铁腕治污"常态化机制，先后出台了《关于全面加强生态环境保护坚决打好污染防治攻坚战的实施意见》《山西省生态文明建设目标评价考核办法》《山西省党政领导干部生态环境损害责任追究实施细则》《山西省空气质量改善量化问责办法（试行）》《山西省水污染防治量化问责办法（试行）》《山西省改善城市人居环境行动计划》《山西省打赢蓝天保卫战三年行动计划》《山西省大气污染防治行动计划》等多项重要制度文件，强力推进污染防治，做到企业、城市、农村污染一体整治，大气、土壤、水污染治理一体统筹，深化"两山""七河"治理。全省开展柴油货车和散装物料运输车辆污染整治专项行动，创新推动排污权交易工作，推进排污许可制度改革，加强生态环境监测网络建设，积极推进生态环境损害赔偿制度改革。

2.打好污染防治攻坚战

大力开展大气、水、土壤污染防治三大战役，制定完善相关法规政策及量化问责办法，狠抓中央环保督察整改，扎实推进蓝天保卫战、黑臭水体歼灭战、柴油货车污染治理攻坚战等标志性战役，着力解决人民群众反映强烈的突出环境问题。持续加大财政支持，2003年全省环境污染治理投资为32.0亿元，占当年GDP比重仅为1.30%；2016年达到525.7亿元，占当年GDP比重的4.03%，在全国31个省（区、市）中排名首位。2017年投入环保专项资金32.9亿元，用于大气、水和土壤污染防治工作。

二、山西环境治理取得的成就

进入21世纪以来，在全省各界的共同努力下，山西环境保护工作取得积极进展，环境质量状况明显改善。

（一）"十五"时期环境综合整治取得阶段性成果

"十五"环保计划共确定了环境质量、环境管理、生态保护等七大类共30余项指标，其中地表水、城市空气质量指标、污染物排放总量控制等主要指标没有完成，差距较大。环境保护投资指标、环境监管能力建设指标、生态保护指标、工业固废控制指标等超额完成，城市环保设施建设指标超额或接近完成。

1.工业污染防治取得成效

强化建设项目环境监管，加强审批、施工、竣工验收全过程管理。"十五"期间，全省完成了对6873个建设项目环境影响评价审批，其中否定了309个，通过"三同时"验收的项目2309个。同时积极推行区域环境影响评价，省人民政府下发了《关于做好规划环境影响评价工作的通知》，启动了规划环境影响评价工作，促进了环境保护在山西省经济宏观调控中的作用。

2.部分城市环境质量有所改善

以城市环境综合整治定量考核为重要手段，通过采取多种环境综合整治措施，促进了城市环境综合整治工作，部分城市环境质量有所改善。全省11个城市空气综合污染指数5年下降29.2%，太原市空气质量Ⅱ天数由2000年的45天增加到2005年的245天。全省11个重点城市的23个集中式饮用水源地水质达标率达到82.8%；全省28.5%的河流断面水质实现好转，劣于Ⅴ类的断面比例下降9.9个百分点。5年间，全省共建成17座城镇污水处理厂，形成120万吨/日的污水处理能力，全省城市污水处理率上升至56.2%；全省11个省辖市基本完成了垃圾处理设施项目的前期准备，部分城市已建成投入运行或开工建设；启动了全省危险废物和医疗废物处置工程；建成区集中供热普及率达到46.6%，城市燃气普及率达到70.7%；绿化覆盖率达到 30.2%；烟尘控制区总面积达688.8平方公里，比"十五"初期增加了124.26%；高污染燃料禁烧区新增了70平方公里；噪声达标区达95个，比"十五"初期增加了两倍。长治、晋城2市通过了省级环保模范城市验收。

3.汾河流域水污染防治工作得到进一步加强

以保护汾河上游水质为重点，国家确定的海河流域首都水资源保护和省人民政府确定的汾河流域污染治理工作得到加强。列入海河流域水污染防治"十五"规划的99个治理项目，争取到国债资金5.8亿元，有40个项目已经完成，35个正在建设。列入首都水资源污

染治理项目计划的61项治理工程，争取到国债资金8.8亿元，有34项
点源治理工程已经启动，17个污水处理厂正在建设。

4.绿色通道建设成效显著

开展了大运高速公路和其他高等级公路两侧区域为重点的绿色
通道建设。拆除各类烟尘排放筒近千个，清理废渣近60万吨，完成
锅炉、茶浴炉改造4000多台；通过加强五台山、云冈石窟、平遥古
城等山西省划定的十大重点风景名胜区的污染控制和环境管理，使
重点景区的环境质量进一步改善。对国家重点督办的晋陕蒙交界地
区电石、铁合金、焦化等行业进行了清理整顿，共取缔、关闭土小
企业219家，对35家企业进行了限期治理，23家企业实现全面达标。

（二）"十一五"时期环境保护工作取得重大进展

"十一五"期间，省委、省政府高度重视环境保护工作，将环
境保护作为落实科学发展观、构建和谐社会的战略重点。人民群众
环境保护意识显著增强，在全社会共同努力下，环境保护工作取得
了明显成效。

1.主要污染物减排任务超额完成

"十一五"期间，全省大力推进污染减排和"蓝天碧水工
程"，二氧化硫和化学需氧量减排目标提前超额完成。在全国率先
实现火电行业全部脱硫，焦化行业全部建成焦化废水处理、烟气脱
硫除尘设施。截至2010年，二氧化硫排放总量由2005年的151.6万吨
降至124.92万吨，减排比例17.6%；全省COD排放总量由2005年的
38.68万吨降至33.31万吨，减排比例13.9%。

2.环境质量明显改善

2006年，以"蓝天碧水工程"起步，山西全力推进大气污染

防治工作。大同、临汾、阳泉等市相继退出了全国环境空气质量最差城市的行列，10个设区城市环境空气质量达到国家二级标准；11个设区城市空气质量好于Ⅱ级标准的天数平均达到了347天，比"十五"末增加121天；104个国控和省控地表水监测断面中，Ⅰ、Ⅱ、Ⅲ类断面分别增加了2、7、15个，劣Ⅴ类断面减少了10个；全省辐射环境质量保持在天然本底水平。环保工作5年内强势推进，"蓝天碧水工程"目标提前圆满实现，《山西省环境保护"十一五"规划》确定的主要目标任务全部完成。

3. 污染治理设施建设快速发展

全省重点现役燃煤机组全部建成烟气脱硫设施，焦化行业所有焦炉均建成脱硫设施，全省重点企业污水、废气全部实现达标排放；《海河流域水污染防治规划》中涉及山西省重点监控企业99家，81家实现达标排放，18家关停；《黄河中上游流域水污染防治规划》中涉及山西省重点监控企业200家，173家实现达标排放，27家关停。黄河、海河流域污染防治规划涉及山西的任务基本完成。全省共建成污水处理厂132座，实现县县建有生活污水处理厂，总设计处理能力约260万吨／日；全省11个设区城市生活垃圾无害化处置设施基本建成。全省1/4的县完成了生活垃圾无害处理设施建设。

（三）"十二五"时期山西环境质量明显改善

"十二五"以来，省委、省政府高度重视环境保护工作，以改善生态环境质量为目标，以主要污染物总量减排为抓手，着力解决影响科学发展和损害群众健康的突出环境问题，生态环境保护取得了新的进展和成效。

1.环境质量总体改善

全省环境空气细颗粒物（PM2.5）年均浓度较2013年下降27.3%，11个设区的市环境空气质量优良天数平均较2013年增加了70天。全省城市集中饮用水水源地水质（扣除本底值）全部达标；地表水水质优良断面比例较2010年相比上升9.3个百分点，重污染断面比例减少23.4个百分点，化学需氧量、氨氮平均浓度分别下降54%和63%。

2.主要污染物减排扎实推进

化学需氧量、氨氮、二氧化硫、氮氧化物、烟尘和工业粉尘排放总量分别完成"十二五"规划削减目标的207.4%、127.7%、195.8%、180.1%、157.7%和162.1%，全面超额完成国家及省下达的减排任务。

3.环保基础设施显著增强

30万千瓦以上燃煤机组全部安装脱硝设施，启动实施燃煤机组脱硫脱硝除尘超低排放改造；90平方米及以上钢铁烧结机全部配套建设烟气脱硫设施；水泥行业熟料生产规模在4000吨/日以上的生产线完成脱硝改造；焦化、洗煤等行业基本实现废水不外排。全省生活垃圾无害化处理实现县级全覆盖，城镇生活污水处理率平均达到88.44%，"十二五"期间新增生活污水处理能力75.4万吨/日，新铺设污水配套管网4459.8千米。危险废物、医疗废物基本得到安全处置。农村环境连片整治完成1373个行政村的示范项目，农村人居环境改善工程共建成农村生活污水防治示范工程536个。

（四）"十三五"时期山西环保态势总体向好

"十三五"期间，山西省委、省政府坚决贯彻习近平总书记关于生态文明建设的重要思想和中央决策部署，牢记习近平总书记视察山西时关于"扎实推进生态文明建设"的指示精神，以生态文明理念统领经济社会发展全局，鲜明提出宁可牺牲点GDP，也要把环保指标提上去，坚持铁腕治污、环保倒逼、综合治理、改革创新，解决了一批环保突出问题，扭转了一度被动局面，生态环保总体态势、发展方式与动能、生态环境质量状况、生态文明建设格局正在发生积极变化，初步开启了经济运行和生态环保同向好转态势。

1.环境空气质量全面改善

2013年开始实施《山西省大气污染防治行动计划》，有效推进各项措施，大气污染治理效果初现。到2017年，全省PM2.5平均浓度59微克/立方米，比2013年下降23.4%，完成国家"大气十条"目标任务。PM10、SO_2和CO平均浓度分别比2013年下降7.6%、13.8%和36.2%，NO_2和CO平均浓度分别上升135%、34.8。全省11个设区市优良天数平均为200天，比2013年增加17天；重污染天数平均为13天，比2013年减少19天。2018年全省环境空气质量呈全面改善的态势，与上年相比，环境空气质量综合指数下降10.8%，优良天数增加7天，重污染天数减少3天，PM2.5平均浓度下降6.8%，完成国家下达目标任务，PM10下降1.8%，SO_2下降41.1%，NO_2下降4.8%，CO下降16.7%，O_3下降2.2%。

2.地表水环境质量大幅提升

全面推行河长制，实施饮用水、流域水、地下水、黑臭水、污废水"五水同治"，全省地表水环境质量得到大幅提升。2017年全省共监测100个断面，水质优良（Ⅰ～Ⅲ类）断面占监测断面总数的

56.0%，较2000年提高44.5个百分点，重度污染（劣Ⅴ类）断面占23%，较2000年下降50.1个百分点。2018优良水质断面指标超额完成国家考核目标。

3.土壤环境得到严格管控

2009年，山西省被列为全国土壤环境监管试点省，2016年印发了《山西省土壤污染防治工作方案》，大力推进全省土壤污染防治。一方面严控工矿污染，另一方面控制农业污染。2016年全省单位耕地面积化肥使用量为288.51千克/公顷，较1980年下降20.8%；单位耕地面积农药使用量为7.53千克/公顷，坚持化肥减量提效、农药减量控害仍是下一步工作的重点。

4.城市环境全面改善

2000年，全省设市城市污水处理率仅为35.77%；2010年，设市城市污水处理率提高到80.6%，县城污水处理率为64.99%；到2017年城市（县城）污水处理率达到92.52%。2000年全省设市城市生活垃圾无害化处理率仅为14.09%；2010年设市城市生活垃圾无害化处理率提高到73.58%，县城生活垃圾无害化处理率为9.79%；2017年城市（县城）生活垃圾无害化处理率达到89.57%。

三、构建环境治理长效机制

"十四五"及未来较长一段时期内，山西省需以"生态文明"发展理念为指导，进一步加大能源开发中的环境保护，大幅提高能源资源使用效率，有效控制污染物排放，加强资源综合利用，促进资源循环高效利用，加强生态环境修复，实现资源效益的最大化和环境影响的最小化。

（一）建立山西能源产业环境影响减缓路径

1.提高准入，倒逼能源产业环保升级改造

提高环保准入。全省煤电行业执行《燃煤电厂大气污染物排放标准》（DB14/T1703-2018），焦化行业逐步实现二氧化硫、氮氧化物、颗粒物和挥发性有机物(VOCs)执行大气污染物特别排放限值。推进燃煤锅炉超低排放改造。加大对纯凝机组和热电联产机组技术改造力度，加快供热管网建设，充分释放和提高供热能力，淘汰管网覆盖范围内的燃煤锅炉和散煤。

加大淘汰落后力度。县级及以上城市在完成建成区淘汰每小时10蒸吨及以下燃煤锅炉及茶水炉、经营性炉灶、储粮烘干设备等燃煤设施的基础上，进一步加大淘汰力度，原则上不再新建每小时35蒸吨以下的燃煤锅炉，其他地区原则上不再新建每小时10蒸吨以下的燃煤锅炉。淘汰关停环保、能耗、安全等不达标的30万千瓦以下燃煤机组。2020年底前，全省30万千瓦及以上热电联产电厂供热半径15公里范围内的燃煤锅炉和落后燃煤小热电全部关停整合。对关停机组的装机容量、煤炭消费量和污染物排放量指标，允许进行交易或置换，可统筹安排建设等容量超低排放燃煤机组。重点区域严格控制燃煤机组新增装机规模。

强化能源行业环保管控。对火电、焦化等重点行业及燃煤锅炉物料(含废渣)运输、装卸、储存、转移和工艺过程等无组织排放实施深度治理。严控煤炭开采洗选、煤化工等行业废水排放，对于无法全部回收利用要排入环境的矿井水，要求其化学需氧量、氨氮、总磷三项主要污染物达地表水Ⅲ类标准后排放。提高能源产业工业固体废弃物综合利用率，大宗工业固废综合利用率达到70%，危险

废物全部安全处置。

2.优化能源消费结构，构建清洁低碳高效能源体系

有效推进清洁取暖。坚持从实际出发，宜电则电、宜气则气、宜煤则煤(超低排放)、宜热则热，多能源供暖。实施居民生活用煤清洁能源替代。统筹协调推进"煤改电""煤改气"建设项目落地。加强"禁煤区"建设，加强煤质管控，实施煤炭消费总量控制。全省新建耗煤项目实行煤炭减量替代。按照煤炭集中使用、清洁利用的原则，重点削减非电力用煤，提高电力用煤比例。继续推进电能替代燃煤和燃油。加快机动车结构升级，推广使用新能源汽车，淘汰老旧车辆，强化油品质量监管。

3.合理规划布局能源开发项目，加强生态环境保护，实现区域减排和生态环境质量改善

在能源开发利用过程中，严格遵守国家和山西省的主体功能区规划和生态功能区划，不得在禁止开发区、环境敏感区及生态红线等区域布局能源建设项目。在布局建设能源项目时，应坚持"点上开发、面上保护"的原则，最大限度地减轻对生态环境的不良影响。

能源开发项目建设阶段，要加强生态保护，严格落实各项生态环境保护措施，尽量减少项目施工和运营区对植被、自然环境、生态系统的破坏。在项目施工过程中，要科学布置取土场、施工便道等临时占地，严格挖方填方核算，尽量做到挖填平衡，弃渣场要合理选址，并进行环保防护和生态恢复，防止水土流失。同时，增加能源项目建设区绿化面积，保护和改善地区生态环境，注意减小项目开发过程中的扬尘污染。

（二）严格实施大气污染防治行动计划

强化城市空气质量达标管理，健全区域大气污染联防联控长效机制。从单因子治理向多污染因子综合控制转变，多手段联合推进，实施二氧化硫、氮氧化物、颗粒物、挥发性有机物的协同控制。

1.严控重点行业大气污染物排放

推进重点行业主要污染物减排。持续加大产业结构调整力度，严格控制"两高"行业产能，加大落后产能淘汰和过剩产能压减。严格落实总量和标准"双控"制度，对属于产业政策限制类和位于设区市城市建成区范围内的钢铁、水泥、平板玻璃、焦化、化工等重污染企业，加强排污许可总量指标控制。持续开展"散、乱、污"企业整治，彻底淘汰一批钢铁、焦化等行业落后工艺和过剩产能，搬迁改造或关闭退出城市建成区及周边重污染企业，推进一批低效企业转型。加快钢铁、焦化、水泥、有色等企业大气治理设施升级改造，并安装自动在线监控装置，增设主要约束性指标监控因子，与环保部门联网，确保全面稳定达标。钢铁行业全部完成脱硫除尘改造，冶金行业单台烧结面积大于180平方米以上的烧结机全面完成脱氮技术改造，焦化煤气全部实现精脱硫。水泥行业基本完成脱硝、除尘改造。对于煤炭、建材、铁合金、电石、冶金、有色、金属镁等产生生产性粉尘的行业，应在各扬尘点设置集尘装置，并配套高效除尘设施。

逐步加强VOCs治理。全面完成加油站、油库、油罐车油气回收装置建设，严格防范汽油、柴油泄漏。推进有机化工、表面涂装、包装印刷、医药制造、橡胶及塑料制品等重点行业VOCs排放控制。开展餐饮油烟治理，城区餐饮服务经营场所应安装高效油烟净化设施，分区域、分时段禁止露天烧烤，逐步推广高效环保烧烤炉。

2.加强燃煤污染综合整治

全面开展燃煤锅炉整治。开展在用燃煤锅炉污染防治设施提标改造，确保稳定达到《锅炉大气污染物排放标准》（GB13271-2014）要求。11个设区市采取有效措施进一步缓解城中村小燃煤锅炉面源污染。扩大高污染燃料禁燃区范围，将城市建成区80%以上面积划定为高污染燃料禁燃区，并实施严格的监督管理。逐步加大集中供热替代小、散燃煤供热锅炉的规模，到2020年，城市（含县城）集中供热率平均达到90%以上。

稳步改善能源结构。逐步加大天然气、煤层气、焦炉煤气等清洁能源替代燃煤锅炉及工业窑炉的台数和规模。所有工业园区以及化工、造纸、印染、制革、制药等产业集聚的地区，逐步淘汰自备燃煤锅炉，改用天然气等清洁能源或由周边热电厂集中供热，探索推广电锅炉供热取暖。加快发展黄河水电、风能、太阳能、生物质能，提高新能源和可再生能源的比例。

全面推进煤炭清洁利用。将煤炭更多地用于燃烧效率高且污染集中治理措施到位的燃煤电厂，加快火电、风电等电力外送通道建设。提高煤炭洗选比例，现有煤矿要加快建设与改造，新建煤矿依法同步建设洗选设施，到2020年，原煤入洗率达到80%以上。加强煤炭质量管理，限制销售灰分高于16%、硫分高于1%的民用散煤。加快实施城乡采暖"煤改电"步伐，"十三五"期间，全省力争完成50万户居民采暖"煤改电"任务，削减农村炊事和采暖用煤，加大罐装液化气和可再生能源炊事采暖用能供应。

3.开展城市大气环境综合整治

全面实施城市空气质量达标管理。大气环境质量已经达标的县（市、区）应持续改善，大气环境质量尚未达标的县（市、区）要制订实施城市空气质量限期达标计划，明确达标时间表、路线图和重点项目。到2020年，全省11个设区的市二氧化硫、一氧化碳全部达标；二氧化氮与臭氧浓度保持稳定并力争改善；大同市可吸入颗粒物和细颗粒物年均浓度实现达标，其他10个设区市可吸入颗粒物和细颗粒物年均浓度分别下降20%左右，重污染天气大幅减少。加大空气质量改善情况公开制度，实时公布11个设区市空气质量信息，逐月公布城市空气质量排名。

大力推进污染企业退城入园。继续优化污染企业空间布局，大力推进位于城市市区的钢铁、化工、有色、水泥、平板玻璃等重污染企业搬迁、改造，全省11个设区市基本完成重点污染企业的搬迁、改造、关停任务。

防治机动车污染。加快淘汰黄标车和老旧车，2017年底基本淘汰全省范围内的黄标车，鼓励老旧车辆提前淘汰。严格新车排放标准，全面实施国家第五阶段机动车排放标准。积极推进非道路移动机械污染防治，逐步建立非道路移动机械申报登记、排气污染定期检测等管理制度。省、市两级健全机动车环境管理机构，对新生产机动车、在用机动车、非道路移动机械、油气回收以及车用油品和添加剂实施有效监管。逐步加大燃气汽车、混合动力汽车和电动汽车等清洁能源汽车的使用力度，采取直接上牌、财政补贴等措施鼓励个人购买新能源汽车。

强化扬尘治理。加强工业企业料堆站场扬尘污染控制，贮存和堆放煤炭、煤矸石、煤渣、煤灰、砂石、灰土等易产生扬尘物料的场所，要采取密闭贮存、喷淋、覆盖、防风围挡等抑尘措施。全面强化建筑工地扬尘污染控制，所有施工工地出口设置冲洗装置、施工现场设置全封闭围挡墙、施工现场道路进行地面硬化、渣土运输车辆采取密闭措施等，将建筑工地扬尘控制作为在建房屋建筑工程和市政基础设施工程安全考评的重要内容。加强公路扬尘治理，推行道路机械化清扫等低尘作业方式，城市建成区机扫率达到85%或年均增长6%以上；散装物料运输要采取加盖篷布等措施，推广散装物料全封闭箱式运输。加强市区内及周边裸露土地的绿化或铺装，2020年全省城市绿化覆盖率达到40%。全面禁止秸秆焚烧。

（三）加大力度开展水污染综合治理

坚持良好水体保护和劣Ⅴ类水体、城市黑臭水体治理攻坚并重，统筹推进地表水与地下水污染防治工作，加大力度开展重点流域水污染防治，强化饮用水水源地、生态良好湖泊等水体保护。

1.遏制地下水污染

逐步建立完善地下水污染监测与监管体系。定期调查评估集中式地下水型饮用水水源补给区等区域环境状况。石化生产存贮销售企业和工业园区、矿山开采区、垃圾填埋场等区域应进行必要的防渗处理。加强煤炭、煤层气地下勘探、采矿活动及煤化工等重点工业行业地下水环境监管，报废矿井、钻井、取水井应实施封井回填。开展地下水污染状况调查，研究建立区域内环境风险大、严重影响公众健康的地下水污染场地清单，开展试点修复。开展地下水超采区综合治理，完成地下水禁采区、限采区和地面沉降控制区范围划定工作。

2.狠抓工业水污染防治

加强重污染行业水污染治理。制定焦化、氮肥、有色金属、印染、农副食品加工、原料药制造、制革、农药、电镀、染料、造纸等重点行业专项治理方案，实施清洁化改造。新建、改建、扩建上述行业建设项目实行主要污染物排放等量或减量置换。加快治污设施提标改造，电力、钢铁、焦化、洗煤全行业强制实现工业废水零排放，合成氨、尿素生产企业工艺废水要求做到不外排，煤化工企业全部完成工艺废水深度处理及回用设施建设。煤矿矿井水优先选择用于煤炭洗选、井下生产、消防、绿化等，矿井水确需排放的，应当达到地表水环境质量III类标准。

坚决取缔"十小企业"。全面排查装备水平低、环保设施差的小型工业企业。按照水污染防治相关法律法规要求，全面取缔不符合国家政策的小型洗煤、造纸、制革、印染、染料、炼焦、炼油、电镀、农药、有色金属冶炼等严重污染水环境的生产项目。

集中治理工业聚集区水污染。强化经济技术开发区、高新技术产业开发区、县级以上工业园区等工业集聚区污染治理。集聚区内工业废水必须经预处理达到集中处理要求，方可进入污水集中处理设施。新建、升级工业集聚区应同步规划、建设污水集中处理设施。工业集聚区按批准规划或实际建设需要，配套完善相应的污水集中处理设施，并安装自动在线监控装置。逾期未完成的，一律暂停审批和核准其增加水污染物排放的建设项目。

（四）强化重点领域全过程环境管控

严格源头防控、深化过程监管、强化事后追责，构建全过程、多层级的风险防控体系，严防重金属、危险废物、有毒有害化学物质、核与辐射等重点领域环境风险，保障环境安全。

1.实施环境风险全过程管理

源头防控环境风险。完成全省环境风险源大排查，建立与完善环境风险固定源档案库。统筹考虑各类风险源危害性和敏感目标脆弱性，优化产业结构和布局调整，减少环境隐患。新建化工企业必须全部进入工业园区，划定卫生防护距离。地方各级政府要将环境风险评估与管理纳入地方经济社会发展决策，从源头降低突发和累积性环境风险。

切实加强企业环境风险管理。完善企事业单位环境风险排查、评估、预警、应急及责任追究等配套制度，强化环境风险物质监督管理。实施环境风险分类、分级管理，严格对高风险企业的监管，实施环境风险源登记与动态管理，提高管控措施的针对性、有效性。

强化突发环境事件预警和应急处理处置。加强基础能力建设，健全环境风险预测预警制度，强化重污染天气、饮用水水源地、有毒有害气体等关系公众健康的重点领域风险预警，建立健全预测预警技术和工程体系。强化突发环境事件应急管理，完善预案备案管理制度，建立合理的环境应急分级响应体系，深入推进跨区域、跨部门的突发环境事件应急协调机制，健全综合应急救援体系。

推行环境损害赔偿。建立健全环境损害鉴定评估机制，加强环境损害鉴定评估行业规范化管理，依托现有的环境污染损害司法鉴定中心，促进环境污染责任追究和赔偿工作纳入法制化轨道。加强环境与健康调查、环境健康风险评估等基础研究工作。

2.提高固体废物环境管理水平

开展危险废物基础信息调查。摸清危险废物产生、贮存与转移、综合利用与处理处置情况等，完善危险废物鉴定机制，完善企业危险废物管理台账制度，建立全省危险废物产生单位和经营单位信息平台。开展危险废物申报与鉴别工作，掌握工业企业固体废物的危险特性及危险废物产生规律，全面排查历史遗留危险废物情况。认真落实危险废物有关法规制度。依法监管危险废物产生单位和危险废物经营单位。严格落实危险废物规范化管理制度，建立健全危险废物收集、运输、贮存、处置全过程监督管理体系，强化危险废物综合利用和处理处置能力，提升危险废物无害化与资源化水平。推进历史遗留危险废物的安全处置。

提升危险废物安全处理处置水平。将危险废物集中处理处置设施纳入环境保护基础设施，统筹规划并保障建设用地。督促危险废物产生单位在自行综合利用或自行处置危险废物过程中落实污染防治措施，适时开展整治行动。鼓励各市利用符合产业政策的水泥窑生产线协同处置危险废物。推动建设生活垃圾焚烧飞灰、医疗废物焚烧飞灰、高度持久性废物等的综合利用或处理处置设施。排查、识别、清理、处置历史遗留危险废物。

继续推进工业固体废物污染防治及综合利用。强化工业固体废物综合利用和处理处置技术开发和工程实施，提高工业固废资源化水平，发展工业固废资源化无害化产业。加强煤矸石、粉煤灰、脱硫石膏、冶炼废渣等大宗工业固体废物治理过程中的污染防治。重点推进尾矿、煤矸石、粉煤灰等工程填充及生态填充利用。新建铁路、公路等大型公共基础设施工程必须优先选用尾矿、煤矸石和粉煤灰等作为填筑材料，提高大宗工业固废的利用率。规范废弃电器电子产品处理行业发展，提升环境管理水平。

3.深化重金属污染综合防治

继续加强涉重金属重点行业综合防控。以重有色金属矿（伴生矿）采选业、重有色金属冶炼业、电池制造业、化学原料及化学制品制造、制革行业、金属表面处理及热处理加工业（电镀）为重点，制定实施六大重点防控行业重金属综合整治方案，配合相关部门加大落后产能淘汰力度，逐步提高涉重金属行业准入门槛，依法实施强制性清洁生产审核，积极推广重点行业先进生产工艺和污染防治新技术，优化环境污染管控措施。鼓励重有色金属矿采选冶炼废矿渣资源化综合利用。

深化重点区域分区分类整治。深化"一区一策"、分区指导原则，在重点区域开展基础调查及环境风险评估，摸清重金属污染现状，制定重点区域重金属污染综合防治计划，针对性地开展重点区域污染防治，力争重点区域环境质量得到改善，风险防控水平得到提高，历史遗留问题得到解决。针对重点区域水环境、土壤环境重金属污染问题，引进重金属污染修复先进技术，因地制宜开展重金属污染环境修复技术示范工程。加强重金属环境质量监测点位的优化调整，全面建成重点区域重金属环境质量监测体系。鼓励涉重金属产业集中发展，控制涉重金属产能向非重点区域扩散。

强化涉重金属企业环境监管。开展重点行业重金属产生排放企业的全面调查，建立全省涉重金属全口径环境管理清单。将重金属稳定达标排放、清洁生产、无组织排放管理、污染排放监测和周边环境质量监测等要求，均纳入排污许可证制度进行统筹监管。实施全指标达标排放管理，重金属国控企业在2017年前全面完成在线监测设施建设。加强企业风险评估和应急管理能力，杜绝重金属污染事故发生。探索建立汞等重金属生产、使用、排放全生命周期的物质流管理体系，加大淘汰、限制与替代力度。

专题十一　山西可再生能源发展成就与展望

　　可再生能源是能源供应体系的重要组成部分。目前，世界能源发展加快从化石能源为支撑的高碳能源体系向低碳能源转型，将驱动以可再生能源和新能源为主体的能源供应体系尽早形成。2014年6月，习近平总书记在中央财经领导小组工作会议提出，面对能源供需格局新变化、国际能源发展新趋势，为了保障国家能源安全，必须推动能源生产和消费革命，提出"推动能源供给革命，建立多元供应体系"要求。2016年12月，中国政府印发了《能源生产和消费革命战略》（2016—2030），对推动能源革命的具体任务进行了规划。2017年10月，中国共产党十九大报告指出，中国特色社会主义进入了新时代，中国经济已由高速增长阶段转向高质量发展阶段，要"构建清洁低碳、安全高效的现代能源体系"。转变能源发展方式、调整能源结构成为未来能源安全、实现可持续发展的根本途径。山西是国家重要的能源基地和工业基地，不仅煤炭资源极为丰富，风能资源、太阳能资源、地热能资源等可再生能源资源也相对丰富，尤其是煤层气等新能源资源开发潜力巨大。中华人民共和国成立70年，特别是近年来加快了风能、太阳能和生物质能的开发利用，在沼气、风电、太阳能发电发展等方面取得了显著成效。在今后一段时期，按照推动能源革命的战略要求，山西继续开发和利用可再生能源，全面推进可再生能源开发的商业化与产业化进程，不断提高非化石能源比重，是积极推进能源革命、推动能源转型的重要措施，是实现经济高质量发展与能源可持续发展的必由之路。

一、山西可再生能源产业发展历程

山西省有丰富的可再生能源资源，中华人民共和国成立以来，在有关政策措施的推动下，围绕提高非化石能源消费比重，以风能、太阳能、生物质能和煤炭清洁高效利用为重点，加快新能源和可再生能源开发利用的产业化进程，山西风电、太阳能发电发展迅速，风电、光伏、水电发电量不断增加（见表11-1），新能源技术进步加快，市场规模不断扩大，产业实力明显提升。其发展过程，可大致分为以下几个阶段：

表11-1 1959—2017年山西省水力发电量

年份	水力发电量(亿千瓦时)
1959	0.01
1960	0.04
1965	0.13
1970	0.55
1975	0.81
1980	4.57
1985	6.87
1990	7.15
1995	7.11
2000	13.04
2005	20.32

续表

年份	水力发电量(亿千瓦时)
2010	36.63
2011	34.63
2012	43.79
2013	38.87
2014	33.06
2015	29.26
2016	37.50
2017	42.22

资料来源:《中国能源统计年鉴》(2018)、《山西能源经济60年》。1959—1990年水力发电量数据为《山西能源经济60年》数据。

(一)初始发展阶段(中华人民共和国成立—2000年)

山西的新能源和可再生能源建设从1953年开始,经历了由单项技术开发向综合开发利用扩展、从生活用能向生产用能扩展、从资源开发节约向产业发展的漫长过程[1]。山西初期可再生能源的开发利用主要在小水电站建设、沼气建设、太阳能利用、风力发电等开发利用方面。

1.水能资源的开发利用

1953—1957年,我国开始了第一个五年计划建设。主要任务是集中主要力量,进行以苏联帮助我国设计的156个大型建设项目为中心、由694个大中型建设项目组成的工业建设,建立我国社会主义工业化的基础。这一阶段可再生能源的发展特点是农村水电的发展,解决了山区农村照明和农副产品加工用电。从20世纪六七十年代开始,我国各地农村小水电站蓬勃发展,1956年,山西省建成

---

[1] 张伟基,姜森林:《山西新能源和可再生能源发展研究》,见《山西能源发展报告》,山西经济出版社,1998年。

的装机容量48千瓦的洪洞县明姜水电站，是我国第一座农村小水电站。水电站的建成不仅解决了明姜、师屯等村的照明和农副产品加工用电，而且在全国起到了示范作用。1956年2月，农业部在洪洞举办了全国性的水电培训班，培养了我国第一批农村水电站建设人才。1957年秋，邓小平同志在参观明姜水电站时说："洪洞水力资源丰富，有大搞小水电的优越条件，实现农村电气化大有希望。"从此，临汾乃至全省的小水电建设蓬勃开展，在当时大电网尚未涉足的地方，发挥了巨大的作用。到1960年全国农村电气化现场会议在洪洞召开时，洪洞县先后兴建小水电站106座，总装机容量2607千瓦，洪洞县农村电气化规模基本形成[1]。1958年至1964年小水电在总结经验的基础上，陆续修建了洪洞县李村、武乡县关河、平顺县侯壁等装机容量1000千瓦以上的小型骨干电站，为以后兴建较大电站积累了经验。从1978年起，国家把小水电建设列为全国能源建设的战略组成部分。1984年，国家实施"谁投资，谁用电，谁得利"政策，调动各方面集资办水电的积极性。80年代以来，在柳林、阳城、翼城等县利用当地小泉小水开展了微水发电，都取得了一定成效。到1990年底，山西省共有小水电站227座运行，总装机容量9.69万千瓦，其中500千瓦及以上的小水电站48座，总装机容量8.06万千瓦[2]。

另在黄河北干流上已建水电站2座，一是天桥水电站，电厂是党中央国务院为改变晋陕老区贫穷、干旱、低产的落后面貌，于1970

---

[1] 苏亚兵：《实拍我国第一座农村小水电站明姜水电站》，载《临汾日报》，2017-09-04。

[2] 山西省史志研究院编：《山西通志·第十三卷·电力工业志》，中华书局，1997年。

年4月开始动工兴建的。1977年2月第一台机组投产发电，1978年8月全部机组并网发电，总投资1.69亿元。电厂装有4台轴流转浆式水轮发电机组，总装机容量128MW，设计年发电量6.07亿kW·h。二是万家寨水电站。黄河万家寨水电站是山西省境内最大的水力发电站，由水利部、山西省、内蒙古自治区三方出资于1994年开工建设，正常蓄水位977米，最高蓄水位980米，有效库容4.45亿立方米，设计年发电量27.5亿千瓦时，1998年11月底首台机组上网发电，2000年底全部投产，对缓解山西及周边地区水资源短缺、优化华北电网能源结构发挥了十分重要的作用。

2.生物质能利用——沼气建设

1970年以来，山西可再生能源建设进入一个新的发展时期，其中尤以农村电气化和沼气建设最为突出。早在山西省农电发展过程中，曾经提出"水、火、风、沼"并举的方针。1958年万荣县建成沼气池1400多个[1]，用于照明和做饭。但因沼气池产气不稳定，几上几下，未发展起来。1971年至1980年第四、第五两个五年计划时期，山西省沼气建设也出现了建设高潮，短短几年时间全省就发展到2000多个沼气池[2]。但是，由于急于求成、缺乏管理、质量较差，沼气池平均寿命一般只有1年至3年，到70年代后期有大量沼气池报废。到20世纪90年代，山西省的沼气推广工作经过几次大的反复后，趋于稳步发展阶段，并逐步走上综合利用的轨道。如运城、晋中、吕梁等地的部分县(市)，发展了果园沼气、家庭作坊沼气、养

---

[1] 山西省史志研究院编：《山西通志·第十三卷·电力工业志》，中华书局，1997年。

[2] 张伟基，姜森林：《山西新能源和可再生能源发展研究》，见《山西能源发展报告》，山西经济出版社，1998年。

殖场沼气以及大棚沼气等多种形式的沼气池，并对沼气肥进行了综合利用，收到了较好的效果。截至1996年底，全省建成沼气池已达6000多户。从这时期开始，农村沼气发展进入了建管并重、多元发展的新阶段。农村沼气建设数量不断扩大，投资结构不断优化，服务体系逐步健全，沼气功能进一步拓展，沼气产业迅速发展，取得了显著成效。80年代初期，山西省认真贯彻党中央、国务院提出的大力发展薪炭林的号召，积极开展植树造林，到1990年底，全省共发展薪炭林110多万亩，多功能灌木林100多万亩，进一步缓解了群众的燃料问题。

3.风能资源的开发利用

山西有60%的区域属风能资源一般可利用区，有32%的区域属于风能资源较好可利用区、较丰富区和最佳区。五台山中台顶的风能资源富有水平仅次于吉林省的天池，居全国第二位。我省风能资源较好的地区主要分布在雁北、晋南黄河流域、太行山区、五台山及吕梁山区，大约包括27个县市的大部分地区。由于多种因素的影响，山西风能开发利用起步较晚，风力发电在山西发展较慢。20世纪80年代以来，山西先后在五台、阳高、天镇等县开展风力发电。1987年3月25日，太谷县窑子头建成投产山西省第一台风力发电机，运行2年后停[1]。在改革开放初期，山西生产的风力和蓄力发动机在全国范围内得到了推广应用。2000年以来，由于山西电力工业的大发展，风力发电机的推广处于停滞状态。2001年右玉县上马风电项目，建设装机容量49.5万千瓦的风力发电厂，2005年山西省发改委与中国宇鹏电力公司签订合同，投资50亿元在五寨县上马

[1] 山西省史志研究院编：《山西通志·第十三卷·电力工业志》，中华书局，1997年。

风电项目[1]。

4.太阳能开发利用

现代太阳能的转换利用，主要有三个方面：太阳能热利用、太阳光电转换技术和光化学转换技术。在山西，太阳能利用主要集中于工业、农业、畜牧业生产和人民生活等多个领域。20世纪80年代以来，以地膜覆盖、阳光大棚为重点的太阳能利用技术得到了大面积推广，利用太阳能温室、塑膜大棚，发展种植业、养殖业、育种育苗等。到20世纪90年代，全省有几十家太阳能热水器厂，可生产高、中、低档多种规格型号的太阳能热水器和热水袋。同时，山西在一些乡镇企业和食品加工行业中开始利用太阳能采暖、蒸馏等技术取得了显著效果。沁水县的示范牧场从澳大利亚引进太阳能电池为电源的电围栏牧场。

5.地热能资源的开发利用

地热能资源在山西的应用主要在以下五方面：第一，在工业生产、城镇供热采暖上利用地热水。在温泉、地热井附近的已建、在建和新建的工业企业，可以就近引接地热水，用于生产、生活等方面。这对乡村乃至城镇工业的生产发展、节约能源、降低成本、提高效益、减少污染、改善环境都具有重要意义。第二，兴建温泉疗养旅游基地。把浑源汤头、原平大营、忻州奇村、临猗城关、盂县寺坪安、夏县南山底、定襄上汤头、曲沃高显、稷山七级、新绛北池等地建设成比较现代化的温泉疗养旅游基地或温泉度假村。第三，建设地热水养鱼基地。在巩固和发展现有地热水鱼池、渔场的基础上，依靠科技进步，逐步建设地热水养鱼基地。第四，开拓优质

---

[1] 侯秀娟主编：《2008山西发展研究报告》，山西人民出版社，2008年。

矿泉饮料基地。根据目前已初步查明和正在开发利用的优质矿泉水源，选择资源丰富、便于开发、建厂条件优越、交通方便的榆次、平陆、闻喜、临汾、侯马、盂县、阳高、天镇、清徐、太原等地的温泉、地热井极为丰富的地热矿泉水，建设矿泉水和矿泉饮料基地。第五，大力开展地热水在农业上的综合利用。如在温泉或地热井附近，修建地热温室、塑膜大棚，利用地热进行育种育苗、种植蔬菜、栽培花卉、栽种药材，最后将降温后的地热水排出用于灌溉农田。

从1991年开始，山西新能源和可再生能源发展进入较高层次。一是单项技术开发向综合开发利用扩展。按照国家计委、农业部等八部委的安排，全省在闻喜县、清徐县、祁县、芮城县等四县开展了能源综合建设工作，对新能源和可再生能源技术进行了综合开发和应用。二是从生活用能向生产用能扩展。强调新能源和可再生能源同经济建设和环境建设相结合。如户用沼气池由过去只解决做饭、照明问题，发展到果园、温室，直接为蔬菜和果树提供气体、液体、固体肥料，促进了蔬菜和果类的发展。三是从资源开发节约向产业发展。山西省相继办起来山西省环发新型燃料燃具开发公司、新能源咖啡公司、太阳能热水器厂等，为全省新能源和可再生能源产业的发展奠定了良好的基础。

1991年至1995年，山西省在闻喜、清徐、祁县、芮城四县(以下简称"四县")实施了农村能源综合建设项目[1]，是全国百县农村能源综合建设项目的重要组成部分，并被列为"八五"期间国家的一个重要

---

[1] 张伟基，姜森林：《山西新能源和可再生能源发展研究》，见《山西能源发展报告》，山西经济出版社，1998年。

建设项目。根据国家计委、农业部等八部委的安排，在项目建设中，山西省充分依靠科技，紧密结合农村生产和农业环境保护工作的实际，在四县大力推广各类先进、成熟、适用的技术，积极开发利用当地资源，合理有效地利用和节约能源，已初步建立起多能互补供能体系，在能源、经济、生态和社会等方面取得了较好的综合效益。

（二）"十一五"时期：加速发展阶段（2006年—2010年）

"十一五"时期，是我国和山西可再生能源发展的重要时期。2005年《可再生能源法》的颁布，制定了具有法律约束性的可再生能源发展目标，这标志着我国和山西省可再生能源发展进入了一个新的历史阶段。这一时期，山西可再生能源开发取得了一定成绩，水电已经成为电力工业的重要组成部分，结合农村能源与生态建设，户用沼气得到了大规模推广利用，风电、地热能开发、太阳能利用也取得了明显进展，为调整山西能源结构、保护生态环境、促进社会经济发展做出了一定贡献。

可再生能源发展格局初步形成。2010年，山西省一次能源生产总量6.33亿吨标煤，非化石能源生产总量占一次能源生产总量的0.55%。新能源发电装机317万千瓦，其中：风电37.05万千瓦、水电182.14万千瓦、生物质发电6.6万千瓦、煤层气发电18.1万千瓦、焦炉高炉煤气及工业余热发电72.45万千瓦，占全省发电装机容量的6.74%[1]。

——风电产业快速发展。"十一五"期间，山西风电产业进入了规模化开发阶段，全省已投产运营的风力发电项目装机容量达到

---

[1] 山西省人民政府办公厅：《山西省新兴能源产业发展"十二五"规划》（晋政办发〔2013〕25号），2013-03-01。

30万千瓦以上。2004年2月20日山西省以晋计产业发〔2004〕117号文印发了关于开展大型风电场建设前期工作的通知，并于2006年完成了全省风能资源评估工作和全省风电规划，风电开发工作全面开展。2008年8月，山西省风力发电项目平鲁区败虎堡风电场和右玉小五台风电场首批发电机组正式投入运行。按照设计，两个风电场共有60台风力发电机组，装机容量合计7.5万千瓦。每年可发电1.34亿度，相对于火力发电，每年可节约4.08万吨标准煤，减少向大气排放粉尘493吨、二氧化碳8.7万吨、二氧化硫390吨、氮氧化物1640吨，产生显著的节能、环保和经济效益。2008年年末，左云风电场全部机组投入商业运营，总装机容量49.5MW，年发电量可达1亿千瓦时。2009年11月，大同市新荣风电场首台拥有自主知识产权的风力发电机成功进入并网发电阶段，并网后的风力发电机组，每天平均可发电1万度。2010年1月，山西神池风电场首批8台风力发电机组成功实现并网发电，单机容量2MW，共24台机组，总装机容量48MW[1]。截至2010年底，全省已核准风力发电项目22个，总装机容量108.45万千瓦，其中已投产项目14个，总装机容量68.5万千瓦，占全国风电总装机容量的2.2%，主要集中在大同、朔州、忻州和运城。主要投资企业有大唐、国电、华能等中央企业和山西国际电力、山西国际能源等[2]。

——太阳能利用领域不断扩大。这一阶段山西省太阳能利用从太阳能照明、取暖、热水器、交通信号灯等小规模利用向太阳能光

［1］ 王昕主编：《2011年山西煤炭工业发展报告》，山西经济出版社，2010年。

［2］ 李振喜主编：《2011年山西能源与节能产业发展报告》，山西经济出版社，2012年。

伏发电等大规模利用迈进。

2009年1月，山西纳克太阳能有限公司在太原市中国煤炭博物馆建成了24千瓦太阳能电站，开创了山西省建设大型太阳能电站的先河。这项大型太阳能电站工程预计年均发电5万千瓦时，可减少二氧化碳排放量5.2万公斤。山西积极争取财政部、科技部、能源局实施"金太阳工程"项目资金支持。2009年11月，右玉小五台一期10MW、平鲁阻虎一期5MW两个太阳能发电项目被正式列入国家"金太阳示范工程项目"，总投资约3.5亿元。2010年1月，山西首批大型并网太阳能发电项目右玉小五台一期10MW、平鲁阻虎一期5MW太阳能发电项目正式开工，这标志着山西省在新能源产业发展方面又迈出了重要步伐。右玉、平鲁两个太阳能发电项目规划总规模为40MW，其中右玉20MW、平鲁20MW，建设地点分别位于朔州市右玉县李达窑乡和平鲁区高石庄乡，是中国最大的风光互补并网发电项目。

"十一五"期间，全省太阳能产品开发利用迈出步伐，多晶硅年产能8000吨，太阳能光伏电池年产能1142.5万千瓦，光热利用面积507.84万平方米，太阳能光电建筑利用达14.25兆瓦[1]。

——水电建设有序推进。"十一五"期间，山西水电迎来了一个新的历史发展时期，先后实施了17个水电农村电气化县建设，6个小水电代燃料生态保护工程和3亿元的水电自供区农村电网建设与改造工程。另外建成了黄河北干流2座大型水电站，即万家寨和龙口水电站，总装机150/2万kW。截至2009年底，山西全省水电装机118.66万kW，其中：省境内17.26万kW，黄河北干流202.8/2

[1] 山西省人民政府办公厅：《山西省新兴能源产业发展"十二五"规划》（晋政办发〔2013〕25号），2013-03-01。

万kW。

——生物质能多元化发展。这一时期，大中型沼气技术日益完善，农村沼气应用范围不断扩大。截至2010年，山西省建成户用沼气池70万户，年总产气量1.68亿立方米。大中型沼气集中供气和秸秆集中供气工程建成197处，集中供气5万户。拥有市、县、乡、村级服务网站点3150处，初步形成农村沼气服务网络[1]。

——政策体系进一步完善。2005年12月，我国颁布实施了《可再生能源法》，提出了到2020年非化石能源达到能源消费15%的目标，对可再生能源发展提出了更高的要求。2008年底开始，一场席卷全球的国际金融危机严重冲击了世界经济。为应对金融危机，世界各国开始为下一轮的经济增长寻找新的支点。美国、欧盟等主要经济体纷纷推出"绿色能源计划"和绿色能源新政等新能源和可再生能源发展政策和措施，目的是在新一轮国际竞争中抢占科技制高点。2010年10月国务院作出关于加快培育和发展战略性新兴产业的决定，将新能源和可再生能源产业作为我国战略性新兴产业的重要内容（见图11-1），提出要"加快太阳能热利用技术推广应用，开拓多元化的太阳能光伏光热发电市场。提高风电技术装备水平，有序推进风电规模化发展，加快适应新能源和可再生能源发展的智能电网及运行体系建设。因地制宜开发利用生物质能"[2]等，极大地促进了我省新能源和可再生能源发展，实现了可再生能源技术、市场和服务体系的突破性进展，为实现可再生能源规模化发展奠定了重

---

[1] 山西省人民政府办公厅：《山西省新兴能源产业发展"十二五"规划》（晋政办发〔2013〕25号），2013-03-01。

[2] 《国务院关于加快培育和发展战略性新兴产业的决定》（国发〔2010〕32号）。

要基础。

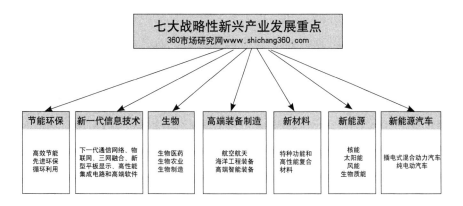

图11-1　2010年我国提出的七大战略性新兴产业发展重点

在《可再生能源法》的推动下，我国制定和实施了可再生能源的总量目标、发电强制上网、分类优惠上网电价、费用分摊、专项资金等制度以及信贷、税收优惠等政策措施，基本建立了促进可再生能源发展机制[1]。在国家政策指导下，山西在加强风电规划管理，编制完成太阳能发电规划，支持大同市申报国家新能源示范城市，继续开展黄河北干流古贤、碛口、禹门口等大型水电项目前期工作，因地制宜开发利用生物质资源等方面积极开展工作，为可再生能源的规模化发展创造条件。

（三）"十二五"时期：高速发展阶段（2011年—2015年）

2011年7月15日，山西省人民政府发布《关于加快培育和发展战略性新兴产业的意见》（晋政发〔2011〕21号）提出了山西省要发展"新能源和可再生能源、新材料、节能环保、高端装备制造、现

---

[1]　刘铁男主编：《中国能源发展报告》（2011），经济科学出版社，2011年。

代煤化工、生物、煤层气、新一代信息技术、新能源和可再生能源汽车产业"九大战略性新兴产业，其中新能源和可再生能源产业居九大战略性新兴产业之首，其主要任务是"大力推广先进、高效、大功率的风能发电，鼓励资源和开发条件较好的地区加快开发。逐步普及太阳能热利用与建筑一体化技术，大力推广户用太阳能利用，建设若干个大型光伏发电项目和太阳能采暖、制冷示范工程。大力推进沼气工程和秸秆能源化利用，有序推进非粮生物燃料和生物质固体成型燃料发展。提高地热资源开发程度和利用率，推广各种形式的地热源供暖、制冷系统。积极推进智能电网系统建设"[1]。

在《可再生能源法》及国家和山西省加快培育和发展战略性新兴产业等政策的推动下，"十二五"期间，山西风能、太阳能、生物质能利用取得积极进展，山西可再生能源产业进入高速增长阶段。

这一时期，山西坚持"以资源定规划、以规划定项目、以项目为依托促进产业发展"，引领可再生能源资源的规模开发。2010年至2016年，山西全省风、光电产量由9.58亿千瓦时大幅增加到162.47亿千瓦时，产量增加了16倍，占一次能源生产比重由0.06提高到0.8%[2]；2015年，全省非化石能源利用替代了527万吨标准煤，可再生能源占一次能源消费比重从2010年不足1%上升到2015年的

---

[1] 山西省人民政府：《关于加快培育和发展战略性新兴产业的意见》（晋政发〔2011〕21号），2011—08—23。

[2] 山西省统计局：《关于争当全国能源革命排头兵的相关建议》，2017—07。

3%[1]。在全国新能源发展普遍弃风弃光的情况下，山西实现了少弃风（2.47%弃风率）、零弃光。

按照《山西省"十二五"新兴能源产业发展规划》提出的发展目标："十二五"末全省新能源和可再生能源装机（包括风电、水电、太阳能光伏发电、生物质能发电、煤层气发电等）力争达到1200万千瓦~1800万千瓦，占电力总装机的12%~18%。2015年底，山西省发电总装机6966万千瓦，新能源和可再生能源发电装机1449万千瓦，其中，风力发电669万千瓦，太阳能发电113万千瓦，生物质发电（含垃圾）35万千瓦，水力发电244万千瓦，燃气发电388万千瓦，占全省电力总装机的20.8%左右，达到了"十二五"预期的12%~18%的目标[2]（见表11-2、图11-2、图11-3）。

表11-2 "十一五"—"十三五"山西省可再生能源主要发展指标

序号	指标名称	2010年	2015年	2018年	2020年发展目标	备注
1	新能源装机总量（万千瓦）	318.6	1449	—	3800	—
	占全省总装机的比例（%）	7	20.8	—	30	—
2	非化石能源消费占一次能源消费比重（%）	—	3.05	—	5~8	国家目标为15
3	非水可再生能源消费占全社会用电量比重（%）	—	7.27	—	10	—
4	风电装机容量（万千瓦）	32.9	669	1043.2	1600	—

[1] 山西省人民政府：《山西省"十三五"综合能源发展规划》，2016-12-21。

[2] 《山西省"十三五"新能源产业发展规划》，山西省发展和改革委员会网站，2017-05-25。

续表

序号	指标名称	2010年	2015年	2018年	2020年发展目标	备注
5	太阳能发电装机容量（万千瓦）	0	113	864.1	1200	——
6	生物质能发电（含垃圾发电）（万千瓦）	4	35	38.95※	50	——
7	水力发电（含农村水电）（万千瓦）	182	244	222.8	250	——
8	燃气发电（万千瓦）	99.7	388	——	700	——
9	浅层地温能供暖制冷面积（万平方米）	——	360	——	1000	——

资料来源：《山西省"十三五"新能源产业发展规划》，山西省发展和改革委员会网站，2017-05-25。2018年数据为《山西省2018年国民经济和社会发展统计公报》数据。

注：※2018年山西省生物质能发电数据为《2019年中国生物质发电产业排名报告》数据。

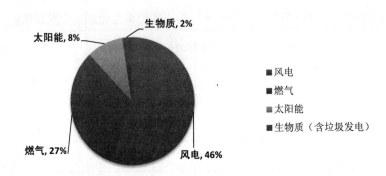

图11-2　2015年底山西省各类可再生能源装机占比图

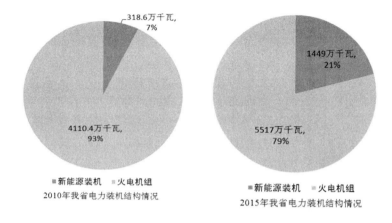

318.6万千瓦，
7%

1449万千瓦，
21%

4110.4万千瓦，
93%

5517万千瓦，
79%

■新能源装机　■火电机组
2010年我省电力装机结构情况

■新能源装机　■火电机组
2015年我省电力装机结构情况

图11-3　2010年、2015年山西省常规能源和新能源电力结构的对比
（单位：万千瓦）

（四）"十三五"时期：提质发展阶段（2016年至今）

进入"十三五"以来，山西省加快能源转型步伐，以风能、太阳能、生物质能、水能、煤层气发电为重点，大力培育新能源和可再生能源产业，同时积极发展分布式能源，探索推广智能电网、多能互补、储能等多种技术创新，努力构建风电、光电、煤层气发电等多轮驱动的新能源和可再生能源供应体系。

——产业规模进入新阶段。截至2018年底，山西全省发电装机容量8757.7万千瓦，比上年末增长8.5%。其中，并网风电累计装机容量1043.2万千瓦，增长19.7%；并网太阳能发电累计装机容量864.1万千瓦，增长46.4%；水电装机容量222.8万千瓦，下降8.8%[1]（见图11-4）。风电、光伏装机分别居全国风电、太阳能发电装机

---

[1]　山西省统计局、国家统计局山西调查总队：《山西省2018年国民经济和社会发展统计公报》，2019-03-18。

十大省份之第六位和第十位[1][2]，全省新能源产业取得新进展。

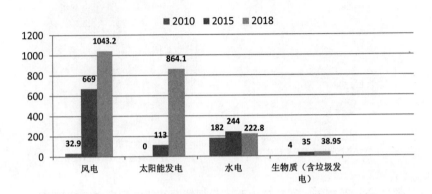

图11-4 2010年、2015年、2018年山西省可再生能源装机容量对比
（单位：万千瓦）

风电、光伏等可再生能源发电装机占全部电力装机的比重突破21.8%，水电和风电占能源生产量比重从1980年的0.18% 提高到2017年的1.23%（见表11-3、图11-5），新能源产业发展进入新的历史阶段，风电已经成为山西继火力发电之后的第二大电源，可再生能源的清洁能源替代作用日益突显，有力推动了山西绿色低碳发展，开发利用可再生能源已成为山西调整能源结构、减轻环境污染、转变经济发展方式和促进社会主义新农村建设的重要途径。

---

[1] 《2018年中国发电装机结构情况与各省份排行》，搜狐网，2019-04-03。

[2] 《2018年末全国光伏装机分布情况》，中国电力知库，2019-03-19。

表11-3　主要年份山西省水电和风电占全省能源一次、二次能源生产量比重

年份	一次能源产量(万吨标准煤)	水电和风电占能源产量(%)
1949	226.95	
1950	323.00	
1955	1441.60	
1960	3750.37	
1961	2769.47	0.01
1965	3338.49	0.02
1970	4505.59	0.05
1975	6413.23	0.05
1978	8365.64	0.17
1979	9277.06	0.19
1980	10310.32	0.18
1985	18237.45	0.16
1990	24341.19	0.13
1995	29760.94	0.10
2000	21457.60	0.31
2005	47233.52	0.17
2010	63326.74	0.23
2011	74481.77	0.26
2012	78182.88	0.47
2013	68925.26	0.45
2014	68426.78	0.52
2015	72488.91	0.60
2016	63030.18	0.99
2017	65901.20	1.23

　　资料来源：《山西统计年鉴》（2018）、《山西能源经济60年》。
　　注：2013年、2014年能源相关指标为三经普调整数据；1949—1979年为水电占能源生产总量比重。

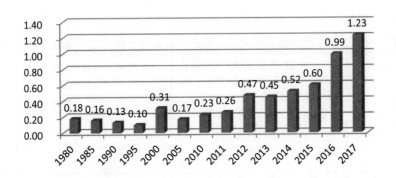

图11-5　主要年份山西省水电和风电占能源生产量比重

资料来源：《山西统计年鉴》（2018）。
注：2013年、2014年能源相关指标为三经普调整数据。

——产业布局达到新水平。山西省制定了晋北风电基地及外送规划方案，推进大同、阳泉、临汾等市采煤沉陷区和芮城县光伏领跑者技术基地规划研究工作，为全省风电、光伏产业发展布局奠定了基础。大同采煤沉陷区国家先进技术光伏示范基地自2015年6月25日获国家能源局批复后，以打造"光伏新技术示范地、领跑技术实践地、先进技术聚集地"为目标，大同光伏领跑技术100万千瓦工程已于2016年6月30日全部并网发电，成为全国首个成功并网投运的百万千瓦级光伏发电领跑示范基地。阳泉市、芮城县光伏领跑者技术基地已经获得国家批复。

——产业发展承担新使命。2014年10月，山西被国务院扶贫办和国家能源局确定为实施光伏扶贫的首批试点省份。我省创新启动了汾西县、大宁县、吉县和天镇县、浑源县的光伏扶贫，推动了光伏开发与采煤沉陷区治理、农业发展、扶贫事业和光伏产业升级相结合，统筹推进生态环境治理、农民增收和光伏产业发展，为全国采煤沉陷区和扶贫片区起到了示范作用。截至2017年年底，山西省建成并网发电的光伏扶贫项目装机容量达到78.96万千瓦，其中村级光伏电站713座、18.96万千瓦，集中光伏电站21座、60万千瓦，光伏扶贫收益惠及2000多个贫困村，带动7万余贫困户稳定增收[1]。国家能源局、国务院扶贫办下达的"十三五"第一批光伏扶贫项目计划中，山西省建设规模为1029461.04千瓦，约占全国总规模的四分之一，2019年5月下达的"十三五"第二批光伏扶贫项目计划中，山西省建设规模为232102千瓦，涉及山西省14个国家级贫困县光伏扶贫项目，共144个村级电站，总装机规模232102千瓦，扶持对象为143个建档立卡贫困村的37192户建档立卡贫困户，山西光伏扶贫工作从试点向全面铺开。

——产业管理实现新突破。近年来，山西省积极创新光伏发电建设管理模式，通过政府统筹规划布局、服务引导企业。以市场竞争和公开比选的方式，改变以往多个项目单位零散式开发，实现了向集约化开发转变，引导优质企业和先进产能参与山西光伏领跑技术基地建设，实现了光伏发电项目管理模式的创新。通过管理方式的转变，山西阳泉光伏领跑技术基地企业平均电价下降了0.242元/千瓦时，芮城光伏领跑技术基地企业平均电价下降了0.207元/千瓦时[2]。

在省级层面统筹推进的同时，各地市、企业、科研院所也都积极行动起来。晋能集团把清洁能源作为产业转型的重点，坚持将科技创新、人才引领和上市融资作为引擎，主动出击，持续发力，大

[1] 《2018山西光伏扶贫政策：将再建2859座光伏扶贫村级电站》，土流网，2018-03-21。

[2] 山西省发展和改革委员会：《2018山西省国民经济和社会发展报告》，山西人民出版社，2018年。

力推进清洁能源产业高质量快速发展。2017年5月14日,位于晋中市的晋能集团超高效异质结电池组件项目正式投产。该项目的投产意味着晋能集团在超高效电池组件量产上迈出实质性步伐,并填补了山西高端光伏制造领域的空白。2018年4月16日,大同市集中开工建设包括"新能源和可再生能源""薄膜电池""氢燃料"等69个新能源和可再生能源项目在内的上百个项目。长治市把握被确定为全国光伏发电技术领跑基地的契机,重点推进潞安2GW高效单晶太阳能电池智能生产线等项目,打造光伏制造产业集群。

二、山西可再生新能源产业发展成就

经过70多年的开发利用,特别是"十二五"以来,在国家陆续颁布了"控制能源消费总量""加强大气污染防治"和"能源生产和消费革命"等若干国家战略的新形势下,山西省依据资源优势和产业基础,加快了风能、太阳能和生物质能的开发利用,水电、沼气、生物质发电、风电、太阳能利用取得显著进展,可再生能源在山西能源供应中的比重逐步提高,显示出良好的发展势头,为更大规模开发利用可再生能源创造了条件。

(一)山西省太阳能产业发展总体概述与成就

山西具备太阳能规模开发的资源优势和十分广阔的开发前景,是山西继水电、风电之后最具规模化、最有产业化发展潜力的可再生能源。在太阳能开发利用方面,山西起步较早,但后续发展没能加速。近年来,随着全国对光伏产业的重视,山西光伏产业规模不断发展壮大,与国内光伏产业领先省份的差距逐渐缩小,产业链亦趋于完整,产业发展基础逐步形成。但是,山西光伏产业仍存在着产业链发展不协调、产业集聚不够明显、行业管理存在空缺、产品结构单一、产业技术创新薄弱，企业竞争力不突出等问题。因此，需要根据光伏产业发展新形势调整发展思路，科学规划产业发展战略，将光伏发展重点从扩大规模转到提质增效上来，着力推进技术进步、降低发电成本、减少补贴依赖，提高光伏产品质量和竞争力，推动光伏产业实现高质量发展。

1.产业规模不断扩大

近年来，受益于光伏领跑者计划和光伏扶贫的大力推进，山西光伏装机增速迅猛。从2010年光伏装机容量为0，发展到2017年山西全年新增光伏装机容量293万千瓦，比2016年之前的累计量还翻了一番。截至2017年底，山西全省光伏累计装机590万千瓦（见表11-4），光伏发电量55.5亿千瓦时，同比增长105%。国家下达山西省"十三五"第一批光伏扶贫项目规模占全国1/4，2017年国家下达山西的58.4万千瓦光伏扶贫电站，年底前全部并网发电，光伏扶贫人口达到4.8万人。2018年，国家下达山西光伏领跑者基地项目150万千瓦，光伏扶贫项目182.9万千瓦。

截至2018年底，山西太阳能并网发电装机容量864万千瓦（见图11-6），增长46.4%，光伏装机容量占全省新能源和可再生能源总装机容量40.6%（根据《山西省2018年国民经济和社会发展统计公报》计算），跻身全国十大太阳能发电装机省份之十，其余省份分别是：山东1361万千瓦、江苏1332万千瓦、河北1234万千瓦、浙江1138万千瓦、安徽1118万千瓦、新疆992万千瓦、河南991万千瓦、青海962万千瓦、内蒙古946万千瓦（见图11-7）。

表11-4　2010—2018年山西省光伏装机容量、发电量变化

年份	光伏累计装机（万千瓦）	太阳能发电量（亿千瓦时）
2010	0	—
2011	1.5	—
2012	1.5	—
2013	30	—
2014	44	—
2015	113.39	3.24
2016	297	14.45
2017	590.4（并网）	46.54
2018	864.1（并网）	—

资料来源：《中国能源统计年鉴》（2017—2018）、《山西省国民经济和社会发展统计公报》（2012—2018）。

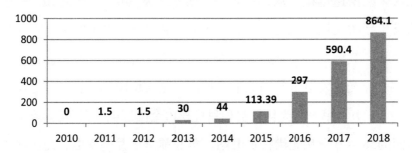

图11-6　2010—2018年山西太阳能发电累计装机情况（单位：万千瓦）

资料来源：《山西省国民经济和社会发展报告》（2012—2016）、《山西省国民经济和社会发展统计公报》（2017—2018）。

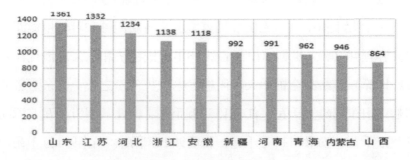

图11-7　2018年全国太阳能发电装机十大省份（单位：万千瓦）

资料来源：《2018年末全国光伏装机分布情况》，中国电力知库，2019-03-19。

2.生产工艺和装备愈加先进

近年来，山西省已经按照工业硅→多晶硅→硅片→太阳能电池与组件的产业链，投资建设了一批重点项目，光伏设备制造产业形成一定规模的生产能力。2008年4月开工建设的潞安1万吨高纯度多晶硅项目，已与2011年9月16日一次试车成功，产出全省第一炉多晶硅棒；大同建设的多晶硅和光伏产业，将形成从原料加工到产品应用完整链条的太阳能光伏产业，是山西省新能源产业发展的重大突破，项目全部建成后年产值将达800亿元。

2011年12月29日，山西纳克太阳能科技有限公司500MW晶体硅太阳能电池项目在太原经济技术开发区正式奠基，该项目的开工建设拉开了太原市打造"千亿光伏产业园区"的大幕。

晋能集团建成了转换效率达18.5%的多晶硅电池组件生产基地、2GW异质结（HIT）光伏电池及组件生产线，电池转换效率能达到22.5%，处于世界领先水平。目前晋能集团共有3.2GW的高效电池组件产能，已经具备跻身全球前十的实力。2016年，同煤集团完成了采煤沉陷区10万千瓦光伏电站建设。光伏组件采用南京日托背接触光伏组件，光伏组件转化效率达到17.2%，处于国内领先。同时，采用了集散式、组串式逆变器，通过多路MPPT跟踪技术，提高山地复杂条件下的发电效率。发电方式同景双轴跟踪系统，突破了土地资源稀缺的瓶颈，上部光伏发电、下部农业种植，实现一地多用。跟踪系统发电效率比常规固定式发电效率提高20%以上，代表中国地面光伏未来发展方向。

3.产业集中度不断提高

在山西省属七家大型煤炭企业（同煤集团、山西焦煤、晋能集团、潞安集团、晋煤集团、阳煤集团、山煤集团）中同煤集团和晋能集团成为光伏行业的领跑者。

2013年，同煤集团在大同塔山园区建设了第一个太阳能光伏发电示范项目，为传统能源向光伏新能源和可再生能源转型储备了技术、人才、项目建设经验。

2016年，晋能集团在下游的光伏发电项目上推动天镇二期项目、天镇扶贫项目、阳高项目及文水屋顶分布式四大并网电站，推进光伏设计、制造、建设、安装、服务一条龙全产业链发展。在定点扶贫县建设一批小型农户分布式光伏发电项目，成为山西省开拓光伏发电新市场、新模式的示范企业。

4.光伏基地项目建设稳步推进

2015年6月，国家能源局正式批复大同采煤沉陷区100万千瓦光伏领跑者基地示范项目，经过一年多的建设已全部并网发电。基地规划建设总装机容量为300万千瓦，分3年实施。大同市采煤沉陷区国家先进技术光伏示范基地，是国家能源局启动的首个100万千瓦光伏领跑者示范基地，遵循领跑者计划"光伏新技术示范地、领跑技术实践地、先进技术聚集地"的定位，基地建设选用国家领跑者先进技术指标的光伏产品，支持国内外，特别是山西省晋能集团、潞安集团参与光伏发电基地建设。

2016年6月，山西又新增了阳泉采煤沉陷区和芮城光伏领跑技术基地两个光伏领跑者基地。随着大同光伏领跑技术基地的成功并网，阳泉、芮城光伏领跑技术基地的整体实施和开发，山西进一步优化了区域电网的网架结构，促进了新能源和可再生能源的本地消纳，也加强了山西向京津冀地区外送新能源和可再生能源的通道能力。

5.光伏产业发展政策不断完善

山西在促进光伏产业有序发展方面制定了一系列的支持政策。

一是制定了指导政策和发展规划。2014年1月17日,山西省政府出台的《关于加快促进光伏产业健康发展的实施意见》提出"积极推进大型地面电站和分布式光伏电站的建设,重点拓展分布式光伏发电应用",明确了山西光伏产业未来发展的脉络。2月8日,山西省人民政府发布《加快促进光伏产业健康发展的实施意见》(晋政发〔2014〕4号),明确提出以鼓励政策为引导,以推广应用为抓手,以科技创新为动力,以产业发展为目标,建立适应我省光伏产业发展的规划、政策、标准和秩序,积极推进大型地面电站和分布式光伏电站的建设,重点拓展分布式光伏发电应用。

2016年4月,山西省政府在出台的《山西省国家资源型经济转型综合配套改革试验2016年行动计划》中重点指出,要推动大同采煤沉陷区国家先进技术光伏示范基地建设,依托基地推动先进技术光伏产品应用,加强电网与电站协同建设,做好光伏电站与生态建设的协调。

2016年8月,《山西省"十三五"战略性新兴产业发展规划》下发,该规划指出,依托太阳能的资源优势和光伏产业基础,加快完善产业链,推进光伏产业规模化、集群化,力争到2020年,光伏发电装机总容量达到1200万千瓦。

2016年12月,山西省发布《山西省"十三五"综合能源发展规划》,规划要求统筹推进各市优势资源开发,优选高质量项目纳入国家计划目标。大力推进采煤沉陷区光伏领跑者基地建设,以大同采煤沉陷区光伏发电基地为统领，重点布局阳泉、忻州、吕梁、临汾、长治等市采煤沉陷区光伏领跑者基地。加大推进光伏扶贫工作，在临汾、大同实施光伏扶贫试点工作的基础上，将光伏扶贫试点范围扩大到吕梁、太行两大连片特困扶贫区。多方推进分布式光伏应用。

2017年6月，山西省发布《山西省"十三五"新能源产业发展规划》（2016—2020），该规划要求，创新开发模式，充分利用"太阳能+采煤沉陷区治理""太阳能+扶贫""太阳能+农业生产""太阳能+城乡能源低碳化""太阳能+工业碳排放控制"等模式潜力，到"十三五"末，太阳能发电力争达到1200万千瓦，其中光伏发电1050万千瓦左右，光热发电达到50万千瓦。同时不断扩大太阳能热利用在居民建筑和工农业方面的应用规模。

二是山西省一些地市制定了电价补贴政策。太原市和晋城市制定了针对光伏电站的市级补贴政策。

太原市：对来并投资或扩大生产规模的光伏企业，优先安排土地指标和必备配套服务设施用地。对实际完成投资额5000万元以下、5000万元～1亿元和1亿元以上的，给予一定固定资产投资补助或奖励。

晋城市：发电电价补贴除享受国家0.42元/千瓦时的发电政策补贴外，市级财政还补贴0.2元/千瓦时；建设安装补贴按建设装机容量予以3元/瓦的一次性建设安装补贴(执行年限暂定为2015年至2020年)；2013年至2015年建成的项目，按新建项目标准的50%补贴。国家、省单独立项予以专项补贴的项目，不再享受上述政策补助。

三是制定了可再生能源发电保障性收购政策。2017年5月，山西能监办、山西发改委、山西经化委、山西财政厅联合下发关于《山西省可再生能源发电全额保证性收购暨补贴管理办法》的通知，该补贴管理办法适用于山西省境内风力发电、太阳能发电、生物质能发电、地热能发电等可再生能源项目，其中明确分布式光伏发电项目暂不参与市场竞争，上网电量由电网企业全额收购。另外，还明确规定，分布式光伏发电项目，按照国家和山西省政策规定，区分自然人和非自然人发电项目采用不同流程。

四是完善了光伏电站项目指标分配办法。对于普通光伏电站，根据《山西省发展和改革委员会关于开展2016年全省普通光伏电站项目竞争性配置规模指标工作的通知》(晋发改新能源发〔2016〕510号)的要求，对山西省已经取得备案和各市发改委推荐上报的储备项目指标分配一律采取竞争配置要求，主要针对投资企业的实力、项目前期工作取得概况、承诺上网电价、业绩资质水平及设备先进性等方面评优分配指标。

对于领跑者基地项目[1]，山西在资源、土地等方面大力支持，山西是全国光伏领跑者基地项目第一个实施的省份。其中，2015年国家能源局批复了的山西大同采煤塌陷区应用领跑者基地1GW项目的实施，为以后其他省份的领跑者项目制定了相关的实施基础标准。2016年，国家能源局又在全国批复了8个领跑者基地，总规模为5.5GW。由于山西在资源、土地、地方政府支持、电网

---

[1] 2015年，国家能源局提出"光伏领跑者计划"，之后每年都实行光伏扶持专项计划，在该计划中所采用的技术和使用的组件都是行业内绝对领先的技术和产品，以期建设拥有先进技术的光伏发电示范基地。

关系等关键点上的优势及经验优势，山西阳泉和芮城就分别占了1GW和500MW。其中，山西阳泉总规划为2.2GW，山西芮城规划1.02GW。2017年11月22日，国家能源局公布了第三批光伏发电领跑基地拟入选名单。山西大同采煤塌陷区本期规模50万千瓦、山西省寿阳县本期规模50万千瓦入选应用领跑基地；山西省长治市本期规模50万千瓦拟入选技术领跑基地。这些项目的实施为打造山西省能源革命排头兵，建设山西省新能源电力产业基地，具有显著的社会效益和生态环境效益。

目前，光伏产业在山西省呈现出快速发展的势头，光伏已经在多个领域得到应用与推广，为山西省能源结构调整与转型升级助了一臂之力。

（二）山西风电产业发展情况与成就

山西省风力资源较为丰富，发展风力发电对山西省调整能源结构、改善环境、节能降耗具有重要意义。经过多年的发展，随着全省风电装机容量不断攀升，"十二五"期末，风电在我省电网的比重越来越大，成为仅次于火电的第二大电源。截至2018年底，山西省并网风电累计装机容量1043.2万千瓦，增长19.7%（见表11-5）；风电装机容量占全省新能源和可再生能源总装机容量48.97%（根据《山西省2018年国民经济和社会发展统计公报》计算），风电设备制造产业加速发展。

表11-5 2010—2018年山西省风电装机容量、发电量变化

年份	风电累计装机(万千瓦)	风力发电量（亿千瓦时）
2010	32.9	—
2011	103	—

续表

年份	风电累计装机(万千瓦)	风力发电量（亿千瓦时）
2012	220	——
2013	320	50.93
2014	485	67.67
2015	668.88	85.80
2016	770.73	120.28
2017	871.6（并网）	146.06
2018	1043.2（并网）	——

资料来源：《中国能源统计年鉴）（2017—2018）、《山西省国民经济和社会发展报告》（2012—2016）、《山西省国民经济和社会发展统计公报》（2017—2018）。

1.开发建设规模持续增加

2004年，山西省下发了关于开展大型风电场建设前期工作的通知，并于2006年完成了全省风能资源评估工作和全省风电规划，之后风电开发工作全面开展。2013年，山西省人民政府办公厅发布的《山西省新兴能源产业发展"十二五"规划》提出，要发挥大同、朔州、忻州北部三市的风能资源优势，综合考虑项目建设布局和电网接入条件，加快晋北千万千瓦级风力发电基地工程建设，到2015年，风电装机总规模达到600万至1000万千瓦，努力建成"全国千万千瓦风电基地"的发展目标。近年来，山西省启动了北部三市晋北风电基地建设和南部低风速开发，风电机组容量快速增长，发电量逐年大幅度提升，实现了规模化开发，占新能源总装机容量的46%。2015年底，山西省风力发电669万千瓦，基本达到了"十二五"预期的目标[1]（见图11-8）。

---

[1] 《山西省"十三五"新能源产业发展规划》，山西省发展和改革委员会网站，2017-05-25。

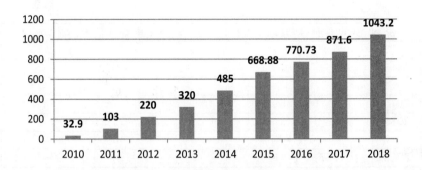

图11-8　2010—2018年山西风电累计装机情况（单位：万千瓦）

资料来源：《中国能源统计年鉴》（2017—2018）、《山西省国民经济和社会发展统计公报》（2012—2018）。

截至2018年底，山西风电装机1043万千瓦，位居全国十大风电装机省份第六名。十大风电装机省份分别是：内蒙古2869万千瓦、新疆1921万千瓦、河北1391万千瓦、甘肃1282万千瓦、山东1146万千瓦、山西1043万千瓦、宁夏1011万千瓦、江苏865万千瓦、云南857万千瓦、辽宁761万千瓦（见图11-9）。

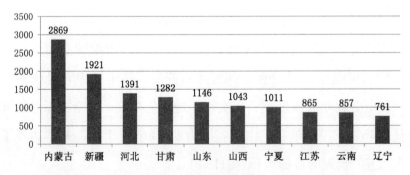

图11-9　2018年全国十大风电装机省份（单位：万千瓦）

资料来源：《2018年中国发电装机结构情况与各省份排行》，搜狐网，2019-04-03。

2.风电设备研发及制造产业快速发展

近年来，山西省围绕新能源开发市场形成了以风电和光伏等装备制造为核心的新能源产业链。在国内应用市场大规模开发的强力带动下，山西风电设备研发及制造也得到快速发展，已初步建立了自主研发、设计、制造、运营和管理的产业体系。风电装备产业已形成风电电机、发电机控制装置、增速器、主轴、叶片、法兰、塔筒及整机制造能力。其中，2MW风力发电机、1.5至5MW风电增速器、风机主轴等产品在国内具有相对优势。

永济电机厂发电电机研制水平和生产规模处于国内领先水平，其自主研制的3MW永磁风力发电机是目前国内最大的永磁电机；定襄的风电法兰在国内具有较高的知名度，风机塔筒国内市场占有率达到85%。太重集团是山西省唯一一家风电整机装备及核心部件研发、设计与生产的企业。2009年太重集团第一台1.5MW风电机组研制成功并发往大同新荣风场，并成功调试并网发电。从此，从1.5MW、2MW、3MW到5MW，2015年太重自主研发完成国内首台套新型6MW的风电机组，填补了我国大功率风电机组自主研发的技术空白。2017年6月，拥有完全知识产权的首台海上5MW风电机组研制成功，标志着太重正式进军海上风电市场，是历史性的跨越。目前，太重已能够自主研发生产1.5至6MW全系列风电机组产品。太重风电整机及关键零部件智能化工厂于2017年9月建成投产后，可满足年产500台1.5至3MW风机的智能化生产需要，成为国内自动化、智能化程度最高的风电装备制造基地。

值得注意的是，国内风电整机生产已经形成寡头垄断局面，而我省尚未形成整机的批量生产，在国内市场缺乏品牌知名度。整机生产企业目前还达不到大部分风电场业主设置的投标标准。据统计，2018年中国风电市场有新增装机记录的整机制造商企业共22家，新增装机容量2114万千瓦，其中，金风科技新增装机容量达到671万千瓦，市场份额达到31.7%，位居第一；其次为远景能源、明阳智能、联合动力和上海电气，前五家市场份额合计达到75%。太原重工新增装机容量5万千瓦，位列第21位，占比0.24%，参见表11-6。

表11-6　2018年中国市场风电整机制造企业新增装机容量

序号	制造商	装机容量（万千瓦）	装机容量占比（%）
1	金风科技	670.72	31.72
2	远景能源	418.05	19.77
3	明阳智能	262.36	12.41
4	联合动力	124.35	5.88
5	上海电气	114.13	5.4
6	运达风电	84.69	4.01
7	中国海装	81.3	3.85
8	湘电风能	55.1	2.61
9	Vestas	54	2.55
10	东方电气	37.5	1.77
11	中车风电	29.95	1.42
12	南京风电	29.7	1.4
13	Siements Gamesa	27.69	1.31
14	三一重能	25.4	1.2
15	华仪风能	22.78	1.08

续表

序号	制造商	装机容量（万千瓦）	装机容量占比（%）
16	GE	15.83	0.75
17	航天万源	14.6	0.69
18	华创风能	14.2	0.67
19	许继风电	12	0.57
20	中人能源	10	0.47
21	太原重工	5	0.24
22	华锐风电	4.95	0.23
合　计		2114.3	100

资料来源：《2018年风电装机、风电机组统计排行榜》，风能专委会CWEA，2019-04-04。

3.大型风电基地建设有序推进

近年来，我省风电项目建设进度不断加快，已超越水电，成为我省第二大发电种类。2016年12月26日，国家能源局批复了山西省晋北风电基地规划风电总规划700万千瓦，其中，大同市200万千瓦、朔州市200万千瓦和忻州市300万千瓦。晋北风电基地按分期分批建设，每年投产规模不高于200万千瓦的原则，风电基地所发电量通过晋北—江苏南京±800千伏特高压直流输电工程输送至华东电网消纳，基地项目建设规模与2017年底建成投运的外送通道输送能力相匹配，争取到2020年完成700万千瓦装机规模任务。晋北风电基地建设对改善大气环境的污染、进一步加快山西能源发展方式转变、促进能源结构转型、拉动经济增长具有重要意义。

4.风电并网和市场消纳取得一定进展

当前，随着我省风电进入快速规模化发展阶段，电源结构不合理、配套电网规划滞后，以及风电并网运行管理手段单一等外部因素的影响日渐凸显，严重制约了风电的介入电网和并网运行。风电具有随机性、间歇性和负荷低、反调峰等特点，大规模风电接入电网给电网调度运行方式、调节方式，以及电网安全和电能质量带来许多新的挑战。在全省新能源装机快速增长的同时，山西电网积极提升新能源并网发电运行和优先消纳的管理水平，努力降低弃光、弃风、弃水"三弃"。

一是出台政策保障。继国家电网公司出台促进新能源消纳"二十条"后，国网山西省电力公司创新制定实施的调控管理"新十七条"措施，全方位、全过程、全时序的精细化管控措施，保证了在全年新增百万风电和280万光伏基础上，实现风光新能源的充分消纳。同时，进一步加大管理力度、加快建设全网新能源统一调度的实时信息平台、严格考核功率预测精度等，保障全省新能源充分消纳。

二是创新优化调度手段。强化新能源功率预测，精准计算消纳空间，坚决执行优先调度原则，充分发挥西龙池抽蓄电站调峰优势，实施火电机组深度调峰和启停调峰，全方位支持新能源消纳。功率预测准确率提升至92.3%，名列华北区域第一，在国家电网公司系统领先。

三是加快消除网架瓶颈。投资10亿元建设寿阳等地光伏基地和全省扶贫光伏工程，积极支持晋北风电基地建设和中南部低风速资源开发，按期完成雁淮直流特高压启动投产任务，大幅缓解朔州地区风电受阻问题，减少弃风约4亿千瓦时。

在采取多项措施的情况下，新能源消纳明显改善，弃风弃光增长势头得到遏制。截至2018年，山西省非水电可再生能源电力消纳量为312亿千瓦时，同比增加2.3个百分点，弃电量和弃电率大幅下降。

（三）生物质能产业发展现状与成就

山西拥有丰富的生物质能资源，包括农作物秸秆、薪柴、禽畜粪便、工业有机废弃物和城市固体有机垃圾等。近年来，山西省在生物质能利用领域取得了一定进展，政府及有关部门对生物质能利用也极为重视。山西省将农村沼气作为"气化山西"的重要内容，省政府将农村沼气建设列为"省长工程"，这为生物质能的开发利用提供了良好的环境，但是，总体上山西生物质能产业发展还处于初级阶段。多年来，山西生物质能利用以沼气技术与秸秆气化技术的推广应用为主，还有少量的生物质发电项目。

在沼气利用方面，目前全省的沼气推广工作已趋于稳步发展阶段，并走上综合利用的轨道。山西把沼气为纽带的各种能源生态模式作为推动农村循环经济发展的重点，形成了养殖—沼气—种植、沼气—发电—生活等多条生态链，一些地方还初步形成了农业与工业之间的循环链条。"十一五"期间，山西省拨付4亿元，支持以沼气为主的新农村可再生能源建设，按照"多能互补"的思路，在发展户用沼气的同时，重点支持大中型沼气集中供气工程、秸秆沼气集中供气工程和省柴节煤炉、高效低排放生物质炉等项目。2006年至2010年，中央和省累计投入资金约9亿元，支持建设户用沼气54.7万户、小型沼气133处、大中型沼气153处、乡村服务网点3037个、县级服务站69个、市级区域服务中心11个。沼气用户累计达到70万户，普及率由"十五"期末的2.3%提高到2010年的10.9%左右。全省农村沼气服务体系逐步健全、综合效益日益彰显，形成了户用沼气、小型沼气、大中型沼气多元化协同发展的新格局。但是，"十二五"以来，由于受我省农村生活能源消费方式的多元化影响，以及农村养殖结构发生变化，在部分地区庭院养殖减少甚至消失，致使户用沼气建设需求下降，对沼气利用造成挤出效应，制约了山西省沼气发展。

　　生物质发电技术是目前生物质能应用方式中最普遍、最有效的方法之一。在欧美等发达国家，生物质能已经形成非常成熟的产业，其中热电联产是生物质能主要的利用方式之一。生物质发电主要包括农林生物质发电、垃圾焚烧发电和沼气发电（见图11-10）。

图11-10　生物质发电主要形式

　　在生物质发电方面山西省起步较晚，随着《可再生能源法》和相关可再生能源电价补贴政策的出台和实施，山西省启动建设了各类农林废弃物发电项目。在"十二五"期间逐步发展起来，近几年步入快速发展期。山西省按照国家生物质发电管理政策和山西省"十二五"生物质发电规划的要求，在已有的17家秸秆发电厂的基础上，积极推进符合要求的市县开展生物质电厂的建设工作，推动秸秆等生物质资源的综合利用。在各种政策的支持下，山西省在生物质能发电领域取得了重大进展。截至2017年底，全省生物质能发电并网装机容量39万千瓦（不含自备电厂）[1]（见图11-11）。其中，山西省垃圾焚烧发电项目数为7个，装机容量达到11.1万千瓦，年发电量5.6亿千瓦时，年上网电量4.4亿千瓦时，年处理垃圾71.2万吨[2]。到2018年底，山西省农林生物质发电装机达到27.9万千瓦，年发电量16.4亿千瓦时，年上网电量14.1亿千瓦时，均居于全国农林生物质发电项目装机容量、年发电量、年上网电量前十省份之一[3]（见图11-12、11-13、11-14）。

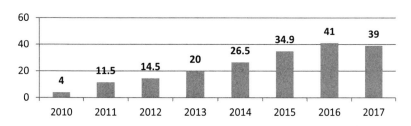

图11-11　2010—2017年山西生物质发电装机容量（单位：万千瓦）

[1]　《2017年我国生物质发电产业发展概况及并网容量分省市统计》，中国产业信息网，2018-08-22。

[2]　中国产业发展促进会生物质能产业分会：《2018年中国生物质发电产业排名报告》，北极星环保网，2018-06-29。

[3]　中国产业发展促进会生物质能产业分会：《2019年中国生物质发电产业排名报告》，北极星电力网，2019-06-27。

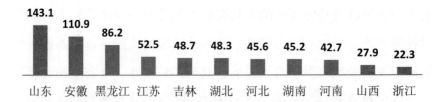

图11-12　2018年农林生物质发电项目装机容量前十省份

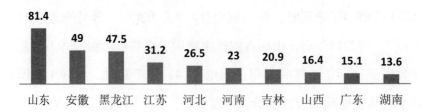

图11-13　2018年农林生物质发电项目年发电量前十省份

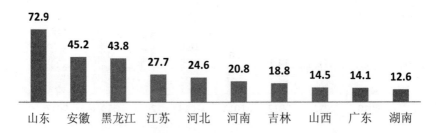

图11-14　2018年农林生物质发电项目年上网电量前十省份

在生物质燃料方面，山西生物燃料乙醇的发展也刚刚起步。2010年11月2日，国家发改委相关专家对山西省生物燃料乙醇发展规划进行了专家评估。到2011年山西省生物燃料乙醇已经建设两个核心生产基地，其中吕梁新禹集团的金利缘生物制品有限公司主要以菊芋为原料生产燃料乙醇，设计年产能20万吨；阳泉德胜银融实业有限责任公司的时代乙醇公司主要以工业薯类为生产原料，年产能约为30万吨。

山西也启动了绿色能源示范县建设。在2011年7月9日举行的全国农村能源工作会议上，山西省广灵县、平陆县、垣曲县被授予"绿色能源示范县"，大力发展新型绿色能源工业。如平陆县开工建设了武汉凯迪公司2×3万千瓦生物电厂项目，广灵县新建了1×1.2万千瓦生物质能机组。通过绿色能源示范县建设，有效开发利用可再生能源资源，为农村居民提供绿色能源、清洁能源。

三、山西可再生能源产业发展展望

21世纪以来，世界各国从可持续发展和保障能源供给安全的角度，调整了各自的能源政策，进一步将可再生能源发展纳入国家发展战略。在此背景下，国外对于可再生能源的开发和利用不断深入推进。2010年，《国务院关于加快培育和发展战略性新兴产业的决定》将新能源和可再生能源产业作为未来重点支持的七大战略性新兴产业之一，我国风电、太阳能、生物质能等领域已经有了突破性进展，不仅能够满足能源部分需求，更重要的是能缓解能源消费带来的环境污染，将成为未来经济的新增长点。但是可再生能源的开发利用毕竟牵涉到开发的技术成本以及普及推广的经济成本，短期内还不能实现对化石能源的替代。尽管如此，可再生能源由于其清洁、无污染和可持续开发利用等特性，对中国来说是目前亟须的补充能源，在未来能源结构中也占有一席之地。在能源、气候、环境问题日益严重的今天，大力发展可再生能源不仅是适宜必要的，更是符合国际发展趋势的。

（一）国内外可再生能源产业发展趋势与展望

目前，全球可再生能源开发利用规模不断扩大，应用成本快速下降，发展可再生能源已成为许多国家推进能源转型的核心内容和应对气候变化的重要途径，也是我国推进能源生产和消费革命、推动能源转型的重要措施。

1.世界可再生能源产业发展趋势

可再生能源快速发展是世界能源发展大趋势。目前，全球能源正在向高效、清洁、多元化的方向加速推进，全球能源供需格局正进入深刻调整的阶段。世界各国对可再生能源的发展主要集中在太阳能、风能及生物质能方面，旨在加快能源转型进程、提高能源安全及减少对化石能源的依赖。

——可再生能源成为全球能源转型的重要内容。全球能源转型的基本趋势是实现化石能源体系向低碳能源体系的转变，最终进入以可再生能源为主的可持续能源时代。许多国家提出了以发展可再生能源为核心内容的能源转型战略，联合国政府间气候变化专家委员会(IPCC)、国际能源署(IEA)和国际可再生能源署(IRENA)等机构的报告均指出，可再生能源是实现应对气候变化目标的重要措施。90%以上的联合国气候变化《巴黎协定》签约国都设定了可再生能源发展目标。欧盟以及美国、日本、英国等发达国家都把发展可再生能源作为温室气体减排的重要措施。近年来，欧美等国每年60%以上的新增发电装机来自可再生能源。2015年，全球可再生能源发电新增装机容量首次超过常规能源发电装机容量，表明全球电力系统建设正在发生结构性转变。特别是德国等国家可再生能源已逐步成为主流能源，并成为这些国家能源转型、低碳发展的重要组成部分。美国可再生能源占全部发电量的比重也逐年提高，印度、巴西、南非以及沙特等国家也都在大力建设可再生能源发电项目。

——中国将引领可再生能源市场。2017年6月初，美国总统特朗普宣布美国正式退出《巴黎协定》，环境保护、清洁能源以及能源转型再一次成为全球关注和讨论的焦点。在特朗普选择退出《巴黎协定》之时，我国依然坚定地支持《巴黎协定》以及致力于能源转型。据《BP世界能源展望》（2017）发布的最新统计数据显示，2016年，中国可再生能源产量已超过美国成为世界第一；中国仍然是世界上最大的能源消费国，但二氧化碳排放量连续第二年下降，降幅为0.7%。10年间，中国可再生能源消费在全球总量中的份额由2%提升至2016年的20.5%。据IEA（国际能源署）《世界能源展望2016（中文版）》预计，中国将在未来的20年中成为可再生能源最大的增长来源，其增量将超过欧盟与美国之和。

——可再生能源供给和消费持续增长。尽管短期内化石能源作为主导能源的地位不会改变，但是受全球气候变化、新技术的发展等因素的影响，未来能源结构将会发生显著变化。一方面，在可预见的未来，化石能源所占比重将不断下降，同时可再生能源的比重不断上升。另一方面，由于新技术的发展，天然气的开采成本越来越低，且作为一种相对清洁、低碳的燃料，天然气将取代煤炭成为第二大燃料。化石能源在一次能源消费中的比重显著降低，由当前的85%降低到占75%左右。非化石能源的比重将迅速上升，尤其是可再生能源。据《BP世界能源展望》（2017）预测，可再生能源竞争力在快速提升，2035年将占到全球能源增长的几乎一半。与此同时，新能源开采利用技术也日臻成熟，便利性逐渐提升，成本迅速下降，成为新增能源供给中的主力。预计到21世纪30年代，风电和光伏可能成为多数国家最便宜的发电方式。

在世界能源供给方面，根据国际能源署发布《2018年可再生能源信息：概述》，1990年至2016年，可再生能源的年均增长率为2%，略高于世界一次能源供应总量1.7%的增长率。光伏发电和风电在可再生能源中增速显著，年均增长率分别为37.3%和23.6%。沼气、光热、液态生物燃料的增长率则为分别为12.3%、11.5%、10%（见图11-15）。

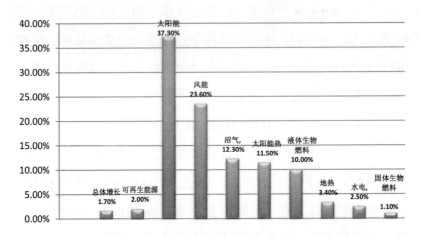

图11-15 1990—2016年世界可再生能源供应的平均年增长率

资料来源：国际能源署《2018年可再生能源信息：概述》。

2016年，全球一次能源供应总量（TPES）为137.61亿吨油当量。其中：可再生能源从2015年的18.19亿吨油当量增至2016年的18.82亿吨油当量，占13.7%（见图11-16）。

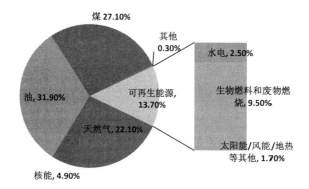

图11-16　2016年世界一次能源总供应量情况（按燃料划分）

资料来源：国际能源署《2018年可再生能源信息：概述》。

　　由于可再生能源在发展中国家广泛的非商业性用途（即居民供暖和烹调），固体生物燃料/木炭是迄今为止最大的可再生能源，在全球的可再生能源供应中占62.5%；第二大来源则是水电，提供世界一次能源供应总量的2.5%和可再生能源的18.6%；液态生物燃料、风电、地热、光伏、沼气、可再生的城市垃圾和潮汐能，占据较小的份额，弥补了可再生能源供应的其余部分（见图11-17）。

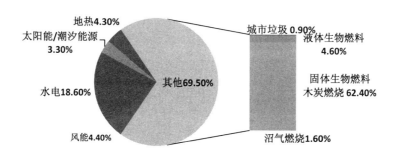

图11-17　2016年世界可再生能源供应占比

资料来源：国际能源署《2018年可再生能源信息：概述》。

在世界能源消费方面，可再生能源消费比重稳定增加。世界一次能源消费结构趋向清洁、低碳和多元化，并且转型速度要快于之前的预期。2015年，全球可再生能源消费总量达到13.33亿吨油当量，占全球一次能源消费总量的10.14%，比上年提高0.35个百分点。2006年至2015年，全球可再生能源消费量年均增长5.69%，远高于同期化石燃料消费量1.50%的年均增长率。再生能源利用可分为电力、供热和运输燃料等三大类。在再生能源发电中，水力发电是主导，其次为风力发电、光伏。其他如生物质发电、地热发电、太阳能聚热发电、海洋能发电仅占最次要地位。2015年，全球共消费可再生能源电力5.56万亿千瓦时，占当年电力消费总量的23.07%。水力发电在可再生电力消费总量中的占比从2006年的88.02%逐步萎缩至2015年的70.99%，风力发电消费量占全球电力消费总量的占比从3.84%提升至15.13%，太阳能发电从0.16%提高至4.55%（见图11-18）。2006年—2015年的10年间，风力发电及太阳能发电消费量年均分别增长22.73%和53.18%。燃料乙醇、生物柴油等液体生物燃料在交通运输领域也得到快速的推广应用，产量从2006年的2567万吨油当量提高至2015年的7485万吨油当量，年均增长12.63%[1]。截至2016年，非化石能源在全球能源消费中占比约20.5%，其中核能占2.2%，现代可再生能源占10.4%，水电、风电、太阳能等发电领域是重要组成，占比5.4%[2]。

---

[1] 数据来源于《BP世界能源统计年鉴》（2016）。

[2] 数据来源于《清洁能源蓝皮书——国际清洁能源产业发展报告》（2018）。

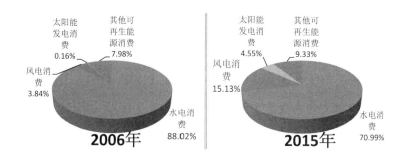

图11-18　2006年与2015年全球可再生能源发电消费量对比

可再生能源发电装机容量屡创新高。全球可再生能源发电累计
装机容量从2006年的10.37亿千瓦增长至2015年的19.85亿千瓦（见
图11-19），年均增长7.49%。其中风力发电及太阳能发电装机容量
增幅最大，2015年分别比上年净增6635万千瓦和4766万千瓦，远高
于水电的3580万千瓦[1]。

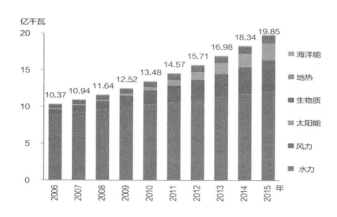

图11-19　2006—2015年全球可再生能源发电装机容量（单位：亿千瓦）

---

[1] 毕研涛等：《全球可再生能源发展现状、展望与启示》，载《国
际石油经济》，2016（8）。

据21世纪可再生能源政策网络(RE21)发布的《2016年全球可再生能源现状报告》指出，可再生能源装机量在2015年创下新纪录，新增可再生能源发电装机容量约147GW，为历年最高。分布式可再生能源的快速进步正在缩短能源富有群体和能源短缺群体之间的差距。报告将各国全球可再生能源发电容量进行了排名，其中中国以199GW排名第一，美国、德国分别以122GW、92GW位居第二和第三。在总发电量方面，截至2015年末，中国在水力发电、水力容量、太阳能容量、风能容量、太阳能热水容量、地热能容量上均位居世界第一。但是在人均太阳能发电容量上，德国是世界第一，其次是意大利、比利时、日本和希腊。中国未进前五位。在人均风能容量上，丹麦为世界第一，其次是瑞典、德国、爱尔兰和西班牙。中国亦未进前五位。从市场前景上看，中国在太阳能和风能上仍有很大潜力。

——可再生能源领域投资创纪录。目前全球对化石燃料发电仍提供大量的补贴，但对新增可再生能源发电的投资已超过对新增化石燃料和核能发电投资总和的两倍以上。由于成本竞争力的提高，2017年可再生能源投资占电力行业总投资的比例超过三分之二，同时可再生能源在电力行业的份额仍将会继续上升。

根据联合国环境规划署（环境署）发布的《2018年可再生能源投资全球趋势报告》，自2004年以来，全球可再生能源投资已累计达到2.9万亿美元。2017年，全球新增太阳能装机容量达98GW，远高于其他可再生能源、化石燃料和核能的净增量。太阳能是2017年最受欢迎的可再生能源投资行业。2017年全球太阳能投资增长18%，达到1608亿美元，中国新增53GW的产能，是一个巨大的贡献者。中国新的太阳能产能占全球总量的一半以上，总投入成本达到866亿美元，较2016年增长58%。2017年是可再生能源投资超过2000亿美元的连续第八年。

值得注意的是，近年随着全球风能、太阳能、生物能等非水可再生能源补贴普遍削减，行业发展速度整体放缓。在诸多因素影响下，全球可再生能源投资已由2004年至2011年的年均增长26.7%，大幅降低至2011年至2017年的年均增长0.7%。2017年，美国可再生能源投资增长仅1%，印度降低20%，日本降低16%，德国降低26%，英国降低56%，而中国保持了30%的高速增长，成为全球可再生能源市场为数不多的亮点。随着全球贸易保护主义抬头及我国新能源产业政策调整，预计全球可再生能源投资将进一步放缓甚至短期下滑，见图11—20。

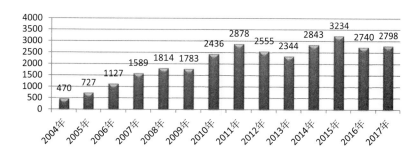

图11—20 2004—2017年全球可再生能源领域投资（单位：亿美元）

资料来源：联合国环境署《2018年可再生能源投资全球趋势报告》。

2.我国可再生能源产业发展趋势

经过70年的砥砺奋进，我国可再生能源发展取得了举世瞩目的成就，尤其是党的十八大以来，我国开启了中国特色能源发展新征程，能源行业发生了深刻变革，清洁低碳、安全高效的能源体系日渐成熟完善。截至2018年末，我国可再生能源发电装机突破7亿千瓦，其中水电（含抽水蓄能）、风电、光伏装机达到3.52亿、1.84亿和1.74亿千瓦，均位居世界第一[1]。核电装机达到4464万千瓦，再建装机1218万千瓦，再建规模世界第一，总体上中国非化石能源发电装机占比约占40%，发电量占比接近30%。2018年，我国可再生能源资源综合利用效率稳步提升，能源整体利用成本不断降低。在《解决弃水弃风弃光问题实施方案》《清洁能源消纳行动计划》（2018—2020）等政策的引导下，抽水蓄能、龙头水库电站等调峰电源以及分布式电源建设进度加快，运行管理机制不断创新，2018年弃水、弃风、弃光状况明显缓解，可再生能源有效利用率显著提升。

2018年，我国可再生能源呈现以下发展趋势：一是常规水电发展放缓、抽水蓄能电站推进有序。我国常规水电新增开工规模放缓，未来水电开发潜力主要集中在西南，需进一步促进水电开发与环境保护协调发展，做好水库移民安置，推动和加强流域水电综合监测管理工作；抽水蓄能电站建设和前期工作正在有序推进，发展形势总体较好。二是风电和光伏发电成本显著降低。风电基地规划建设有序推进，投资布局不断优化，分散式风电发展不断推进；未来需进一步推动风电产业进步、加快实现平价上网。光伏发电成本显著下降，分布式光伏发展迅速、光伏发电的多元化利用趋势日益显著，未来需着力推动产业发展提质增效、光伏扶贫以及平价上

---

[1] 水电总院发布的《中国可再生能源发展报告2018》，人民网，2019-06-27。

网。三是生物质发电发展迅速、技术取得新突破。生物质能利用呈现出农林生物质发电区域集中，垃圾焚烧发电装机快速增长，生物质发电转向热电联产等特点，未来还需进一步推动技术研发和商业模式创新。

随着国家政策的支持以及绿色环保理念的日益深入，我国能源消费结构逐渐发生了巨大的变化，清洁能源消费占比不断提升，可再生能源的重要性愈发凸显。未来我国可再生能源具有良好的发展前景。未来可再生能源发展的预期目标是[1]：

水电：预计到2020年，水电装机规模将达到3.4亿千瓦，2025年将达到3.8万千瓦。

风电：预计到2019年年底，累计装机容量将接近2.1亿千瓦，预计陆上风电平均投资将降至6900元/千瓦。预计2020年累计并网容量约2.3亿千瓦，风电平均单位千瓦造价将进一步降低，全国大部分地区实现平价上网。预计2025年，陆上风电平均单位千瓦造价将降至6000元/千瓦，海上风电成本快速降低，逐步实现平价上网。

光伏：预计2019年年底，太阳能发电累计并网容量约2.1亿千瓦。光伏平均造价4000元/千瓦左右；预计到2020年年底，光伏发电累计并网容量2.5亿千瓦，全国总装机容量达到100亿千瓦。

生物质：预计2019年年底，中国生物质发电利用规模将达到2000万千瓦，年发电量将达到1000亿千瓦时，生物质天然气年产量将达到10亿立方米。2020年，中国生物质发电利用规模将达到2200

---

[1]　水电总院发布的《中国可再生能源发展报告2018》，人民网，2019-06-27。

万千瓦，年发电量将达到1200亿千瓦时，生物质天然气年产量将达到20亿立方米。

地热能：2019年，预计中国北方地区地热供暖累计将达到4.77亿平方米。地热发电装机容量累计约5.4万千瓦，干热岩发电试验工程勘探开始启动。2020年，预计中国北方地区地热供暖累计将达到5.26亿平方米。

（二）山西可再生能源产业发展面临的问题

近年来，为全面贯彻党的十八大和十九大精神，落实创新、协调、绿色、开放、共享的发展理念，遵循习近平总书记能源发展战略思想，坚持清洁低碳、安全高效的发展方针，依托我省风能、太阳能等资源优势，加快可再生能源开发利用的产业化进程，可再生能源产业取得了新进展。但是山西作为中国最大的煤炭生产基地，可再生能源产业发展尚存在诸多深层次问题，可再生能源产业开发利用率、技术水平、管理经验与市场化运作等方面还远远落后于发达国家和国内其他先进地区；从产业基础上看，可再生能源产业的基础还比较薄弱，发展水平不够平衡，风电、光电、生物质能等产业的关键技术还需要依赖进口，配套体系尚未建立，产业链条有待形成，技术水平亟须提升。

1.政策体系不完善，可再生能源产业扶持机制不健全

从国际经验看，政府支持是发展可再生能源的关键。近年来，我国在鼓励可再生能源发展方面制定了一系列政策法规和激励机制，明确了加快发展风能、太阳能、生物质能等新能源，并制定了中长期总量目标和发展规划。但目前，可再生能源发展的政策体系还不够完善，相关政策之间缺乏协调，各级政府对可再生能源产

业的政策扶持还远远不够。缺少明确的政府补贴政策，如太阳能产业方面政策引导比较落后，由于无法获得政策补贴，光伏发电高企的电价根本无法和普通的火电价格竞争，也就很难开拓国内市场。2018年5月31日国家能源局发布的《关于2018年光伏发电有关事项的通知》，让火爆的户用光伏市场一夜迎来了严冬。虽然各地政府都有出台相应的补贴措施，但是最根本的还是需要国家尽快给出过渡期业主的政策解决方案。

2.财税政策扶持有限，产业投入机制尚未建立

可再生能源产业发展的融资渠道主要由政策财税政策扶持和市场融资两方面组成。山西目前缺乏针对新能源项目稳定的价格、财政、税收等优惠政策，山西省风电产业发展基金、太阳能产业发展基金尚未设立，全省省级没有出台太阳能发电相关的补贴支持政策，无法有效带动市场主体对可再生能源产业的投入，使得可再生能源企业没有正常的融资渠道，面临规模小、投资大、成本高，收益率低、风险大的困境，与常规能源在市场上处于不公平竞争的状态，缺乏生存能力，不利于可再生能源产业的迅速发展以及可再生能源产业新技术新成果的市场转化。

3.技术研发能力薄弱，产品技术含量不高

可再生能源应用技术研究比较薄弱，首先是应用技术研究涉及的领域较窄，主要集中在煤基替代能源的某些领域。与建筑结合的太阳能利用技术，大功率光伏发电控制技术与并网逆变技术等项研究尚待开发，地热与氢能应用技术研究目前仍较缺乏，多数产品是在低水平上重复开发，高技术含量的产品很少，产品的稳定性、可靠性和经济性较差，直接影响了可再生能源企业参与市场竞争，阻

碍了可再生能源产业的发展。

4.可再生能源市场培育不充分

发展可再生能源产业的重要基础是要有足够的需求市场。只有形成以消费市场引导生产制造的机制，才能拉动可再生能源产业健康、快速发展。目前可再生能源消费市场拓展缓慢，可再生能源市场保障机制不够完善，没有形成连续稳定的可再生能源市场需求，使可再生能源发展缺少持续的市场拉动。

5.可再生能源产业结构不合理，发展不平衡

山西可再生能源年产值在山西国民经济生产总值中所占比例很小，是一个新兴的弱小产业。尤其值得注意的是，山西省的可再生能源产业发展不平衡，可再生能源技术的研究开发以及可再生能源利用系统的运行、管理与服务行业均非常弱小，这种不完整的产业结构影响和阻碍了可再生能源利用技术的推广。

6.可再生能源开发利用意识薄弱

社会对开发利用可再生能源尤其是发展新能源产业的重要意义认识不足。一些人认为，山西是资源大省，发展可再生能源不那么紧迫；也有人认为，发展可再生能源时机还不够成熟，条件还不具备，开发利用为时尚早；还有的人认为，发展可再生能源成本高，技术创新突破难，价格缺少竞争优势，市场难接受，以及政策国家制定，地方难有作为等等。

（三）山西可再生能源产业发展展望

近年来，山西可再生能源比重持续提升，能源结构调整步伐不断加快，到2018年底，风电、太阳能、水电等可再生能源发电装机占全部电力装机的24.4%，清洁低碳的绿色能源体系已初具规模。

未来，可再生能源发展模式将由高速发展转变为高质量发展，技术类型、应用模式都将发生深刻变化，随着风电和光伏发电成本显著降低，经济效益也将进一步凸显。未来，为不断提升山西可再生能源开发利用水平，推进国家新型综合能源基地建设，加快建设多元化能源供应体系，要着力推动技术进步，推进风力发电基地、光伏领跑者基地和新能源装备制造基地等三大基地建设，全力推动风光发电平价上网，打造新能源全产业链，发展互联网+智慧能源，提升绿色电力消纳能力，不断增强新能源可持续发展能力。

1.主要行业发展展望

2018年，新能源和可再生能源行业政策发生了巨大调整，去补贴、推竞价、促平价等一系列政策指引未来发展方向。未来需要着力推动产业发展提质增效、技术进步、光伏扶贫以及加快实现平价上网。

根据《山西省"十三五"新能源产业发展规划》，到"十三五"末的2020年，非化石能源消费占一次能源消费比重为5%至8%。新能源装机规模力争达到3800万千瓦，占到全省发电总装机比重的30%以上。其中，风电装机容量为1600万千瓦，太阳能发电达到1200万千瓦，水电装机达到250万千瓦（含农村水电装机），生物质发电装机达到50万千瓦。

从目前全省风电、光伏发电趋势看，现有省内已核准风电、光伏项目总数超4000万千瓦，其中风电项目2637万千瓦、光伏项目1458万千瓦，远超"十三五"新能源发展规划目标的2800万千瓦。可见，尽管我省新能源发展将受到国家补贴退坡等政策的影响，但未来山西新能源风电、光伏仍将处于增长阶段，可再生能源产业还具有较大的发展空间。

（1）光伏产业发展展望。

近年来，我国光伏装机规模持续扩大，已成为全球最大的应用市场。数据显示，我国光伏发电新增装机连续5年全球第一，累计装机规模连续3年位居全球第一。从我省来看，光伏产业发展规模快速扩大，技术进步和产业升级加快，成本显著降低，已成为我省能源转型的重要领域，也是能源发展"十三五"规划推进非化石能源规模化发展的重要行业之一。从目前发展形势来看，整个光伏产业呈现快速发展态势。

在我国2018年"531"光伏新政出台后，控制新增规模、加快补贴退坡和降低上网电价是未来光伏产业发展的新挑战。未来一个时期，山西要全力推进光伏产业创新升级，要坚持集中式和分布式相结合，太阳能发电和热利用协同发展，在争取到更多国家指标、省内补贴等政策支持下，不断创新利用"太阳能+采煤沉陷区治理""太阳能+扶贫""太阳能+农业生产"等模式，因地制宜推动太阳能资源高效利用。继续推进光伏扶贫工作，抓好大同沉陷区光伏领跑者基地及其他市沉陷区光伏基地建设。"十三五"末，太阳能发电达到1200万千瓦（见图11-21），其中光伏发电1050万千瓦左右，光热发电达到50万千瓦，占全省发电装机的11%左右，2025年争取达到13%。

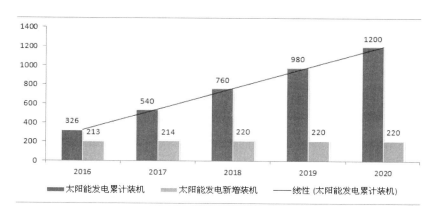

图11-21　山西省2016—2020年太阳能发电目标（单位：万千瓦）

（2）风电产业发展展望。

风电产业作为山西省成为仅次于火电的第二大电源，未来发展要统筹晋北风电千万千瓦基地建设和晋中南低风速区域风电开发，依托太重集团在建的风电整机及关键零部件智能化工厂建设等重点项目，加快发展风电装备制造业，不断提高风电装备制造业技术水平。积极尝试风电供暖试点。结合工业园区应用、城镇建设和新城区开发，探索清洁能源供热工程与大型风电基地协同建设运行机制，提高北部三市风能资源丰富地区消纳风电的能力，缓解北方地区冬季供暖期电力负荷低谷时段风电并网运行的困难，促进城镇能源利用清洁化。积极推进电网优化改接工程和外送通道建设，加快蒙西—晋北—北京西1000千伏特高压交流外送通道、榆横—晋中—石家庄1000千伏特高压交流等外送通道建设。通过优化发电运行方式，改善系统调峰能力，增强风电消纳能力，逐步扩大风电外送能力。到2020年，风电装机规模达到1600万千瓦（见图11-22），占全省发电装机的14%左右，2025年达到约16%。

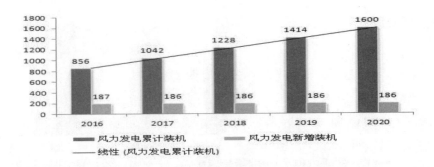

图11-22 山西省2016—2020年风电发展目标（单位：万千瓦）

（3）生物质能源发展展望。

"十三五"是实现能源转型升级的重要时期，生物质能作为山西重要的可再生能源随之迎来产业化发展的重要机遇。2018年2月，中央一号文件《中共中央国务院关于实施乡村振兴战略的意见》发布。在这份文件中，与能源相关的内容有两处：一是在"推动农村基础设施提档升级"部分中，提出要推进农村可再生能源开发利用；二是在"持续改善农村人居环境"部分中，提出要推进北方地区农村散煤替代，有条件的地方有序推进煤改气、煤改电和新能源利用。

未来山西省要统筹开展秸秆资源能源化利用，在晋中、运城、长治、临汾、忻州等生物质资源丰富地区利用秸秆资源建设生物质能发电项目，建设一批生物质成型燃料应用示范点和秸秆气化集中供气站。合理布局垃圾焚烧发电项目，积极发展成型燃料，实现小城镇和农村能源清洁化，鼓励发展非粮作物燃料乙醇。到2020年末，争取生物质发电（含垃圾发电）装机达到50万千瓦，占全省发电装机的0.5%左右。

在我国可再生能源发展过程中，农林生物质发电产业具有增加农民就业、提高农民收入的政策性，处理农村废弃物、改善农村环境的环保性，且收购原料成本高等特殊属性，有别于风电、光伏发电等产业。而生活垃圾发电产业也不同于其他可再生能源产业，其基本属性是市政基础设施和环保民生工程，是社会发展的刚性需要。因此，在产业政策支持方面，应考虑行业属性、发展阶段以及环保政策等因素向生物质发电产业倾斜。如尽快发放可再生能源电价附加补助资金，应优先于风电、光伏发电等其他可再生能源产业。

（4）其他新能源。

在有序发展水电、气电、生物质能发电方面，要充分利用黄河流域水电资源、煤层气资源和秸秆及垃圾资源。"十三五"末，水电装机为250万千瓦（含农村水电装机），煤层气发电装机为700万千瓦，生物质发电装机为50万千瓦。

在合理开发地热能资源方面，要因地制宜开发利用各种地热能资源，提高地热能在城镇和新农村建筑中的用能比例。"十三五"末，浅层地温能供暖（制冷）面积达到1000万平方米。

2.相关政策建议

从目前看，山西可再生能源产业发展空间巨大，但还面临诸多挑战。根据山西可再生能源产业发展存在问题，今后还需要相关产业政策的大力支持。主要包括：

（1）理顺管理体制。

可再生能源产业发展和技术创新涉及山西省能源局、发改委、国网山西电力公司、科技厅、工信厅、财政厅、自然资源厅、生态环境厅、农业农村厅、住建厅等多个部门。为加强部门协调，避免多头管理或相互扯皮，应加强政府各部门的组织协调，明确各部门的任务和权责。

（2）加强可再生能源技术创新支撑体系建设。

首先，加大科技投入，大幅度增加可再生能源研发和产业化发展的资金支持力度。设立本省支持新能源高新技术产业化专项资金，主要用于研制补贴、技术改造项目贴息、示范工程以及引进重点项目支持。出台省内光伏电量补贴政策，制定我省新能源工程技术标准，采用质量标准优胜劣汰，保证我省新能源产业健康发展。

其次，要进一步完善鼓励自主创新的相关政策。要坚持和落实已有的、行之有效的科技政策。建立使用国产首台(套)装备的风险补偿机制，鼓励保险公司开展国产首台重大技术装备保险业务，落实鼓励科技创新的税收优惠政策。

（3）完善可再生能源政策补贴机制。

依据可再生能源新兴产业的特点，可采取风险控制、信用担保、搭公共服务平台等办法，也可适当采取以奖代补、推广补贴、适量贷款贴息和政府资助等办法，鼓励新能源产业发展。除非是关键环节和关键企业，否则严禁政府性资金投入到个别企业。对需要直接投入企业的资金，采取创业风险投资方式，由政府委托专业风投和创投机构选择并支持新能源产业发展。如对国家级、省级和市级的企业技术中心或国家级、省级工程技术研究中心给予奖励支持；对可再生能源企业研究和开发新产品、新技术研究中心给予项目补贴；对可再生能源产业现有重点企业、重大技改项目和关键零部件技改项目，给予流动资金、技改贷款贴息支持；支持可再生能源示范项目和产品的应用推广并给予资金补助；对在我省设立独立法人资格的可再生能源项目系统集成商采购我省新能源企业产品，以及我省的可再生能源企业之间采购产品或委托加工服务，在一定年限内，给予资金补助；支持新能源产业园区加快基础设施建设，对新能源产业功能区基础设施建设贷款，给予贷款贴息支持。

（4）积极培育多元化、多层次的市场体系。

积极创造和管理市场需求，既要利用政府采购手段创造和管理市场需求，又要利用政府规划手段创造和管理市场需求。比如，在城市主干道、风景名胜区等交通环境敏感地区规划生物燃料汽车、混合动力车占比等，为生物燃料产业创造社会需求，从而促进这些产业的发展。还可通过强制性法规创造市场需求，如在全省公交系统率先强制推广电动汽车，凡报废、新增公交车必须购买电动车，否则不予报批；逐步向市内出租车、公务、环卫、邮政和电力服务车等领域推广电动汽车等。

（5）加快技术标准、认证和检测体系建设。

落实国家关于新能源产业发展的行业标准，建立健全符合我省发展实际的新能源产业相关产品、技术、装备制造等标准体系，同时要加强风电场、光伏发电站等建设规范和标准，以及风电入网、光伏发电并网等其他环节的标准制定，并根据先进企业、行业协会、国家发展趋势及时更新，严格按照相关标准和规范建设新能源项目，引导企业之间的竞争从价格向质量变迁，引导新能源企业规范、健康发展。

（6）加快电网等配套设施建设。

有重点、分步骤地推进输电网、智能化配网和储能设施建设。

一是在中心城市推进智能化、互动化配电网的建设。这些中心城市在智能电网的建设上可先行一步，积累技术和运营经验，以便向全省推广。

二是加快储能设施的建设，密切关注新型储能技术的发展，鼓励在新能源基地和负荷中心建设储能设施，平抑电网波动，支撑新能源的发展。

三是统筹协调电源建设和电网配套工程。完善新能源与火电、电网的协调发展机制，争取提高新能源的应用比例。基地外送要深入研究我省光、风、火"打捆送出"的潜力和模式。电力公司要根据风、光等新能源电力规划容量和布局进行消纳研究，有序加强风、光能源基地的电网配套设施建设，建立新能源项目与配套电网工程同步规划的有效机制，实现新能源与电网协调发展。理顺电网输配机制和利益机制，促进新能源消纳和外送。

参考文献

1.杨茂林，高春平主编.建国60年山西若干重大成就与思考.太原:山西人民出版社，2009．

2.谢海，雷仲敏主编.山西能源发展报告.太原：山西经济出版社，1998．

3.宋焕才，雷仲敏，王晓胜著.山西能源：走向可持续发展的战略选择.太原：山西经济出版社，2001．

4.山西省统计局，国家统计局山西总队编.山西统计年鉴2018.北京：中国统计出版社，2018．

5.山西省地方志编纂委员会编.山西通志·第十二卷·煤炭工业志.北京：中华书局，1993．

6.山西省煤炭工业协会编.山西煤炭工业70年巨变.太原：山西人民出版社，2019．

7.牛仁亮主编.辉煌山西60年.太原：中国统计出版社，2009．

8.卢建明主编.山西能源经济60年.太原：中国统计出版社，2010．

9.侯秀娟主编.山西发展研究报告(二).太原：山西人民出版社，2012．

10.韩东娥，王云珠主编.迈向能源革命新征程.太原：山西经济出版社，2019.

11.韩东娥主编.山西煤炭产业政策研究，太原：山西人民出版社，2018.

12.丁钟晓编著.山西煤炭简史.北京：煤炭工业出版社，2011.

13.国家统计局能源统计司编.中国能源统计年鉴（2017）.北京：中国统计出版社，2017.

14.郑社奎，范堆相主编.煤炭大典.太原：山西人民出版社，2010.

15.国家统计局工业交通统计司编.中国能源统计年鉴1991.北京：中国统计出版社，1992.

16.山西省史志研究院编.山西通志·第十三卷·电力工业志.北京：中华书局，1997.

17.侯秀娟主编.2008山西发展研究报告.太原：山西人民出版社，2008.

18.王昕主编.2011年山西煤炭工业发展报告.太原：山西经济出版社，2010.

19.李振喜主编.2011年山西能源与节能产业发展报告.太原：山西经济出版社，2012.

20.林伯强著.中国能源经济的改革和发展.北京：科学出版社，2015.

21.山西省地方志办公室编.山西省煤炭资源整合志.北京：方志出版社，2013.

22.骆惠宁.不当"煤老大" 争当能源革命排头兵.求是,2019(21).

23.王震.改革开放40年煤炭市场发展历程与成就.煤炭经济研究，2018（11）.

24.靳东升，张强，张变华，郜春花.山西煤炭开采对生态环境的影响及对策研究.山西农业科学，2016（3）.

25.韩芸，王云.山西煤炭产业发展历程、趋势及对策研究.经济师，2015（8）.

26.曹海霞.煤炭价格市场化改革历程及发展趋势研究.经济问题，2008（9）.

27.毕研涛等.全球可再生能源发展现状、展望与启示.国际石油经济，2016（8）.

28.张甫元.山西矿区生态恢复初探.山西水利，2009（2）.

29.张甫元.煤炭矿区生态修复发展现状及问题探讨. 能源环境保护，2018（5）.

30.陆黎明.山西省光伏电站投资开发分析.光伏资讯，2017-01-06.

31.山西省人民政府.山西省"十三五"环境保护规划. 山西省发改委网站，2017-01-03.

32.联合国环境署等.2018年可再生能源投资全球趋势报告.中国环境报，2018-04-15.

33.21世纪可再生能源政策网络(RE21).2016年全球可再生能源现状报告.北极星智能电网在线，2016-06-01.

34.山西省发展和改革委.关于印发山西省"十三五"新能源产业发展规划的通知.山西省发展和改革委员会网站，2017-05-25.

35.王龙飞.山西发电装机容量突破8000万千瓦 太阳能装机达

590.38万千瓦，山西经济日报，2018-02-13.

36.山西省环境保护厅. 2017年山西省环境状况公报，2018-07-05.

37.山西省人民政府关于推进煤炭企业资源整合和有偿使用的意见（晋改发〔2005〕20号），2005.

38.山西省人民政府关于加快三大煤炭基地建设，促进全省煤炭工业可持续发展的意见（晋改发〔2005〕6号），2005.

39.山西省人民政府关于加快培育和发展战略性新兴产业的意见（晋政发〔2011〕21号），2011-08-23.

40.山西省统计局，国家统计局山西调查总队.山西省2018年国民经济和社会发展统计公报，2019-03-18.

41.山西省统计局能源物资处编.山西能源经济统计（1985—1991），1992.

42.山西省人民政府关于加快推进煤矿企业兼并重组的实施意见（晋改发〔2008〕23号），2008-09-02.

43.山西省人民政府办公厅.山西省新兴能源产业发展"十二五"规划（晋政办发〔2013〕25号），2013-03-01.

44.山西省人民政府关于加快推进煤层气产业发展的若干意见（晋政发〔2013〕31号），2013-08-13.

45.山西省发展与改革委员会.山西省煤层气产业发展研究报告（2013），2013.

46.国家发展和改革委员会.关于印发煤层气（煤矿瓦斯）开发利用"十二五"规划的通知，2014.

47.山西省发改委，山西省经济和信息化委员会.山西省

"十三五"化学工业发展规划，2016.

48.国家能源局.太阳能发展"十三五"发展规划，2016.

49.国家能源局.可再生能源"十三五"发展规划，2016.

50.国家能源局.煤层气（煤矿瓦斯）开发利用"十三五"规划，2016.

51.山西省人民政府.山西省"十三五"综合能源发展规划，2016-12-21.

52.国家能源局.煤炭深加工产业示范"十三五"规划，2017.

53.国家发改委，工业和信息化部.现代煤化工产业创新发展布局方案，2017.

54.山西省人民政府.山西省煤层气资源勘查开发规划（2016—2020年），2017.

后　记

　　2019年，中华人民共和国成立70周年了。这是我们国家的大事喜事。为全面深刻反映中华人民共和国70年的辉煌成就和重大变革，山西省社会科学院（山西省人民政府发展研究中心）党组研究并编撰《中华人民共和国成立70周年山西发展丛书》，目的就是从经济结构变化、社会发展变迁、能源经济发展、区域发展进步、重大发展成就、口述山西发展等方面进行叙述和阐述，以70年来山西的成就和变革来反映祖国的繁荣昌盛和人民的幸福安康，来向祖国70华诞献礼。院（中心）党组书记、院长杨茂林统筹组织经济所、能源所、社会所、历史所、信息内刊部、思维所的科研力量，集中研究攻关，统编全书和审定书稿，撰写总序和改定后记；景世民、张文丽、韩东娥、王云珠、高专诚、李小伟、高春平、冯素梅、崔云朋、贾步云、刘晓丽等以高度的责任心和使命感，带领科研人员夜以继日，辛勤劳作，历时半载，终成丛书，为庆祝中华人民共和国70华诞献上绵薄之力。这套丛书凝聚着我院（中心）科研人员的心血，凝集着对伟大祖国的热爱，充满着对祖国发展进步的自豪。这项工作得到山西省委宣传部大力支持，夏祯副部长全力支持研究工作，并推动这套丛书成为省级重大图书出版项目。

　　《山西能源发展成就与展望》作为丛书之一，在对70年山西能源发展历程和辉煌成就进行总体阐述的基础上，分别从煤炭、焦化、电力、煤化工、煤层气、能源安全、矿区生态环境治理、可再生能源、能源体制机制变革等领域梳理和阐述了发展历程、辉煌成就，并针对当前面临的问题和挑战，提出了具体的建议，为新时代山西能源高质量发展提供了重要决策参考。本书编撰大纲由能源经济研究所全体研究人员讨论拟定设计，韩东娥、王云珠研究员负责统编修订。韩东娥、王鑫负责撰写总论；韩芸负责撰写专题一；夏冰负责撰写专题二；郭永伟负责撰写专题三；王鑫负责撰写专题四；王文亮负责撰写专题五；刘晔负责撰写专题六；吴丽敏负责撰写专题七；吴朝阳负责撰写专题八；李琪、韩东娥、李峰负责撰写专题九；曹海霞负责撰写专题十；王云珠负责撰写专题十一。

本书的编撰出版得到中共山西省委宣传部、国家税务总局山西省税务局、山西人民出版社的大力支持，在此深表谢意。

山西是全国能源革命综合改革试点省份，随着新时代建设中国特色社会主义现代化国家，山西能源工业发展还有诸多重大问题亟待进行深入研究，我们将为此继续努力。由于水平有限，对中华人民共和国成立70年以来山西能源工业发展的阐述还有待深入，本书尚存不足，衷心希望各界同仁批评指正。

编者

2019年12月